Wissenschaftliche Beiträge
aus dem Tectum Verlag

Reihe Rechtswissenschaft

Wissenschaftliche Beiträge
aus dem Tectum Verlag

Reihe Rechtswissenschaft
Band 136

Jan T. Tenner

Seitenwechsel aus der Politik in die Wirtschaft

Rechtliche Rahmenbedingungen und empirische Erhebung

Tectum Verlag

Jan T. Tenner
Seitenwechsel aus der Politik in die Wirtschaft
Rechtliche Rahmenbedingungen und empirische Erhebung

Wissenschaftliche Beiträge aus dem Tectum Verlag
Reihe: Rechtswissenschaft; Bd. 136

Zugl. Diss. Universität Osnabrück 2020

Gefördert durch die Hansen-Stiftung

ISBN 978-3-8288-4521-3
ePDF 978-3-8288-7563-0
ISSN 1861-7875

Gesamtverantwortung für Druck und Herstellung:
Nomos Verlagsgesellschaft mbH & Co. KG
Printed in Germany

Besuchen Sie uns im Internet
www.tectum-verlag.de

Bibliografische Informationen der Deutschen Nationalbibliothek
Die Deutsche Nationalbibliothek verzeichnet diese Publikation
in der Deutschen Nationalbibliografie; detaillierte bibliografische
Angaben sind im Internet über http://dnb.d-nb.de abrufbar.

Inhaltsverzeichnis

Abkürzungsverzeichnis

Maßgebend ist Kirchner, Abkürzungsverzeichnis der Rechtssprache, 8. Aufl., Berlin/Boston 2015, mit folgenden Ergänzungen:

AB-VhR BT	Ausführungsbestimmungen zu den Verhaltensregeln für Mitglieder des Deutschen Bundestages
AltGG	Gesetz zur Gewährung eines Altersgeldes für freiwillig aus dem Bundesdienst ausscheidende Beamte, Richter und Soldaten
APuZ	Aus Politik und Zeitgeschichte (Zeitschrift)
Bay. VGH	Bayerischer Verwaltungsgerichtshof
Begr.	Begründer, begründet
BitGE	Bitburger Gespräche (Zeitschrift)
BR-Drucks.	Drucksache des Deutschen Bundesrats
BT-Drucks.	Drucksache des Deutschen Bundestags
ders.	derselbe
dies.	Dieselbe/dieselben
DRV	Deutsche Reichsverfassung von 1871
EinB VK EU	Beschluss der Kommission zur Einsetzung der im Verhaltenskodex für Kommissionsmitglieder vorgesehenen Ethikkommission
etc.	et cetera
FJSB	Forschungsjournal neue soziale Bewegungen (Zeitschrift)
Fort., fort.	Fortführender, fortgeführt
g.e.b.b.	Gesellschaft für Entwicklung, Beschaffung und Betrieb
ggf.	gegebenenfalls
HChE	Herrenchiemseer Entwurf
Hess. StGH	Staatsgerichtshof des Landes Hessen
HGR	Handbuch der Grundrechte
Hs.	Halbsatz

HStR	Handbuch des Staatsrechts
i.S.e.	im Sinne einer/eines
i.S.v.	im Sinne von/vom
KorruptionsbG	Korruptionsbekämpfungsgesetz
LBG	Landesbeamtengesetz
LK	Leipziger Kommentar
MüKo	Münchener Kommentar
MVVerf	Verfassung des Landes Mecklenburg-Vorpommern
NJOZ	Neue Juristische Online Zeitschrift (Zeitschrift)
PartGG	Partnerschaftsgesellschaftsgesetz
PR-Drucks	Parlamentarischer Rat Drucksache
PVS	Politische Vierteljahresschrift (Zeitschrift)
RGZ	Amtliche Entscheidungen des Reichsgerichts in Zivilsachen
Rh.-Pf.	Rheinland-Pfalz
RJM	Reichsjustizministerium
RMinG	Reichsministergesetz
RR	Rechtsprechungs-Report
RT-Drucks	Reichstag Drucksache
SenatsG Ham.	Hamburger Senatsgesetz
SK	Systematischer Kommentar
sog.	sogenannt, -e, -er
Sten. Ber.	Stenografischer Bericht
StK	Studienkommission
VBOB	Verband der Beschäftigten der obersten und oberen Bundesbehörden
VerfGH	Verfassungsgerichtshof
VhR BT	Verhaltensregeln für Mitglieder des Deutschen Bundestages
VK EU	Verhaltenskodex für Kommissionsmitglieder
VuM	Verwaltung und Management (Zeitschrift)
VwVExtPerso	Allgemeine Verwaltungsvorschrift zum Einsatz von außerhalb des öffentlichen Dienstes Beschäftigten (externen Personen) in der Bundesverwaltung
WiSt	Wirtschaftswissenschaftliches Studium (Zeitschrift)

A. Einleitung

I. Der Seitenwechsel aus der Politik in die Wirtschaft: Ein geschichtlicher Überblick

1. Der Fall Dehler

Thomas Dehler war ein streitbarer Mensch.[1] Er trat früh für einen Schlussstrich unter die „Kriegsverbrecherfrage" des Zweiten Weltkriegs ein[2] und ging später auf Konfrontationskurs mit dem Bundesverfassungsgericht.[3] Sein Einsatz[4] für das Gesetz zur Gewährung der Straffreiheit gegenüber dem Schwarzhandel[5] unterstreicht seinen liberalen Geist.[6] Dennoch, oder gerade deswegen, steht *Dehler* am Beginn dieser Arbeit über nachamtliche Pflichten von Politikern. Der liberale Bundesjustizminister vertrat am 31. Oktober 1950 die Position, dass jeder, der das hohe Amt eines Ministers annehme, von vornherein damit rechnen müsse, Opfer zu bringen. Das Geld dürfe niemals in den Vordergrund gerückt werden, das Volk würde dafür kein Verständnis aufbringen.[7] Daher notierte er folgende Äußerung Adenauers: „Der Bundeskanzler wirft im Hinblick auf das Verhalten des Herrn Dr. Heinemann die Frage auf, ob in das Gesetz[8] nicht Bestimmungen über das Verhalten eines Ministers nach seinem Ausscheiden aufgenommen

---

1 *Maassen/Hucko*, Thomas Dehler, S. 9; *Wengst*, Thomas Dehler, S. 350 f.
2 *Wengst*, Thomas Dehler, S. 158 ff.; ferner *Feldkamp*, Einleitung, in: Hertfelder/Heß, Staatsfragment, S. 13 (18 f.).
3 *Maassen/Hucko*, Thomas Dehler, S. 23 ff.
4 *Maassen/Hucko*, Thomas Dehler, S. 14 f.; *Wengst*, Thomas Dehler, S. 157 f.
5 Vom 31.12.1949 (BGBl. 1950, S. 37).
6 *Maassen/Hucko*, Thomas Dehler, S. 24 f., 27.
7 Enders/Reiser, Kabinettsprotokolle der Bundesregierung II, 107. Sitzung, Top 3 (S. 780).
8 Gemeint ist das Bundesministergesetz vom 17.06.1953 (BGBl. I, S. 407).

werden sollen."[9] Der spätere Bundespräsident hatte sich vor Amtsantritt als Bundesinnenminister zusichern lassen, sein vorheriges Aufsichtsratsmandat der Firma Rheinstahl und seine Vorstandsmitgliedschaft in der Niederrheinischen Bergwerksgesellschaft nach dem Amtsende erneut ausüben zu dürfen.[10] Mit anderen Worten diskutierte bereits die erste Regierung der Bundesrepublik Deutschland den nachamtlichen Seitenwechsel.[11]

Der damalige Bundesfinanzminister *Schäffer* widersprach seinem Justiz-Kollegen. Ein Bundesminister müsse seine gesamte frühere Existenz aufgeben, da Art. 66 GG – die Norm ist bis heute unverändert – ein grundsätzliches Berufs- und Gewerbeverbot für Kabinettsmitglieder ausspreche. Die Wiederbegründung einer Existenz nach Erledigung des Ministeramtes sei mit äußersten Schwierigkeiten verbunden. Demnach sei etwa durch eine Pensionsregelung für Bundesminister ein gerechter Ausgleich für die Preisgabe der früheren Existenz zu schaffen.[12] In der Folge sollte die Rechtsprechung später eine besondere wirtschaftliche Sicherung der Regierungsmitglieder a.D. fordern.[13] Stimmen in der Wissenschaft kritisierten hingegen, der Ministerversorgung stehe keine hinreichende Regulierung von Regierungsmitgliedern nach deren Amtsende gegenüber.[14]

Den Aspekt der zeitlichen Begrenzung des Amts diskutierte der Parlamentarische Rat unter immateriellen Gesichtspunkten, sodass der Abgeordnete *Schönfelder* zu bedenken gab: „Ich glaube, es ist auch kein Fehler, wenn die Menschen nicht dauernd im Staate festgehalten werden, sondern wenn mehr Wechselbeziehungen zwischen dem freien Leben draußen und dem Dienst im Staate entstehen, daß die Leute bei den Behörden nicht verknöchern, nicht Bürokraten werden, sondern

---

9 Enders/Reiser, Kabinettsprotokolle der Bundesregierung II, 107. Sitzung, Top 3 (S. 780 Fn. 6).

10 *Lindemann,* Gustav Heinemann, S. 87.

11 Wahrscheinlich reicht das Phänomen noch weiter zurück, für die Weimarer Republik vgl. *Klein,* Korruption, S. 82–88.

12 Booms, Kabinettsprotokolle der Bundesregierung V, Sondersitzung vom 10.03.1952, Top 3 (S. 152 f.).

13 Erstmals am 30.09.1987, BVerfGE 76, 256 (344 f.); dem nachfolgend am 24.11.2011, BVerwGE 141, 210 (222).

14 *Bamberger,* Nachamtliche Tätigkeitsbeschränkungen, S. 293 f.; *Zimmermann,* ZStW 2012, S. 1023 (1062).

darauf gefaßt sein müssen, in das freie Leben zurückzukehren."[15] Bei einem Wechsel mit umgekehrten Vorzeichen „sei es von Vorteil für die Qualität der Verwaltungsarbeit, wenn Personal aus der freien Wirtschaft in freiem Dienstvertrag herangezogen würde"[16].

2. Der Fall Pofalla

Ronald Pofalla ist sicherlich eine ebenso streitbare Persönlichkeit wie Dehler. Das Phänomen des Seitenwechsels griffen die Medien 2014 nach 65 Jahren erneut auf, obwohl schon vorher diverse Regierungsmitglieder die Seite gewechselt hatten.[17] *Pofalla* selbst hatte die damalige Beschäftigung (ab 2006) des ehemaligen Bundeskanzlers *Gerhard Schröder* beim Energiekonzern Gasprom mit den markigen Worten kommentiert, „es geht nicht um Gas, es geht um Kohle."[18] Der Ausspruch bringt zum Ausdruck, *Schröder* habe sein Fachwissen und vor allem sein politisches Netzwerk gegenüber dem russischen Staatskonzern „versilbert". Das avisierte Wechselverhalten des ehemaligen Kanzleramtsministers Pofalla führt einem die Widersprüchlichkeit dessen Verhaltens deutlich vor Augen, denn ursprünglich wollte der am 17. Dezember 2013 ausgeschiedene Pofalla im Januar 2014, d.h. ohne Abkühlungsphase, als „Generalbevollmächtigter für politische und internationale Beziehungen" zur Deutschen Bahn AG wechseln.[19] Nach zum Teil heftiger öffentlicher Kritik[20] einigten sich Bahnvorstand und künftiger Bahn-Generalbevollmächtigter auf eine freiwillige Karenzzeit bis zum 1. Januar 2015.[21] Am 1. August 2015 rückte Pofalla in den

---

15 *Schönfelder*, in: Schneider, Grundgesetz – Dokumentation X, S. 420.

16 *Schönfelder*, in: Schneider, Grundgesetz – Dokumentation X, S. 430.

17 Vgl. nur die Empirie dieser Arbeit unter D.V.4.: 77 Wechsler sowie die zeitliche Verteilung der Wechsel unter D.VI.3.

18 *Kosfeld*, Das Parlament vom 20.01.2014, S. 1.

19 *Brönstrup*, Tagesspiegel vom 06.01.2014; Zeit online vom 02.01.2014, Früherer Kanzleramtschef Pofalla wechselt in den Bahnvorstand.

20 *Kröger*, Spiegel online vom 07.01.2014; Zeit online vom 02.01.2014, Früherer Kanzleramtschef Pofalla wechselt in den Bahnvorstand; zurückhaltender *Hulverscheidt*, Süddeutsche online vom 08.01.2014: Nicht Pofalla schade, sondern „schlagzeilentaugliche" Kommentare eines Staatsrechtlers schadeten der Demokratie.

21 Spiegel online vom 14.06.2014, Jobwechsel: Pofalla beginnt im Januar 2015 bei der Bahn; taz.de vom 18.06.2014, Pofalla wird Generalbevollmächtigter.

Vorstand der Deutschen Bahn AG auf.[22] Dort sorgte er Pressemitteilungen zu Folge für eine bevorzugte Berücksichtigung von ehemaligen politischen Weggefährten bei der Besetzung von Managerposten.[23] Ist das richtig, gewinnt die „Drehtür“[24] an Eigendynamik und rotiert weiter.

3. Rezeption des Seitenwechsels in Politik und Medien

Trotz der vorgenannten medialen Kritik scheinen sich einige Politiker einig zu sein, die Medien skandalisierten die aktuellen Wechselbestrebungen:[25] „Nicht aus jedem Wechsel wurde ein Skandal; aber in der Öffentlichkeit entstand stets der Eindruck, dass vielleicht doch eine unzulässige Vermengung von Interessen zwischen der Regierungstätigkeit und der neuen, angestrebten Tätigkeit bestand. Damit wurde zumindest unbewusst das Vorurteil bedient, Politik sei käuflich, Entscheidungen seien von der Wirtschaft beeinflusst und unsere Demokratie sei nicht mehr Herr der Gesetzgebung.“[26] Noch deutlicher wird der Abgeordnete *Schuster (CDU),* indem er findet, „daraus[27] ein Gesetz zu machen, ist blanker Unsinn“[28]. Immerhin sei man 66 Jahre ohne Regelung ausgekommen, es könne kein Regelungsbedarf bestehen.[29] Andere standen einer Regulierung bereits vor dem Fall *Pofalla* offen gegenüber.[30] Schließlich gab es mit § 105 BBG bundesrechtliche

---

22 *Doll,* Welt online vom 27.07.2015; Zeit online vom 27.07.2015, Grube macht Pofalla zum Bahn-Vorstand.

23 *Böll,* Spiegel online vom 29.04.2016; Deutsche Wirtschafts Nachrichten online vom 13.05.2016, Deutsche Bahn: Pofalla verschafft politischen Freuden Top-Posten.

24 Begriffserklärung unter A.III.1.

25 *Brandt* (CDU), in: BT Plenarprotokoll (Sten. Ber.) 18/115, 11187C; *Özdemir* (SPD), in: BT Plenarprotokoll (Sten. Ber.) 18/115, 11180D.

26 *Özdemir* (SPD), in: BT Plenarprotokoll (Sten. Ber.) 18/115, 11180D.

27 Gemeint sind nachamtliche Tätigkeiten von Regierungsmitgliedern.

28 *Schuster* (CDU), in: BT Plenarprotokoll (Sten. Ber.) 18/8, 443A.

29 *Brandt* (CDU), in: BT Plenarprotokoll (Sten. Ber.) 16/35, 2976A; in der Sache ebenso *Uhl* (CSU), in: BT Plenarprotokoll 18/8, 435D; für das Land Mecklenburg-Vorpommern, dessen Innenminister *Lorenz Chaffier,* in: Nordkurier vom 19.08.2014, Ex-Energieminister wirbt jetzt für Wind und Sonne.

30 *Geis* (CSU), in: BT Plenarprotokoll (Sten. Ber.) 16/19, 1383A.

und in Hamburg[31] und Nordrhein-Westfalen[32] landesrechtliche Anknüpfungspunkte und Vorbilder für nachamtliche Beschränkungen von Regierungsmitgliedern.

Im Rahmen der damaligen Diskussion schaffte es eine überregionale Zeitung sogar sich selbst innerhalb derselben Ausgabe zu widersprechen. Einerseits sei die aktuelle Debatte Anschauungsunterricht, warum jemand aus der Wirtschaft nicht in die Politik wechseln sollte. Andererseits sei die Verknüpfung zwischen Politik und Wirtschaft lobenswert, damit Politiker mit der ökonomischen Wirklichkeit konfrontiert werden.[33] Gleichzeitig kritisierte die Zeitung die vermehrte Vortragstätigkeit ehemaliger Regierungsmitglieder für Wirtschaftsunternehmen.[34]

In der Folge war das Thema der nachamtlichen Tätigkeiten von Regierungsmitgliedern im Fokus der Öffentlichkeit. Der anstehende Wahlkampf zur Bundestagswahl 2013 wird dazu beigetragen haben, dass sich die Parteien zu dem Thema positionieren mussten. Denn die politischen Kräfte wollen und müssen Antworten auf die in der Bevölkerung diskutierten Themen liefern.[35] Als wesentliche politische Stellschraube hat sich schnell die Dauer einer möglichen Karenzzeit (verzichten nach lat. *carere*) herauskristallisiert:

Die Dauer der geforderten Karenzzeit variierte, soweit ersichtlich, zwischen sechs Monaten und bis fünf Jahren. Dazwischen wurde alles vertreten: Die längste „Schamfrist" von fünf Jahren forderten Teile der Wissenschaft[36] sowie der Politik[37]. Dafür spreche die Anlehnung an § 18 Abs. 2 KorruptionsbG NRW i.V.m. § 52 Abs. 5 LBG NRW, die jeweils eine Untersagungsmöglichkeit von bis zu fünf Jahren gegenüber nachamtlichen Tätigkeiten zulassen. Die landesrechtliche Regelung formt über § 41 BeamtStG letztlich § 105 Abs. 1 BBG nach.[38] Das Gros

31 §§ 9a Abs. 1, 2 SenatsG Ham.

32 § 18 Abs. 2 KorruptionsbG NRW i.V.m. § 52 Abs. 5 LBG NRW.

33 *Inacker*, Handelsblatt vom 05./06./07.10.2012, S. 11.

34 *Anger*, Handelsblatt vom 05./06./07.10.2012, S. 14.

35 *Zippelius/Würtenberger*, Deutsches Staatsrecht, § 10 Rn. 6 f.

36 *Battis*, Innenausschuss-Drucks. 16(4)631 B, S. 1; *v. Arnim*, ZRP 2006, S. 44 (46).

37 Friedrich-Ebert-Stiftung, Korruption in Europa, S. 113; s.a. die bereits 2013 überholte Position der Fraktion DIE LINKE, BT-Drucks. 16/13366.

38 Einzelheiten zu § 105 BBG unter C.III.2.a).

der Meinungen liegt im Bereich zwischen zwei[39], drei[40] und vier[41] Jahren, teilweise ohne sich konkret festzulegen.[42] Ebenso in den Zwei-Jahres-Turnus fällt die neuere Forderung der Fraktion DIE LINKE, die Karenzzeit an die Dauer des Übergangsgelds zu koppeln.[43] Die sich nach der Bundestagswahl 2013 formierende große Koalition hatte sich ausgehend von einer Zielvereinbarung über eine „angemessene Regelung" im Koalitionsvertrag[44] auf eine Karenzzeit von 12 bis 18 Monaten verständigt.[45] Die SPD hatte zuvor eine Karenzzeit von 18 Monaten gefordert.[46] Dabei wäre eine kürzere Karenzzeit ebenfalls denkbar gewesen. Die Neue Osnabrücker Zeitung zitierte einen Europaparlamentarier mit der Forderung eines zwölfmonatigen Abstands.[47] In der Politikwissenschaft sehen Einzelne bereits eine Sperrfrist von sechs Monaten als ausreichend an.[48] Neben der Dauer eines Tätigkeitsverbots waren weitere Detailfragen umstritten, etwa ob eine „automatische" Sperre[49] eingreifen solle oder welche konkreten Voraussetzungen für

39 Fraktion der FDP, in: BT-Drucks. 16/677; *Hahlen*, Innenausschuss-Drucks. 16(4)631 F, S. 11; *Humborg*, Spielregeln des Lobbying, in: Ritter/Feldmann, Lobbying, S. 115 (128); *Lösche*, Demokratie, in: Leif/Speth, Fünfte Gewalt, S. 53 (66); *ders.*, Verbände, S. 133; ebenso §§ 9a Abs. 1, 2 SenatsG Ham.

40 *Bäumel*, in: Innenausschuss-Drucks. 16/99, S. 16; *Müller*, in: Innenausschuss-Drucks. 18(4)334 B, S. 1 f. (beide für Transparency International Deutschland); *Lange*, Innenausschuss-Drucks. 18(4)336 E, S. 5 (Lobbycontrol); *Piratenpartei*, Bundestagswahlprogramm 2013, S. 151; *Schmedes*, ZParl 2009, S. 543 (559).

41 *Bamberger*, Nachamtliche Tätigkeitsbeschränkungen, S. 198; *Leif*, FJSB 22 (1/2009) S. 13 (20).

42 Fraktion Bündnis 90/Die Grünen, in: BT-Drucks. 18/292; zwei bis vier Jahre *Kolbe/Hönigsberger/Osterberg*, Marktordnung, S. 50; *Meyer*, Innenausschuss-Drucks. 16(4)631 C, S. 2: drei bis vier Jahre; *Stein*, Verantwortlichkeit, S. 639 f.

43 BT-Drucks. 18/285, denn gem. § 14 Abs. 2 Satz 1 BMinG hat das ehemalige Regierungsmitglied einen Anspruch von sechs bis 24 Monaten. Gleiches gilt für Parlamentarische Staatssekretäre über § 6 ParlStG.

44 Deutschlands Zukunft gestalten, Koalitionsvertrag zur 18. Legislaturperiode, S. 106.

45 BT-Drucks. 18/4630, S. 1, 5.

46 BT-Drucks. 17/11318.

47 *Brok*, in: NOZ vom 08.01.2014.

48 *Holtmann*, Das Parlament vom 20.01.2014, S. 2.

49 So etwa die Forderung des Bundesanzeiger-Verlags online vom 24.03.2015, Gesetze aktuelle 3/2015, Weiterbeschäftigung; vgl. auch *Kolbe/Hönigsberger/Osterberg*, Marktordnung, S. 50 f.

ein Verbot zu fordern sein.[50] Ebenso umstritten war der Adressatenkreis der zeitweiligen Berufsuntersagung.[51]

Bereits im Dezember 2013 und somit kurz vor dem Öffentlichwerden des Falls *Pofalla* hatte die große Koalition, wie dargelegt, im Koalitionsvertrag vereinbart, den Seitenwechsel ehemaliger Regierungsmitglieder regeln zu wollen. Nachdem die Medien die Wechselabsichten mitunter scharf verurteilt hatten, kündigte die Regierung noch im Januar 2014 eine gesetzliche Regelung an.[52] Im Oktober 2014 einigten sich die Koalitionsspitzen über die künftige Gesetzesänderung.[53] Diese war gem. § 22 Abs. 3 GO BReg streng vertraulich. Gleichwohl wusste die Presse[54] im Dezember vom genauen Inhalt des Vorhabens vor so mancher Bundestagsfraktion.[55] Nach der Jahreswende folgte die Ressortabstimmung.[56] Den Gesetzentwurf mit dem Aktenzeichen D2-33000/20#1 diskutierte und beschloss das Kabinett im Februar 2015.[57] Am 13. Februar 2015 übersandte die Bundesregierung den Gesetzentwurf gem. Art. 76 Abs. 2 Satz 1 GG an den Bundesrat,[58] woraufhin am 2. Juli 2015 der Bundestag 18 Monate nach Zusammentreten der neuen Regierung das Gesetz zur Änderung des Bundesministergesetzes

50 So forderte die Fraktion DIE LINKE anfangs (BT-Drucks. 16/13366) nur eine Karenzzeit für Wechsel in den Aufsichtsrat oder den Vorstand eines Unternehmens, später (BT-Drucks. 18/285) jedoch für sämtliche Seitenwechsel.

51 Regierungsmitglieder und Parlamentarische Staatssekretäre: BT-Drucks. 18/4630, S. 1, 5; nach hiesiger Ansicht auch beamtete Staatssekretäre, s.u. C.I.8.e); ähnlich auch *Meyer*, in: Innenausschuss-Drucks. 16/99, S. 15; Regierungsmitglieder und Parlamentarische Staatssekretäre mit Ausnahme von abgeordneten Regierungsmitgliedern *Hahlen*, Innenausschuss-Drucks. 16(4)631 F, S. 10–12; mit Abgeordneten *Battis*, Innenausschuss-Drucks. 16(4)631 B, S. 1; ohne Abgeordnete, aber einschließlich Politischer Beamte *Bamberger*, Nachamtliche Tätigkeitsbeschränkungen, S. 198; Fraktion Die Linke, in: BT-Drucks. 18/285.

52 Spiegel online vom 17.01.2014, Politiker in die Wirtschaft: Koalition will Karenzzeiten gesetzlich regeln; WiWo online vom 12.01.2014, Karenzzeit.

53 Zeit online vom 07.10.2014, Schwarz-Rot legt Karenzzeit-Regelung vor.

54 Spiegel online vom 20.12.2014, Karenzzeit-Gesetz vorgelegt.

55 Öffentlich diskutierte die Regierung den Inhalt erstmalig in der Fragestunde vom 04.02.2015 [BT Plenarprotokoll (Sten. Ber.) 18/84]; die Abgeordnete *Wawzyniak* (DIE LINKE) beschwerte sich [BT Plenarprotokoll (Sten. Ber.) 18/84, 7975D f.], ihre Fraktion habe den Gesetzentwurf entgegen § 48 Abs. 2 GGO nicht erhalten.

56 FAZ online vom 20.12.2014, Gesetzentwurf.

57 *Gathmann*, Spiegel online vom 03.02.2015; *Roßmann*, Süddeutsche online vom 03.02.2014.

58 BR-Drucks. 52/15.

und des Gesetzes über die Rechtsverhältnisse der Parlamentarischen Staatssekretäre beschloss.[59] Danach sind Regierungsmitglieder und Parlamentarische Staatssekretäre gem. § 6a Abs. 1 Satz 1 BMinG verpflichtet, binnen der ersten 18 Monate nach dem Amtsende neue Tätigkeiten der aktuellen Bundesregierung anzuzeigen. Diese kann nach § 6b Abs. 1 Satz 1 BMinG die angezeigte Tätigkeit für die Dauer von bis zu 18 Monaten untersagen. Bei der Entscheidung der Regierung unterstützt diese gem. § 6c BMinG ein beratendes Gremium. Als Ausgleich für die mögliche berufliche Beschränkung erweitert § 6d BMinG den Anspruch auf Übergangsgeld auf den Zeitraum eines ausgesprochenen Verbots. Vor dem Hintergrund, dass die FDP-Minister im Kabinett Merkel II nicht nur ihr Regierungsamt, sondern wegen der 5%-Hürde auch ihr Bundestagsmandat verloren haben, ist zu berücksichtigen, dass sich diese während der Diskussion um etwaige Karenzzeiten neu organisieren und positionieren mussten. Jene 18 Monate nach dem Amtsende (das ist der Zeitraum von Oktober 2013 bis Juni 2015) sieht die neue Regelung als Anzeigezeitraum und als maximale Karenzzeit vor. Demnach ist denkbar, dass die vormaligen Kollegen aus anderen Fraktionen im Bundestag den nunmehr Ausgeschiedenen keine Steine in den Weg legen wollten und der Beschlusszeitpunkt des neuen Gesetzes bewusst gewählt bzw. hinausgezögert wurde: „Ein Schelm, wer Böses dabei denkt."

Anderseits war das Thema bereits zu Adenauers Zeiten bekannt, daher könnte dem Abgeordneten *Brandt (CDU)* zuzustimmen sein: „Einen wirklich dringenden Grund, das von heute auf morgen zu regeln, gab und gibt es nicht."[60] NGOs[61] und Wissenschaft[62] haben das Gesetz als „Schritt in die richtige Richtung" überwiegend positiv aufgenommen, sehen aber zum Teil weiteren Handlungsbedarf.[63]

59 FAZ online vom 03.07.2015, Politik-Aussteigern droht monatelange Zwangspause; zur Verfassungsmäßigkeit des Gesetzgebungsvergahren E.I.2.

60 *Brandt* (CDU), in: BT Plenarprotokoll (Sten. Ber.) 18/100, 9581C.

61 Gegenüber dem lediglich um § 6a Abs. 2 Satz 3 BMinG ergänzten Gesetzentwurf: *Lange*, Innenausschuss-Drucks. 18(4)336 E, S. 1; *Müller*, Innenausschuss-Drucks. 18(4)334 B, S. 1.

62 Gegenüber dem Gesetzentwurf: *Grzeszick*, Innenausschuss-Drucks. 18(4)334 D, S. 16; *Schwarz*, Innenausschuss-Drucks. 18(4)334 C, S. 1.

63 *Scheffczyk*, ZRP 2015, S. 133 (135); Einzelheiten unter C.I.8.

II. Ziel der Untersuchung

Die vorliegende Arbeit untersucht die Regelungsmöglichkeiten und den Regelungsbedarf von nachamtlichen Anschlussbeschäftigungen auf Bundesebene unter besonderer Berücksichtigung des Gesetzes zur Änderung des Bundesministergesetzes und des Gesetzes über die Rechtsverhältnisse der Parlamentarischen Staatssekretäre vom 17. Juli 2015 (nachfolgend „Gesetzesnovelle“, kurz „Novelle“).[64] Ergänzend folgt ein Blick „über den Tellerrand“ des eingebrachten Gesetzes, sodass die Novelle in einen Zusammenhang mit verfassungsrechtlichen, anderen öffentlich-rechtlichen und zivilrechtlichen Berufsregelungen gebracht werden kann und Regelungsalternativen diskutiert werden können.[65] Demnach bietet diese Dissertation Erkenntnisse über die öffentlich-rechtliche Regulierung von Anschlusstätigkeiten nach dem Ende eines öffentlichen Amts im Allgemeinen.

Weiteres Ziel dieser Arbeit ist es, die gesetzlich nicht vorgesehene Evaluierung des neuen Gesetzes zu antizipieren.[66] Hierfür wurde eine empirische Erhebung durchgeführt und die gewonnenen Daten ausgewertet.[67] Die Untersuchung endet mit der verfassungsrechtlichen Würdigung der Novelle.[68]

III. Erscheinungsformen des Seitenwechsels und ähnlicher Phänomene

In der bisherigen „Grauzone“[69] des Wechselphänomens werden in der Literatur verschiedene Begrifflichkeiten mitunter ohne scharfe Abgrenzung verwendet, sodass einleitend das „Begriffswirrwarr“[70] zu entknoten ist.

64 BGBl. I S. 1322, in Kraft getreten am 25.07.2015; Einzelheiten unter C.I.

65 s.u. C.II bis C.IX.

66 s.u. C.I.8.d).

67 s.u. D.

68 s.u. E.

69 *Bamberger*, Nachamtliche Tätigkeitsbeschränkungen, S. 34; *v. Arnim*, Herrschaft der Lobby?, in: Ritter/Feldmann, Lobbying, S. 17 (19).

70 *Lösche*, Verbände, S. 11; *Strauch*, Lobby-Diskussion, in: ders., Lobbying, S. 91 (107); ähnlich *Wewer*, VuM 2015, S. 325 (326).

1. Seitenwechsel, Drehtüreffekt und Pantouflage

Während der allgemeine Sprachgebrauch unter einem „Seitenwechsel" noch das Tauschen der Spielfeldhälfte im Ballsport versteht,[71] beschreibt der Begriff im politischen Kontext einen anderen Vorgang. Das Schlagwort des „Seitenwechsels" meint den Übertritt ehemaliger Politiker vom öffentlichen in den privaten Sektor.[72] Die *Politischen Entscheidungsträger,* kurz *Politische Entscheider* im Sinne dieser Abhandlung sind Regierungsmitglieder, Parlamentarische und beamtete Staatssekretäre. Im Besonderen beschreibt der bisweilen als „Drehtüreffekt" bezeichnete Vorgang auch die Belohnung eines Politisches Entscheiders für ein vorheriges, dem Unternehmen günstiges Verhalten.[73] Zum Teil liegt der Schwerpunkt des Drehtüreffekts weniger auf der Belohnung für vergangene Unterstützung, sondern im Anreiz für das künftige Einbringen von Fachwissen und Kontakten.[74] Da sich derartige Übertritte in der Vergangenheit vermehrt ohne größere Hindernisse oder unterhalb des medialen Radars vollzogen haben, wurde der Seitenwechsel als „fliegend"[75] oder „geräuschlos"[76] kritisiert. Auf der vermeintlichen Barrierefreiheit gründet auch die Metapher des Drehtüreffekts,[77] da die „Schwingtür" ohne Widerstand rotiert.[78] Dementsprechend erfasst die Bezeichnung „revolving doors" dasselbe Phänomen für den anglo-amerikanischen Raum.[79] Den Katalog der unterschiedli-

71 Duden, Universal Wörterbuch, S. 1595 „Seitenwechsel".

72 *Bamberger,* Nachamtliche Tätigkeitsbeschränkungen, S. 35 f.; *Dagtoglou,* Rechtsgutachten, in: StK VI, S. 13 (88 f.); *Edinger/Schwarz,* Nach dem Mandat, S. 31; *Leif,* FJSB 22 (1/2009), S. 13 (20); *v. Arnim,* ZRP 2006, S. 44 (44 f.); s.a. *Mayer/Naji,* RuP 36 (2000), S. 31 (37): „Systemwechsler".

73 *Humborg,* Spielregeln des Lobbying, in: Ritter/Feldmann, Lobbying, S. 115 (128); *Kolbe/Hönigsberger/Osterberg,* Marktordnung, S. 27–30; *Priddat/Speth,* in: Priddat, Politik unter Einfluss, S. 167 (208); s.a. *Hiller,* ZfRSoz 2005, S. 57 (69), die die nachfolgende Vergütung unter dem Begriff „Reziprozität" fasst; sehr kritisch *Wagenknecht,* Instrumentalisierung, in: v. Arnim, Systemmängel, S. 73 (74): „legale Korruption".

74 *Kosfeld,* Das Parlament vom 20.01.2014, S. 1; *Lösche,* Verbände, S. 133.

75 *Klein/Höntzsch,* Fliegender Wechsel, S. 2.

76 *König,* Lobbyisten, S. 60.

77 *Humborg,* Spielregeln, in: Ritter/Rubin, Lobbying, S. 115 (128).

78 Duden, Universal Wörterbuch, S. 444 „Drehtür".

79 OECD, Post-Public Employment, S. 14.

chen Begriffe schließt das französische Wort „Pantouflage" ab. Damit ist das Auslösen eines höheren Beamten von seiner zehnjährigen Verpflichtung gegenüber dem Staatsdienst gemeint. Umgangssprachlich kauft ein Privater, meist ein Unternehmen, den Beamten von der „Pantoffelherrschaft", das sind die öffentlich-rechtlichen Pflichten des Beamten während und nach der Amtszeit, frei.[80] Gemein haben alle drei Begriffe, dass eine gemeinwohlgebundene Person nach dem Wegfall dieser Bindung zugunsten eines nicht gemeinwohlgebundenen Akteures tätig wird. Diese Arbeit verwendet die drei Begriffe daher synonym. Andere Arten des „Seitenwechsels" etwa von der Regierung zur Opposition sind folglich nach dem hiesigen Verständnis nicht erfasst.

2. Ämterpatronage

Mit Blick auf die rechtlichen Bedenken ähnlich, aber doch nicht deckungsgleich ist das Problem der Ämterpatronage[81]: Danach besteht der Verdacht, die Regierung besetze Ämter, befördere und versetze Amtsträger nach Lagergedanken (sog. Parteibuch-Wirtschaft[82]).[83] Da zumindest, aber nicht nur die politischen Beamten auch politisch im weiteren Sinne agieren[84] und die Regierungsmitglieder Teil der Exekutive sind, ist eine vergleichbare, parteipolitisch gefärbte Interessenlage gegeben. Das ist bei politischen Beamten gewollt und dient der einheitlichen politischen Zielverfolgung. Als Kehrseite können politische Beamte daher jederzeit gem. § 54 Abs. 1 BBG in den einstweiligen Ruhestand versetzt werden. Die Regierungsmitglieder sind auf ihren lo-

80 *V. Arnim*, ZRP 2006, S. 44 (45); *ders./Heiny/Ittner*, Korruption, S. 11 Rn. 40.

81 Den Begriff begründete *Max Weber*, Wirtschaft und Gesellschaft, S. 847; rechtlich aufgearbeitet durch *Eschenburg*, Ämterpatronage, S. 7–11; *Fricke*, Ämterpatronage, S. 4–7; *v. Arnim*, Ämterpatronage, S. 11.

82 *V. Arnim*, Ämterpatronage, S. 5.

83 *Anderheiden*, Gemeinwohl, S. 497; *Dagtoglou*, Rechtsgutachten, in: StK VI, S. 13 (52); *Eschenburg*, Ämterpatronage, S. 63; *Franz*, ZBR 2008, S. 236 (238); *v. Arnim*, Schein der Demokratie, S. 38.

84 *Berg*, Politisierung der Verwaltung, in: v. Arnim/Klages, Probleme der staatlichen Steuerung, S. 141 (141); *Bischoff/Bischoff*, Parlament und Ministerialverwaltung, in: Schneider/Zeh, Parlamentsrecht, § 54 Rn. 34.

yalen Beamtenapparat angewiesen,[85] um im politischen Kräftespiel eine stabile und gesetzestreue Verwaltung bei einer veränderten, möglicherweise den persönlichen Vorstellungen des Beamten widersprechenden Gesetzeslage zu sichern.[86] Die demnach bezweckte politische Übereinstimmung zwischen Spitzenbeamten und Regierung erhöht zwar deren Vertrauensverhältnis untereinander, möglicherweise allerdings auf Kosten der Qualifikation des Personals.[87] Denn nicht immer sind die treuesten auch die begabtesten Gefolgsleute. Neben den rechtlichen Bedenken gegenüber der Ämterpatronage,[88] kann sie daher das Verwaltungsniveau senken. Das korrespondiert mit dem Bild der vermeintlich inkompetenten und von Privatinteressen geleiteten Verwaltung, was den zu vermeidenden „bösen Schein"[89] bekräftigt.[90]

Die Thematik des „bösen Scheins" könnte in zwei Richtungen im hiesigen Kontext relevant werden: Zum einen übernahmen 95 „Politische Entscheider" nach ihrem Amt (auch) eine Funktion im öffentlichen Sektor,[91] sodass die Ämterpatronage ein Motor für Anschlussbeschäftigungen sein kann. Komplementär besetzt die Regierung das Amt des beamteten Staatssekretärs „nicht selten mit Parteifreunden",[92] sodass Minister und Verwaltungsspitze eine überwiegend kongruente Interessenlage haben.[93] Die Verknüpfung der politischen Interessenlage von Ministern und beamteten Staatssekretären ist, wie ausgeführt, über § 54 Abs. 1 Nr. 1 Alt. 1 BBG gerechtfertigt. Die in § 54 BBG konkretisierte und im Rechtsstaatsprinzip verankerte Ausnahme vom Le-

85 *Dagtoglou*, Rechtsgutachten, in: StK VI, S. 13 (51); *Steinkemper*, Amtsträger, S. 52 f.; in der Sache ebenso *Bischoff/Bischoff*, Parlament und Ministerialverwaltung, in: Schneider/Zeh, Parlamentsrecht, § 54 Rn. 32.

86 BVerfGE 44, 249 (265); 70, 251 (267); 99, 300 (315); *Lemhöfer*, in: Plog/Wiedow, BBG, § 54 Rn. 8.

87 *Eschenburg*, Ämterpatronage, S. 15 f.; *Franz*, ZBR 2008, S. 236 (240); *v. Arnim*, Ämterpatronage, S. 15 f., Letzterer mit weiteren Schwachstellen der Ämterpatronage.

88 Vgl. *Anderheiden*, Gemeinwohl, S. 497; *Eschenburg*, Ämterpatronage, S. 62–66; *Suermann*, ZBR 1965, S. 1 (3); *Wilhelm*, ZBR 1966, S. 357 (361).

89 Begriffserklärung unter B.IV.2.

90 *V. Arnim*, Ämterpatronage, S. 16 f.

91 s.u. D.VI.

92 *Franz*, ZBR 2008, S. 236 (240).

93 Zu dem Problem der Schicksalsgemeinschaft von Minister und Parlamentarischem Staatssekretär, wobei der nachamtliche Werdegang des Letzteren vom Ersteren abhängt, s.u. C.I.4.b)aa).

benszeitprinzip gem. Art. 33 Abs. 5 GG ist wegen der erforderlichen Flexibilität infolge wechselnder Regierungen verfassungsgemäß.[94]

Beiden Phänomenen ist der Zugang von Politikern zu einem persönlichen politischen Netzwerk gemein: Nur wer einen Patron hat, kann auch protegiert werden.[95] Eben jenes Netzwerk versuchen externe Kräfte im Rahmen des Drehtüreffekts für sich nutzbar zu machen. Eine grundlegende Unterscheidung bleibt jedoch: Während bei dem Seitenwechsel die Gefahr besteht, dass internes Fachwissen unkontrolliert in die Wirtschaft fließt, d.h. die Protagonisten wissen im Vergleich mit Privaten zu viel, ist es möglich, dass die nur nach Parteibuch und nicht nach Eignung und Leistung beförderten Staatsdiener zu wenig Fachwissen besitzen. Der hier erzeugte „böse Schein“ der fachlich unterqualifizierten Verwaltungsspitze entspricht somit nicht dem Anschein einer wirtschaftlich abhängigen Staatsführung. Daher bleibt das Themenfeld der Ämterpatronage in dieser Untersuchung weitgehend unberücksichtigt.

3. Inklusive Verwaltung

In die Systematik der vorstehenden Aspekte reiht sich die „Inklusive Verwaltung“[96] ein. Das Phänomen beschreibt zusammengefasst den Wechsel von der Wirtschaft in die Verwaltung und ihre (politischen) Führungsebenen.[97] Der Bezug der Inklusiven Verwaltung zu dem Thema dieser Arbeit folgt aus dem denkbaren Zuwachs von vertraulichem Regierungswissen bei nicht allgemeinwohlgebundenen Stellen.

Ein (einseitiger) Wissenstransfer zugunsten des Staats ist gem. Ziffer 1.1 „Verhaltenskodex für in der Bundesverwaltung tätige externe

94 s.o. A.III.2., S. 21 Fn. 86.

95 *Hiller*, ZfRSoz 2005, S. 57 (69) sieht in der nachträglichen Vergütung von Amtshandlungen daher eine Patronage durch die Unternehmen; nach *Schmidt-Hieber*, Ämterpatronage, in: v. Arnim, Korruption, S. 84 (85) bedingen sich Patronage und (mittelbare) Korruption als Wechselspiel.

96 Terminus nach *Hartmann*, Inklusive Verwaltung, S. 7.

97 *Hartmann*, Inklusive Verwaltung, S. 7 (z.B. als Referent); in der Sache ebenso *Dagtoglou*, Private in der Verwaltung, S. 28 f., 59–63; *Remmert*, Private Dienstleistungen, S. 24 f.; *v. Heimburg*, Verwaltungsaufgaben, S. 58.

Personen"[98] (VwVExtPerso), der einschlägigen Verwaltungsvorschrift, ausdrücklich erwünscht. Dabei erklärt Ziffer 2.1 Var. 2 VwVExtPerso den Einsatz externen Personals für zulässig, sofern die Verwaltung nicht über das für die Erfüllung ihrer Aufgaben „erforderliche Fachwissen"[99] verfügt.[100] Der Grundgedanke, infolge erhöhter Spezialisierung und Professionalisierung besser wirtschaften zu können, ist freilich der gleiche, wie auf Seiten der Privaten. Als Sicherung gegen den Transfer von vertraulichen Informationen verpflichtet die Regelung nach Ziffer 5 VwVExtPerso zur Verschwiegenheit, die gem. Ziffer 7 des Kodex über die Dauer der Tätigkeit hinaus reicht.

Mit dem Ziel, dem Staat Fachwissen aus der Wirtschaft zu verschaffen, tritt „eine marktliche an die Stelle einer hoheitlichen Steuerung"[101]. Durch die Einbindung Privater entstünden Netzwerke, in denen Staat und Private gemeinsam gesellschaftliche Probleme bewältigen.[102] Folge der so entstehenden Inklusiven Verwaltung ist die Integration privatwirtschaftlicher Akteure in das Staatsgebilde „ohne Kanten und Knoten"[103]. Der nachamtliche Seitenwechsel findet dagegen im formellen Amtsende eine „klare Kante". Die Politischen Entscheider nehmen ihr privatwirtschaftliches Amt nicht als Hoheitsträger, sondern als Privatperson im privaten Interesse wahr.[104] Folglich bildet die Inklusive Verwaltung nicht das formelle Spiegelbild des Drehtüreffekts. Hingegen bestehen die ähnliche materiellen Bedenken, etwa die der Befangenheit zugunsten des privaten Arbeitgebers.[105] Je nach Präsentation des benötigten Fachwissens kann der Externe wichtige Ent-

---

98 Vom 17.07.2008, Bundesanzeiger Nr. 111 vom 25.07.2008, S. 2723.

99 *Bischoff/Bischoff*, Parlament und Ministerialverwaltung, in: Schneider/Zeh, Parlamentsrecht, § 54 Rn. 35 sprechen daher von „Herrschaftsmacht begründenden Fachwissen".

100 Zu dem Wissensbedarf des Staats *Dagtoglou*, Rechtsgutachten, in: StK VI, S. 13 (87); *ders.*, Private in der Verwaltung, S. 58–63; *Hartmann*, Inklusive Verwaltung, S. 10 f.; *Remmert*, Private Dienstleistungen, S. 6–8.

101 *Hartmann*, Inklusive Verwaltung, S. 14.

102 *Bogumil/Jann*, Verwaltung, S. 44.

103 *Hartmann*, Inklusive Verwaltung, S. 7, 15.

104 Vgl. *Bamberger*, Nachamtliche Tätigkeitsbeschränkungen, S. 60, 178 f.; für die Inklusive Verwaltung *Hartmann*, Inklusive Verwaltung, S. 17, 35; *Remmert*, Private Dienstleistungen, S. 198; inhaltlich kongruent *Burgi*, Privatisierung, S. 156.

105 *Dagtoglou*, Rechtsgutachten, in: StK VI, S. 13 (87 f.); *Hartmann*, Inklusive Verwaltung, S. 19 ff., 35, 38; in der Sache ebenso *Remmert*, Private Dienstleistungen,

scheidungen beeinflussen.[106] Denn er hat Zugriff auf staatsinternes Wissen und Entscheidungen. Um den beiden vorgenannten Bedenken gerecht zu werden, hat die Bundesregierung mit der VwVExtPerso Grenzen bestimmt, auch wenn ernsthafte Zweifel bestehen, ob eine Verwaltungsvorschrift den Einsatz externer Kräfte legitimieren kann.[107]

4. Lobbyismus

Der in der Öffentlichkeit negativ besetzte Begriff des Lobbyismus bezeichnet in einem ersten Zugriff das versuchte Durchsetzen von Partikularinteressen zu Lasten des Allgemeinwohls[108] und steht demnach im Kontext zum Thema dieser Abhandlung. Bei genauerer Betrachtung ist Lobbyismus zunächst ein Werkzeug, transparenter Lobbyismus eine „professionelle Technik der Interessensdurchsetzung im öffentlichen Raum."[109] Als Aktionsart kann Lobbyismus somit in allen

---

S. 492–495 für Amtswahrnehmungsverträge; a.A. *Dagtoglou*, Private in der Verwaltung, S. 166 (somit im leichten Widerspruch zu seinen späteren Ausführungen); *v. Heimburg*, Verwaltungsaufgaben, S. 59, da beide von der „Aufrichtigkeit und [dem] gutem Willen" der Beteiligten ausgehen. Sie übersehen aber den „bösen Schein", der unabhängig von dem Willen der Akteure entsteht, sodass *Dagtoglou*, Private in der Verwaltung, S. 59, eine Begrenzung auf „unabhängige Fachleute" vorsieht.

106 Vgl. *Hartmann*, Inklusive Verwaltung, S. 25.

107 *Hartmann*, Inklusive Verwaltung, S. 28, 41: „[Die VwVExtPerso] ist verfassungswidrig"; *ders.*, ZRP 2015, S. 1 (1): „Inklusive Verwaltung […] verstößt gegen das Rechtsstaatsprinzip"; *ders.*, NOZ vom 19.01.2016, S. 16.

108 *Humborg*, Spielregeln des Lobbying, in: Ritter/Feldmann, Lobbying, S. 115 (115); *Leif/Speth*, Anatomie des Lobbyismus, in: dies., Die Stille Macht, S. 7 (9); *Lösche*, Lobbyismus, in: Göhler u.a., Public Affairs, S. 9 (9); *ders.*, Verbände, S. 9; *Strauch*, Lobby-Diskussion, in: ders., Lobbying, S. 91 (97 f.); s.a. *Busch-Janser*, Staat und Lobbyismus, S. 21, der die negative Wahrnehmung sprachlich mit dem Suffix „ismus" erklärt; *Strauch*, Lobby-Diskussion, in: ders., Lobbying, S. 91 (113 f.) verweist auf semantische Probleme; vgl. auch *Cancik*, Parlamentsrecht, VVDStRL 72 (2013), S. 268 (307–311).

109 *Leif/Speth*, Anatomie des Lobbyismus, in: dies., Die Stille Macht, S. 7 (24); *Lösche*, Lobbyismus, in: Göhler u.a., Public Affairs, S. 9 (10); *ders.*, Verbände, S. 20 f.; *Wehrmann*, Lobbying, in: Kleinfeld/Zimmer/Willems, Lobbying, S. 36 (39 f.); s.a. *Busch-Janser*, Staat und Lobbyismus, S. 19 f.; *Strauch*, Lobby-Diskussion, in: ders., Lobbying, S. 91 (115): „Kunst des Einwirkens".

vorstehenden Feldern Anwendung finden. Das Wort „Lobbyismus" bezog sich ursprünglich auf die Eingangshalle eines Parlaments, in der Vertreter von Unternehmen und anderen Interessensgruppen versuchten, die Parlamentarier von den durch sie repräsentierten Interessen zu überzeugen.[110] Und wer könnte für diese Arbeit besser geeignet sein als bereits auf dem Gebiet der politischen Interessensvertretung Erfahrene? Daher greifen Unternehmen und Interessensverbände gerne auf ehemalige Politiker zurück, da diese den Prozess und die Akteure der parlamentarischen und gubernativen Willensbildung bereits kennen.[111] Demnach ist der Seitenwechsel im Sinne dieser Arbeit eine Erscheinungsform des Lobbyismus.

110 *König*, Lobbyisten, S. 12; *Lösche*, Lobbyismus, in: Göhler u.a., Public Affairs, S. 9 (10); für die Überzeugung von Ministern durch privatwirtschaftliche Akteure: *Hartmann*, ZRP 2015, S. 1 (1).

111 *König*, Lobbyisten, S. 60 f.

B. Motivation der Beteiligten im Zusammenhang mit nachamtlichen Tätigkeiten von Politischen Entscheidern

Vor der rechtlichen Analyse ist die Motivation der Beteiligten zu untersuchen. Denn durch einen Blick auf die abstrakte Motivationslage der Beteiligten können die rechtlichen Befunde mit der gesellschaftlichen Ausgangslage – d.h. zunächst abstrakt – abgeglichen werden, bevor in einem nächsten Schritt das Wechselverhalten der Politischen Entscheider konkret erforscht wird.[112] Die Motivation bietet dabei Erkenntnisse für die Verhältnismäßigkeitsprüfung im Rahmen der anschließend vorzunehmenden verfassungsrechtlichen Würdigung der Novelle.

I. Motivation der Politischen Entscheider a.D.

Die Motivation der scheidenden Politischen Entscheider soll zuerst beleuchtet werden. Denn hier liegt die Gefahr einer Vorverurteilung nahe.[113] Dies verdeutlicht etwa die mitunter negativ geprägte, wenig trennscharfe Bezeichnung von Politikern als „herrschende Klasse".[114]

---

112 *Bamberger*, Nachamtliche Tätigkeitsbeschränkungen, S. 45 bezeichnet die Motivationslage als „Motor der ‚Drehtür'".

113 So eine allgemeine Annahme: *M. Hartmann* (SPD), in: BT Plenarprotokoll (Sten. Ber.) 17/228, 28510D „allgemeine Politikerschelte"; s. allein den Titel bei *v. Arnim*, Fetter Bauch regiert nicht geRn. Die politische Klasse – selbstbezogen und abgehoben.

114 Begriff nach *Mosca*, Die herrschende Klasse, S. 53–106; *Pareto*, Allgemeine Soziologie, § 2034 f; hinsichtlich einer etwaigen pejorativen Prägung *Meyer*, Rechtsstaat, in: v. Arnim, Politische Klasse, S. 19 (19); *v. Arnim*, Politische Klasse, S. 30; s.a. *Borchert/Golsch*, PVS 36 (1995); S. 609 (612, 614); *v. Beyme*, politische Klasse, S. 11; distanziert *D. Herzog*, APuZ B 50/1991, S. 3 (3).

1. Versorgungsinteresse

In erster Linie geraten vor allem finanzielle Interessen der Politiker (Versorgungsinteresse) in die Kritik.[115] Negativ formuliert erstreben die Politischen Entscheider, „von der Politik leben zu können und zwar möglichst gut und möglichst auf Dauer“[116]. In der Regel stellt die Anschlusstätigkeit eine zeitlich grundsätzlich unbeschränkte[117] und grundsätzlich höher dotierte Beschäftigung dar.[118] Die Versorgung kann dabei entweder durch einen öffentlichen[119] oder einen privatwirtschaftlichen[120] Patron geschehen.[121] Dabei ist das Versorgungsinteresse allenfalls moralisch verwerflich und selbst dann nur in Hinblick auf vermeintlich unverhältnismäßig hohe Vergütungen.[122] Rechtlich schützt Art. 12 Abs. 1 GG grundsätzlich das Gewinnstreben. Problematisch ist folglich der Anschein, der Politische Entscheider a.D. habe sein vorheriges Amt im Sinne seines späteren Arbeitgebers ausge-

115 Die Motivationslage ist nach *Towfigh/Petersen*, Ökonomische Methoden, Rn. 333 vielschichtig und lässt sich nur bedingt modellieren: Der Politiker ist dabei weder „eigennutzmaximierender Markteilnehmer“ noch „benevolente[r] Gemeinwohloptimierer“.

116 *V. Arnim*, Schein der Demokratie, S. 35; in der Sache ebenso, *Beyme*, Die politische Klasse im Parteienstaat S. 30 f.; *Borchert/Golsch*, PVS 36 (1995), S. 609 (612); *Wiesendahl*, Berufspolitiker, in: v. Arnim, Politische Klasse, S. 145 (162); bei der wirtschaftlichen Berechnung des Seitenwechsels werden auch rechtliche Beschränkungen berücksichtig: *Battis*, in: Innenausschuss-Drucks. 16/99, S. 15; *Kolbe/Hönigsberger/Osterberg*, Marktordnung, S. 72 Fn. 31.

117 Das politische Amt ist hingegen zeitlich begrenzt, sodass ein Politiker oft ohne oder gegen seinen Willen sein Amt verliert. Daher ist das Ausscheiden aus der Politik grundsätzlich kein Resultat der Karriereplanung, *Kreiner*, Amt auf Zeit, S. 140 f.; zurückhaltend wegen der jederzeitigen Rücktrittsmöglichkeit *D. Herzog*, Politische Karriere, S. 79; a.A. *Bamberger*, Nachamtliche Tätigkeitsbeschränkungen, S. 46; *Wiesendahl*, Berufspolitiker, in: v. Arnim, Politische Klasse, S. 145 (162 ff.).

118 *Edinger/Schwarz*, Nach dem Mandat, S. 28, 33; *Leif*, FJSB 22 (1/2009), S. 13 (19); *Lösche*, Demokratie, in: Leif/Speth, Fünfte Gewalt, S. 53 (66); *Mayer/Naji*, RuP 36 (2000), S. 31 (38).

119 Sog. Versorgungspatronage *Eschenburg*, Ämterpatronage, S. 15; *Kloepfer*, Ämterpatronage, in: v. Arnim, Politische Klasse, S. 107 (109).

120 Sog. Wirtschaftspatronage *Kloepfer*, Ämterpatronage, in: v. Arnim, Politische Klasse, S. 107 (109); vgl. *Hiller*, ZfRSoz 2005, S. 57 (69).

121 s. zur Ähnlichkeit mit der Ämterpatronage A.III.2.

122 Vgl. *Bamberger*, Nachamtliche Tätigkeitsbeschränkungen, S. 184.

übt, der Politische Entscheider a.D. verkaufe sein internes Fachwissen oder nehme zugunsten von nicht gemeinwohlgebundenen Akteuren über sein persönliches Netzwerk Einfluss auf politische Entscheidungen.

a) Parteiliche Amtsführung

Nach §§ 20, 21 VwVfG rechtswidrig,[123] mitunter sogar gem. §§ 331, 332 StGB strafbar,[124] ist das Nutzen der Möglichkeit des aktiven Politischen Entscheiders, Amtshandlungen mit Blick auf spätere Berufsaussichten zugunsten eines Unternehmens auszurichten.[125] Vor diesem Hintergrund hat ein vernünftig Handelnder grundsätzlich kein Interesse an einer parteiischen Amtsführung.[126] Eine Ausnahme ist dort zu machen, wo der erwartete Nutzen das erwartete Entdeckungsrisiko und die erwartete Sanktion übersteigt.[127] Doch selbst unabhängig von rechtswidrigen Handlungen kann der Anschein einer solchen entstehen. Mit diesem Anschein korrespondiert, wie noch auszuführen sein wird,[128] ein Vertrauensverlust seitens der Bevölkerung gegenüber der Integrität der Regierung.

b) Netzwerknutzung

Anders als bei der parteilichen Amtsführung ist es um die Nutzung des persönlichen Netzwerkes bestellt. Der ehemalige Staatslenker könnte versuchen, seine Kontakte in zweierlei Richtung nutzbar zu machen. Zum einen nutzt er seine Kontakte für sich selbst und seine staatliche oder private Anschlusstätigkeit.[129] Zum anderen stellt er seinen Netz-

123 Einzelheiten unter C.VII.

124 Einzelheiten unter C.VIII.

125 Gegenüber Beamten *Broll* (CDU), in: BT Plenarprotokoll (Sten. Ber.) 10/95, 8117D; allgemein im Verwaltungsverfahren *Nebendahl*, DÖV 1988, S. 961 (963); *Hammer*, Interessenkollision, S. 50 f.

126 Vgl. *Lösche*, Verbände, S. 121 f.; *v. Arnim*, ZRP 2006, S. 44 (44 f.).

127 Vgl. *Bliesener*, in: ders./Lösel/Köhnken, Rechtspsychologie, S. 126 (126 f.); *Baer*, Rechtssoziologie, § 9 Rn. 27 ff.; *Towfigh/Petersen*, Ökonomische Methoden, Rn. 196 f.

128 Zu den Schutzgütern der Novelle, s.u. C.I.2.e); zur rechtlichen Gewichtung des Rechtsguts der Integrität der Regierung, s.u. E.II.1.a)cc)(2)(d)(aa).

129 *Leif*, FJSB 22 (1/2009), S. 13 (19); *Mayer/Naji*, RuP 36 (2000), S. 31 (37).

werkzugang dem neuen Arbeitergeber zur Verfügung.[130] Nimmt der Politische Entscheider a.D. über sein Netzwerk unmittelbar Einfluss auf politische Entscheider zugunsten eines Unternehmens und kommt der Beeinflusste dem Ansinnen nach, ist die hoheitliche Maßnahme allenfalls nach § 21 Abs. 1 Satz 1 VwVfG rechtswidrig. Eine Strafbarkeit nach §§ 331, 332 StGB des Politischen Entscheiders scheidet aus, soweit eine versprochene, geforderte oder angenommene Vermögenszuwendung fehlt.

c) Berufsbedingtes und exklusives Wissen (Fachwissen)

Neben dem Netzwerkzugang bietet der vormalige Politische Entscheider einstellungsinteressierten Unternehmen sein Wissen an. an. Jeder Arbeitnehmer bringt seine bisherige Berufserfahrung und somit sein „berufsbedingtes Wissen" in den neuen Job ein; das mag gerade der Grund für seine Anstellung gewesen sein.[131] Er folgt damit nur dem Prinzip von Angebot und Nachfrage. Gleiches gilt aus ökonomischer Sicht auch für das „exklusive Wissen" über vertrauliche Vorgänge innerhalb der Regierung.[132] Letzteres ist hingegen dem freien Markt entzogen. Damit bietet der Betroffene ein besonders seltenes Gut und kann daher eine besonders hohe Vergütung verlangen. Dringen Regierungsinterna ohne oder gegen den Willen der Regierung nach außen, schadet dies ihrem Ansehen.

2. Machtinteresse

Neben finanziellen Erwägungen sind Politische Entscheider zum Teil „Machtmenschen" und wollen ihren politischen, gesellschaftlichen und finanziellen Einfluss eher ausbauen als schrumpfen sehen.[133] Sie

130 *Edinger/Schwarz*, Nach dem Mandat, S. 33; *Leif*, FJSB 22 (1/2009), S. 13 (19).
131 *Mayer/Naji*, RuP 36 (2000), S. 31 (37).
132 *Leif*, FJSB 22 (1/2009), S. 13 (19 f.).
133 So eine allgemeine Ansicht bei *Bamberger*, Nachamtliche Tätigkeitsbeschränkungen, S. 47: „Überzeugungstäter"; *Borchert/Golsch*, PVS 36 (1995); S. 609 (615); *Kolbe/Hönigsberger/Osterberg*, Marktordnung, S. 30; *Kreiner*, Amt auf Zeit, S. 141; v. *Arnim*, Politische Klasse, S. 50–54; *ders.*, Fetter Bauch regiert nicht gern, S. 201; *Wiesendahl*, Berufspolitiker, in: v. Arnim, Politische Klasse, S. 145 (162 f.); vgl.

wollen gerade nach dem Amt, entledigt der politischen Zwänge von Partei und Medien, gesellschaftlich gestalten.[134] Daher kommt eine Rückkehr in das Berufsfeld vor dem politischen Amt mangels vergleichbarem Ansehen und Einfluss regelmäßig nicht in Betracht.[135] Solange das Interesse an der persönlichen Machterhaltung nicht mit einer Beeinflussung der aktiven Regierung einhergeht, sondern sich etwa abseits dessen in dem persönlichen Ansehen innerhalb der Führungsetagen von Wirtschaftsunternehmen widerspiegelt, schadet das „Machtinteresse" des Einzelnen nicht dem Ansehen der Regierung.

3. Beschäftigungsinteresse

Die Motivation der Politischen Entscheider a.D. ist teilweise auch ideeller Natur,[136] d.h. diese verfolgen mitunter weder finanzielle oder Macht erhaltende und erweiternde Ziele, z.B. in Form von Ehrenämtern. Aber auch die bloße Beschäftigung in dem alten Beruf dient der Persönlichkeitsentfaltung.[137]

4. Öffentliche Wahrnehmung

Sprachlich unglücklich, aber inhaltlich zugespitzt könnten die Politischen Entscheider neben den vorgenannten Motiven ein „Ansehens-

---

Towfigh/Petersen, Ökonomische Methoden, Rn. 337 f., die in dem Machtgewinn zumindest eine Triebfeder erkennen; kritisch *D. Herzog,* APuZ B 50/1991, S. 3 (13).

134 *Bamberger,* Nachamtliche Tätigkeitsbeschränkungen, S. 47; *Leif,* FJSB 22 (1/2009), S. 13 (17); *Mayer/Naji,* RuP 36 (2000), S. 31 (37).

135 *Mayer/Naji,* RuP 36 (2000), S. 31 (38): „Derartige Fälle sind allerdings nicht häufig"; für Abgeordnete *Edinger/Schwarz,* Nach dem Mandat, S. 28 f.; *Kreiner,* Amt auf Zeit, S. 48–52, 57–65, 129 f. Die Erhebung unter D.V.4. ergab eine Quote von 34% für eine Berufsfortsetzung, die häufig in der weiteren Ausübung des bereits vor dem Amt bekleideten Parlamentsmandats liegt.

136 *Edinger/Schwarz,* Nach dem Mandat, S. 30; vgl. *Hefty,* Staatssekretäre, S. 248; Wewer, VuM 2015, S. 325 (334); kritisch *Kreiner,* Amt auf Zeit, S. 134 ff.; *Towfigh/Petersen,* Ökonomische Methoden, Rn. 333: „[Sie] können [...] die Welt verbessern wollen".

137 BAG, NJW 1962, S. 1981 (1982 f.).

wahrungsinteresse“ haben. Denn auch den politisch amtslosen Politiker interessiert die öffentliche Wahrnehmung seiner Person: Ist der Betroffene weiterhin Abgeordneter und somit von der Wähler- und Parteigunst abhängig,[138] verbietet sich bei angestrebter Wiederwahl ein öffentlich schädliches Verhalten, mit anderen Worten, die Erzeugung des „bösen Scheins“. Da der „Makel des gekauften und beeinflussbaren Politikers“ schnell auf das anstellende Unternehmen durchschlagen kann, will der Politiker, im Sinne seiner wirtschaftlichen Attraktivität, eine negative Presse auch nach der politischen Ära vermeiden.[139] Zudem fürchtet er seine persönliche Verunglimpfung.[140] Demnach haben Politiker gleichermaßen ein Interesse, den „bösen Scheins“ zu vermeiden und somit an der Prüfung und – mit Blick auf ihre anderen Interessen – an der Bescheinigung durch eine hoheitliche Stelle, dass die neue Beschäftigung legal und legitim ist.

II. Motivation der Wirtschaft

Der Obergriff *Wirtschaft* bündelt alle Arten von Unternehmen,[141] gleich welcher Rechtsform oder Ausrichtung. Trennungslinie ist mit dem Wortlaut der §§ 6a, 6b BMinG der öffentliche Dienst. Faktisch kommt es freilich innerhalb der (Privat-)Wirtschaft zu einer asymmetrischen Einflussnahme, da nur finanziell gut situierte Unternehmen sich ehemalige Spitzenpolitiker werden leisten können.[142] Mit der strategischen Investition in einen ehemaligen Politiker könnten sich Unternehmen einen Wettbewerbsvorteil sichern wollen. Denn die wirtschaftlichen Akteure versprechen sich über die Beschäftigung ehemali-

---

138 *Borchert/Stolz,* PVS 44 (2003), S. 148 (167 ff.); *Kolbe/Hönigsberger/Osterberg,* Marktordnung, S. 77; *v. Arnim,* ZRP 2003, S. 235 (240): „Angst vor dem Volk“.

139 So wollte Horst Köhler sein Engagement beim Kasachischen Präsidenten möglichst geheim halten, *Becker u.a.,* Der Spiegel vom 13.06.2015 (25/2015), S. 20 (24 f.).

140 BT-Drucks. 18/4630, S. 1; *Grzeszick/Limanowski,* DÖV 2016, S. 313 (314).

141 Vgl. *Tsatsos,* VerwArchiv 58 (1967), S. 360 (366).

142 *Kolbe/Hönigsberger/Osterberg,* Marktordnung, S. 29 f., 76; *Lösche,* Verbände, S. 132; *Mayer/Naji,* RuP 36 (2000), S. 31 (37 f.); *v. Winter,* ZParl 35 (2004), S. 761 (775.).

ger Politischer Entscheider einen effizienten und unternehmensgerechten Umgang mit den jetzigen Exekutivspitzen.[143]

1. Einflussstelle Exekutive

Grundsätzlich wollen Private ihre Interessen politisch vertreten und umgesetzt sehen.[144] Daher ist es naheliegend, sich an die „Politische Klasse" zu wenden, da diese das gesamte politische System und jede politische Entscheidung erfasst.[145] Demnach haben Unternehmen ein besonderes Interesse an Spitzenpolitikern, etwa aus der Gubernative, da diese staatsleitende Entscheidungen treffen oder getroffen haben.[146] Der Einflussgewinn der Gubernative und Ministerialverwaltung gegenüber der Legislative erfolgt über das „Agenda Setting"[147] und die Koordinierung der Gesetzgebung.[148] So nimmt das Parlament sein Initiativrecht gem. Art. 76 Abs. 1 Var. 1 GG aufgrund des Ressourcenmangels nur selten selbst wahr.[149] Bilden Parlamentsmehrheit und Regierung die politische Führung, ist die Regierung der aktiv gestaltende Partner.[150] Kommt es zu Änderungen seitens des Bundestags, setzt die Ministerialverwaltung unter der Ressorthoheit des Ministers die Anregungen um, da es dem Parlament zumeist an fachlicher Expertise fehlt. Der Gesetzesvollzug obliegt grundsätzlich der Verwaltung. Der verbleibende Auslegungs- und Ermessensspielraum verleiht der Ministerialverwaltung erhebliche Entscheidungsbefugnisse, etwa in Form von

143 In die Richtung bei Nebentätigkeiten BVerwGE 60, 254 (258 f.).

144 Vgl. *Schröder*, Gesetzgebung, S. 22; vgl. *Towfigh/Petersen*, Ökonomische Methoden, Rn. 334.

145 *V. Arnim*, Schein der Demokratie, S. 37.

146 *Edinger/Schwarz*, Nach dem Mandat, S. 68; *Kolbe/Hönigsberger/Osterberg*, Marktordnung, S. 30; a.A. *Kreiner*, Amt auf Zeit, S. 116 f., die auch Abgeordnete in Ausschüssen als Anlaufstelle herausarbeitet.

147 *Bernauer u.a.*, Politikwisssenschaft, S. 149; *Schnapp*, APuZ B 5/2001, S. 14 (15).

148 Empfehlungen des Organisations-Ausschusses der Ministerpräsidenten-Konferenz über den Aufbau der Bundesorgane, Bericht vom 25.08.1949, S. 19; *Bischoff/Bischoff*, Parlament und Ministerialverwaltung, in: Schneider/Zeh, Parlamentsrecht, § 54 Rn. 48; *Schnapp*, APuZ B 5/2001, S. 14 (16).

149 *Niederhafner/Speth*, FJSB 3/2004, S. 23 (27); *Riedl*, Mitte des politischen Systems, S. 211.

150 *Ellwein*, Regierungssystem, S. 295.

Ministerialerlassen, und unterstreicht die staatsleitende Funktion der Ministerialverwaltung.[151] Ist kein Parlamentsgesetz erforderlich, ermächtigt Art. 80 Abs. 1 GG die Bundesregierung zur selbstständigen Rechtssetzung.[152] Die Literatur spricht teilweise von einer „faktischen Dominanz" der „Exekutive"[153] – wobei nicht die gesamte Verwaltung, sondern vielmehr die Ministerialverwaltung gemeint ist – oder erhebt sie zumindest zu einem gleichrangigen Legislativorgan neben dem Parlament.[154] Aus dem Einfluss gegenüber der Regierung folgt die Lenkung der unmittelbar nachgeordneten Verwaltungsspitze als oberstes Vollzugsorgan.[155] Die direkteste Form ist die Beeinflussung von Gesetzesvorhaben[156] und von Ämterbesetzungen.[157]

2. Netzwerknutzung

Der Einfluss der Unternehmen auf die Gubernative vollzieht sich dabei selten über „offene Kanäle", sondern vornehmlich im inoffiziellen Rahmen.[158] Die ehemaligen Politischen Entscheider nutzen ihr Netzwerk oder stellt dieses zur Verfügung, um den persönlichen Kontakt

151 Zusammenfassend *Eichenberger*, Gesetzgebung, VVDStRL 40 (1982), S. 7 (29–32), *Niederhafner/Speth*, FJSB 3/2004, S. 23 (26 ff.); *Riedl*, Mitte des politischen Systems, S. 208–214.

152 Grundlegend *Hasskarl*, Exekutive Rechtssetzungsbefugnis, S. 231.

153 *Decker*, Parlamentarismusverständnis, in: Brink/Wolff, FS v. Arnim, S. 533 (536); *Niederhafner/Speth*, FJSB 3/2004, S. 23 (23 f.); *Riedl*, Mitte des politischen Systems, S. 12.

154 *Eichenberger*, Gesetzgebung, VVDStRL 40 (1982), S. 7 (28 f.); *Oberreuter*, Entmachtung, in: Hill, Gesetzgebung, S. 121 (132).

155 Vgl. *Niederhafner/Speth*, FJSB, 3/2004, S. 23 (28.); *v. Arnim*, Gemeinwohl, S. 146 f.

156 *Leif/Speth*, Anatomie des Lobbyismus, in: dies., Die Stille Macht, S. 7 (15); *Lösche*, Verbände, S. 61; *v. Winter*, ZParl 35 (2004), S. 761 (761): „die große Ausnahme".

157 *Kreiner*, Amt auf Zeit, S. 117: Eine direkte Beeinflussung geschieht in der Regel über ehemalige Politiker; vgl. *Mayer/Naji*, RuP 36 (2000), S. 31 (38): „Man muss sich [ansonsten] immer fragen, welchen Hut er gerade trägt"; zur sog. Wirtschaftspatronage *Kloepfer*, Ämterpatronage, in: v. Arnim, Politische Klasse, S. 107 (109).

158 *Mayer/Naji*, RuP 36 (2000), S. 31 (36 f.); *v. Winter*, ZParl 35 (2004), S. 761 (774 f.); *Leif/Speth*, Anatomie des Lobbyismus, in: dies., Die Stille Macht, S. 7 (8); *dies.*, Fünfte Gewalt, in: dies., Fünfte Gewalt, S. 10 (22, 25 f.); *Edinger/Schwarz*, Nach dem Mandat, S. 33.

zwischen wirtschaftlichen Akteuren und der jeweiligen Staatsleitung herzustellen. Die Kontaktvermittlung ist für die Wirtschaft wichtig, um an die aktuellen Entscheidungsträger herantreten und sie ggf. zu ihren Gunsten beeinflussen zu können. Daher kommt es der Wirtschaft nachdrücklich auf einen ungezwungenen Umgang an, der Vertrauen erzeugt und somit Hemmschwellen senkt.[159] Ist der Kontakt einmal hergestellt, variiert die Bandbreite der Vorgehensweisen je nach „Gefechtslage" von „beraten" über „beeinflussen" bis „erpressen".[160] Andererseits erhofft sich das Unternehmen durch ihren neuen Vertreter eine höhere Glaubwürdigkeit gegenüber aktuellen Politischen Entscheidern.[161] Endlich bedingt das Netzwerk eine Art „Schneeballsystem", denn der einmal vermittelte Kontakt ist seinerseits ein potentieller neuer Kontaktmittler.[162] Daher dient das Netzwerk gleichermaßen zur Rekrutierung frisch ausgeschiedener Politischer Entscheider.[163]

3. Nutzbarmachung des Fachwissens

Neben der Netzwerknutzung der Politischen Entscheider a.D. interessiert die Wirtschaft das Fachwissen der Politischen Entscheider.[164] Denn „Wissen ist Macht"[165]; vor allem im internationalen Wettbewerb, wenn es darum geht, vor den Mitbewerbern auf eine neue politische Lage zu reagieren. Die Art des Arrangements kann dabei freilich variieren. Während die „Netzwerkpolitiker" regelmäßig für einen dauerhaften Einsatz engagiert werden, bieten die „Interlockers auf Zeit" – das sind nur vorübergehend von der Wirtschaft engagierte ehemalige

---

159 *Leif/Speth*, Fünfte Gewalt, in: dies., Fünfte Gewalt, S. 10 (26); *Mayer/Naji*, RuP 36 (2000), S. 31 (36).

160 *Mayer/Naji*, RuP 36 (2000), S. 31 (36); *Leif/Speth*, Fünfte Gewalt, in: dies., Fünfte Gewalt, S. 10 (24 ff.); *Lösche*, Verbände, S. 72–75; vgl. *König*, Lobbyisten, S. 21 f.

161 Vgl. *Leif*, FJSB 22 (1/2009), S. 13 (20); *Lösche*, Verbände, S. 67.

162 Vgl. *Mayer/Naji*, RuP 36 (2000), S. 31 (36); *Speth*, Interessenpolitik, in: Leif/ders., Fünfte Gewalt, S. 38 (49).

163 Vgl. *Bamberger*, Nachamtliche Tätigkeitsbeschränkungen, S. 50.

164 *Mayer/Naji*, RuP 36 (2000), S. 31 (37); *Speth*, Interessenpolitik, in: Leif/ders., Fünfte Gewalt, S. 38 (66).

165 *Sir Francis Bacon*, in: Büchmann, Geflügelte Worte, S. 260.

Politiker – vergängliches Insiderwissen, sodass für die bloße Informationsgewinnung grundsätzlich ein Vortrag ausreicht.[166]

Etwas anderes gilt, wenn der Politische Entscheider seine Organisationsfähigkeit und seine Problemlösungskompetenz in das Unternehmen einbringt. Dieses berufsbedingte Wissen kann sich, ohne zugleich exklusives Wissen zu sein, als vertiefte Kenntnis von politischen Vorgängen ausdrücken.[167] Das gilt insbesondere für die strategische Vorgehensweise auf ausländischen Märkten; infolge der landesspezifischen und diplomatischen Erfahrungen sind z.B. ehemalige Staatssekretäre des Auswärtigen Amts unabhängig von ihrem exklusiven Wissen und ihren politischen Kontakten gefragt.[168]

4. Ergebnis

Politiker und Wirtschaft verfolgen überwiegend komplementäre Ziele, sodass eine Übereinkunft oft nur eine betriebswirtschaftlich naheliegende Konsequenz ist. Dabei bleiben partikuläre Unterschiede, etwa der Bedarf an kürzlich aus dem Amts geschiedenen Politikern mit aktuellem Fachwissen und Kontakten, während dem Politischen Entscheider a.D. die aktuelle Marktposition des Unternehmens überwiegend gleichgültig ist.[169] Dabei ist im Verhältnis zwischen Fachwissen und Netzwerknutzung das Erstgenannte vergänglicher und weniger relevant für die Unternehmen.[170] Diese Wertigkeit kann ein Faktor bei der Ermessensentscheidung über ein Berufsverbot nach § 6b Abs. 1 Satz 1 BMinG sein.

166 *Mayer/Naji*, RuP 36 (2000), S. 31 (38); a.A. *Bamberger*, Nachamtliche Tätigkeitsbeschränkungen, S. 49.

167 Vgl. *Speth*, Interessenpolitik, in: Leif/ders., Fünfte Gewalt, S. 38 (49).

168 *Nass*, in: Die Zeit online vom 23.03.2013, Türöffner und Welterklärer.

169 Etwas Anderes gilt sicherlich bei der Insolvenz des Unternehmens, etwa die Nanolay AG, allerdings war der Politische Entscheider a.D. und Aufsichtsratsvorsitzende bereits aus Altersgründen vorzeitig ausgeschieden, *Klein/Höntzsch*, Fliegender Wechsel, S. 20.

170 *Nass*, in: Die Zeit online vom 23.03.2013, Türöffner und Welterklärer; nach der Art der Anschlusstätigkeit differenzierend *Bamberger*, Nachamtliche Tätigkeitsbeschränkungen, S. 48.

III. Motivation der Bürger

Während die Motivation von Politischen Entscheidern und Unternehmen überwiegend parallel verläuft, ist die Motivation der Bürger möglicherweise gegenläufig. Die Allgemeinheit[171] möchte ihre Wünsche und Hoffnungen politisch und rechtlich umgesetzt wissen. Denn in einer demokratischen Ordnung besteht eine Wechselbezüglichkeit zwischen der Rechtsordnung und den demokratisch legitimierten Entscheidungsträgern einerseits und den Wünschen der Bevölkerung andererseits, sog. Responsivität.[172] Was „der Wille der Bevölkerung" ist, ist normativ zu bestimmen: Die Regierung darf nicht auf einen bloßen Vollzug des Willens der von ihr Repräsentierten abzielen, sondern hat für einen gerechten Interessenausgleich zwischen verschiedenen Strömungen innerhalb der Bevölkerung zu sorgen.[173] Mit Blick auf das Phänomen des Seitenwechsels scheint die Allgemeinheit den Politischen Entscheidern eher kritisch gegenüber zu stehen, sodass aus ihrer Sicht ein Regulierungsbedarf besteht: Zum einen hegt sie Ressentiments gegen den Verwaltungsapparat.[174] Die Öffentlichkeit nimmt mitunter ein korruptes Beamtentum wahr,[175] sodass der Vorwurf von rechtswidrig begünstigenden Amtshandlungen zugunsten einer Anstellung nach der Amtszeit im Raum steht. Zumindest kann in der Öffentlichkeit der Anschein entstehen, der Beamte „privatisiere" seine sensiblen und auf Kosten der öffentlichen Hand erworbenen internen Kenntnisse im Interesse des Unternehmens.[176] Ob dies letztlich zutrifft, ist unbeachtlich. Vielmehr reicht der Anschein nicht integrer Amtsträger. Dem entgegenzutreten ist, wie noch herauszustellen sein wird, ein Ziel der öffentlich-rechtlichen Berufsbeschränkungen.

171 Genauer: Der Allgemeinheit als Verallgemeinerung in Abgrenzung zu den Politischen Entscheidern a.D. oder Wirtschaftlichen Entscheidern, die ihrerseits auch Bürger sind.

172 *Zippelius/Würtenberger*, Deutsches Staatsrecht, § 10 Rn. 6; in der Sache ebenso *Stern*, Staatsrecht I, § 18 II 5 e (S. 616 f.).

173 *Böckenförde*, Willensbildung, in: Isensee/Kirchhof, HStR III, § 34 Rn. 33 f.

174 So eine allgemeine Ansicht, etwa bei *Sontheimer/Bleek/Gawrich*, Politisches System, S. 319.

175 *Fieder*, Stereotypen, in: Schindler/Sobik, Amt, S. 101 (106 f.).

176 *Kolbe/Hönigsberger/Osterberg*, Marktordnung, S. 74.

Ebenso findet das Bild des zu teuren Beamten in der Öffentlichkeit viel Anklang.[177] Dies muss umso mehr für beamtete Staatssekretäre als politische Beamte gelten, denen entweder ein Übergangsgeld oder ein Ruhegehalt, jedenfalls gem. § 4 Abs. 1 BBesG eine zeitweilige Weitergewährung der Bezüge nach der Amtszeit zusteht. Die zeitliche Erweiterung des Übergangsgelds gem. § 6d BMinG belastet den Haushalt zusätzlich. In der Konsequenz müsste der Bürger – unter finanziellen Aspekten – für eine unbeschränkte wirtschaftliche Betätigung des Politischen Entscheiders a.D. sein.[178]

Diese beiden Gesichtspunkte, das Bild der vermeintlich korrupten Beamten und die vermeintlich überteuerten Beamten, könnten die Berufsbeschränkung legitimieren, soweit die jeweilige Regelung das Ziel verfolgt, die Integrität der staatlichen Institution in der Öffentlichkeit zu schützen. Dabei kann aus der Perspektive der Öffentlichkeit irrelevant sein, dass sich das Bild des unangemessen teuren Politischen Entscheiders a.D., der staatlichen Bezüge erhält und das Bild des Politischen Entscheiders a.D., der gerade nicht in der freien Wirtschaft seinen Lebensunterhalt erarbeiten darf, widersprechen. Denn ein voreingenommener Betrachter des Seitenwechsels gibt sich seine Antworten selbst, wenn die bisherigen Maßnahmen der Politik dem Ansinnen der Allgemeinheit nicht entsprechen, sog. Irresponsivität.[179] Zudem übersieht die Verallgemeinerung zwei wesentliche Aspekte. Erstens geht es nicht immer nur um den „schnöden Mammon“ und zweitens kann die monetäre Optimierung des Einzelnen auf Kosten von Wirtschaftsunternehmen mit dem Staatsziel eines ausgeglichenen Haushalts konformgehen. Daher kritisierte bereits zu Zeiten der Reichsgründung *von Gneist* die „zündenden Worte“ und „Phrasen“ gegenüber der „in Bausch und Bogen zusammen [gefassten] ‚Verwaltung‘“[180].

177 So eine allgemeine Ansicht, etwa bei *Fieder*, Stereotypen, in: Schindler/Sobik, Amt, S. 101 (107).

178 Im Falle neuen Einkommens wäre dieses auf das Übergangsgeld und/oder das Ruhegehalt anzurechnen, s.u. C.V. und C.VI.

179 *Loidolt*, Rechtsphänomologie, S. 347 f.

180 *V. Gneist*, Staatsrecht, S. 241.

IV. Motivation der Regierung

Abschließend sei noch ein Blick auf die Motivation des Staats in Gestalt der aktiven Regierung hinsichtlich der Berufsbeschränkungen geworfen. Die Motivation stellt sich grundsätzlich als das Bestreben nach einer rechtmäßigen Machtausübung der Organwalter dar, damit das Vertrauen der Bürger in die Regierungsarbeit gewahrt bleibt oder begründet wird.

1. Rechtmäßige Machtausübung und Vertrauen der Bürger

Das Interesse des Staats an gesetzeskonformen Handlungen seiner Organe ist eine Folge der Rechtsbindung nach Art. 20 Abs. 3 GG an „Gesetz und Recht". Bezogen auf das Ansehen von Regierung und Verwaltung schwächt nicht nur der direkte Gesetzesverstoß, sondern bereits der „böse Schein" das Vertrauen der Bürger in die Integrität der Regierung und des öffentlichen Diensts.[181] Das Interesse an einer rechtsstaatlichen Machtausübung könnte ebenfalls eine Berufsbeschränkung legitimieren.

2. Vermeidung des „bösen Scheins"

Ausgehend von dem kanonischen Recht steht das Schlagwort des „bösen Scheins" für das an Amtsträger gerichtete Gebot, bereits den Anschein eines Verhaltens zu vermeiden, das bei tatsächlichem Vorliegen geeignet wäre, öffentliche Interessen zu beeinträchtigen.[182] Die Terminologie lässt sich inhaltsgleich im juristischen Kontext nutzen.[183] Konkretisiert auf das hiesige Phänomen beschreibt der „böse Schein" einen derartigen Verdacht gegenüber Politischen Entscheidern. Der Vorwurf

181 *Isensee*, Amt, in: Schuppert/Neidhardt, Gemeinwohl, S. 241 (259); *Kröger*, Ministerverantwortlichkeit, S. 267; *Sommermann*, in: v. Mangoldt/Klein/Starck, GG II, Art. 20 Rn. 307.

182 Vgl. *Hilp*, Böser Schein, S. 96 f.

183 *Isensee*, Amt, in: Schuppert/Neidhardt, Gemeinwohl, S. 241 (259); *ders.*, Gemeinwohl, in: ders./Kirchhof, HStR IV, § 71 Rn. 133.

gründet dabei auf einem möglichen und vermuteten Verkauf exklusiven Staatswissens, auf der Zurverfügungstellung des politischen Netzwerks und auf einer intransparenten und an Individualinteressen ausgerichteten Amtsführung. Dieser Vorwurf gründet auf vermeintlich unangemessen hoch vergüteten Anstellungen der Politischen Entscheider a.D. in privaten Unternehmen.

Der Staat ist bestrebt, bereits im Vorfeld einzuschreiten, da ansonsten viele Beeinträchtigungen der Integrität der Regierung nicht verhindert werden können.[184] Eine lediglich repressive gerichtliche Kontrolle vermag dieses Problem nicht zu verhindern, und dem Einzelnen kann eine „übermenschlich anmutende Selbstdisziplin und Selbstreflexion" nicht abverlangt werden.[185] Andernfalls müsste sich vorher der Gesetzgeber für eine konkrete Besorgnis der Befangenheit fragen: „Wie edel ist der Mensch? Das werden Sie nicht herausbekommen."[186] Demnach könnte zur Vermeidung des „bösen Scheins" bereits eine präventive Kontrolle gegenüber der Berufsfreiheit erforderlich sein.

3. Vermeidung von Intransparenz

Maßgeblicher Nährboden des „bösen Scheins" ist jene Intransparenz, die den Bürger glauben lässt, die Mächtigen könnten ungesehen gesetzeswidrig handeln und kämen mit einer Verdunkelungstaktik davon.[187] Anders gewendet braucht der Staat Transparenz für eine wirksame Kontrolle, damit Politiker das Gemeinwohl nicht dem eigenen Interesse unterordnen.[188] Dieses Bedürfnis Staats nach einer Allgemeinwohlorientierung der Amtsträger zulasten eigener private Vortei-

184 *Bamberger*, Nachamtliche Tätigkeitsbeschränkungen, S. 149; *Dagtoglou*, Befangenheit, in: Doehring, FG Forsthoff, S. 65 (96, 100 f.).

185 *Bamberger*, Nachamtliche Tätigkeitsbeschränkungen, S. 149; *Kazele*, Interessenkollision, S. 53 f.; vgl. *Marré*, Befangenheit, S. 44 f.

186 *Meyer*, Innenausschuss-Drucks. 16/99, S. 17; ferner *Steinberg*, Parlament, in: Schneider/Zeh, Parlamentsrecht, § 7 Rn. 119 f.: „Die Offenlegung von Verflechtungen ist unentbehrlich".

187 *Ederer*, Transparenz, in: Ritter/Feldmann, Lobbying, S. 133 (137 f., 143); vgl. *Morlok/Krüper*, NVwZ 2003, S. 573 (574).

188 *Schlauch*, Regieren die Lobbys?, in: Ritter/Feldmann, Lobbying, S. 29 (33 f.).

le bestätigt die Neue Politische Ökonomie.[189] Die erforderliche Transparenz ist demnach eine Voraussetzung für die zuvor herausgearbeitete Responsivität.[190] Im Rahmen der Novelle und mit Blick auf eine mögliche Karenzzeit gem. § 6b Abs. 1 BMinG betont die Wissenschaft erneut, dass „Transparenz das oberste Gebot“[191] sei.

4. Informations- und Geheimhaltungsinteresse

Der Staat hat durch die Entwicklung der Gesellschaft zur Wissens- und Informationsgesellschaft einen hohen Bedarf an Fachkenntnissen, den er im Diskurs mit der freien Wirtschaft zu decken sucht.[192] Daher stehen Regierung und Verwaltung einem Informationsaustausch mit Privaten durchaus offen gegenüber und in der Folge fördert der Gesetzgeber den Austausch sogar.[193] Im Rahmen des nachamtlichen Wechselphänomens werden ehemalige Politische Entscheider auf Grund ihres Fachwissens weiterhin in staatliche Belange eingebunden, etwa durch Mandate in öffentlich-rechtlichen Wirtschaftsunternehmen und „Denkfabriken“.[194] Mit anderen Worten hat der Staat ein Interesse daran, einschlägigen Sachverstand unabhängig von einem aktuellen Amt zu konservieren. Ein nachamtlicher Übertritt in die Wirtschaft dient hingegen nicht dem Informationsinteresse des Staats. Selbst wenn der ehemalige Staatsdiener hinterher wieder in den öffentlichen Dienst mit reichlich Lebens- und Wirtschaftserfahrung zurückkehrt, haben regelmäßig andere Informationsquellen – Medien, Wissenschaft, Lobbykontakte – Wissen zur Verfügung gestellt. Dem „verschwindend geringen“ Austausch über die Drehtür zu Gunsten des

189 *Kirsch*, Neue Politische Ökonomie, S. 12; *Kabalak/Priddat/Rhomberg*, Medien, Politik, Ökonomie, in: Priddat, Politische Ökonomie, S. 75 (78 ff.); *Towfigh/Petersen*, Ökonomische Methoden, Rn. 335.

190 s.o. B.III.

191 *Battis*, DVBl. 2015, S. 832 (833).

192 *Böckenförde*, Willensbildung, in: Isensee/Kirchhof, HStR III, § 34 Rn. 37 f.; *Kolbe/Hönigsberger/Osterberg*, Marktordnung, S. 73.

193 Etwa über das Altersgeld für freiwillig aus dem Staatsdienst ausscheidende Beamte, s.u. C.VI.3.

194 Z.B. Staatssekretär a.D. Peter Eickenboom als Aufsichtsratsvorsitzender der Gesellschaft für Entwicklung, Beschaffung und Betrieb mbH.

Staats kommt daher keinerlei Relevanz zu.[195] Bei dem aus staatlicher Sicht gewollten Informationsaustausch muss der Staat zeitgleich seine Regierungsinterna schützen, sodass das Bundesverfassungsgericht der Exekutive einen unausforschbaren Kernbereich als Initiativ-, Beratungs- und Handlungsbereich gewährt.[196]

5. Haushaltsinteresse

Neben dem Bürger hat auch der Fiskus ein Interesse an geringen Ausgaben oder zumindest an einem konsolidierten Haushalt.[197] Dies entspricht den Grundsätzen der Wirtschaftlichkeit und Sparsamkeit i.S.v. Art. 109 Abs. 2 Satz 1 und Art. 114 Abs. 2 Satz 1 GG. Zwar ist der Begriff der Wirtschaftlichkeit relativ, sodass die Ausgaben des Staats mit etwaigen Gegenleistungen in ein Verhältnis zu setzen sind, doch generiert das Berufsverbot keinen monetär quantifizierbaren Gegenwert. Daher strebt der Staat nach möglichst geringen Kosten für die Versorgung der Betroffenen, muss aber möglicherweise eine staatlich angeordnete Karenzzeit entschädigen.[198] Das Interesse der öffentlichen Hand an einem ausgeglichenem Haushalt könnte für eine zeitnahe Wiedereingliederung in das Arbeitsleben der ehemaligen Politischen Entscheider sprechen.

195 *Kolbe/Hönigsberger/Osterberg*, Marktordnung, S. 74.

196 s.u. C.IV.

197 Explizit im hiesigen Kontext *Kolbe/Hönigsberger/Osterberg*, Marktordnung, S. 77 f.; *Özdemir* (SPD), in: BT Plenarprotokoll (Sten. Ber.) 18/100, 9579D; allgemein *Gröpl*, in: ders., BHO/LHO, § 7 Rn. 1, 9.

198 s.u. E.II.1.a)cc)(2)(d)(bb)(eee).

C. Rechtliche Rahmenbedingungen der Novelle und anderer Tätigkeitsbeschränkungen

Die Analyse der rechtlichen Rahmenbedingungen für die Regulierung des Seitenwechsels beginnt gemäß dem Ziel dieser Arbeit mit der Novelle des BMinG (C.I). Daraufhin sind die verfassungsrechtlichen Berufsbeschränkungen (C.II.1) und verfassungsrechtliche Strukturprinzipien (C.II.2) zu analysieren. Anschließend werden die öffentlich-rechtlichen Berufsbeschränkungen des einfachen Rechts (C.III) diskutiert. Da die im Zusammenhang mit dem „Seitenwechsel" stehenden Berufsvorschriften unter anderem den Wissenstransfer an vertraulichen Informationen zwischen Staat und Wirtschaft unterbinden sollen, schließt sich die Untersuchung der Verschwiegenheitspflichten an (C.IV). Den nachwirkenden Pflichten stehen (fortwirkende) Finanzansprüche in Form von Übergangsgeld (C.V) und Anschlussbezügen (C.VI) gegenüber. Die ausgewählten Bereiche ergänzt das allgemeine Verwaltungsrecht (C.VII) sowie das Straf- und Disziplinarrecht (C.VIII). Ein Blick über den öffentlich-rechtlichen Tellerrand auf privatrechtliche Wettbewerbsverbote (C.IX) rundet die Analyse des rechtlichen Rahmens ab.

I. Gesetz zur Änderung des Bundesministergesetzes und des Gesetzes über die Rechtsverhältnisse der Parlamentarischen Staatssekretäre

Das Gesetz zur Änderung des Bundesministergesetzes und des Gesetzes über die Rechtsverhältnisse der Parlamentarischen Staatssekretäre[199] ist der vorläufige Schlusspunkt einer Debatte, die bereits vor über 60 Jahren hätte geführt werden können. Noch im Jahr 2014 mussten die Befürworter einer nachamtlichen Regulierung mit erheblichen Wi-

199 Vom 17.07.2015 (BGBl. I S. 1322).

derständen ringen. Die Novelle umfasst neben einer Anzeigepflicht (§ 6a BMinG) auch einen Verbotsvorbehalt (§ 6b BMinG), sie installiert mit § 6c BMinG ein beratendes Gremium und verlängert die Bezugsdauer des Übergangsgelds nach § 6d BMinG mindestens auf die Dauer der Untersagung. Nach § 7 Satz 2 ParlStG adressiert die Neuerung auch Parlamentarische Staatssekretäre und § 50 Abs. 1 Nr. 5 VwGO begrenzt den Instanzenzug auf das Bundesverwaltungsgericht.

1. Anzeigepflicht

Aktive und ehemalige Regierungsmitglieder sind gem. § 6a Abs. 1 Satz 1, 2 BMinG verpflichtet, dem Kabinett geplante Erwerbstätigkeiten oder sonstige Beschäftigungen innerhalb der ersten 18 Monate nach ihrem Ausscheiden aus dem Amt schriftlich anzuzeigen. Die Anzeigepflicht gem. § 6a Abs. 2 Satz 1 BMinG entsteht, sobald ein Mitglied oder ehemaliges Mitglied der Bundesregierung mit Vorbereitungen für die Aufnahme einer Beschäftigung beginnt oder ihm eine Beschäftigung in Aussicht gestellt wird. Nach § 6a Abs. 2 Satz 2 BMinG soll die Anzeige mindestens einen Monat vor Aufnahme der Tätigkeit erfolgen, andernfalls kann die Regierung die Tätigkeit für die Dauer von bis zu einem Monat vorläufig untersagen.

a) Personeller Anwendungsbereich der Anzeigepflicht

Der personelle Anwendungsbereich ist auf Regierungsmitglieder und über § 7 ParlStG auf Parlamentarische Staatssekretäre begrenzt. Die Formulierung „Mitglieder der Bundesregierung“ weist auf die Legaldefinition des Art. 62 GG hin.

b) Materieller Anwendungsbereich der Anzeigepflicht

aa) Erwerbstätigkeit

Der Begriff „Erwerbstätigkeit“ umfasst alle auf Erwerb gerichteten Tätigkeiten, sodass unentgeltliche Tätigkeiten von dieser Tatbestandsvariante nicht erfasst sind. In systematischer Hinsicht hat das Merkmal der „Erwerbstätigkeit“ sprachlich im Ministerrecht kein Vorbild, insbesondere nicht in § 5 Abs. 1 BMinG. Im Umkehrschluss zu dem differenzierenden Wortlaut des § 5 BMinG („[...] kein anderes besoldetes Amt, kein Gewerbe und keinen Beruf ausüben. [Regierungsmitglieder] dürfen während ihrer Amtszeit auch nicht dem Vorstand, Aufsichtsrat oder Verwaltungsrat eines auf Erwerb gerichteten Unternehmens angehören oder gegen Entgelt als Schiedsrichter tätig sein“) ist von einem weiten Begriffsverständnis auszugehen. Rückschlüsse aus anderen Gesetzen, die von „Erwerbstätigkeit“ sprechen, etwa § 2, § 19 Abs. 2 AufenthG, § 11 SchwarzArbG oder § 7 SGB IV, sind gegenüber § 6a BMinG aufgrund des unterschiedlichen Regelungszusammenhangs unergiebig. Deutlich wird dies etwa in §§ 2 Abs. 2 AufenthG wonach Erwerbstätigkeit im Sinne des AufenthG selbständigen Tätigkeiten, Beschäftigungen im Sinne von § 7 SGB IV oder Tätigkeiten als Beamter sind. Tätigkeiten als Beamter sind aber nach dem Wortlaut des § 6 Abs. 1 Satz 1 BMinG gerade nicht erfasst.

Die genetische Auslegung anhand der Gesetzesbegründung ergibt, dass § 6 Abs. 1 BMinG das Ziel hat, mögliche Interessenkonflikte möglichst frühzeitig sichtbar zu machen.[200] Demnach ist eine weite Auslegung des Begriffs der Erwerbstätigkeit geboten. Im Ergebnis ist Erwerbstätigkeit daher jede Tätigkeit außerhalb des öffentlichen Diensts, die der Schaffung oder Unterstützung einer Lebensgrundlage dient.

bb) Sonstige Beschäftigung

Die „sonstige Beschäftigung“ bezieht sich in Ergänzung zu „Erwerbstätigkeit“ auf ehrenamtliche Aktivitäten, denn ohne den Wortteil „Erwerb“ glichen sich die Bedeutungen von „Tätigkeit“ und „Beschäftigung“. Ein paralleler Inhalt scheidet aber aufgrund des Zusatzes „sonstigen“ aus, sodass die „sonstige Beschäftigung“ sich von der „Erwerbstätigkeit“ gerade über den kommerziellen Bezug abgrenzt. Als einzige Begrenzung der „sonstigen Tätigkeit“ hat der Gesetzgeber den öffentlichen Dienst vorgesehen. Dies folgt jedoch nicht etwa aus der fehlenden Vergütung im öffentlichen Dienst, sondern aus dessen Gemeinwohlbindung. Insgesamt spricht das Adjektiv „sonstige“ für eine extensive Auslegung des Anzeigetatbestands. Den Befund unterstreicht der

200 BT-Drucks. 18/4630, S. 10.

zweite Absatz, indem die aktive Stellensuche von Regierungsmitgliedern ebenso wie das passive Empfangen von Firmenangeboten zur Berichtspflicht führt.

Die Einbeziehung von ehrenamtlichen Tätigkeiten ergibt sich ebenso aus der Entstehungsgeschichte. Der federführende Bundesinnenminister *de Maizière (CDU)* plädierte für einen weiten Anwendungsbereich, insbesondere die Einbeziehung ehrenamtlicher Tätigkeiten, weil auch diese Potential für „massive Interessenkollisionen" böten.[201] Dem schließt sich die Gesetzesbegründung an, nach der die Vorschrift neben allen unentgeltlichen oder vergüteten, freiberuflichen und selbstständigen Tätigkeiten auch Anstellungen bei privaten Unternehmen, an denen der Bund erfassen soll. Zudem unterstreicht die Genese die systematische Auslegung, indem als Ausnahme lediglich der öffentliche Dienst bleibt.

cc) Neue Tätigkeit nach der Amtszeit

Die Anzeigepflicht gem. § 6a Abs. 1 Satz 1 BMinG umfasst nur aktive Regierungsmitglieder, die *nach* der Amtszeit eine neue Tätigkeit anstreben, mit anderen Worten ist das aktive Amt für die Anzeigepflicht keine hinreichende Bedingung. Das Verbot gem. § 5 Abs. 1 Satz 1 BMinG untersagt *während* der Amtszeit Nebentätigkeiten. Jedoch treffen die unterschiedlichen Rechtsfolgen, Anzeigepflicht und generelles Verbot, die aktiven Regierungsmitglieder bereits während der Amtszeit. § 5 Abs. 1 Satz 1 BMinG kennt keine Anzeigepflicht für Nebentätigkeiten, da eine solche gegenüber dem generellen Verbot widersinnig wäre. Folglich stehen § 6a Abs. 1 Satz 1 und § 5 Abs. 1 Satz 1 BMinG in einem *aliud*-Verhältnis. Demnach kann nach der systematischen Auslegung eine nachamtliche Anzeigepflicht nicht mit dem Schutz der effektiven Regierungs(zu)arbeit des Einzelnen gerechtfertigt werden. Maßgeblich für die Bestimmung einer anzeigepflichtigen Anschlusstätigkeit ist als Folge des Gemeinwohlgedankens alleine, ob der Eindruck entstehen kann, „dass die gemeinwohlorientierte Regierungsarbeit einseitig beeinflusst werden" kann.[202]

---

201 *De Maizière* (CDU), in: BT Plenarprotokoll (Sten. Ber.) 18/100, 9577A.
202 BT-Drucks. 18/4630, S. 10 f.

dd) Ausnahme: Tätigkeiten im öffentlichen Dienst

Tätigkeiten im öffentlichen Dienst bleiben nach § 6a Abs. 1 Satz 1 BMinG aufgrund der Gemeinwohlbindung im Gleichklang mit § 5 Abs. 1 Satz 2 BMinG und § 105 Abs. 1 Satz 1 BBG unbehelligt. Neben der Gemeinwohlausrichtung entspricht der *öffentliche Dienst* sprachlich Art. 33 Abs. 4, 5 GG und ist dementsprechend auszulegen.[203]

c) Dauer der Anzeigepflicht

Die Anzeigepflicht gem. § 6a Abs. 1 Satz 1 BMinG beträgt 18 Monate nach dem Ausscheiden aus dem Amt. Die Dauer der Anzeigepflicht für scheidende Regierungsmitglieder orientiert sich an dem Verhaltenskodex für Kommissionsmitglieder (VK EU).[204] Der Verhaltenskodex verpflichtet in Ziffer 1.2 Abs. 1 Satz 1 VK EU die Kommissionsmitglieder, ihre angestrebten Tätigkeiten der Kommission innerhalb von 18 Monate nach dem Amtsende anzuzeigen. Der Zeitraum ist ebenso wie die Regelungstechnik identisch, denn der einzelne Amtsträger a.D. muss dem aktuellen Gremium Mitteilung machen. Mit der Wendung „rechtzeitig, soweit möglich innerhalb von mindestens vier Wochen" ist die europäische Lösung zurückhaltender als der Anzeigezeitpunkt in § 6a Abs. 2 Satz 2 BMinG.

Die Opposition kritisiert die zeitliche Eingrenzung der Anzeigepflicht als beliebig, denn ein sachlich fundiertes Kriterium für diese Fristen fehle, und fragt, ob die Regierung „gelost, gewürfelt oder Stöckchen geschmissen" habe.[205] Da die Berufsbeschränkung die Kenntnis der Regierung von der Anschlusstätigkeit voraussetzt, stellt der Abgeordnete *Özdemir (SPD)* neben anderen Zielen der Gesamtnovelle auf Transparenz ab:[206] Als Nebeneffekt rege die Anzeigepflicht die scheidenden Regierungsmitglieder und Parlamentarischen Staats-

---

203 s.u. C.III.1.c)bb)(1).

204 *De Maizière* (CDU), in: BT Plenarprotokoll (Sten. Ber.) 18/100, 9576D; zur Vorbildfunktion des Unionsrechts vgl. *Hartmann*, Öffentliches Haftungsrecht, S. 216 f., 230 f.

205 *Wawzyniak* (Die Linke), in: BT Plenarprotokoll (Sten. Ber.) 18/100, 9577D.

206 *Özdemir* (SPD), in: BT Plenarprotokoll (Sten. Ber.) 18/100, 9578C; ebenso *Brandt* (CDU), in: BT Plenarprotokoll (Sten. Ber.) 18/115, 11187C f.; *Krings* (CDU), in: BT Plenarprotokoll (Sten. Ber.) 18/115, 11179C.

sekretäre an, durch die Offenlegung erneut kritisch über die geplanten nachamtlichen Vorhaben nachzudenken.[207]

Sachliches Kriterium für die Dauer der Anzeigepflicht ist neben der Aktualität des Wissens des Amtsträgers und seiner politischen Einflussmöglichkeiten die Dauer des potentiellen Untersagungszeitraums. Ohne Reaktionsmöglichkeit könnte die Anzeigepflicht wirkungslos sein, etwa weil ehemalige, in die Wirtschaft gewechselte Regierungsmitglieder keine Abstrafung durch den Wähler befürchten müssen.[208] Hinsichtlich der Dauer des Verbots nach § 6b Abs. 1 Satz 1 BMinG kommt der Regierung infolge ihrer Einschätzungsprärogative ein weiter Gestaltungsspielraum zu und die zeitliche Anlehnung an das Europarecht ist nicht willkürlich.

d) Keine weiteren materiellen Voraussetzungen

Außer dem vorgenannten Bezug zu einer neuen Tätigkeit bestehen für eine Anzeigepflicht keine weiteren Voraussetzungen. In der Gesetzessystematik folgen die Neuerungen auf § 6 BMinG und somit auf die über die Amtszeit hinausgehende Geheimhaltungspflicht. Genauso wäre ein Einschub nach § 5 BMinG infolge möglicher Berufsuntersagungen denkbar gewesen, sodass nicht die Berufsbegrenzung, sondern die nachwirkenden Pflichten den Anknüpfungspunkt bilden. Anders als in § 105 Abs. 1 Satz 1 BBG ist ein Zusammenhang mit der vorherigen Tätigkeit und einer zu erwartenden Interessenkollision entbehrlich. Ebenso wenig bedarf es für die Anzeigepflicht einer Vergütung, wie § 100 Abs. 2 Satz 1 BBG für die nach § 100 Abs. 1 BBG grundrechtlich privilegierten Aktivitäten vorschreibt, sodass der Vergleich zum Beamtenrecht den erweiterten Anwendungsbereich bestätigt.

Die nachamtliche Anzeigepflicht ist auf Bundesebene die erste ihrer Art. Auf Landesebene hatte NRW mit § 18 Abs. 1 KorruptionsbG NRW i.V.m. § 52 Abs. 5 LBG NRW am 16. Dezember 2004 eine Angleichung an den beamtenrechtlichen Vorläufer für Angestellte im öffentlichen Dienst auf den Weg gebracht. Auch weil die Systematik der

207 *De Maizière* (CDU), in: BT Plenarprotokoll (Sten. Ber.) 18/100, 9577B; *Özdemir* (SPD), in: BT Plenarprotokoll (Sten. Ber.) 18/100, 9579A.

208 Vgl. *Hartmann*, Öffentliches Haftungsrecht, S. 84 f.

neuen Bundesministerregel von der des Bundesbeamtenrechts abweicht, lassen sich aus der landesrechtlichen Norm indes keine Erkenntnisse gewinnen. Laut Gesetzbegründung kommt es auf den Grund des Amtsendes nicht an, da die Novelle im systematischen Kontext zu § 9 BMinG stehe und die Norm sowohl freiwillig wie fremdbestimmt ausscheidende Regierungsmitglieder umfasst.

e) Fragerechte der Bundesregierung

Da die Anzeigepflicht der Informationsbeschaffung für ein mögliches Berufsverbot nach § 6b Abs. 1 Satz 1 BMinG dient, muss die Regierung die im Zusammenhang mit einem Verbot nach § 6b Abs. 1 Satz 2 Nr. 1 BMinG erforderlichen Umstände kennen, etwa welchen konkreten Inhalt die neue Tätigkeit hat. Demnach ist zu klären, ob der konkrete Inhalt der geplanten Tätigkeit unmittelbar von Gesetzes wegen anzugeben ist. Hierzu schweigt die Novelle. Teile der Regierungskoalition sind der Auffassung, bereits das Gesetz verpflichte die Anzeigenden, alle „entscheidungsrelevanten Tatsachen" mitzuteilen.[209] Das vermag deswegen nicht zu überzeugen, weil so derjenige, über den zu urteilen ist, primär darüber entscheidet, welche Informationen er mitteilt. Denn was „entscheidungsrelevant" ist, lässt sich dem Wortlaut nicht entnehmen, sodass der Umfang der Anzeigepflicht zunächst Normauslegung des Anzeigenden unterliegt. Eine konkretisierende Rechtsprechung gibt es noch nicht. Da die aktuelle Regierung bis zur Anzeige in der Regel – sofern die Presse nichts berichtet oder das Unternehmen aus Werbezwecke selbst den Wechsel publik macht – keine Ahnung von dem Wechsel hat, steht der Umfang nicht fest. Die Kenntnis der jeweiligen Umstände ist jedoch für eine ermessensfehlerfreie Entscheidung erforderlich. Dem wirkt auch die Anhörungspflicht nach § 28 Abs. 1 VwVfG nicht entgegen, denn die Vorschrift verpflichtet die Behörde, den Adressaten eines belastenden Verwaltungsakts vor Erlass grundsätzlich anzuhören. Ein Recht der Behörde, Antworten auf bestimmte Fragen zu erhalten, folgt aus § 28 Abs. 1 VwVfG hingegen nicht. Dies folgt aus dem Wortlaut der Vorschrift, wonach den Beteiligten die Gelegenheit zu geben ist, sich zu den für die Entscheidung

209 *Özdemir* (SPD), in: BT Plenarprotokoll (Sten. Ber.) 18/115, 11181A.

erheblichen Tatsachen zu äußern.[210] Im Zweifel wird sich der Anzeigepflichtige darauf berufen, dass nach seinem Verständnis der Norm diese oder jene Information nicht mitzuteilen war. Demnach darf die Regierung Tatsachen nachfragen, die für ein etwaiges Verbot nach § 6b Abs. 1 BMinG erforderlich ist.

Das Erfordernis eines Fragerechts wird auch in der Zusammenschau mit den Regelbeispielen deutlich. Etwa muss die Regierung etwaige Vergütungsstrukturen aufdecken können, da eine unangemessen hohe Vergütung zu einem Ansehensverlust führen kann. Denn mit einer unangemessen hohen Vergütung kann der „böse Schein“ einhergehen, das Regierungsmitglied a.D. werde nicht nur für seine neue Tätigkeit, sondern auch für Dienste während der Amtszeit entlohnt. Hingegen könnte die ausdrückliche Normierung des Auskunftsverlangens in § 100 Abs. 3 BBG, gegen eine weite Auslegung des § 6a BMinG hin zu einem Fragerecht sprechen, da dort eine entsprechende Regelung fehlt. Denn nach § 100 Abs. 3 BBG kann die Dienstbehörde aus begründetem Anlass verlangen, dass über eine ausgeübte nicht genehmigungspflichtige Nebentätigkeit schriftlich oder elektronisch Auskunft erteilt wird, insbesondere über Art und Umfang der Nebentätigkeit. Allerdings konkretisiert die Beamtennorm nur die allgemeine Folgepflicht des § 62 BBG und hat somit nur deklaratorischen Charakter.[211] Für noch im Amt befindliche Regierungsmitglieder ist demnach eine Auskunftspflicht nach § 3 GO BReg und § 24 GGO gegeben. Auf den ersten Blick fordert § 6a Abs. 1 Satz 2 BMinG für ehemalige Minister eine entsprechende Anwendung von Satz 1 der Vorschrift, jedoch nicht von § 3 GO BReg oder § 24 GGO. Allerdings verdeutlicht § 6a Abs. 1 Satz 2 BMinG gerade mit dem Verweis auf die aktiven Regierungsmitglieder, dass es sich um nachwirkende Treuepflichten handelt. Eine erweiternde Auslegung hin zu einem Fragerecht der Regierung ist somit angezeigt.

210 *Kallerhoff/Mayen*, in: Stelkens/Bonk/Sachs, VwVfG, § 28 Rn. 4; *Ramsauer*, in: Kopp/Ramsauer, VwVfG, § 28 Rn. 14.

211 *Geis*, in: Fürst/Franke/Weiß, GKÖD, § 100 BBG, Rn. 79; *Lemhöfer*, in: Plog/Wiedow, BBG, § 100 Rn. 29.

Diesen Befund unterstreicht auch die vom Gesetzgeber angenommene Anlehnung an den damaligen[212] Beschluss der Kommission zur Einsetzung der im Verhaltenskodex für Kommissionsmitglieder vorgesehenen Ethikkommission (EinB VK EU),[213] wonach der Betroffene gem. Art. 3 EinB VK EU die zusätzlich von der Ethikkommission erfragten Informationen mitzuteilen hat.[214]

Fraglich bleibt jedoch, wenn § 6a Abs. 1 Satz 1 BMinG zugleich als Ermächtigungsgrundlage für etwaige Nachfragen gilt, ob eine solche Auslegung dem Vorbehalt des Gesetzes entspricht und wie weit der Fragerecht reicht. Im Ergebnis, so viel sei hier vorweggenommen, ist das Fragerecht mit dem Rechtsstaatsprinzip zu vereinbaren, soweit die Nachfragen sich auf Tatsachen beziehen, die im Zusammenhang mit dem Berufsverbot nach § 6b Abs. 1 Satz 1 BMinG stehen.[215]

f) Vorläufige Untersagung

Nach § 6a Abs. 2 Satz 2 BMinG sollen die scheidenden Regierungsmitglieder die neue Tätigkeit einen Monat vorher anzeigen, andernfalls ist mit Satz 3 eine vorläufige Untersagung von bis zu einem Monat möglich. Gegenüber § 6b Abs. 1 Satz 1 enthält § 6a Abs. 2 Satz 3 BMinG aufgrund der getrennten Normierung eine eigenständige Möglichkeit für eine vorläufige Untersagung. Die Besorgnis, dass die neue Tätigkeit öffentliche Interessen beeinträchtigt i.S.v. § 6b Abs. 1 BMinG, ist demnach für eine vorläufige Untersagung gem. § 6a Abs. 2 Satz 3 BMinG nicht erforderlich. Da es sich um zwei selbstständige Untersagungsvorbehalt mit eigenen Tatbestandsvoraussetzungen handelt, kann dieselbe Tätigkeit zweimal untersagt werden.

Da wegen des amtszeitigen Tätigkeitsverbots gem. Art. 66 GG und § 5 Abs. 1 BMinG die neue Tätigkeit erst nach dem Amtsende beginnen kann, stellt sich die Frage, ob die Untersagungsvorbehalte kumula-

---

212 Seit dem 1. Februar 2018 aufgehoben durch Art. 14 Abs. 1 des Beschlusses der Kommission vom 31. Januar 2018 über einen Verhaltenskodex für die Mitglieder der Europäischen Kommission (2018/C 65/01). In der Sache statuiert nunmehr Art. 12 Abs. 4 des Beschlusses 2018/C 65/01 vergleichbare Anforderungen.

213 Beschluss E/1850/2003 v. 21.10.2003; abgedruckt im Anhang als Anlage 1.

214 *Özdemir* (SPD), in: BT Plenarprotokoll (Sten. Ber.) 18/100, 9579B.

215 Einzelheiten unter E.II.8.

tiv mit einer Untersagungsmöglichkeit von insgesamt 19 Monaten anwendbar sind. Systematisch nimmt der Untersagungszeitraum des § 6b Abs. 1 Satz 1 BMinG keinen Bezug auf den Zeitraum des § 6a Abs. 1 Satz 1 BMinG, sondern statuiert unabhängig von der Anzeigepflicht einen Zeitraum von bis zu 18 Monaten. Eine Norm fehlt, welche die Sperre nach § 6a Abs. 2 Satz 3 BMinG auf die Karenzzeit nach § 6b Abs. 1 S. 1 BMinG anrechnet. Dennoch deckelt der eindeutige Wortlaut des § 6b Abs. 1 Satz 1 BMinG die Untersagung auf die „ersten 18 Monate", sodass eine Kumulation von beiden im Sinne einer Auszeit von 19 Monaten ausscheidet.

Diesen Befund deckt die genetische Auslegung. Zweck des „kleinen Untersagungsvorbehalt" ist die Möglichkeit, die Aufnahme einer neuen Tätigkeit *vorab* prüfen zu können,[216] sodass zumindest die CDU/CSU-Fraktion von zwei gesonderten Sperrfristen auszugehen scheint.[217] Demgegenüber folgt nach Ansicht der Regierung aus § 6a Abs. 2 Satz 3 BMinG keine Entscheidungsfrist von einem Monat. Vielmehr kann die Bundesregierung nach hier vertretener Auffassung, sollten die Entscheidungsfindung länger als einen Monat dauern, den Weg einer vorläufigen Untersagung über § 6b Abs. 1 Satz 1 BMinG wählen. Denn § 6b Abs. 1 Satz 1 BMinG eröffnet der Bundesregierung ein zeitliches Auswahlermessen.[218] Mit dem partiell kongruenten Normzweck und der Ermessensregelung in beiden Vorschriften ist anzunehmen, dass die Bundesregierung ohnehin eine „Gesamtkarenzzeit" ersinnen wird, d.h. sollte es zu einer vorläufigen Untersagung nach § 6a Abs. 2 Satz 3 BMinG kommen, sollte die Bundesregierung das bei Ermittlung der Karenzdauer nach § 6b Abs. 1 Satz 1 BMinG berücksichtigen. Ist die Maximalsperre angestrebt, muss sie das sogar.

g) Zusammenfassung und Bewertung

Zusammenfassend ist § 6a BMinG weit auszulegen und erfasst alle Tätigkeiten außerhalb des öffentlichen Diensts. Hauptkritikpunkte gegenüber der bloßen Anzeigepflicht sind die fehlende Ahndungsmög-

216 In dem Sinne auch *Özdemir* (SPD), in: BT Plenarprotokoll (Sten. Ber.) 18/115, 11181A.

217 BT-Drucks. 18/5419, S. 5.

218 Einzelheiten zur Rechtsfolge von § 6b Abs. 1 Satz 1 BMinG unter C.I.2.d).

lichkeit im Falle einer unterbleibenden Anzeige, denn nach § 8 BMinG findet ein Disziplinarverfahren gegen Mitglieder der Bundesregierung nicht statt. Einzige Reaktionsmöglichkeit bietet § 6a Abs. 2 Satz 3 BMinG mit dem vorläufigen Untersagungsvorbehalt, wenn die Anzeige nicht einen Monat vor Tätigkeitsbeginn erfolgt. Das könnte Anreize schaffen, geplante oder bereits aufgenommene Tätigkeiten einfach zu verschweigen. „Erwischt" die aktive Regierung den „abtrünnigen" Kollegen a.D., hat dies höchstens unter den Voraussetzungen des § 6a Abs. 2 Satz 3 oder § 6b Abs. 1 Satz 1 BMinG eine Karenzzeit zur Folge. In der Konsequenz steht ein schweigender Minister, der unrechtmäßig sein Glück versucht, nicht schlechter, als der redlich Anzeigende. Das könnte dazu führen, dass es aus Sicht des Regierungsmitglieds ratsam wäre, eine neue, vermeintlich konfliktträchtige Anschlusstätigkeit zu verschweigen. Dem Problem verschafft das wachende Auge der Öffentlichkeit wahrscheinlich faktisch Abhilfe,[219] doch ist die Effektivität und Seriosität der Öffentlichkeit nicht immer gegeben. Folglich „hinkt" die konzeptionelle Angleichung an das Unionsrecht, denn dieses kennt über Art. 245 Abs. 2 Satz 3 AEUV Sanktionsinstrumente, etwa die Aberkennung des Ruhegehalts, wenn ein Kommissionsmitglied gegen die durch den Verhaltenskodex konkretisierten Pflichten verstößt.[220] Einen weiteren Kritikpunkt bietet die inhaltliche Reichweite der Anzeigepflicht. So muss nur die neue Tätigkeit, aber nicht deren konkreter Inhalt und die Stellung des Betroffen im Unternehmen angezeigt werden. Daher ist § 6a Abs. 1 BMinG im Sinne eines Fragerechts der Bundesregierung auszulegen.

Interessant ist ferner Idee der Gesetzesbegründung, die Anzeigepflicht diene einer eventuellen Neuverteilung der Zuständigkeiten von aktiven Ministern und Parlamentarischen Staatssekretären.[221] Folglich hält die Bundesregierung es auch für möglich, die Zuständigkeiten der aktuellen Amtsträger und später von §§ 6a f. BMinG Betroffenen neu zu ordnen,[222] anstatt die Anschlusstätigkeit zu untersagen. Somit wer-

---

219 *Wewer*, VuM 2015, S. 325 (332).

220 *Matenczuk*, in: Grabitz/Hilf/Nettesheim, Europäische Union, Art. 245 AEUV, Rn. 17–24; *Schmitt v. Sydow*, in: v. der Groeben/Schwarze/Hatje, Europäisches Unionsrecht, Art. 245 AEUV, Rn. 19–28.

221 BT-Drucks. 18/4630, S. 10.

222 Diese Idee wurde jedoch im weiteren Verlauf nicht mehr aufgegriffen.

de der anstehende Wechsel in die Wirtschaft ermöglicht und schaffe Anreize zur Übernahme eines solchen Amts.

2. Verbotsvorbehalt gem. § 6b BMinG

Die Bundesregierung kann gem. § 6b Abs. 1 Satz 1 BMinG die Erwerbstätigkeit oder sonstige Beschäftigung eines ehemaligen Regierungsmitglieds nach dem Ausscheiden aus dem Amt ganz oder teilweise untersagen, soweit zu besorgen ist, dass durch die Beschäftigung öffentliche Interessen beeinträchtigt werden (Verbotsvorbehalt). In § 6b Abs. 1 Satz 2 BMinG zählt der Gesetzgeber zwei Beispiele einer solchen Beeinträchtigung auf.

a) Verbotsvorbehalt als Berufsausübungsregel

Der Verbotsvorbehalt des § 6b Abs. 1 Satz 1 BMinG ermöglicht der Bundesregierung, eine „Erwerbstätigkeit" oder „Beschäftigung" zu untersagen. Die erste Alternative stellt auf die „Tätigkeit", nicht auf die formelle Stellung in einem Unternehmen ab. Die zweite Alternative der „Beschäftigung" ist nach dem allgemeinen Sprachgebrauch das Gegenteil zur Arbeitslosigkeit. Demnach scheint ein Unterschied zwischen dem Angestelltsein und Tätigwerden zu bestehen. Allerdings kann bereits die formelle Stellung in einem Unternehmen ein Arbeitsverhältnis begründen, sodass die Semantik unergiebig ist. Der Grammatik nach deutet „Beschäftigung" als Substantivierung von „beschäftigen" auf den Wortstammt „schaffen" hin, besitzt aber keine hinreichende Trennschärfe. Denn jemanden beschäftigen, steht dem Einstellen gleich, woraus aber noch kein Tätigwerden resultieren muss. Anderseits steht die reflexive Form „sich beschäftigen" für ein Tätigwerden. Ein weiteres Indiz liefert die Etymologie, denn „Beschäftigung" stammt von dem mittelhochdeutschen „scheftig" oder „scheftec", was schaffen oder arbeiten bedeutet.[223] Darüber hinaus heißt es im Regelbeispiel nach § 6b Abs. 1 Satz 2 Nr. 1 BMinG, dass eine Beeinträchtigung öffentlicher Interessen vorliegt, wenn die angestrebte Beschäfti-

223 *Seebold*, in: Kluge, Etymologisches Wörterbuch, S. 113.

gung in Angelegenheiten oder Bereichen *ausgeübt* werden soll, in denen das ehemalige Mitglied der Bundesregierung während seiner Amtszeit tätig war. Der Wortlaut positioniert die Vorschrift somit im Feld der Berufsausübungsregelungen. Diesen Befund bestätigt die systematische Auslegung mit Blick auf andere Verbotsvorbehalte, insbesondere – wie noch auszuführen sein wird – § 105 Abs. 2 BBG. Denn das Verbot richtet sich in beiden Fällen nicht gegen ein bestimmtes Berufsbild,[224] sondern nur gegen die Bereiche eines jeden Berufsbildes, die eine Interessenkollision mit dem vorherigen Amt vermuten lassen.[225]

b) Anwendungsbereich des Verbotsvorbehalts

Der personelle Anwendungsbereich des Verbotsvorbehalts gem. § 6b Abs. 1 Satz 1 BMinG entspricht dem der Anzeigepflicht nach § 6a Abs. 1 Satz 1 BMinG.

aa) Erwerbstätigkeit oder sonstige Beschäftigung

In materieller Hinsicht setzt der Verbotsvorbehalt ebenfalls eine Anschlussbeschäftigung voraus. In der Zusammenschau mit der Anzeigepflicht fällt auf, dass der Wortlaut des § 6b Abs. 1 BMinG die Ausnahme in § 6a BMinG zugunsten des öffentlichen Diensts nicht kennt. Zwar sind die Anzeigepflicht überholende Untersagungsmöglichkeiten grundsätzlich denkbar[226] und bei § 6a Abs. 1 Satz 1 BMinG ist das Wissen um den Wechsel in den öffentlichen Dienst bereits beim Staat vorhanden und braucht daher nicht angezeigt werden, doch ergibt die Systematik zwischen beiden Absätzen ein anderes Bild. Denn während in Abs. 1 von „einer“ unbestimmten Beschäftigung die Rede ist, kann nach Abs. 2 „die“ bestimmte, anzeigepflichtige Beschäftigung untersagt

224 Daher nehmen Rechtsprechung und Literatur um Rahmen von § 105 Abs. 2 BBG ebenfalls eine Berufsausübungsregelung an, BVerwGE 84, 194 (198); BVerwGE 91, S. 57 (60); BVerwG, NVwZ-RR 1990, S. 365 (365); 1990, S. 430 (430); *Baßlsperger*, ZBR 2012, S. 1 (2 f.); *Günther*, DÖD 1990, S. 129 (131 f.).

225 Einzelheiten zur Eingriffsqualität eines Verbots nach § 6b Abs. 1 Satz 1 BMinG in die Berufsfreiheit unter E.II.1.a)bb)(2).

226 Etwa die Untersagungsmöglichkeit nach § 35 Abs. 1 Satz 1 GewO gegenüber der Anzeigepflicht aus § 14 Abs. 1 Satz 1 GewO.

werden.[227] Auch spricht das teleologische Argument des privilegierten Gemeinwohldiensts für eine Auslegung des Abs. 2 anhand des Abs. 1, sodass nur anzeigepflichtige Tätigkeiten untersagt werden können.

bb) Beginn des Verbotsvorbehalts

In Abgrenzung zu § 6a Abs. 1 Satz 1 BMinG ist der Anwendungsbereich des Verbotsvorbehalts nach § 6b BMinG durch die Voraussetzung der Besorgnis einer Interessenbeeinträchtigung begrenzt. Die engeren sachlichen Eingriffsvoraussetzungen korrespondieren mit dem intensiveren Eingriff einer Untersagung in Art. 12 Abs. 1 GG.[228] Das erklärt auch die Stellung der Berufsbeschränkung hinter § 6a BMinG und nicht in oder unmittelbar hinter § 5 Abs. 1 BMinG. Denn § 5 Abs. 1 BMinG beschränkt die Regierungsmitglieder in ihrer Berufsfreiheit *während* der Amtszeit, der Untersagungsvorbehalt reguliert die Adressaten nur *nach* dem Amt, sodass beide Vorschriften in einem Exklusivverhältnis stehen. Denn das Berufsverbot während der Amtszeit steht nur einer weiteren Tätigkeit entgegen, die vergütete amtliche Tätigkeit ist gerade weiterhin zulässig. Mit Blick auf den Verbotsvorbehalt für die Zeit nach dem Amt kann die Berufsausübung umfassend untersagt werden. Entgegen dem Verbot von Nebentätigkeiten gem. Art. 66 GG und § 5 Abs. 1 BMinG kann demnach eine Untersagung gem. § 6b Abs. 1 Satz 1 BMinG erst nach der Amtszeit erfolgen.[229] Da § 6b Abs. 1 Satz 1 BMinG einen Verbotsvorbehalt vorsieht, ist bis zur Untersagung jede Tätigkeit zulässig.[230] Daran ändert auch § 6a Abs. 2 Satz 3 BMinG nichts, denn selbst ein vorläufiges Verbot muss erst verhängt werden.[231]

---

227 Gleiches gilt für das beamtenrechtliche Pendant des § 105 Abs. 1 u. 2 BBG, wo ebenfalls Anzeigepflicht und Verbotsvorbehalt synchron verlaufen, s.u. C.III.2.a)aa), S. 158.

228 s.u. E.II.1.a)bb)(2).

229 Unsicher *Lange*, Innenausschuss-Drucks. 18(4)336 E, S. 6.

230 A.A. Scheffczyk, ZRP 2015, S. 133 (134 f.).

231 *Michael*, Innenausschuss-Drucks. 18(4)336 F, S. 9; *Lange*, Innenausschuss-Drucks. 18(4)336 E, S. 6 fordert daher eine Zwangspause bis zur Entscheidung der Bundesregierung.

cc) Beeinträchtigung öffentlicher Interessen

Der Verbotsvorbehalt setzt gem. § 6b Abs. 1 Satz 1 BMinG materiell für die Untersagung die Besorgnis öffentlicher Interessen voraus. Das *öffentliche Interesse* ist bereits sprachlich weiter gefasst als das *dienstliche Interesse* des Beamtenrechts, da letzteres andere öffentliche, aber außerdienstliche Interessen außer Acht lässt.[232] Eine Beeinträchtigung öffentlicher Interessen ist etwa bei Interessenkollision – wie noch anhand von Art. 66 GG herauszuarbeiten sein wird[233] – gegeben. Das ist der Fall, wenn nicht gemeinwohlgebundene Interessen die Amtshandlungen der gemeinwohlgebundenen Regierungsmitglieder beeinflussen.[234] In Anlehnung an § 6 BMinG statuiert § 6b Abs. 1 BMinG nachwirkende Treuepflichten der Regierungsmitglieder, denn die Pflichten werden jeweils mit dem vorangegangenen Amt begründet.[235] Die Novelle folgt in der Systematik hinter der Geheimhaltungspflicht des § 6 BMinG und den Ausnahmen von der Geheimhaltungspflicht in Gerichtsverfahren § 6 Abs. 2 BMinG sowie vor den Versagungsgründen gegenüber einer Genehmigung der Aussage nach § 7 Abs. 1 BMinG, wenn die Aussage dem Wohle des Bundes oder eines deutschen Landes Nachteile bereiten oder die Erfüllung öffentlicher Aufgaben ernstlich gefährden oder erheblich erschweren würde.[236] Demnach liegt der Schluss nahe, dass die Geheimhaltung von Regierungsinterna und die Erfüllung öffentlicher Aufgaben Schutzgüter sind, auf ein Verbot gestützt werden kann.[237] Unerheblich ist, ob die Funktionsfähigkeit infolge der Anschlusstätigkeit während der Amtszeit des Betroffenen leidet oder erst danach, wenn das Unternehmen das politische Netzwerk des Übertretenden nutzt.

---

232 Einzelheiten zur Abgrenzung des öffentlichen vom dienstlichen Interesse unter C.III.1.c)bb)(1), S. 133.

233 s.u. C.II.

234 *Epping*, in: v. Mangoldt/Klein/Starck, GG II, Art. 66 Rn. 1; *Morlok/Krüper*, NVwZ 2003, S. 573 (575); umständlich *Hammer*, Interessenkollision, S. 14; s.a. *Schenke*, in: Bonner Kommentar, Art. 66 Rn. 6.

235 Vgl. *Busse*, BMinG, § 6 Rn. 1.

236 *Häberle*, Öffentliches Interesse, S. 109 f.; vgl. *Uerpmann*, Öffentliches Interesse, S. 40 f.

237 Zum Schutz von regierungsinternem Wissen, s. die Ausführungen zu den Verschwiegenheitspflichten von Regierungsmitgliedern unter C.IV.1.

Die bloße *Besorgnis* der Beeinträchtigung reicht für eine Untersagung aus, eine konkrete Gefährdung ist nicht erforderlich. Das entspricht dem Ziel, bereits den Anschein einer parteiischen Regierungsführung in der Öffentlichkeit zu verhindern. Demnach ist Maßstab für die Besorgnis einer Beeinträchtigung öffentlicher Interessen die Sicht des „objektiv denkenden Bürgers" als Bestandteil der Allgemeinheit.

(1) Regelbeispiele nach § 6b Abs. 1 Satz 2 BMinG

Darüber hinaus benennt § 6b Abs. 1 Satz 2 BMinG exemplarisch („insbesondere") zwei Regelbeispiele, in welchen Fällen die angestrebte Beschäftigung öffentliche Interessen beeinträchtigt. Das erste Regelbeispiel greift, wenn die angestrebte Beschäftigung in Angelegenheiten oder Bereichen ausgeübt werden soll, in denen das ehemalige Mitglied der Bundesregierung während seiner Amtszeit tätig war. Dies ist im Einklang mit der Voraussetzung des „qualifizierten Bezugs" des Nebentätigkeitsrechts nicht durch den bloßen Wechsel auf die abstrakte „Gegenseite" anzunehmen,[238] vielmehr muss ein konkreter Bezug vorliegen.

Das zweite Regelbeispiel ist einschlägig, wenn die angestrebte Tätigkeit das Vertrauen der Allgemeinheit in die Integrität der Bundesregierung beeinträchtigen kann. Mit der Frage, wann die nachamtlichen Berufspläne das Vertrauen der Allgemeinheit in die Integrität der Bundesregierung beeinträchtigen, reiht sich § 6b Abs. 2 Satz 2 Nr. 2 BMinG hinsichtlich des Schutzguts der Integrität der Bundesregierung in eine Linie mit Art. 66 GG und bezogen auf die Integrität der Beamtenschaft auf § 99 Abs. 2 Satz 2 Nr. 6 BBG ein.[239] Die beiden Vorläufer beurteilen den Ansehensverlust nach der Höhe der Vergütung und der Art der Tätigkeit. Die Bezahlung soll nach dem ausdrücklichen Willen des Gesetzgebers für den Anwendungsbereich keine Rolle spielen,[240] kann aber im Einklang mit den parallelen Regelungen den Ansehensverlust begründen. Als konsistenter Maßstab bleibt die Art der Tätigkeit. Allerdings deckt § 6b Abs. 1 Satz 2 Nr. 1 BMinG als *lex specialis* für über-

---

238 s.u. C.III.1.c)aa) und C.III.1.c)bb)(1), S. 133 f.

239 Einzelheiten zu Art. 66 GG unter C.II.1, S. 102; Einzelheiten zu § 99 BBG unter C.III.1.c)bb)(3), S. 136.

240 BT-Drucks. 18/4630, S. 10 f.

schneidende Tätigkeitsbereiche bereits ein großes Feld potentiell schädlicher Beschäftigungsfelder ab. Denn bei gleichgelagerten Aufgabenfeldern schwebt immer der Vorwurf im Raum, das Regierungsmitglied a.D. „versilbere“ sein Amtswissen oder habe seine Amtshandlungen bereits im Vorfeld „verkauft“, wodurch – bei pauschaler Betrachtung – das Ansehen der Regierung sinkt.[241] Die externe Systematik weist deutliche Parallelen zu den Regelbeispielen in § 99 Abs. 2 Satz 2 BBG auf. Neben der gleichen Regelungstechnik streiten die Vorschriften für die gleichen Schutzgüter, etwa die Vermeidung von Interessenkollisionen in § 99 Abs. 2 Satz 2 Nr. 3, 4 BBG gegenüber § 6b Abs. 1 Satz 2 Nr. 1 BMinG oder den Ansehensschutz in § 99 Abs. 2 Satz 2 Nr. 6 BBG im Vergleich mit § 6b Abs. 1 Satz 2 Nr. 2 BMinG. Die Rechtsprechung will beamtenrechtliche Untersagungen von Anschlusstätigkeiten in Fällen von Sozialschädlichkeit zulassen, hat dafür aber Kritik seitens der Literatur erfahren.[242] Letztlich kann der Grad an Vertraulichkeit der im Amt erlangten Informationen ein Faktor für die Untersagungsdauer sein. Denn nach allgemeinen Betriebswirtschaftsgrundsätzen muss eine frei beziehbare Ware (d.h. öffentlich bekanntes Wissen) nicht teuer eingekauft wird. Demnach kann eine besonders hohe Vergütung für eine vergleichsweise geringe Tätigkeit den Anschein erwecken, dass der Politische Entscheider a.D. besonders sensible Interna preisgegeben hat.

Mit dem Normzweck ist zu fragen, welche Fälle neben den exemplarischen Regelbeispielen noch denkbar sind. Wird die Fallgruppe des Ansehensverlusts wirklich als Auffangtatbestand verstanden, da jede Form der Interessenbeeinträchtigung dem Regierungsansehen schade, bliebe für Nr. 1 kein Raum.[243] Mit dem weiten Anwendungsbereich wollte der Gesetzgeber Umgehungen verhindern. Augenscheinlich ist dies bei Beratungsfirmen oder Lobbyagenturen ohne inhaltlichen Bezug zur vorherigen Tätigkeit, weil formell betrachtet kein Übertritt auf die Gegenseite stattfindet. Gleiches kann aus der Sensibilität des Fachbereichs, etwa Verteidigungs- und Sicherheitspolitik oder Vergabeent-

241 Vgl. *Grzeszick*, Innenausschuss-Drucks. 18(4)334 D, S. 16; *Scheffczyk*, ZRP 2015, S. 133 (135) sieht für Nr. 2 gegenüber Nr. 1 keinen Anwendungsbereich.

242 s.u. C.III.1.c)bb)(3), S. 136.

243 *Lange*, Innenausschuss-Drucks. 18(4)336 E, S. 3 legt die zweite Alternative enger aus und fordert eine Alternative für Lobbytätigkeiten ohne amtlichen Bezug.

scheidungen, folgen.[244] Doch lassen sich diese Fälle ebenso unter den Ansehensverlust subsumieren. Anderseits steht die Öffentlichkeit Ehrenämtern positiver gegenüber, obwohl sie gleichermaßen Potential für Interessenkollisionen bieten. Als Schutzgut bleibt die Funktionsfähigkeit der Regierung. Wenn die zweite Alternative bereits den Anschein einer nicht integren Regierung a.D. verhindern will, dann muss dies erst recht für die nachweislich rechtswidrig handelnden Politischen Entscheider gelten, mit anderen Worten ist die Funktionsfähigkeit ein höheres Schutzgut als der Ansehensschutz, der dem Schutz der Funktionsfähigkeit meistens als Zwischenstufe vorausgeht.[245] Zum Teil greifen je nach Konstellation auch andere Beschränkungen ein, insbesondere sanktioniert § 331 StGB eine derartige Amtsführung oder §§ 20, 21 VwVfG soll sie zumindest unterbinden. Kommt es zu keiner Verurteilung oder zu keinem Berufsverbot nach § 70 Abs. 1 Satz 1 StGB, bleibt nur das öffentliche Recht. Das VwVfG verfolgt jedoch den Schutz aktueller Verfahren und nur Verfahrensbeteiligte können sich auf §§ 20, 21 VwVfG berufen.[246] In den Fällen des § 6b BMinG wäre der Schaden bereits entstanden und erst später durch die Anzeige bekannt geworden, sodass hier kein Konkurrenzverhältnis zum VwVfG besteht. Innerhalb des Verbotsvorbehalts nach § 6b Abs. 1 BMinG können die beiden Regelbeispiele parallel erfüllt sein, müssen es aber nicht. Gegenüber § 6b Abs. 2 Satz 2 BMinG begründet das „Mehr“ der Funktionsbeeinträchtigung eine „schwere Beeinträchtigung“ im Sinne der Norm.

(2) Schwere Beeinträchtigung gem. § 6b Abs. 2 Satz 2 BMinG

Mit der in § 6b Abs. 2 Satz 1 BMinG gewählten „soll“-Formulierung beträgt die regelmäßige Karenzzeit ein Jahr, die in atypischen Fällen gem. Satz 2 auf bis zu 18 Monaten erhöht werden kann. Solche atypischen Fälle liegen vor, wenn öffentliche Interessen „schwer“ durch den Seitenwechsel beeinträchtigt werden. Die Systematik konkretisiert die „schwere Beeinträchtigung“ i.S.d. Abs. 2 mittels der Regelbeispiele aus Abs. 1, sodass entweder ein besonders enger Zusammenhang zwi-

244 Vgl. für das Beamtenrecht C.III.1.c)bb)(3), S. 136.
245 Vgl. *Ossenbühl/Cornils*, Nebentätigkeit, S. 116.
246 Einzelheiten unter C.VII.

schen der amtlichen und der privatwirtschaftlichen Tätigkeit vorliegen oder das Vertrauen in die Bundesregierung besonders stark beeinträchtigt sein muss.

Als Beispiel für eine solche „schwere Beeinträchtigung" öffentlicher Interessen dient ein Parlamentarischer Staatssekretär des Bundesgesundheitsministeriums mit konkretem Schwerpunkt „Ernährung und Übergewicht", der als Manager zu einem globalen Süßwarenkonzern übertritt und dort für Fragen der „Gesundheit, Ernährung und Nachhaltigkeit" zuständig ist.[247] Die *normale* Interessenbeeinträchtigung folgt nach § 6b Abs. 1 Satz 2 Nr. 1 BMinG aus den Gegenstücken Gesundheitsministerium und Süßwarenkonzern. Die „schwere Beeinträchtigung" folgt aus dem konkreten Zusammenhang von „Ernährung und Übergewicht" auf der staatlichen Seite und „Gesundheit und Ernährung" seitens des Schokoriegel-Produzenten. Auf die Frage, inwiefern der Staatsdiener a.D. sich im Konzern für gesunde Ernährung stark macht,[248] kommt es infolge des schädigenden Anscheins nicht an.

(3) Kritik an den Regelbeispielen des Verbotsvorbehalts

Kritik an der mangelnden Trennschärfe der Regelbeispiele erhebt bereits die Abgeordnete *Wawzyniak (DIE LINKE)* im Laufe der ersten Bundestagsberatung über das Gesetzesvorhaben. Die beiden Regelbeispiel des § 6b Abs. 1 Satz 2 BMinG stünden in einem verschwommenen Konkurrenzverhältnis, das die parlamentarische Fragestunde[249] mehr vernebelt als aufgeklärt habe. Die Reichweite der § 6b Abs. 1 Satz 2 Nr. 2 BMinG gehe nicht so weit, wie der „radikale" Wortlaut vermuten ließe.[250]

247 "Berninger, Matthias", in: Munzinger Online/Personen – Internationales Biographisches Archiv.

248 *Berninger,* in: Gillmann, Augen zu und durch, Handelsblatt vom 12.06.2008.

249 BT Plenarprotokoll (Sten. Ber.) 18/84, 7975A – 7984C.

250 *Wawzyniak* (Die Linke), in: BT Plenarprotokoll (Sten. Ber.) 18/100, 9577D f.; in der Sache zur unscharfen Abgrenzung der beiden Alternativen zustimmend *Michael,* Innenausschuss-Drucks. 18(4)336 F, S. 3; *Grzeszick,* Innenausschuss-Drucks. 18(4)334 D, S. 16.

Die Bedenken hinsichtlich etwaiger fehlender Trennschärfe überzeugen zwischen den beiden einzelnen Nummern nicht, denn beide Regelbeispiele haben unterschiedliche Tatbestandsvoraussetzungen. Die erste Nummer stellt auf die Konnexität der Aufgabenbereiche ab, die zweite Nummer lässt den Ansehensverlust der Regierung unabhängig von den Tätigkeitsbereichen genügen. Mit dem oben gezogenen Vergleich zum Verfassungs- und Beamtenrecht erfasst der weite Wortlaut der zweiten Alternative sicherlich viele Konstellationen, bei denen anhand des Einzelfalls entschieden werden muss, wann das Ansehen genug leidet. Unter Berücksichtigung der Gesetzesbegründung ist die Abgrenzung zwischen § 6b Abs. 1 Satz 2 Nr. 1 BMinG und dessen Abs. 2 zu kritisieren.[251] Denn die Bundesregierung will einen „schweren" Fall annehmen bei „enger Verflechtung" von amtlicher und nachamtlicher Tätigkeit.[252] Genau diesen Fall könnte aber das erste Regelbeispiel formulieren, sodass unklar bleibt, wann eine „enge Verflechtung" abseits davon vorliegt. Denkbar wäre ein personelles anstelle eines sachlichen Verständnisses, etwa wenn der Betroffene sich auf einem anderen Gebiet betätigt, jedoch mit den gleichen Kontakt- und Verhandlungspersonen. Als fiktives Beispiel soll der die Energiewirtschaft begünstigende Wirtschaftsminister a.D. dienen, der nicht zu einem protegierten Stromerzeuger wechselt, sondern in den Vorstand eines Süßwarenproduzenten; Aufsichtsratsvorsitzender des Schokoladenherstellers und Vorstandschef des Stromproduzenten ist allerdings dieselbe Person. Solche Fälle des Abs. 2 sind konstruierbar, doch wiegt ein solcher Fall gegenüber einem Übertritt eines Wirtschaftsministers a.D. direkt in die Energiewirtschaft sicherlich weniger schwer.

c) Entscheidungsfindung durch die Bundesregierung

Die Bundesregierung trifft gem. § 6b Abs. 3 Satz 1 BMinG ihre Entscheidung über eine Untersagung auf Empfehlung eines aus drei Mitgliedern bestehenden beratenden Gremiums. Die Stellungnahme eines beratenden Gremiums ist ebenfalls an den Verhaltenskodex der

---

251 Ein Änderungsantrag der Fraktion BÜNDNIS 90/DIE GRÜNEN spricht daher von „unnötigerweise unbestimmte[n] Merkmale[n]", BT-Drucks. 18/5429, S. 2.

252 BT-Drucks. 18/4630, S. 11; *Haßelmann* (Bündnis 90/Die Grünen), in: BT Plenarprotokoll (Sten. Ber.) 18/115, 11187A.

Europäischen Kommission angelehnt. Während Ziffer 1.2 Abs. 2 VK EU die Stellungnahme der Ethikkommission fordert, trifft die Bundesregierung gem. § 6b Abs. 3 Satz 1 BMinG ihre Untersagungsentscheidung aufgrund der Empfehlung eines solchen Gremiums.[253] Dieses muss seine Entscheidung gem. Satz 2 begründen, darf sie jedoch nach Satz 3 nicht öffentlich abgeben.[254] Im Rahmen eines Verbots gem. § 6b Abs. 4 BMinG ist die Entscheidung unter Mitteilung der Empfehlung zu veröffentlichen. Die Regierung muss indes nach § 6b Abs. 1 Satz 3 BMinG die Untersagung begründen.

Fraglich ist, ob erstens die Begründung i.S.v. § 6b Abs. 1 Satz 3 BMinG bei einem unterbliebenen Verbot ebenso verpflichtend ist und ob zweitens mit der Empfehlung nach § 6b Abs. 4 BMinG auch die Begründung des Gremiums veröffentlicht werden muss. Im ersten Fall fordert der Wortlaut nur, die Untersagung zu begründen. Mit dem Sinn und Zweck der Norm,[255] das Vertrauen in die Regierungsarbeit zu schützen, könnte jede Entscheidung der Regierung zu begründen sein. Denn nur so wird die Öffentlichkeit gerade in dem potentiell schädlichen Fall der Nichtuntersagung über die Hintergründe der Entscheidung aufgeklärt. Allerdings sind nach dem allgemeinen Verwaltungsrecht nur belastende Verwaltungsakte zu begründen (vgl. § 39 Abs. 2 Nr. 1 VwVfG). Ohne Untersagung ist der Adressat nicht beschwert. Ebenso entfaltet ein Verwaltungsakt i.S.v. § 6b Abs. 1 BMinG keine allgemeine Drittwirkung, sodass die Öffentlichkeit nicht beschwert ist. Eine Begründung ist demnach mit dem Wortlaut nur im Falle der Untersagung erforderlich.

Anders verhält es sich bei der Begründung der Gremiumsempfehlung. Die Empfehlung ist mangels verbindlichen Regelungsgehalts kein Verwaltungsakt und § 39 Abs. 2 Nr. 1 VwVfG nicht einschlägig. Die Gründe der Empfehlung des Gremiums sind *de lege lata* nicht zu veröffentlichen. Dies folgt aus der Systematik des § 6b Abs. 3 Satz 2 zu

253 s.u. C.I.3, S. 56 f.

254 *Michael*, Innenausschuss-Drucks. 18(4)336 F, S. 10 verteidigt zunächst die Intransparenz zugunsten vertraulicher Regierungsinterna, fordert aber eine Gesetzesänderung dahingehend, die Begründung später nachzuliefern; die Vertraulichkeit ablehnend: *Wawzyniak* (Die Linke), in: BT Plenarprotokoll (Sten. Ber.) 18/115, 11180B.

255 Zusammengefasst unter C.I.9.

Abs. 3 Satz 3 BMinG. Danach unterscheidet das Gesetz zwischen der Empfehlung an sich, d.h. dem Tenor hinsichtlich einer etwaigen Untersagung nach Satz 2, und der Begründung der Empfehlung nach Satz 3. Demnach ist mit der „Empfehlung des beratenden Gremiums" in § 6b Abs. 4 BMinG nur der Tenor im Sinne von § 6b Abs. 3 Satz 2 BMinG gemeint, andernfalls hätte mit Blick auf die dargelegte Systematik der Wortlaut „Empfehlung samt Begründung des beratenden Gremiums" lauten müssen, um einen Bezug sowohl zu § 6b Abs. 2 Satz 2 BMinG als auch zu Satz 3 herzustellen.

Da die Begründung nicht dem Rechtsschutzbegehren des Einzelnen dient, sondern dem Verständnis der Öffentlichkeit für die getroffene Entscheidung, sollte *de lege ferenda*, um das angestrebte Verständnis zu erreichen, die Empfehlung mit Begründung veröffentlicht werden. Nur so kann Öffentlichkeit die Entscheidung nachvollziehen und die Regierungstätigkeit kontrollieren.

d) Rechtsfolge

Als Rechtsfolge kann die Bundesregierung gem. § 6b Abs. 1 Satz 1 BMinG die Tätigkeit für die Zeit der ersten 18 Monate ganz oder teilweise untersagen. Die „kann-Formulierung" räumt der Regierung zunächst Entschließungsermessen ein. Untersagt sie eine Tätigkeit, steuert in zeitlicher Hinsicht § 6b Abs. 2 Satz 1 BMinG das Auswahlermessen. Denn die Untersagung soll in der Regel die Dauer von einem Jahr nicht überschreiten. Aus der doppelten Formulierung „soweit" und „ganz oder teilweise" wird deutlich, dass neben dem zeitlichen Auswahlermessen auch ein materielles Auswahlermessen besteht. Zum einen ist „soweit" nicht „solange". Diese Unterscheidung kennt der Gesetzgeber an anderen Stellen durchaus (vgl. § 1619 BGB, § 45 Abs. 3 Satz 4 BVG).[256] Wenn zum anderen „teilweise" nur eine zeitliche Komponente hätte, wäre dies in der Zusammenschau mit der Wendung „für die Zeit der ersten 18 Monate" tautologisch. Denn sonst hätte das Gesetz vorgeschrieben, dass die Tätigkeit für die Zeit der ersten 18 Monate (ganz) untersagt werden kann, soweit öffentliche Interessen

256 Vgl. Bundesministerium der Justiz, Handbuch der Rechtsförmlichkeit, Teil B, Rn. 86.

gefährdet werden. Demnach kann die Regierung eine Beschäftigung nicht nur zeitweise untersagen, sondern ebenfalls gewisse Positionen oder Arbeitsfelder verbieten. Die Historie stützt diesen Befund, wonach eine Vorschrift mit großer Flexibilität geschaffen werden sollte.[257] Mit Blick auf das materielle Auswahlermessen ist der Koppelungscharakter der Vorschrift zu beachten: Tatsachen, die bereits unter die unbestimmtem Rechtsbegriffe des Tatbestands subsumiert wurden, können im Rahmen der anschließenden Ermessensentscheidung nicht erneut in die Abwägung einbezogen werden. So kann alleine die Tatsache, dass ein ehemaliger Minister künftig in einem Bereich tätig wird, in dem er während seiner Amtszeit als Regierungsmitglied tätig war, nicht auf Rechtsfolgenseite eine bestimmte Verbotsdauer begründen. Entscheidend hierfür sind etwa die vorherige Amtsdauer und das Maß an Einflussmöglichkeiten.[258]

e) Zusammenfassung und Bewertung

Zusammenfassend müssen Rechtsprechung und Praxis die unbestimmten Rechtsbegriffe des § 6b Abs. 1, 2 BMinG inhaltlich ausfüllen und ihnen die nötige Trennschärfe verleihen. Dabei ist ein Rückgriff auf die beamtenrechtlichen Normen angezeigt, da sowohl Minister- als auch Beamtenrecht die gleichen Interessen schützen. Der Untersagungszeitraum ist mit einer regelmäßigen Höchstgrenze von zwölf Monaten kürzer als der Zeitraum in Ziffer 1.2 Abs. 1 EU VK, auf den sich Ziffer 1.2 Abs. 2, 3 EU VK beziehen. Ohnehin schafft die Ermächtigungsgrundlage des § 6b Abs. 1 Satz 1 BMinG eine andere Rechtsfolge als der Verhaltenskodex. Eine konzeptionelle Anleihe beim Unionsrecht nimmt das neue Gesetz dennoch hinsichtlich der Entscheidungsfindung unter Mithilfe eines beratenden Gremiums. Gemessen an dem Normzweck müsste dieses Gremium unabhängig von der Entscheidung seine Empfehlung öffentlich begründen. Nur so bleibt eine faktische Kontrolle durch die Öffentlichkeit gewährleistet.

---

257 BT-Drucks. 18/4630, S. 11; *De Maizière* (CDU), in: BT Plenarprotokoll (Sten. Ber.) 18/84, 7976C.

258 *Krings* (CDU), in: BT Plenarprotokoll (Sten. Ber.) 18/115, 11179B f.

3. Gremium nach § 6c BMinG

a) Mitglieder

Der Normtext klärt scheinbar weitestgehend über das neue Beratergremium auf: Es setzt sich gem. § 6b Abs. 3 Satz 1 BMinG aus drei Mitgliedern zusammen. Diese sollen nach § 6c Abs. 1 Satz 1 BMinG „Funktionen an der Spitze staatlicher oder gesellschaftlicher Institutionen wahrgenommen haben oder über Erfahrungen in einem wichtigen politischen Amt verfügen". Grundsätzlich beginnt gem. § 6c Abs. 1 Satz 2 BMinG und endet gem. § 6c Abs. 4 Satz 1 BMinG die Amtszeit des beratenden Kollegiums parallel zur Wahlperiode des deutschen Bundestags. Der weite Wortlaut umspannt alle Arten von Institutionen, solange das Gremiumsmitglied an deren Spitze stand. Gleiches gilt für kommunale Wahlpolitiker, sofern deren Amt als „wichtig" angesehen werden mag. Somit könnte der ehemalige Vorsitzende der Deutschen Philatelisten-Jugend e.V. ebenso wie der Bürgermeister von Arnsberg (Westfalen) in das Gremium berufen werden, obwohl die Berührungspunkte und Erfahrungen mit der Bundespolitik regelmäßig gering sein dürften. Demnach ist zu fragen, welche Anforderungen an ein Mitglied des Gremiums zu stellen sind.

Die Systematik spricht für eine Begrenzung des uferlosen Kreises potentieller Gremiumsmitglieder. Als Bundesgesetz, das Mitglieder der Bundesregierung und deren Parlamentarische Staatssekretäre adressiert, folgt die „Wichtigkeit" eines politischen Amts aus bundespolitischen Funktionen. Ebenfalls ist der Anwendungsbereich auf bundesweit aktive Institutionen begrenzt. Das erzeugt freilich ein neues Spannungsfeld zwischen der Sachkompetenz des Mitglieds und eigener Betroffenheit durch den Drehtüreffekt. Die Spannung löst die Bundesregierung im Rahmen ihrer Einschätzungsprärogative zugunsten der Sachkompetenz auf.[259] Damit bleiben jedoch die bundesweit aufgestellten jungen Briefmarkenfreunde vorerst im Rennen.

259 *Grzeszick*, Innenausschuss-Drucks. 18(4)334 D, S. 14; *Michael*, Innenausschuss-Drucks. 18(4)336 F, S. 4 sieht die Sachkompetenz von Externen ebenso positiv, setzt aber gleichzeitig eine „neutrale Außensicht" voraus.

Die Gesetzbegründung schweigt zur näheren Ausgestaltung der „staatlichen oder gesellschaftlichen Institution“ oder des „wichtigen politischen Amts“.[260] Im Zuge der ersten Beratung im Bundestag pries die amtierende Koalition die neu geschaffene Beratungsinstitution. Die Entscheidung und Empfehlung seien zusammen zu veröffentlichen, sodass der Empfehlung ein „überragendes Gewicht“ zukomme.[261] Die Abgeordneten rechtfertigen die konkrete Einbindung des Gremiums mit einem Verweis auf die Europäische Ethikkommission.[262] Die diesbezüglichen Regelungen entsprechen im Wesentlichen der deutschen Regelung. Allerdings ergeben sich zwei zentrale Abweichungen: Zum einen schafft Art. 4 EinB VK EU inhaltliche Maßstäbe für die Mitgliedschaft. Während in § 6c Abs. 1 Satz 1 BMinG die formelle Stellung in einer Institution oder Erfahrungen in einem wichtigen politischen Amt ausreichen, füllt Art. 4 Abs. 1 EinB VK EU die Anforderungen mit „Kompetenz und beruflichen Fähigkeiten“. Ferner fordert Abs. 2 die gründliche Kenntnis des Rechtsrahmens und der Arbeitsmethoden der Kommission. Mit anderen Worten setzt das Ministergesetz weder Kompetenz noch die Kenntnis der Regierungsarbeit für ein Gremiumsmandat voraus. Zudem muss die Ethikkommission gem. Art. 9 EinB VK EU alle abweichenden internen Standpunkte bei der Beschlussfassung festhalten.

In Anlehnung an den europäischen Prototyp spricht einiges dafür, die „Wichtigkeit“ des politischen Amts anhand der Vorgaben für die Ethikkommission auszurichten. Daher sollten die „Institutionen“ i.S.v. § 6c Abs. 1 BMinG einem mit der Regierungsarbeit vergleichbaren oder zusammenhängenden „Rechtsrahmen“ unterliegen und ähnliche „Arbeitsmethoden“ anwenden oder zumindest vertiefte Kenntnis – da der Wortlaut des § 6c Abs. 1 Satz 1 BMinG nur Erfahrung mit dem Amt fordert – von der Regierungsarbeit haben. Daher sind nicht nur die Spitzen ehemaliger Bundesbehörden, sondern auch politischer Verbände erfasst. Ebenso kommen ehemalige Bundesrichter in Be-

260 Vgl. BT-Drucks. 18/4360, S. 11.

261 *De Maizière* (CDU), in: BT Plenarprotokoll (Sten. Ber.) 18/100, 9576D.

262 *Özdemir* (SPD), in: BT Plenarprotokoll (Sten. Ber.) 18/100, 9579B.

tracht, da ihre Urteile oft einen politischen Kontext haben.[263] Daneben sind die Vorsitzende anderer politiknaher Sachverständigenräte wie etwa des Ethikrats[264] als Mitglieder des beratenden Gremiums denkbar. Nach § 6c Abs. 1 Satz 1 BMinG „sollen“ die Mitglieder des Gremiums die genannten Voraussetzungen erfüllen. Eine Abweichung ist bei hinreichender Begründung zulässig.

Abweichende Voten einzelner Mitglieder der Ethikkommission macht Art. 9 EinB VK EU sichtbar, was die Nachvollziehbarkeit der Empfehlung fördert. Da § 6b Abs. 3 Satz 2 BMinG das Gremium nur verpflichtet, *seine* Empfehlung zu begründen, jedoch nicht auf abweichende Meinungen einzelner Mitglieder einzugehen, können gegenläufige Ansichten komplett unbeachtet bleiben. Das ist problematisch, weil die eigentliche Entscheidung in den Händen der Bundesregierung liegt. Daher soll das Gremium die gegebenenfalls vielschichtigen Interessenkollisionen vorab aufarbeiten und analysieren.[265] Dazu zählen der Natur der Sache nach auch Meinungen, die aus Sicht des Gremiums nicht überzeugen, denn die Regierung kann eine andere Bewertung vornehmen.

b) Rechtspolitische Kritik an dem Gremium und der Bundesrechnungshof als Lösungsansatz

Die zugrundliegende Idee, der Bundesregierung bei der Entscheidung über nachamtliche Tätigkeiten von Regierungsmitgliedern ein beratendes Gremium zur Seiten zu stellen, klingt nach dem Prinzip von „checks and balances“ zunächst sinnvoll.[266] Nach der systematischen Auslegung mit Blick auf § 105 BBG ändert das Votum des neuen Expertengremiums gem. § 6b Abs. 3 Satz 1 BMinG indes nichts an etwai-

263 Zuletzt BGH, Urteil vom 27.09.2016 – VI ZR 310/14 –, juris, Klaus Wowereit gegen die BILD-Zeitung und die darauffolgende mediale Reaktion, *Müller-Neuhof*, in: Der Tagesspiegel vom 27.09.2016, Wowereit verliert vor Gericht gegen Bild; zur energiepolitischen Dimension des BGH siehe *Weiß*, Entscheidungsspielräume, S. 87 f.

264 Nach § 2 Abs. 1 Satz 2 Nr. 2 EthRG hat der Ethikrat die Aufgabe, Stellungnahmen sowie von Empfehlungen für politisches und gesetzgeberisches Handeln zu erarbeiten.

265 *Özdemir* (SPD), in: BT Plenarprotokoll (Sten. Ber.) 18/100, 9579D.

266 Vgl. *Michael*, Innenausschuss-Drucks. 18(4)336 F, S. 4.

gen Kontrolldefiziten,[267] da die Bundesregierung zum einen nach § 6c Abs. 1 Satz 2 BMinG selbst über die Zusammensetzung des Gremiums entscheidet,[268] zum anderen da die Empfehlung keine rechtliche Bindungswirkung entfaltet und die Gefahr von Ermessensfehlern bei der Regierungsentscheidung infolge der vorherigen Empfehlung besteht.

aa) Vorschlag der Mitglieder durch die Bundesregierung

Die Mitglieder des Gremiums ernennt gem. § 6c Abs. 1 Satz 2 BMinG der Bundespräsident auf Vorschlag der Bundesregierung. Daran wird kritisiert, dass der Bundestag keinen Einfluss auf die Personalentscheidung habe, mithin das Gremium nicht hinreichend demokratisch legitimiert und das Gremium demnach nur ein „verlängerter Arm der Regierung" sei.[269] Jedoch sorgt die parlamentarisch verantwortliche Regierung über den vom Bundestag gewählten Kanzler für eine hinreichende Legitimationskette. Überdies darf die Bundesregierung sich durchaus von Parlamentsexternen beraten lassen, lediglich die Kontrolle der Regierung obliegt der Volksvertretung.[270]

bb) Ermessensfehler infolge einer Orientierung an der Empfehlung des Gremiums

Zudem werden systemimmanente Bedenken vorgebracht: Wendet sich die Regierung gegen ein ablehnendes Votum, erzeugt sie selbst den Anschein einer gruppenmotivierten Handhabung zugunsten der „politischen Klasse" und führt das Gesetz *ad absurdum*.[271] Richtet sie sich ohne eigene Ermessensausübung nach der Entscheidung des Gremiums, liegt ein Ermessensfehler in Form des Ermessensnichtgebrauchs

267 Zu Kontrolldefiziten gegenüber Ruhestandsbeamten s.u. C.III.2.a)dd).

268 Zur Konfliktlage, wenn die Kontrollierten die Kontrollierenden berufen *V. Arnim/Heiny/Ittner*, Korruption, S. 34.

269 So *Michael*, Innenausschuss-Drucks. 18(4)336 F, S. 4; *Wawzyniak* (Die Linke), in: BT Plenarprotokoll (Sten. Ber.) 18/115, 11180B f. fordert daher ein Vorschlagsrecht der Parlamentsfraktionen; ähnlich auch *Grzeszick/Limanowski*, DÖV 2016, S. 313 (320), die die mögliche eigene Betroffenheit der Gremiumsmitglieder vom Drehtüreffekt ansprechen.

270 *Meyn*, Kontrolle, S. 188–192.

271 *Grzeszick/Limanowski*, DÖV 2016, S. 313 (320).

vor.[272] Nimmt das Gremium seine Beratungspflichten nicht im Sinne der Bundesregierung wahr, kann diese die Mitglieder des Gremiums gem. § 6c Abs. 4 Satz 1 i.V.m. § 6c Abs. 1 Satz 2 BMinG durch die Neuwahl anderer Mitglieder abberufen. Demgegenüber müssen die Mitglieder des Gremiums über die Amtszeit der ihn berufenden Regierung hinaus nach § 6c Abs. 4 Satz 1 BMinG über die Zukunft eben jener entscheiden helfen, sofern die Regierungsmitglieder eine Anschlusstätigkeit außerhalb des öffentlichen Diensts anstreben. Zwar ist die Mitgliedschaft gem. § 6c Abs. 1 Satz 3 BMinG ehrenamtlich, sodass die Berufung nicht infolge eines hohen Entgelts zum Dank gegenüber der Regierung verpflichtet, doch kann diese die Kandidaten fast ausschließlich nach Gusto und Parteibuch auswählen.[273]

cc) Lösungsansatz: Bundesrechnungshof

Da das Gremium letztlich nur als ein „verlängerter Arm" der Regierung agieren könnte, könnten für die Beratung der Regierung auch andere Instanzen – etwa der Bundesrechnungshof[274] – in Frage kommen. Mit Blick auf den Bundesrechnungshof als Beratungsgremium sind drei Punkte zu klären: Ist der Bundesrechnungshof derzeit für vergleichbare Aufgaben zuständig? Falls nein, könnte der Bundesrechnungshof *de lege ferenda* für zuständig erklärt werden? Wäre eine Zuständigkeitsverlagerung mit Blick auf das skizzierte Spannungsverhältnis zwischen Sachkompetenz und Unabhängigkeit zweckmäßig?

(1) Derzeitige Aufgaben

Der Rechnungshof hat gem. § 1 Satz 2 BRHG die Aufgabe, den Deutschen Bundestag, den Bundesrat und die Bundesregierung bei ihren Entscheidungen zu unterstützen. Diese Unterstützung entspricht grundsätzlich der Aufgabe des beratenden Gremiums. In der richterlichen Unabhängigkeit der Rechnungshofmitglieder, die über Art. 114

---

272 *Michael*, Innenausschuss-Drucks. 18(4)336 F, S. 5 spricht daher von drei „dysfunktionalen Effekten"; *Scheffczyk*, ZRP 2015, S. 133 (135) warnt ebenfalls vor Ermessensfehlern.

273 Vgl. das „obiter dictum" bei *Michael*, Innenausschuss-Drucks. 18(4)336 F, S. 5.

274 So auch *Bamberger*, Nachamtliche Tätigkeitsbeschränkungen, S. 199.

Abs. 2 Satz 1 GG Verfassungsrang hat, liegt jedoch auch die Schwachstelle bei der Beratung. Denn die Ausgliederung aus der Verwaltungshierarchie korrespondiert mit der in Art. 114 Abs. 2 Satz 1 Hs. 2 GG festgeschriebenen Aufgabe, die Rechnung sowie die Wirtschaftlichkeit und Ordnungsmäßigkeit der Haushalts- und Wirtschaftsführung zu prüfen.[275] Somit dient die Stellungnahme des Bundesrechnungshofs dem Bundestag und Bundesrat zur Kontrolle über die vom Bundesministerium der Finanzen vorgelegte Haushaltsrechnung, vgl. Art. 114 Abs. 1, 2 Satz 1 GG.[276] Denn eine umfassende Gemeinwohlprüfung ist nicht Sache des Rechnungshofs.[277]

Bei der Untersagung gegenüber ehemaligen Regierungsmitgliedern fehlt der Bezug zur Finanzkontrolle. Denn die Untersagung hängt nicht von haushaltsrechtlichen Erwägungen ab, sondern davon, ob öffentliche Interessen gefährdet werden. Zwar liegt ein ausgeglichener Haushalt im öffentlichen Interesse, doch rechtfertigen die geringe Mehrbelastung infolge des Verbots und der damit möglicherweise steigenden Ausgaben für das Übergangsgeld nach § 6d BMinG nicht die Hinzuziehung des unabhängigen Rechnungshofs. Denn die Mehrausgaben sind gering[278] und die Aufgabe des Rechnungshofs besteht in der parlamentarischen, nicht in der gubernativen Finanzkontrolle.

Von der Rechnungsprüfung des Art. 114 Abs. 2 Satz 1 GG ist die Möglichkeit des Rechnungshofs zu unterscheiden, die Regierung gem. § 88 Abs. 2 Satz 1 BHO oder § 99 Satz 1 BHO zu beraten. In der von der Haushaltsprüfung abgekoppelten Beratungsleistung sehen Teile

275 *Hufeld*, Bundesrechnungshof, in: Isensee/Kirchhof, HStR III, § 56 Rn. 21: „Art. 114 Abs. 2 GG „verpflichtet [die Mitglieder des Rechnungshofs] auf ein bereichsspezifisches Sachprüfungsmandat"; allgemein zum Zusammenhang zwischen Unabhängigkeit und Sachprüfmandat *Hillgruber*, in: Maunz/Dürig, GG, Art. 97 Rn. 4; vgl. *Schulze-Fielitz*, in: Dreier, GG III, Art. 97 Rn. 17: „Funktionales Privileg zum Schutze der Funktionsfähigkeit der Rechtspflege".

276 BVerfGE 20, 56 (96); zum Prüfungsgegenstand des Bundesrechnungshofs allgemein *Schulte*, Gemeinaufgabe von Rechnungshöfen, S. 67–71.

277 *Degenhart*, Rechnungshöfe, VVDStRL 55 (1995), S. 190 (209).

278 BT-Drucks. 18/4630, S. 9.

der Literatur[279] mittlerweile die Haupttätigkeit des Rechnungshofs.[280] Ob der Rechnungshof die Regierung berät, liegt in seinem Ermessen.[281] Denn der Wortlaut („kann") verpflichtet den Rechnungshof nicht zum Tätigwerden. Die Beratungsleistung ist daher auch nicht verfassungsrechtlich abgesichert. Vielmehr ist diese Möglichkeit dem Rechnungshof erst durch die Bundeshaushaltsordnung eröffnet worden.[282] Ebenso im Ermessen des Rechnungshofs liegt die Möglichkeit eines Sonderberichts nach § 99 Satz 1 BHO. Daher ist der Rechnungshof *de lege lata* nicht zur Beratung über die Anschlusstätigkeiten verpflichtet.

(2) Aufgabenerweiterung

De lege ferenda könnte der Rechnungshof jedoch für zuständig erklärt werden. Wie sich aus Art. 114 Abs. 2 Satz 3 GG ergibt, regelt die Verfassung die Befugnisse des Rechnungshofs nicht abschließend. Nach § 1 Satz 2 BRHG unterstützt der Rechnungshof im Rahmen seiner gesetzlichen Möglichkeiten den Bundestag, den Bundesrat und die Bundesregierung bei ihren Entscheidungen. Gründe, warum die „gesetzlichen Möglichkeiten" nicht durch Gesetz erweitert werden könnten, sind nicht ersichtlich.

(3) Zweckmäßigkeit

Für eine Zuständigkeitsverlagerung auf den Bundesrechnungshof spricht, dass bereits vorhandene Ressourcen genutzt werden und ein „Reputationsverlust" des von der Regierung besetzten Gremiums vermieden wird.[283] Zwar schlägt die Bundesregierung gem. § 5 Abs. 1 Satz 1 BRHG dem Bundestag die Kandidaten für das Amt des Präsidenten und Vizepräsidenten des Bundesrechnungshofs vor, doch besit-

279 *Häuser*, DÖV 2004, S. 786 (787); *Hufeld*, Bundesrechnungshof, in: Isensee/Kirchhof, HStR III, § 56 Rn. 13.

280 BT-Drucks. 18/3300, S. 344: Im Jahr 2013 hat der Bundesrechnungshof verschiedenen Ausschüssen des Bundestags insgesamt 17 Berichte nach § 88 Abs. 2 BHO zugeleitet.

281 *Dittrich*, BHO, § 88 Rn. 13.

282 *Dittrich*, BHO, a.a.O.

283 *Bamberger*, Nachamtliche Tätigkeitsbeschränkungen, S. 208.

zen seine Mitglieder nach Art. 114 Abs. 2 Satz 1 GG (§ 3 Abs. 4 Satz 1 BRHG) richterliche Unabhängigkeit und der Rechnungshof steht gem. § 1 Satz 1 BRHG als oberstes Bundesbehörde in der Verwaltungshierarchie neben den Ministerien. Gegenüber dem in § 6c Abs. 1 BMinG vorgesehenen Gremium gelten für den Rechnungshof mit Blick auf etwaige Sachkenntnis formelle Einstellungsvoraussetzungen.[284] Inhaltlich hat der Rechnungshof die Regierung bereits bei vergleichbaren Fällen beraten[285] und gutachterliche Stellungnahmen im Rahmen des Ministerrechts sind dem Gesetz nicht fremd (vgl. § 12 Abs. 5 BMinG). Organisationsrechtlich spricht für den Rechnungshof die personelle Untergliederung gem. § 9 Abs. 1 BRHG in Zweier- oder Dreierkollegien.

Das Spannungsverhältnis zwischen Sachkompetenz und Unabhängigkeit könnte auch anders aufgelöst werden. Zu denken wäre etwa an einen Ausschuss des Bundestags, da dieser dem politischen Geschäft näher als der Rechnungshof steht und daher die größere Sachkompetenz haben könnte. Dagegen spricht jedoch, dass die Beratung der Regierung hinsichtlich eines temporären Berufsverbots eine Verwaltungstätigkeit ist. Denn die Empfehlung ist eine Verfahrenshandlung, an deren Ende ein Verwaltungsakt steht. Mit diesem Gedanken erscheint eine Übertragung auf ein Gericht gleichermaßen sachfremd.[286]

4. Bundesregierung als Entscheidungsorgan

Das *beratende* Gremium ist zur Entscheidung über künftige Tätigkeitsvorhaben weder berufen noch in der Lage.[287] *De lege lata* überwacht die Bundesregierung, ob die aktuellen(!) und ehemaligen Regierungs-

284 Gem. § 3 Abs. 3 Satz 2 BRHG müssen der Präsident und der Vizepräsident sowie mindestens ein Drittel der übrigen Mitglieder des Bundesrechnungshofs die Befähigung zum Richteramt haben.

285 Bundesrechnungshof, Bericht an den Haushaltsausschuss des Deutschen Bundestages nach § 88 Abs. 2 BHO über die Mitarbeit von Beschäftigten aus Verbänden und Unternehmen in obersten Bundesbehörden – Gz.: 15–2007–987/VII1–2007–1026 vom 25.03.2008, zitiert nach *Hartmann*, Inklusive Verwaltung, S. 67.

286 Zumal geklärt werden müsste, ob Art. 92 GG abschließend ist.

287 Vielmehr soll es die Distanzlosigkeit zwischen Entscheidern und Beschiedenen zu entkräften helfen, vgl. *Lang*, Gesetzgebung, S. 136 ff., 179 f.

mitglieder ihrer Anzeigepflicht nachkommen, und entscheidet über etwaige Untersagungen.

a) Zuständigkeit der Bundesregierung als Verfassungsgebot?

Die Zuständigkeit der Bundesregierung als Entscheidungskollegium könnte mit Art. 65 Satz 3 GG von Verfassung wegen geboten sein. Denn nach § 65 Satz 3 GG entscheidet über Meinungsverschiedenheiten zwischen den Bundesministern die Bundesregierung. Der Wortlaut begrenzt die Kollegialkompetenz auf Meinungsverschiedenheiten zwischen den Ministern. Die regierungsinterne Koordinationsnorm[288] bezieht sich weder auf Kanzler[289] noch auf *ehemalige* Minister, erst recht nicht auf *ehemalige* Regierungschefs.

Die systematische Auslegung von Art. 64 Abs. 1 und Art. 65 Satz 1 GG unterstreicht die Exklusion des Bundeskanzlers, da ihm eigene Regelungsinstrumente als der Kabinettsbeschluss zustehen. Dabei ist die Kompetenzzuteilung keinesfalls abschließend, wie die Erweiterungsmöglichkeit über die Geschäftsordnung nach Art. 65 Satz 4 GG[290] und andere Zuständigkeitsnormen des Grundgesetzes, etwa Art. 76, Art. 77 Abs. 2 Satz 4, Art. 80 Abs. 1, Art. 86 Satz 1, 2 GG belegen.[291]

Mit der historischen Auslegung ist festzuhalten, dass Art. 65 Satz 3 GG auf Art. 57 WRV basiert, wonach die Reichsminister die Reichsregierung bei ressortübergreifenden Fragen zur Beratung und Beschlussfassung konsultieren mussten. Somit distanzierte sich die Weimar Reichsverfassung der alten Reichsverfassung mit der monokratisch und bürokratisch organisierten „Regierung" den Rücken,[292] die gem. Art. 17, 18 DRV nur einen leitenden Politiker mit weisungsabhängigen

288 *Schröder*, in: v. Mangoldt/Klein/Starck, GG II, Art. 65 Rn. 33, 35.

289 *Oldiges/Brinktrine*, in: Sachs, GG, Art. 65 Rn. 26.

290 *Detterbeck*, Bundesregierung, in: Isensee/Kirchhof, HStR III, § 66 Rn. 55; *Herzog*, in: Maunz/Dürig, GG, Art. 65 Rn. 72, 74; *Schröder*, in: v. Mangoldt/Klein/Starck, GG II, Art. 65 Rn. 36.

291 Vertiefende Übersichten bei *Detterbeck*, Bundesregierung, in: Isensee/Kirchhof, HStR III, § 66 Rn. 49; *Schröder*, Bundesregierung, in: Isensee/Kirchhof, HStR III, § 64 Rn. 24; *Stern*, Staatsrecht II, § 31 IV 4 b (S. 311 f.).

292 *Huber*, Verfassungsgeschichte VI, S. 323 f., 329 f.; s.a. *Böckenförde*, Organisationsgewalt, S. 169 f.

Beamten kannte.[293] Folglich unterstehen die Bundesminister bewusst nicht der hierarchischen Verwaltungsstruktur. Der Parlamentarische Rat strich letztlich die Wendung des Art. 57 WRV – „Fragen, die den Geschäftsbereich mehrerer Bundesminister berühren" – als überflüssig,[294] sodass auch die Genese eine weite Auslegung der Zuständigkeit ergibt. Ebenso unterfielen Meinungsverschiedenheiten über die politische Ausrichtung primär der Richtlinienkompetenz des Kanzlers, was diesen entstehungsgeschichtlich ebenfalls von der Regierungsentscheidung nach Satz 3 ausnimmt.[295]

Die Intention des Art. 65 Satz 3 GG ist primär, einen regierungsinternen kollegialen Schlichtungsmechanismus zu schaffen, ohne auf die „harten" Instrumente[296] des Kanzlers zurückgreifen zu müssen. Daher stellt Art. 65 Satz 3 GG mehr eine Verfahrensvorschrift als eine Kontrollnorm dar.[297] Gegenüber ehemaligen Kollegen ist hingegen keine politisch motivierte Zurückhaltung erforderlich, sodass § 6b Abs. 1 Satz 1, Abs. 2 BMinG der aktuellen Regierung Eingriffsmöglichkeiten bietet.

Im Ergebnis kennt die Verfassung kein Gebot, die Minister durch die Bundesregierung zu kontrollieren, denn das Grundgesetz schweigt zur nachamtlichen Regierungsverantwortlichkeit. Vielmehr obliegt dem Parlament die Aufsicht über die aktiven Regierungsmitglieder (vgl. Art. 43 Abs. 1 GG). Andererseits schließt Art. 65 Satz 3 GG eine Erweiterung nicht grundsätzlich aus, sodass § 6a Abs. Satz 1, § 6b Abs. 1 Satz 1 BMinG keinem Verfassungsgebot hinsichtlich des Entscheidungsorgans widerspricht.

b) Zuständigkeit der Bundesregierung aus verwaltungsrechtlicher und verwaltungswissenschaftlicher Sicht

Da die Verfassung keine Kontrollmechanismen vorschreibt, greift das allgemeine Verwaltungsrecht, sofern keine speziellere einfach-rechtli-

---

293 *Rosenthal,* Reichsregierung, S. 12–15.
294 V. *Doemming/Füßlein/Matz,* JöR 1951, S. 1 (438).
295 V. *Doemming/Füßlein/Matz,* JöR 1951, S. 1 (439).
296 s. zur fehlenden Ministeranklage C.VIII.3, S. 194.
297 *Oldiges,* Bundesregierung als Kollegium, S. 428 f.; *Schröder,* Bundesregierung, in: Isensee/Kirchhof, HStR III, § 64 Rn. 25.

che Vorschrift eingreift. Dies ist mit § 6b Abs. 1 Satz 1 BMinG der Fall, wonach die Bundesregierung für ein zeitweiliges Verbot zuständig ist. Diese Vorschrift muss vorliegend zwei maßgeblichen Problemen gerecht werden – das strukturelle und das zeitliche Ende der Verwaltungshierarchie. Die Verwaltungswissenschaft löst das Strukturdilemma regelmäßig mittels einer übergeordneten Aufsichtsbehörde.[298] Da die Regierung jedoch am oberen Ende des Verwaltungsapparats agiert, scheidet diese Kontrollmöglichkeit naturgemäß aus. Exemplarisch sei auf § 105 Abs. 3 Satz 1 BBG verwiesen, der die letzte oberste Dienstbehörde für zuständig erklärt. Demnach unterstehen Staatssekretäre ihren Ministern, Minister – diese sind allerdings keine Beamten – unterstünden ihren Vertretern im Amt gem. § 14 Abs. 1 GO BReg. Die Zuständigkeit der obersten Dienstbehörde konzentriert die „Bewertung von Anschlusstätigkeiten aus Gründen der Vereinheitlichung der Verwaltungspraxis im Interesse einer effektiven Korruptionsprävention“[299].

aa) Kritik an der Zuständigkeit der Bundesregierung

Die Zuständigkeit der Bundesregierung gem. § 6b Abs. 1 Satz 1 BMinG ist mit Blick auf das strukturelle Ende der Verwaltungshierarchie rechtspolitisch problematisch. Denn gerade der Hierarchiegedanke stößt im politischen Bereich an seine Grenzen, da Regierungsmitgliedern häufig für Kontroll- und Lenkungsaufgaben die Kapazitäten fehlen.[300] Eine etwaige parteipolitische Nähe zwischen Kontrolleuren und Kontrollierten spitzt die Problematik darüber hinaus unter dem Gesichtspunkt der „Kumpanei“ zu,[301] obwohl die Gesetzesänderung gerade den Anschein einer nicht integren Amtsführung vermeiden will.[302] Allerdings sichert auch ein politischer Machtwechsel keine unabhängige Kontrolle durch die Regierung, da nun der politische Gegner über das Fortkommen der ehemaligen Regierungsmitglieder entscheidet.[303]

298 *Klein*, Ministerialfreie Räume, S. 43 f.; *Püttner*, Verwaltungslehre, § 21 Rn. 14.

299 BT-Drucks. 16/7076, S. 125.

300 *Püttner*, Verwaltungslehre, § 21 Rn. 13; vgl. *Dreier*, Hierarchische Verwaltung, S. 134.

301 *Krienke*, Interessenskonflikte, S. 31.

302 s.o. C.I.2, S. 93; *Michael*, Innenausschuss-Drucks. 18(4)336 F, S. 6.

303 *Michael*, Innenausschuss-Drucks. 18(4)336 F, S. 6; *Schilde*, Untersagung, S. 6.

Neben das strukturelle Subordinationsverhältnis tritt bei einem vorzeitigen Ausscheiden einzelner Kabinettsmitglieder ein zeitliches Element: Tritt ein Minister vor Ende der Legislaturperiode zurück, bestimmen seine ehemaligen Regierungskollegen und (in der Regel) aktuellen Parteifreunde über seine Zukunft. Demnach bleibt unklar, ob die Vorschrift die „Verwicklungen der Schicksalsgemeinschaft von Minister und Staatssekretär" hinreichend zu regeln vermag.[304] Verwaltungswissenschaftlich ist dieser Fall der behördeninternen Kontrolle Ausdruck des „hierarchischen Elements" der Verwaltung.[305]

Gegenüber ehemaligen Parlamentarischen Staatssekretären potenzieren sich die Probleme. Sie müssen ihre neue Erwerbsabsicht gem. § 7 Satz 2 ParlStG nur gegenüber dem zuständigen Mitglied der Bundesregierung anzeigen. Der zuständige Minister hat den Staatssekretär jedoch möglicherweise selbst für das Amt gem. § 2 Satz 2 ParlStG vorgeschlagen und beide dürften das gleiche Parteibuch besitzen, sodass das Regierungsmitglied es mit der Prüfung etwaiger Interessenkollisionen nicht so genau nehmen könnte.[306]

bb) Lösungsansätze

Zur Vermeidung der vorgenannten Probleme und der damit einhergehenden Interessenkonflikte fordern Stimmen in der Literatur eine sachangemessene Zuständigkeitsverlagerung auf eine andere Behörde.[307] Eine solche Zuständigkeitsverlagerung begegnet indes bereits im Vorfeld systematischen Bedenken, denn die Rechtsordnung kennt eine solche überwiegend im Kommunal- und Gefahrenabwehrrecht auf Landesebene – etwa in § 59 Abs. 2 KrO NRW, § 171 Abs. 4 NKomVG,

304 Positiv seien laut *Michael*, Innenausschuss-Drucks. 18(4)336 F, S. 6 allerdings die hohe Sachkompetenz der Regierung und die Möglichkeit zur Selbstreinigung.

305 *Bogumil/Jann*, Verwaltung, S. 163 f.; *Dreier*, Hierarchische Verwaltung, S. 146 m.w.N.

306 *Bäumel*, in: Innenausschuss-Drucks. 16/99, S. 17; *Klein*, Innenausschuss-Drucks. 16(4)631 E, S. 9; *Tillack*, in: Innenausschuss-Drucks. 16/99, S. 18; vgl. *Franz*, ZBR 2008, S. 236 (238 f.); mit Blick auf die Bestellung der Parlamentarischen Staatssekretäre *Menzenbach*, Die Parlamentarischen, S. 140 f.

307 *Bamberger*, Nachamtliche Tätigkeitsbeschränkungen, S. 207; allgemein: *Fehling*, Verwaltung, S. 254 f.; *Schmidt-Aßmann*, Verwaltungsverfahren, in: Isensee/Kirchhof, HStR V, § 109 Rn. 36.

§ 48 Abs. 1 LBO BW oder § 2 Abs. 3 Nr. 1 a) PBefZuVO BW,[308] im Staatsorganisationsrecht bleibt der Gedanke einer Zuständigkeitsverlagerung ein Unikat. Eine konkrete Gefahr im Sinne des Gefahrenabwehrrechts für ein Individualschutzgut durch eine lückenhafte Gesetzgebung oder unzureichende Verwaltungspraxis im Zusammenhang mit dem Phänomen des Seitenwechsels liegt nicht vor. Denn § 6b Abs. 1 BMinG schützt nach seinem Wortlaut öffentliche Interessen und ist ein Bundesgesetz. Demnach ist die Novelle nicht Teil des landesrechtlichen Gefahrenabwehrrechts. Allerdings unterscheiden sich die Zuständigkeiten nicht nach dem Gefahrenpotential, sondern die Unterscheidung ist nur aus der Rechtstradition erklärbar,[309] sodass etwaige systematische Bedenken einer Kompetenzverlagerung nicht entgegenstehen.

Sofern die skizzierten Konfliktpotentiale somit Anlass für eine Zuständigkeitsverlagerung geben, folgt die Frage, welche Institution den nötigen Sachverstand bei gleichzeitiger Unabhängigkeit bietet.[310] Bei der Frage nach einer sachangemessenen Zuständigkeit des Entscheidungsorgans hat der Gesetzgeber zwischen ehemaligen Regierungsmitgliedern und ehemaligen Parlamentarischen Staatssekretären unterschieden.[311]

Die Entscheidung über eine Untersagung gem. § 6b Abs. 1 Satz 1 BMinG gegenüber ehemaligen Regierungsmitgliedern durch die aktuelle Regierung ist dem Vorwurf der fehlenden Distanz zwischen Kontrolleuren und Kontrollierten ausgesetzt. Eine Lösung könnte die Kontrolle der Bundesregierung durch den Bundestag sein, wie mit Blick auf Berufsbeschränkungen bereits Art. 66 a.E. GG formuliert.[312] Die Einschaltung des Parlaments erzeugt ein Spannungsverhältnis zwischen der gesteigerten Akzeptanz durch den Grundsatz der Öffentlichkeit sowie der Vielzahl der Volksvertreter und der zeitlichen Hinauszö-

308 *Fehling*, Verwaltung, S. 254–258.

309 *Fehling*, Verwaltung, S. 258.

310 *Schilde*, Untersagung, S. 6; allgemein *Fehling*, Verwaltung, S. 1 f., 251.

311 *Michael*, Innenausschuss-Drucks. 18(4)336 F, S. 6 Fn. 3 hält indes eine Unterscheidung nicht für erforderlich.

312 s.o. C.II.1.b), S. 107 f.; s.a. *Bamberger*, Nachamtliche Tätigkeitsbeschränkungen, S. 209; *Kolbe/Hönigsberger/Osterberg*, Marktordnung, S. 72 f.; *Schmedes*, ZParl 2009, S. 543 (559 f.).

gerung durch ein langwieriges Prüfverfahren.[313] Da § 6b Abs. 1 Satz 1 BMinG lediglich einen Verbotsvorbehalt normiert, bleibt die Tätigkeit bis zur Untersagung statthaft. Andererseits leben die Minister a.D. und deren Arbeitgeber stets unter dem Damoklesschwert einer Untersagung, was zu einer faktischen Karenzzeit und somit zu einem Eingriff in Art. 12 Abs. 1 GG führen kann.[314] Das Parlament ist grundsätzlich nicht auf Einzelfallentscheidungen ausgerichtet. Allerding kennt das Grundgesetz selbst Ausnahmen von diesem Grundsatz, insbesondere in Art. 66 Hs. 2 GG. Einfach-rechtlich normiert § 5 Abs. 1 Satz 3 BMinG eine Ausnahme, welche gleichermaßen in § 6b Abs. 1 BMinG hätte bestimmt werden können. Die Verlagerung der Aufgabe auf Organteile des Bundestags – etwa den Innenausschuss – würde die Entscheidung beschleunigen. Demnach wäre eine Zuständigkeit des Bundestags denkbar.

Mit Blick auf die Entscheidung über ein Tätigkeitsverbot gegenüber Parlamentarischen Staatssekretären widerspräche eine Kontrolle durch den Bundestag der eindeutigen Systematik, die Parlamentarische Staatssekretäre nach § 7 Satz 1 Hs. 2 ParlStG i.V.m. § 5 Abs. 1 Satz 3 BMinG oder § 7 Satz 1 Hs. 3 ParlStG i.V.m. § 5 Abs. 3 BMinG der Regierungskontrolle unterwirft. Gleiches gilt auch im hiesigen Kontext, da § 7 Satz 2 ParlStG nur die Empfangszuständigkeit hinsichtlich der Anzeige, nicht jedoch die Entscheidungskompetenzen auf den einzelnen Minister überträgt. Doch wer über die Ernennung gem. § 2 Satz 2 ParlStG und Entlassung gem. § 2 Satz 4 ParlStG entscheidet, dem könnte als Annex die Entscheidung über nachamtliche Karenzzeiten obliegen, da diese nur Konsequenz von fortwirkende Neutralitätspflichten sind. Schließlich ist (aus rechtspolitischer Sicht) die Sachlichkeit der Ernennenden durch Ämterpatronage gleichermaßen gefährdet. Teleologisch begegnet das „Mehraugen-Prinzip" in Form einer Kabinettsentscheidung etwaigen Beklemmungen gegenüber der vermeintlichen Distanzlosigkeit.[315] Alternativ favorisierte ein Teil der Politik ursprünglich eine Verlagerung auf ein anderes Ministerium.[316] Da

313 *Bamberger*, Nachamtliche Tätigkeitsbeschränkungen, S. 209.
314 So auch die Einschätzung von *Scheffczyk*, ZRP 2015, S. 133 (134); Einzelheiten unter E.II.1.b)bb).
315 *Bamberger*, Nachamtliche Tätigkeitsbeschränkungen, S. 207 f.
316 *Kampeter* (CDU), in: BT Plenarprotokoll (Sten. Ber.) 16/19, 1379D.

der formelle Ernennungsakt gem. § 54 BBG und § 2 Satz 1 ParlStG dem Bundespräsidenten obliegt, könne dieser die nachamtliche Tätigkeitsüberwachung übernehmen.[317] Derart weite materielle Befugnisse widersprechen aber der formellen Stellung des Bundespräsidenten und rissen die Zuständigkeit gegenüber Regierungsmitgliedern einerseits und Staatssekretären andererseits auseinander. Endlich bleibt mit der Systematik und der gegenseitigen Kontrolle wenig Spielraum für Kritik an der Aufsicht der Bundesregierung gegenüber Parlamentarischen Staatssekretären. Einzig die thematisierte „Einheitlichkeit der Verwaltungspraxis" könnte gegen die Zuständigkeit der Regierung als Kollegium sprechen, wenn für diese ein anderes Kontrollorgan angezeigt wäre.

Um eine zweckmäßige Zuständigkeit für die Untersagung nach § 6b Abs. 1 Satz 1 BMinG zu bestimmen, ist zunächst zu fragen, ob insgesamt eine exekutive oder eine legislative Kontrolle recht- und zweckmäßig wäre.[318] Nun könnte mangels oberster Dienststelle und der Freistellung vom Disziplinarrecht gem. § 8 BMinG die Entscheidung zugunsten der Legislative bereits gefallen sein.[319] Das verkennt jedoch, dass § 8 BMinG gerade das unbeeinflusste politische Kräftespiel zwischen Regierung und Parlament sichert.[320] Die ehemaligen Minister nehmen allerdings nicht mehr als Minister an dem politischen Diskontinuität teil. Das Problem der fehlenden nächsten Instanz bleibt indes. Die Verwaltungsdogmatik bietet bei Strukturdefiziten innerhalb der hierarchischen Verwaltung den Ausweg über funktionale Selbstverwaltungskörperschaften an.[321] Deren Zulässigkeit ist verfassungsrechtlich als Ergebnis der Zusammenschau von Art. 86, 87 Abs. 2, 3, Art. 130 Abs. 3 GG anerkannt.[322] Diese neu einzurichtende Stelle wäre im

---

317 *V. Arnim*, ZRP 2006, S. 44 (46); *Bamberger*, Nachamtliche Tätigkeitsbeschränkungen, S. 208, der die Idee aufzeigt und ebenso verwirft.

318 Übersichten über mögliche Kontrollorgane bei *Bogumil/Jann*, Verwaltung, S. 155 ff.; *Püttner*, Verwaltungslehre, § 21 passim.

319 So *Bamberger*, Nachamtliche Tätigkeitsbeschränkungen, S. 209; s.a. *Michael*, Innenausschuss-Drucks. 18(4)336 F, S. 7.

320 s.u. C.VIII.3, S. 194.

321 *Grzeszick*, in: Maunz/Dürig, GG, Art. 20 Rn. 173; in der Sache ebenso *Püttner*, Verwaltungslehre, § 21 Rn. 17 f.; im Rahmen von § 61 StBerG hat der Gesetzgeber sich für eine Zuständigkeitsverlagerung auf die Berufskammer entschieden, s.u. C.III.2.c), S. 168.

322 *Emde*, Selbstverwaltung, S. 364 f.; *Jestaedt*, Demokratieprinzip, S. 538 f.

Zweifel effektiver als die in der Regel vorrangig mit anderen Aufgaben belasteten Organteile des Bundestags.[323] Ein solches Vorhaben unterliegt dem Gesetzesvorbehalt[324] und verursacht möglicherweise höhere Kosten als der Rückgriff auf bestehende Instanzen.[325] Entscheidend gegen eine externe Institution spricht die Sachnähe.[326] Zwar unterliegen vormalige Regierungsmitglieder nicht mehr dem politischen Kräftespiel, doch verdanken sie ihr Amtsende regelmäßig gerade der politischen Diskontinuität. Zudem müssen aktive Amtsträger in Hinblick auf künftige Wahlen die öffentliche Wahrnehmung stärker berücksichtigen.[327]

Im Mittelpunkt steht daher die Idee, dass ein Teilorgan des Bundestags die Regierungsmitglieder kontrolliert.[328] Demnach entschiede ein sachnahes und zugleich von der Verwaltungshierarchie unabhängiges Organ. Welche Institution konkret den größten Sachverstand bereithält, lässt sich kaum beurteilen. Der Ältestenrat bietet hierfür eine adäquate Lösung,[329] doch setzt diese Idee mehr auf die parlamentarische Unabhängigkeit als auf einen spezifischen Sachverstand. Nach der Einschätzung der Bundesregierung liegt der größte Sachverstand für die Thematik im Ressort des Inneren.[330] Schließlich trat der Innenausschuss bereits Anfang 2014 mit dem Antrag an den Bundestag heran, eine gesetzliche Karenzzeit für ausgeschiedene Regierungsmitglieder

323 *Püttner*, Verwaltungslehre, § 20 Rn. 32.

324 Staatsorganisationsrechtlich in der Nähe der Staatsleitung erforderlich *Krebs*, Staatsfunktionen, in: Isensee/Kirchhof, HStR V, § 108 Rn. 101 f.; s.a. *Burgi*, Verwaltungsorganisationsrecht, in: Ehlers/Pünder, Verwaltungsrecht, § 7 Rn. 4, 7.

325 Zum Gebot optimaler Verwaltungsökonomie BVerfGE 63, 1 (43); *Burgi/Ruhland*, Selbstverwaltung, S. 271; allerdings stehen „rein rechtlich" Gesetzmäßigkeit und Verfahrensökonomie in keinem Spannungsverhältnis *Schulze-Fielitz*, DVBl. 1994, S. 657 (660).

326 Eine mit der Steuerberaterkammer vergleichbare Berufskammer für Regierungsmitglieder existiert nicht.

327 *Borchert/Stolz*, PVS 44 (2003), S. 148 (167 ff.); *Kolbe/Hönigsberger/Osterberg*, Marktordnung, S. 77; s.a. *v. Arnim*, ZRP 2003, S. 235 (240).

328 Ausführlich *Kühn*, Verhaltensregeln, S. 317–323; *Schmedes*, ZParl 2009, S. 543 (560).

329 So *Bamberger*, Nachamtliche Tätigkeitsbeschränkungen, S. 200, 209; ebenso für die Sanktionen bei verletzten Informationenpflichten der Abgeordneten BT-Drucks. 12/6000, S. 91.

330 Vgl. BT-Drucks. 18/4630, S. 3; Innenausschuss-Drucks. 16/99, S. 8.

zu beschließen.[331] Bedenken bleiben indes, da Bundestagsausschüsse ebenfalls aus Berufspolitikern bestehen, die entweder ihren ehemaligen Kollegen den Weg in die Wirtschaft ebnen oder ehemaligen Kontrahenten Steine in selbigen legen könnten.[332] Dieses Kontrolldefizit ist gegenüber dem Nachteil geringer, der entsteht, wenn die Regierung über ihre eigenen Mitglieder entscheidet.[333]

5. Rechtsschutz

Hinsichtlich des Instanzenzugs erweitert die Novelle § 50 Abs. 1 Nr. 5 VwGO um einen zweiten und dritten Halbsatz, wonach das Bundesverwaltungsgericht in erster und letzter Instanz über Klagen nach (§ 7 S. 1 ParlStG i.V.m.) § 6b BMinG entscheidet.

a) Anzeigepflicht

Der Wortlaut des geänderten § 50 Abs. 1 Nr. 5 Hs. 2, 3 VwGO bezieht sich nur auf die Untersagungsmöglichkeit nach § 6b Abs. 1 Satz 1 BMinG, nicht auf die Anzeigepflicht nach § 6a Abs. 1 Satz 1 BMinG. Sachlich zuständig ist daher mangels Sonderzuweisung das Verwaltungsgericht nach § 40 Abs. 1 Satz 1 VwGO. Da die Entscheidung der aktiven Bundesregierung keine staatsleitende Tätigkeit ist[334] und ehemalige Regierungsmitglieder kein Verfassungsorgan sind, handelt es sich nicht um eine verfassungsrechtliche Streitigkeit.[335] Die örtliche Zuständigkeit richtet sich nach § 52 Nr. 5 VwGO. Zwar erfasst § 52 Nr. 4 Satz 1 VwGO Klagen von früheren Beamten und somit die Fälle des § 105 BBG,[336] doch kommt eine Analogie gegenüber früheren Re-

---

331 BT-Drucks. 18/285.

332 Die größtmögliche Unabhängigkeit bietet der Bundesrechnungshof, doch ist dieser nicht zur materiellen Entscheidung über Tätigkeitsverbote berufen, s.o. C.I.3.b).

333 Vgl. *Özdemir* (SPD), in: BT Plenarprotokoll (Sten. Ber.) 18/115, 11181C.

334 *Scheffczyk*, ZRP 2015, S. 133 (135).

335 Zum Erfordernis der „doppelten Verfassungsunmittelbarkeit" *Ehlers/Schneider*, in: Schoch/Schneider/Bier, VwGO, § 40 Rn. 136–142 m.w.N.

336 BVerwGE 39, 94 (96).

gierungsmitgliedern mangels Regelungslücke nicht in Betracht,[337] da § 52 Nr. 5 VwGO für „alle anderen Fälle" einen Auffangtatbestand bildet.[338] Für die statthafte Klageart und potentiellen Drittschutz ist zwischen dem Vorliegen der Pflicht und ihrer inhaltlichen Reichweite zu unterscheiden.

aa) Vorliegen einer Anzeigepflicht

Da § 6a Abs. 1 Satz 1 BMinG keinen weiteren Vollzugsakt für das Entstehen der Pflicht kennt, kann ein vormaliges Regierungsmitglied nur gegen die zugrundeliegende Norm klagen. Da die Anzeigepflicht ein formelles Parlamentsgesetz und keine untergesetzliche Norm ist, scheidet auch eine Inzidentprüfung der Vorschrift mittels Feststellungsklage aus.[339] Allerdings kann ein Kläger die Feststellung begehren, dass § 6a Abs. 1 Satz 1 BMinG kein Rechtsverhältnis begründet, das ihn gegenüber der Bundesregierung zur Anzeige seiner Anschlusstätigkeit verpflichtet.[340]

Fraglich ist, ob die Anzeigepflicht dem einstellenden Unternehmen Drittschutz gewährt. Zu denken wäre an eine Beeinträchtigung des informationellen Selbstbestimmungsrechts der juristischen Person.[341] Voraussetzung ist zunächst die Klagebefugnis nach § 42 Abs. 2 VwGO analog.[342] Diese liegt vor, „wenn es dem Kläger dabei um die Verwirklichung seiner Rechte geht, sei es, daß er an dem festzustellenden Rechtsverhältnis selbst beteiligt ist, sei es, daß von dem Rechtsverhältnis immerhin eigene Rechte des Klägers abhängen"[343]. Das Unter-

---

337 *Schenk*, in: Schoch/Schneider/Bier, VwGO, § 52 Rn. 37; *Kraft*, in: Eyermann, VwGO, § 52 Rn. 31; a.A. OVG Hamburg, DVBl. 1981, S. 48 (48) gegenüber einem Helfer des Technischen Hilfswerks.

338 VG München, Beschluss vom 29.08.2011 – M 6b K 11.3037 –, juris Rn. 9; *Berstermann*, in: Posser/Wolff, VwGO, § 52 Rn. 17.

339 Vgl. BVerwGE 111, 276 (278).

340 Vgl. zur beamtenrechtlichen Anzeigepflicht BayVGH, Urteil vom 21.10.2005 – 15 B 01.2490 –, juris Rn. 22.

341 Zum persönlichen Schutzbereich BVerfGE 97, 228 (253); BGHZ 78, 24 (25); OVG Lüneburg, NJW 2009, S. 2697 (2697); *Di Fabio*, in: Maunz/Dürig, GG, Art. 2 Rn. 224.

342 Str., aber wohl herrschende Meinung; eine Übersicht über den Meinungsstand geben *Wahl/Schütz*, in: Schoch/Schneider/Bier, VwGO, § 42 Abs. 2 Rn. 23 f. m.w.N.

343 BVerwG, NVwZ 1991, S. 470 (471).

nehmen ist im festzustellenden Rechtsverhältnis zwischen amtierender Regierung und ausgeschiedenem Mitglied nicht beteiligt. Die Erfüllung der bloßen Anfrage auf eine neue Beschäftigung erfasst nicht zwingend den Namen des Arbeitgebers und dessen interne Struktur, sodass ebenfalls eine Verletzung ausscheidet. Eine Drittfeststellungsklage gegen die Regierung ist demnach mangels Klagebefugnis unzulässig.

bb) Inhalt der Anzeigepflicht

Anders könnte sich die Rechtslage gestalten, wenn die amtierende Bundesregierung eine auf § 6a Abs. 1 Satz 1 BMinG gestützte Nachfrage stellt: wie die Firma des Arbeitgebers lautet, welchen inhaltlichen Tätigkeiten der vormalige Kollege dort nachgeht oder wie hoch das neue Einkommen ist. Da die Regierung somit die in § 6a Abs. 1 Satz 1 BMinG normierte Aufgabe (Entgegennahme der Tätigkeitsanzeige) der öffentlichen Verwaltung i.S.v. § 1 Abs. 4 VwVfG wahrnimmt, handelt sie als Behörde.[344] Da die Nachfrage ein Gebot im Einzelfall auf dem Gebiet des öffentlichen Rechts mit Außenwirkung ist, handelt es sich um einen Verwaltungsakt i.S.v. § 35 Satz 1 VwVfG. Gegen derartige Nachfragen ist somit die Anfechtungsklage statthaft. Überschreitet die Regierung dabei ihre Kompetenzen,[345] etwa indem sie nicht erforderliche persönliche Daten erhebt, verletzt sie den Betroffenen in seinem Persönlichkeitsrecht.[346]

Rechtsschutz für Dritte ist grundsätzlich nach der Konzeption der streitentscheidenden Norm[347] oder aufgrund der konkreten Situation (Situationsvorbehalt)[348] denkbar. Ob die Norm abstrakt zugunsten des

344 Zur Abgrenzung, wann die Bundesregierung nicht als Behörde agiert BVerfGE 67, 100 (129).

345 s.u. E.II.8, S. 298.

346 Zur parallelen Problematik der Ausforschung der Freizeit von Beamten *Mirbach*, ZBR 1995, S. 64 (64 f.).

347 *Wahl/Schütz*, in: Schoch/Schneider/Bier, VwGO, § 42 Abs. 2 Rn. 50.

348 *Schmidt-Preuß*, Privatinteressen, S. 250 f.: „partieller Drittschutz"; *Wahl/Schütz*, in: Schoch/Schneider/Bier, VwGO, § 42 Abs. 2 Rn. 50: „Schutznorm unter Situationsvorbehalt".

Klägers streitet, entscheidet sich anhand der Schutznormlehre.[349] Danach muss die streitentscheidende Norm den Individualinteressen des Klägers zu dienen bestimmt sein und den Betroffenen die Rechtsmacht zur Durchsetzung dieser Interessen verleihen.[350] Darüber hinaus ist Drittschutz bei einer konkreten, nicht nur „geringfügigen Grundrechtsverletzung" denkbar. „Maßstab für die Beurteilung der für diese Grundrechtsverletzung erforderlichen Beeinträchtigungsintensität sind Schutzgut und Schutzzweck des einzelnen betroffenen Grundrechts."[351]

Die mit der Anzeigepflicht verfolgte Transparenz gegenüber Anschlusstätigkeiten soll das Vertrauen der Allgemeinheit in eine integre Regierungsarbeit stärken, nicht das Vertrauen in eine integre Einstellungspolitik des Unternehmens. Ferner ermöglicht die Informierung der Regierung eine Entscheidung über die nachfolgende Tätigkeit des ehemaligen Kabinettsmitglieds. Das einstellungswillige Unternehmen ist an dem Entscheidungsprozess nicht beteiligt, sodass die Norm abstrakt nicht dazu bestimmt ist, den Individualinteressen des Unternehmens zu dienen. Eine konkrete erhebliche Beeinträchtigung wäre höchstens anzunehmen, wenn die Regierung über ihr Fragerecht gem. § 6a Abs. 1 BMinG Betriebsgeheimnisse auskundschaftet. Soweit reicht indes die Befugnisnorm nicht, da keine Beziehung zu der amtlichen Tätigkeit besteht.

Mit Blick auf eine denkbare Grundrechtsverletzung gilt Folgendes: Das Recht auf informationelle Selbstbestimmung muss gegenüber juristischen Personen ohne den Menschenwürdegehalt auskommen.[352] Teile der Öffentlichkeit könnten Rückschlüsse aus der Untersagung ziehen, etwa dass ein Unternehmen durch die untersagte Beschäftigung versucht hat, unrechtmäßig Einfluss auf die Regierungsarbeit zu nehmen. Doch wahre Tatsachenäußerungen sind grundsätzlich hinzunehmen.[353] Sofern die Presse infolge einer Tätigkeitsuntersagung negativ und aufgrund falscher Tatsachen über den Betroffenen berichtet,

349 *Schmidt-Kötters,* in: Posser/Wolff, VwGO, § 42 Rn. 151–164; *Sodan,* in: ders./Ziekow, VwGO, § 42 Rn. 386–400.

350 BVerwGE 101, 157 (163); 111, 276 (280); 117, 93 (95 f.).

351 BVerwG, NVwZ 1984, S. 514 (515); 1987, S. 425 (425).

352 BVerfGE 95, 220 (241 f.); *Di Fabio,* in: Maunz/Dürig, GG, Art. 2 Rn. 224.

353 BVerfGE 97, 391 (403); 99, 185 (196).

ist gegen das jeweilige Presseunternehmen vorzugehen. Ebenso scheidet eine Verpflichtungsklage politisch interessierter Bürger auf weitere Informationsbeschaffung mangels Verletzung eigener Rechte aus.

cc) Ergebnis

Ehemalige Regierungsmitglieder und ehemalige Parlamentarische Staatssekretäre können sich je nach Klagebegehren mit einer Feststellungsklage oder einer Anfechtungsklage gegen die Anzeigepflicht wehren. Dritten hingegen räumt die Norm keine Klagebefugnis ein.

b) Untersagungsverfügung

Nach § 35 Satz 1 VwVfG liegt ein Verwaltungsakt bei einer konkretisierenden Maßnahme der Behörde im Einzelfall mit Regelungsgehalt vor. Ein solcher ist immer dann anzunehmen, wenn die Behörde verbindlich Rechte des Betroffenen begründet, ändert, aufhebt, feststellt oder verneint.[354] Zudem darf sich die Rechtsfolge nicht unmittelbar aus dem Gesetz ergeben, sondern die Behörde muss zunächst unbestimmte Rechtsbegriffe auslegen oder Ermessen ausüben.[355]

Für die Untersagung einer angestrebten Tätigkeit nach § 6b Abs. 1 Satz 1 BMinG muss die Bundesregierung unter die Voraussetzung der „Besorgnis der Beeinträchtigung öffentlicher Interessen" subsumieren und als Rechtsfolge aufgrund eine Ermessensentscheidung treffen. Der Bescheid der Bundesregierung beschränkt das Recht des Betroffenen aus Art. 12 Abs. 1 GG, die konkrete Tätigkeit zum angegebenen Zeitpunkt anzutreten. Daher handelt es sich um einen Verwaltungsakt, gegen den die Anfechtungsklage gem. § 42 Abs. 1 Alt. 1 VwGO statthaft ist.[356]

Im Rahmen von § 6b Abs. 1 Satz 1 BMinG stellt sich ebenso die Frage, ob Dritte klagebefugt sind. Für die Befugnis des § 42 Abs. 2 VwGO müsste das einstellende Unternehmen oder der politisch inte-

354 BVerwGE 55, 280 (285); 77, 268 (271).

355 *Detterbeck*, Verwaltungsrecht, Rn. 446 f.; *Ruffert*, Verwaltungsakt, in: Ehlers/Pünder, Verwaltungsrecht, § 21 Rn. 26.

356 A.A. *Scheffczyk*, ZRP 2015, S. 133 (135): Verpflichtungsklage, da der Autor in § 6b Abs. 1 BMinG als Verbot mit Erlaubnisvorbehalt wertet.

ressierte Private die Möglichkeit geltend machen, in eigenen Rechten verletzt zu sein. Nach der Schutznormlehre[357] ist fraglich, ob § 6b Abs. 1 Satz 1 BMinG den Individualinteressen der Bürger zu dienen bestimmt ist, indem die Norm die Integrität der Regierung schützen soll. Das Vertrauen in die Arbeit der Bundesregierung ist nicht als grundrechtliche Position verbürgt.[358] Denn der Wortlaut des § 6b Abs. 1 Satz 1 BMinG spricht von „öffentlichen Interessen", nicht von dem Privatinteresse, der gewählten Regierung vertrauen zu können. Ferner führt § 6b Abs. 2 Satz 2 Nr. 2 BMinG das Vertrauen „der Allgemeinheit", nicht des Einzelnen ins Feld. Die Systematik zu § 6a Abs. 1 Satz 1 BMinG bestätigt diesen Befund ebenso wie § 50 Abs. 1 Nr. 5 VwGO, wonach ausschließlich die Bundesrichter zuständig sind. Die instanziell begrenzte gerichtliche Kontrolle spricht rechtspolitisch ebenfalls für den Ausschluss von Dritten, da ansonsten eine Aufgabenverschiebung des Bundesverwaltungsgerichts vom Rechtsmittel- zum Tatgericht infolge überhandnehmender Fälle droht.[359] Daher spricht die Konzeption gegen eine Einbeziehung Dritter.

Etwas Anderes könnte sich nur aus dem Situationsvorbehalt ergeben. Da das „Vertrauenwollen" der Bürger in die Regierungsarbeit nur über Art. 2 Abs. 1 GG geschützt ist und ein finaler Eingriff fehlt, kommt nur die Berufsfreiheit der Unternehmen in Betracht, einzustellen, wen und wann sie wollen.[360] Sind sich Politischer Entscheider a.D. und Arbeitgeber einig, besteht bei paralleler Betroffenheit von „Erstem" und „Drittem" kein Spezialitätsverhältnis, doch muss der Dritte sich auf eine ihn schützende Vorschrift berufen können, d.h. insbesondere auf seine Grundrechte.[361] Maßstab für die Beurteilung der für

357 s.o. C.I.5.a)bb), S. 75.

358 Auf die Frage, ob eine integre Regierungsarbeit ein Aspekt von Verfassungsstrukturprinzipien ist – dazu die Analyse unter C.II.1 – kommt es hier nicht an, denn die Prinzipien vermitteln dem Bürger kein subjektives Recht, vgl. *Hartmann*, AöR 134 (2009), S. 1 (28).

359 *Rennert*, NWVBl. 2015, S. 41 (44).

360 Vgl. BVerfGE 50, 290 (363).

361 *Wahl/Schütz*, in: Schoch/Schneider/Bier, VwGO, § 42 Abs. 2 Rn. 335 f.; in der Sache ebenso BVerwG, NJW 1995, S. 2866 (2867); dazu *Thews*, NVwZ 1995, S. 224 (229).

eine Grundrechtsverletzung erforderlichen Beeinträchtigungsintensität sind Schutzgut und Schutzzweck des betroffenen Grundrechts.[362]

Die Untersagungsverfügung adressiert Regierungsmitglieder und Parlamentarische Staatssekretäre, sodass ein Unternehmen grundsätzlich jeden, selbst ein von einem Berufsverbot betroffenen Politiker einstellen kann. Gegenüber letzterem gilt jedoch, dass kein inhaltlicher Bezug zu seinem früheren Aufgabenfeld bestehen darf, da er ansonsten das Regelbeispiel des § 6b Abs. 1 Satz 2 Nr. 1 BMinG erfüllt. Überdies kann das Unternehmen eine andere Person für die gleiche Stelle engagieren, diese später besetzen oder den Politiker a.D. vorerst mit einer anderen Aufgabe betrauen. In Betracht käme durch die Untersagung nach § 6b BMinG eine faktische Schlechterstellung des Unternehmens, (1.) weil eine Person mit hohem Bekanntheitsgrad nicht für das Unternehmen auftreten, (2.) weil die Person ihre berufsbedingten Fähigkeiten – etwa Verhandlungsgeschick gegenüber Vertragspartnern – dem Unternehmen nicht zur Verfügung stellen oder (3.) weil das Unternehmen die besonderen Kontakte und Einflussnahmemöglichkeiten des Politischen Entscheiders a.D. gegenüber der neuen Regierung nicht nutzen kann. In den ersten beiden Varianten will das Unternehmen nur allgemeine – unter Umständen besonders ausgeprägte – Fähigkeiten seines künftigen Angestellten nutzen. Wird das mittelbar verhindert, etwa weil das Unternehmen den Bekanntheitsgrad des Politikers braucht, um das Firmenimage gerade in dem ursprünglichen Tätigkeitsbereich des Regierungsmitglieds a.D. aufzubessern, kann mit der Untersagung gegenüber dem Politiker ein mittelbarer Eingriff in die Berufsfreiheit des Unternehmens vorliegen.[363] Braucht das Unternehmen den Politiker nur allgemein als Öffentlichkeitsmagnet, so greift eine lediglich bereichsspezifische Untersagung als bloße Begleiterscheinung nicht in Art. 12 Abs. 1 GG ein.[364] Denn der Politiker kann weiterhin – bis auf die untersagten Bereiche – für das Unternehmen tätig werden. In der dritten Variante greift der Staat nicht in die Be-

362 Ausdrücklich für die parallele Drittbetroffenheit BVerwG, NVwZ 1984, S. 514 (515).

363 Zur Frage der verfassungsrechtlichen Rechtfertigung, s.u. E.II.1.a)cc).

364 Keine von der Literatur herausgearbeitete Fallgruppe berufsregelnder Tendenz ist einschlägig, vgl. die Übersicht bei *Manssen*, in: v. Mangoldt/Klein/Starck, GG I, Art. 12 Rn. 78.

rufsfreiheit ein, denn dort geht es um die Nutzung von im freien Wettbewerb verbotener Methoden.[365] Der freie Wettbewerb ist zwar ein Schutzgut des Art. 12 Abs. 1 GG.[366] Der Schutz einzelner Unternehmen wird indes durch § 6b Abs. 1 BMinG nicht bezweckt, denn die Norm schützt nur „öffentliche Interessen“ und demnach nicht vor Konkurrenz. Das Unternehmen ist demnach in einer Konstellation im Sinne der dritten Variante nicht klagebefugt.

Rechtspolitisch wäre eine Klagemöglichkeit für eine Parlamentsminderheit oder NGO möglicherweise wünschenswert gewesen.[367] Regelungstechnische Vorbilder in Konstellationen, bei denen im Interesse der Allgemeinheit ohne persönliche Beschwer geklagt werden kann, bieten § 2 Abs. 1 URG und § 64 Abs. 1 BNatSchG. Parlamentsminderheiten können als Fraktion oder anerkannte Gruppe i.S.v. § 10 Abs. 4 GO-BT die Rechte des Parlaments im Wege eines Organstreitverfahrens einklagen,[368] doch scheitert ein solches Vorhaben regelmäßig an der Antragsbefugnis gem. § 64 Abs. 1 BVerfGG, da das Organ in einem ihm durch das Grundgesetz übertragenem Recht verletzt oder unmittelbar gefährdet sein muss. Die Kontrolle der Untersagungsverfügung nach § 6b Abs. 1 Satz 1 BMinG folgt zum einen nicht aus der Verfassung, zum anderen sind *de lege lata* die Rechte des Bundestags nicht berührt.

c) Gerichtlicher Überprüfungsmaßstab

Unbestimmte Rechtsbegriffe unterliegen grundsätzlich der vollen richterlichen Kontrolle.[369] Etwas anderes gilt in Fällen der exekutiven Beurteilungsermächtigung aufgrund hoher Komplexität oder besonderer Dynamik der geregelten Materie, da hier das gerichtliche Verständnis der Verwaltungsentscheidung an die „Funktionsgrenzen“ der Judikati-

365 Je nach Fallkonstellation kann ein Verstoß gegen § 353b StGB, § 6b Abs. 1 BMinG, §§ 20, 21 VwVfG vorliegen.

366 *Manssen*, in: v. Mangoldt/Klein/Starck, GG I, Art. 12 Rn. 80.

367 So auch *Bamberger*, Nachamtliche Tätigkeitsbeschränkungen, S. 199.

368 *Lenz/Hansel*, BVerfGG, § 63 Rn. 28; *Umbach*, in: ders./Clemens/Dollinger, BVerfGG, § 63 Rn. 67 ff., insb. Rn. 80, 82.

369 BVerfGE 64, 261 (279); 84, 34 (49 f.); 129, 1 (21).

ve stößt.[370] Eine anerkannte Ausnahme sind zudem Entscheidungen von weisungsunabhängigen Gremien.[371] In einem solchen Fall ist die gerichtliche Kontrolle auf die Einhaltung der rechtlichen Grenzen des der Verwaltung eingeräumten Spielraums beschränkt.[372]

Mit der „sonstigen Beschäftigung", der „Beeinträchtigung des öffentlichen Interesses[373]" und dem „Vertrauen der Allgemeinheit in die Integrität der Bundesregierung" sowie der „schweren Beeinträchtigung" enthalten § 6a und § 6b BMinG eine Vielzahl unbestimmter Rechtsbegriffe.[374] Ein weisungsfreies[375] Gremium wirkt nach § 6b Abs. 3 BMinG an der Entscheidung mit, doch sind seine Empfehlungen für die Regierung nicht bindend. Darüber hinaus ist nicht erkennbar, inwiefern der gerichtliche Sachverstand gegenüber potentiellen Interessenkonflikten an seine „Funktionsgrenzen" stößt. Daran ändert auch die politische Dimension des vorangegangenen Amtes nichts, denn die in Rede stehenden Rechtsbegriffe beziehen sich auf die künftige Tätigkeit. Daher lässt die gerichtliche Kontrolle die aktuelle Regierungsarbeit unberührt. Somit sind sämtliche Entscheidungen im Rahmen der Gesetzesnovelle umfassend gerichtlich überprüfbar.

Das Ermessen auf Rechtsfolgenseite unterliegt der gerichtlichen Kontrolle gem. § 114 VwGO auf Ermessensfehler.[376] Das Wort „kann" in § 6a Abs. 2 Satz 3 und § 6b Abs. 1 Satz 1 BMinG verlangt von der Regierung eine Ermessensentscheidung, sofern keine Ermessensreduzierung vorliegt. Ferner unterstreicht die Entstehungsgeschichte den Willen des Gesetzgebers, eine flexible (Ermessens-)Regelung zu schaffen.[377] Daher ist die gerichtliche Kontrolle auf Rechtsfolgenseite auf die Ermessensausübung (vgl. § 114 Satz 1 VwGO) begrenzt.

---

370 BVerfGE 103, 142 (156 f.); 116, 1 (18); 129, 1 (21 f.); *Decker,* in: Posser/Wolff, VwGO, § 114 Rn. 35.

371 BVerfGE 83, 130 (147 f.); BVerwGE 72, 195 (204 f.); 129, 27 (33).

372 BVerwGE 72, 195 (199); 129, 27 (33); *Beaucamp,* JA 2012, S. 193 (194).

373 Zum unbestimmten Rechtsbegriff des öffentlichen Interesses *Häberle,* Öffentliches Interesse, S. 596.

374 *Michael,* Innenausschuss-Drucks. 18(4)336 F, S. 2; *Grzeszick,* Innenausschuss-Drucks. 18(4)334 D, S. 7 f.; *Scheffczyk,* ZRP 2015, S. 133 (135).

375 Zur Kritik gegenüber anderen Einflussmöglichkeiten, s.o. C.I.4.b)aa).

376 Zu möglichen Ermessensfehlern im Zusammenhang mit dem Votum des beratenden Gremiums, s.o. C.I.3., S. 59.

377 s.o. C.I.2., S. 35.

6. Abschließende Regelung

Ferner ist die Frage zu klären, ob die Gesetzesnovelle eine abschließende Regelung der Wechselthematik beabsichtigt. Da die Anzeigepflicht des Betroffenen gem. § 6a BMinG als Fragerecht der Bundesregierung ausgelegt werden kann, ist die Anzeigepflicht nicht abschließend. Der sachliche Anwendungsbereich des Untersagungsvorbehalts nach § 6b Abs. 1 BMinG ist aufgrund der exemplarischen Aufzählung („insbesondere") in Satz 2 ebenso wenig abschließend. Bleibt die Frage nach dem persönlichen Anwendungsbereich eines Berufsverbots hinsichtlich beamteter Staatssekretäre. Letztere nehmen ebenso wie Parlamentarischen Staatssekretäre an der Staatsleitung teil. Denn die beamteten Staatssekretäre leiten in fachlicher Hinsicht – sofern der Minister (noch) nicht über eigene Fachkenntnis verfügt – das Ministerium und direkten Kontakt zu dem Minister. Im Ergebnis erlangen beamtete Staatssekretäre demnach gleichermaßen Fachwissen und verfügen über ein weitreichendes Netzwerk:[378] Wenn die Regelung nicht abschließend wäre, bliebe noch Platz für weitere Einschränkungen durch das Zusammenspiel mit anderen Gesetzen. Das Thema ist nicht nur rein akademischer Natur, sondern beantwortet die Frage nach einer Beschränkung bei freiwillig ausgeschiedenen beamteten Staatssekretären. Zudem unterliegen Beamte gem. § 105 Abs. 2 BBG mit fünf Jahren einem längeren Untersagungsvorbehalt. Andererseits wirkt kein Gremium an der Entscheidungsfindung mit, und § 105 BBG kennt keine „Vorfeldmaßnahmen" i.S.v. § 6a Abs. 2 Satz 3 BMinG.

Gegen einen abschließenden Charakter spricht, dass der gesamte Gesetzgebungsprozess die Abgrenzung zu anderen politischen Funktionsträgern, etwa Abgeordneten[379] oder politischen Beamten, ausgespart hat. Der Normtext nennt in § 6b Abs. 1 Satz 1 BMinG keinen Adressatenkreis. Daher könnten Gleichheitsgründe für eine einheitliche Behandlung der Politischen Entscheider streiten.

378 Einzelheiten unter E.II.6.a)bb).

379 Die Unterscheidung von Amt und Mandat thematisiert der Bundesrat zwar mit Blick auf den Instanzenzug, s.u. E.II.10, verfolgt die Problematik im weiteren Verlauf jedoch nicht mehr, BR-Drucks. 306/1/15.

Im Ergebnis ist der Wortlaut unergiebig. Vielmehr ist die Norm im Zusammenhang mit § 6a Abs. 1 Satz 1 BMinG zu lesen, der die Regierungsmitglieder ausdrücklich adressiert. Ergiebiger ist zudem die genetische Auslegung, da der Gesetzgeber nach den Anhörungen im Innenausschuss vom 15. Juni 2009 und vom 15. Juni 2015 um die ähnliche Konfliktlage wusste und sich dennoch gegen eine übergreifende Lösung entschieden hat. Ansonsten hätte sich der Gesetzgeber an § 9a Abs. 3 SenatsG Ham. orientieren und eine Vorrangregel festlegen können. Abschließend spricht ebenso die Entstehung des Senatsgesetzes für eine abschließende Regelung, da dort bewusst auf eine Einbeziehung von beamteten Staatsräten verzichtet wurde.[380] Insbesondere die genetisch-historische Argumentation spricht, sofern man dem Gesetzgeber kein Ungeschick unterstellen will, für eine abschließende Regelung. Dem Parlament ist auch hier ein weiter Einschätzungsspielraum zuzubilligen.

7. Zweifelsfragen hinsichtlich des Anwendungsbereichs

Da die Gesetzesnovelle einfach-rechtlich an die *ratio* des Art. 66 GG anknüpft und Interessenskollisionen nach dem Amt vermeiden will, muss die Norm eine Antwort auf die im Verfassungsrecht herauszuarbeitenden Streitpunkte liefern.[381]

a) Aktien- und Geschäftsanteile

Dem Wortlaut nach beziehen sich § 6a und § 6b BMinG nur auf „Erwerbstätigkeiten und sonstige Beschäftigungen", sodass nicht der „Erwerb", sondern das Tätigwerden im Vordergrund steht, mithin das Halten von Aktien und der Gewinnbezug aus gesellschaftsrechtlichen Geschäftsanteilen ausgeklammert bleibt. Ferner folgt aus der Systematik mit § 38 Abs. 1 Nr. 1 WpHG und § 353b Abs. 1 StGB ein hinreichender Schutz gegenüber dem „Insiderhandel" und aus §§ 20, 21 VwVfG gegenüber dem amtszeitigen Protegieren von Gesellschaften,

380 Hamburg Drucks. 20/13298 vom 08.10.2014.

381 Vgl. die dortigen Fallgruppen unter C.II.1.a) f.

an denen das Regierungsmitglied Geschäftsanteile hält. Im Gleichklang mit Art. 66 GG erstarkt gegenüber der einfach-rechtlichen Ausprägung des § 6b Abs. 1 Satz 1 BMinG das Eigentumsrecht gem. Art. 14 Abs. 1 GG der Regierungsmitglieder.

Die Grenze ist erst da überschritten, wo der Mehrheitsaktionär nicht nur ein Direktionsrecht hat, sondern dieses auch aktiv ausübt. Doch selbst in diesem Fall schließt die Systematik eine Verwertung des Amtswissens aus. Denn Umgehungskonstellationen, in denen ein Gesellschafter zugleich ehrenamtlicher Geschäftsführer ist und für seinen Posten lediglich eine Aufwandsentschädigung bekommt,[382] scheiden wegen der weitgefassten Tatbestände von §§ 6a, 6b BMinG auch gegenüber unentgeltlichen Tätigkeiten aus. Das basiert jedoch auf der Untersagung der Geschäftsführung, nicht auf der Untersagung des Aktienbesitzes. Daher sind das Halten und der Gewinnbezug bei Aktien letztlich mit Blick auf die Novelle zulässig.

b) Vorträge

Die Wendung der „sonstigen Beschäftigungen" umfasst ebenso Vortragstätigkeiten.[383] Zudem gelten die allgemeinen Grenzen gegenüber dem Geheimnisverrat nach § 353b Abs. 1 StGB hier gleichermaßen. Dem weiten Anwendungsbereich i.S.v. §§ 6a, 6b BMinG wirken je nach Schwerpunkt des Vortrags die grundrechtlichen Wertungen der Art. 5 Abs. 1 Satz 1, Abs. 3 Satz 1 und Art. 12 Abs. 1 GG entgegen. Teleologisch rundet der Gedankengang, dass ohne Einbeziehung von Vortragstätigkeiten ein großes Umgehungsfeld entstünde, den Bewertungsmaßstab ab.

Da Vorträge für Unternehmen häufig nicht in einem öffentlichen Raum stattfinden und derartige Arrangements in der Regel genutzt werden, um aktuelles Fachwissen „abzugreifen", ist die Gefahr nicht nachweisbarer Verstöße gegen die amtliche Vertraulichkeit groß. Insbesondere bei höhen Vergütungen kann daher der zu vermeidende „böse Schein" entstehen. Allerdings ist eine Karenzzeit kaum ein probates Mittel gegenüber einmaligen Tätigkeiten, da Unternehmen die

382 So der Politische Entscheider Nr. 293, Primärquelle.

383 BT-Drucks. 18/4630, S. 10: „alle Tätigkeiten umfasst".

Vorträge oft zu einem fixen Termin fordern, sodass eine zeitweilige Untersagung einem Komplettverbot gleichkommt. Da die Novelle eine Teiluntersagung zulässt, könnte die Bundesregierung über ihr Fragerecht vorab sensible Themen abfragen und dem Vortrag vorenthalten. Dafür bräuchte die Regierung aber den genauen Inhalt des Vortrags, idealiter das zugrundliegende Skript. Entwickelte sie eine entsprechende Verwaltungspraxis, so müssten die Betroffenen mit der Offenlegung ihres Vortrags gegenüber der Regierung rechnen, was für sich genommen bereits abschreckt. Ein einmaliger Vortrag verschafft dem Unternehmen regelmäßig keinen Zugang zu dem politischen Netzwerk des Redners, erst recht keinen dauerhaften. Bleibt nur die nachträgliche Belohnung für vormalige Amtshandlungen durch ein hohes Vortragshonorar. Die Höhe der Vergütung bildet allenfalls einen Anhaltspunkt und wird ohnehin von den Vertragsparteien kraft ihrer Privatautonomie festgelegt. Auch die Regelbeispiele des § 6b Abs. 1 Satz 2 BMinG schaffen keinen belastbaren Bewertungsmaßstab, da die nachamtliche Belohnung in keinem offensichtlichen Zusammenhang mit der vorherigen Tätigkeit stehen muss. Vielmehr gebietet die Logik, in derartigen Fällen gerade einen anderen Vortragsinhalt zu wählen. Zusammenfassend lässt sich der Regierungsarbeit und dem Regierungsansehen abträglichen Vortragstätigkeiten durch eine weitreichende Transparenz entgegenwirken. Karenzzeiten haben indes häufig eine endgültige Tätigkeitsverbot zur Folge und fördern die Zielerreichung unter Berücksichtigung des Fragerechts gem. § 6a Abs. 1 BMinG nicht, sodass Untersagungen in der Regel unverhältnismäßig sind.[384]

c) Veröffentlichungen

Die Autorentätigkeit unterfällt gleichermaßen als „sonstige Beschäftigung“ dem Anwendungsbereich der Novelle. Der finanzielle Hintergrund der Veröffentlichung ist unerheblich. Andererseits streitet Art. 5 Abs. 1 Satz 1 GG für die freie Veröffentlichung. Verstöße gegen die Geheimnispflicht kommen bei Veröffentlichungen einem Geständnis gleich, da jedermann sie nachlesen kann. Zwar mag der Inhalt einer Kabinettssitzung im Laufe der Zeit „durchsickern“, doch verhindert

384 In die gleiche Richtung *Kolbe/Hönigsberger/Osterberg*, Marktordnung, S. 50.

dies keine zeitliche Karenzzeit. Bis zur Bekanntgabe streiten die Vertraulichkeitsnormen für die Geheimhaltung, darüber hinaus besteht kein Schutzinteresse. Auch werden Unternehmen selten den umständlichen Weg einer nachfolgenden Belohnung für unternehmensfreundliche Amtshandlungen wählen, wenn dies über Vorträge leichter erreichbar ist.[385] Für einen dauerhaften Netzwerkzugriff stellen Unternehmen die betreffenden Personen direkt ein, anstatt sie über ein Buchprojekt an die Gesellschaft zu binden.[386] Daher ist vor dem Hintergrund des Art. 5 Abs. 1 Satz 1 GG kein Raum für eine zeitweilige Untersagung einer Veröffentlichung.[387]

Als Gegenbeispiel könnte zwar das Verfassen eines Heftleins gegen eine hohe Vergütung durch die Buchlobby dienen, etwa infolge der Verteidigung des 7%-Mehrwertsteuersatzes auf Druckerzeugnisse gegenüber künftigen Änderungsvorhaben. Tatsächlich dürften aber weder das ehemalige Regierungsmitglied noch das Unternehmen den langwierigen Weg über eine Publikation wählen, wenn sie dasselbe Ergebnis über einen vergüteten Vortrag erreichen können.

d) Ehrenämter

Der weite Wortlaut des „sonstigen Beschäftigung“ und die Auslegung der Entstehungsgeschichte erfassen Ehrenämter, da auch dort Interessenkollisionen möglich sind.[388] Da ein Ehrenamt nicht der Schaffung oder Sicherung einer Lebensgrundlage dient,[389] schützt lediglich Art. 2 Abs. 1 GG das Engagement der Betroffenen. Die Tatsache, dass Ehrenämter kein Geld bringen, entkräftet den Vorwurf der nachgelagerten Korruption. Allerdings können sich ideell motivierte Interessenkollisionen ergeben, etwa wenn das ehemalige Regierungsmitglied für seinen Verein sein politisches Netzwerk aktiviert, um Vereinsinteressen in die Politik zu tragen. Derartige Fälle sind denkbar, aber schwierig auszumachen. Zum einen muss keine Beziehung zwischen der ehemaligen

385 s.o. C.II.1.a)cc).

386 s.o. B.II.3.

387 Vgl. *Kolbe/Hönigsberger/Osterberg*, Marktordnung, S. 50.

388 BT-Drucks. 18/4630, S. 10 f.

389 Zur verfassungsrechtlichen Berufsdefinition BVerfGE 97, 228 (252 f.); 105, 252 (265); 110, 141 (156 f.); *Scholz*, in: Maunz/Dürig, GG, Art. 12 Rn. 32.

Tätigkeit und dem Verein bestehen. Zum anderen leidet das Regierungsansehen regelmäßig nicht unter in der Öffentlichkeit allgemein geschätzten Ehrenämtern.

e) Zwischenergebnis

Die im Rahmen von Art. 66 GG diskutierten Problemfelder sind im hiesigen Kontext nahezu bedeutungslos. Der Aktienbesitz ist unschädlich, Vortrags- und Veröffentlichungstätigkeiten dürften vor der Zielrichtung der Gesetzesnovelle in der Praxis kaum[390] problematisch sein oder werden durch andere Normen unterbunden. Lediglich gegenüber Ehrenämtern verbleibt der Gesetzesänderung ein kleiner Anwendungsbereich.

8. Kritik

Wie zuvor ausgeführt sind die Neuerungen nicht von Kritik verschont geblieben. Dennoch bewertet die Regierungskoalition das neue Gesetz als „vorbildliche Gratwanderung, [da] jede weitere Kritik im Hinblick auf die Verlängerung der Dauer einer Karenzzeit und einer entsprechenden beruflichen Sanktionierung verfassungsrechtlicher Grundlagen [entbehrt]“[391]. Verfassungsrechtliche Grundlage zur Sicherung der Amtsneutralität und somit der Funktionsfähigkeit der Verwaltung ist das Rechtsstaatsgebot[392] und Art. 66 GG.[393] Das Demokratieprinzip streitet zudem für eine integre Ausrichtung der demokratisch legitimierten Regierung.[394] Mit anderen Worten gibt es die geforderten verfassungsrechtlichen Grundlagen für etwaige Grundrechtsbeeinträchtigungen. Andernfalls wäre der Eingriff in Art. 12 Abs. 1 GG durch § 6b Abs. 1 Satz 1 BMinG nicht zu rechtfertigen. Die Konkretisierung der Grundlagen obliegt bis zu den verfassungsrechtlichen Grenzen dem Gesetzgeber. Daher müsste die Aussage des Abgeordneten lauten,

390 Eine entsprechende Empirie fehlt und dürfte schwierig zu erheben sein.

391 *Özdemir* (SPD), in: BT Plenarprotokoll (Sten. Ber.) 18/100, 9580B.

392 s.u. C.II.2.b), S. 120.

393 s.u. C.II.1.

394 Zusammengefasst in C.I.9.

„eine längere Karenzzeit oder Sanktionen überschritten den verfassungsrechtlichen Rahmen.“ Diesen Beschwerden soll, soweit ersichtlich, abschließend nachgegangen werden.[395]

a) Ungenügende Dauer der Karenzzeit

Kritik gab es vor allem gegenüber der Dauer der Karenzzeit von maximal bis zu 18 Monaten,[396] ohne letztlich erfolgreich zu sein. Die beiden landesrechtlichen Regelungen erzeugen ein unterschiedliches Bild – sprechen sich aber insgesamt für eine Verlängerung aus –, da § 18 Abs. 2 KorruptionsbG NRW i.V.m. § 52 Abs. 5 LBG NRW eine Abkühlungsphase von bis zu fünf Jahren vorsieht, §§ 9a Abs. 1, 2 SenatsG Ham. hingegen nur maximal zwei Jahre zulässt. Gegenüber der Einschätzungsprärogative des Gesetzgebers sprechen verschiedene Argumente für eine längere Karenzzeit: Zunächst hätte die Abschreckungswirkung einer hohen Karenzdrohung bei zeitgleicher flexibler Ermessensausübungen bereits manchem Wechselkandidaten im Vorfeld den Wind aus den Segeln genommen.[397] Ausgehend von dem Ziel, den Verkauf von Fachwissen und die intransparente Netzwerknutzung zu verhindern, ist nach der Aktualität von Wissen und Kontakten zu fragen. Denn nur aktuelles, nicht ohnehin offenkundiges Wissen und aktuelle Kontakte versucht die Wirtschaft über die „Drehtür“ zu beziehen. Zwei bis drei Jahre sind demnach ausreichend, da der Betroffene sich in der Zeit neuen Aufgaben und Personen zuwenden muss[398] und die Karenzzeit nicht einfach absitzen kann.[399] Eine längere Sperrzeit

---

395 s.a. die im jeweiligen Kontext geäußerte Kritik, zum beratenden Gremium C.I.3., zur Entscheidungsfindung C.I.4.b)aa), zum Rechtsweg C.I.5.b).

396 *Müller,* Innenausschuss-Drucks. 18(4)334 B, S. 1 f.; ebenso kritisiert der Bundesanzeiger-Verlag online vom 24.03.2015, Gesetze aktuelle 3/2015, Weiterbeschäftigung, dass keine verpflichtende Karenzzeit vorgesehen ist.

397 *Bamberger,* Nachamtliche Tätigkeitsbeschränkungen, S. 203 f.; der Gedanke findet sich selbst bei der Regierungskoalition, etwa bei *Özdemir* (SPD), in: BT Plenarprotokoll (Sten. Ber.) 18/100, 9579A.

398 *Klein,* Innenausschuss-Drucks. 16(4)631 E, S. 9; für eine strategisch relevante Aktualität des internen Wissens von zwei Jahren spricht auch das Handels- und Gewerberecht, etwa § 74 Abs. 1, § 82a, § 90a Abs. 1 HGB und § 110 GewO, s.u. C.IX.

399 *Bamberger,* Nachamtliche Tätigkeitsbeschränkungen, S. 204.

als 18 Monte ist folglich erforderlich, denn Gesetzentwürfe brauchen lange, bis sie tatsächlich abgestimmt und erledigt sind.[400]

Ein anderer Ansatzpunkt knüpft die Karenzdauer an die vorrangegangene Amtsdauer und der damit verbundenen Möglichkeit, Wissen anzusammeln und Kontakt zu akquirieren.[401] Maßgeblich ist daher die etablierte Entscheidung des Gesetzgebers über die Zweitverwertung von Amtswissen in Form von § 105 Abs. 1 Satz 2 BBG und § 61 StBerG. Gegen einen Gleichlauf der Regelungen spricht zunächst die Diskontinuität der Regierung, wonach die Regierungsmitglieder gegenüber Beamten kürzer im Amt sind und damit einerseits weniger exklusives Wissen und Kontakt anhäufen, andererseits schneller wieder in einen anderen Beruf aufnehmen müssen. Das Regierungswissen ist hingegen regelmäßig staatstragender und somit sensibler als das interne Wissen der nachgeordneten Verwaltung. Ebenso rechtfertigt die Gesetzesbegründung des § 105 BBG eine auf drei Jahre ausgelegte Karenzzeit gegenüber vor der Regelaltersgrenze ausscheidenden Kollegen mit deren Chancen auf dem Arbeitsmarkt.[402] Da die Regierungsmitglieder regelmäßig vor dem 67. Lebensjahr aus dem Amt scheiden,[403] ihrerseits aber wirtschaftlich gefragter sind als Beamte – zumindest außerhalb von § 54 BBG –, ist eine Karenzzeit von bis zu drei Jahren zweckmäßig.[404]

b) Mangelhafte Vorfeldwirkung und Verfahrensausgestaltung

Ein weiterer Kritikpunkt war die mangelhafte Vorfeldwirkung und Verfahrensausgestaltung der Gesetzesnovelle. So fordern gesellschaftliche Stimmen, den Abschluss von Arbeitsverträgen für die Zeit nach dem Amt während der aktiven Amtszeit zu verbieten. Denn so entstehe der Anschein, dass der Betroffene seine restlichen Amtshandlungen zugunsten des neuen Arbeitgebers ausrichten werde.[405] Dieser Ein-

400 *Lange*, Innenausschuss-Drucks. 18(4)336 E, S. 5.
401 *Meyer*, Innenausschuss-Drucks. 16(4)631 C, S. 2 f.
402 BT-Drucks. 10/2542, S. 15; Details unter C.III.2.a), S. 158.
403 s.u. D.V.4: Das durchschnittliche Alter bei Amtsende beträgt 55,8 Jahre.
404 A.A. *Grzeszick/Limanowski*, DÖV 2016, S. 313 (319); *Wewer*, VuM 2015, S. 325 (334).
405 *Lange*, Innenausschuss-Drucks. 18(4)336 E, S. 6; *Müller*, Innenausschuss-Drucks. 18(4)334 B, S. 2.

wand überzeugt nicht, da § 6a Abs. 1 Satz 1 BMinG bereits die aktiven Regierungsmitglieder zur Anzeige der neuen Tätigkeit verpflichtet und § 6a Abs. 2 Satz 2 BMinG die Pflicht auf mindestens einen Monat vor dem Amtsende konkretisiert. Darüber hinaus verschöbe ein Verbot nur den Zeitpunkt des Vertragsschlusses. Dieser könnte ganz legal am ersten Tag nach dem Amt geschlossen und mangels automatischer Karenzzeit unmittelbar in Kraft gesetzt werden.

Der letztgenannte Aspekt führt zu einem artverwandten Problem: Mangels Automatismen ist jede Tätigkeit bis zu ihrer Untersagung zulässig. An dieser Situation ändert auch der nachträglich hinzugefügte § 6a Abs. 2 Satz 3 BMinG nichts.[406] Der „kleine Verbotsvorbehalt" kennt zwar eine Mindestvorlaufzeit für die Anzeige vor dem Tätigkeitsbeginn, doch folgt daraus keine Entscheidungsfrist für die Bundesregierung.[407] Das ist umso betrüblicher, da Hamburg in § 9a Abs. 2 SenatsG Ham. eine derartige Entscheidungsfrist bereits kannte. Ohne vorhersehbares Entscheidungsdatum forderten die NGOs während der Beratung eine fixe Karenzzeit.[408] Dem hat sich der Gesetzgeber im Rahmen seiner Einschätzungsprärogative mit dem „kleinen Untersagungsvorbehalt" verschlossen.[409]

c) Keine Sanktionen

Darüber hinaus bemängeln Einige, dass die neuen Vorschriften keine Sanktionen enthalten.[410] Andere Stimmen sprechen sich jedoch gegen Strafen aus, da nicht jedes „ethisch fragwürdige Verhalten" als solches automatisch geeignet sei, „eine Pönalisierung zu rechtfertigen." Der

406 Innenausschuss-Drucks. 18(4)353, S. 2.

407 Innenausschuss-Drucks. 18(4)353, S. 1; *Michael*, Innenausschuss-Drucks. 18(4)336 F, S. 9 fordert daher eine feste Entscheidungsfrist von zwei bis drei Monaten.

408 *Lange*, Innenausschuss-Drucks. 18(4)336 E, S. 6.

409 *Özdemir* (SPD), in: BT Plenarprotokoll (Sten. Ber.) 18/115, 11181B sieht mit der Ergänzung des § 6a Abs. 2 Satz 3 BMinG das skizzierte Problem als gelöst an.

410 *Lange*, Innenausschuss-Drucks. 18(4)336 E, S. 4; *Müller*, Innenausschuss-Drucks. 18(4)336 B, S. 2; vgl. *Bamberger*, Nachamtliche Tätigkeitsbeschränkungen, S. 210 f.; lediglich die Frage aufwerfend *Schilde*, Untersagung, S. 6.

politische Druck der Öffentlichkeit[411] sei ausreichend.[412] Nicht jede Sanktion ist eine Strafe im Rechtssinn, sodass eine „Pönalisierung" nicht gefordert wird. Vielmehr greifen politische Beschwerungen nach der Amtszeit, wenn überhaupt, nur gegenüber abgeordneten Ministern. Daher sind zum effektiven Normvollzug entsprechende Instrumente erforderlich.

Mit Blick auf die historische Auslegung basiert die Untersagungsmöglichkeit auf Ziffer 1.2 Abs. 2 VK EU. Demnach entscheidet die Kommission über die Vereinbarkeit mit Art. 245 AUEV und kann die dortigen Sanktionen ergreifen. Einen Untersagungsvorbehalt sieht die europäische Norm jedoch nicht vor, sodass Schlüsse vom EU-Recht auf das nationale Recht fehlgehen.

Denkbar wäre ferner eine Anleihe an das Disziplinargesetz:[413] Die Begründung der Nichtanwendbarkeit gegenüber Regierungsmitgliedern[414] bezieht sich nur auf die aktive Amtszeit.[415] Ferner ist das Ministerrecht in Besoldungsfragen mit dem Beamtenrecht vergleichbar.[416] Da aber gerade die finanzielle Absicherung gem. § 6d BMinG eine Folge der Karenzzeit ist, scheint es mit einem Blick auf das Beamtenrecht angezeigt, bei Verstößen das Disziplinarrecht sinngemäß anzuwenden. Der Gesetzgeber hat sich indes im Rahmen seiner Einschätzungsprärogative dagegen entschieden.[417]

Anders verhält es sich mit der Verwaltungsvollstreckung nach dem VwVG des Bundes: Erlässt die Regierung als Behörde einen konkretisierenden Nachfragebescheid oder verhängt sie ein Berufsverbot, ist der Verwaltungsakt unter den Voraussetzungen des § 6 VwVG voll-

---

411 Zur Kontrolle durch die Öffentlichkeit *Heußner*, in: v. Arnim, Bezahlung von Politikern, S. 73 (74); *v. Aaken*, Der Staat 49 (2010), S. 369 (388); kritisch bereits *v. Gneist*, Rechtsstaat, S. 240; *Zippelius*, Staatslehre, S. 212 f. *ders./Würtenberger*, Deutsches Staatsrecht, § 10 Rn. 7–9; differenzierter *Püttner*, Verwaltungslehre, § 21 Rn. 73–81.

412 *Grzeszick/Limanowski*, DÖV 2016, S. 313 (318 f.); *Schwarz*, Innenausschuss-Drucks. 18(4)336 C, S. 1 f, 4: „keine Verrechtlichung von Tugendregeln".

413 *Grzeszick*, Innenausschuss-Drucks. 18(4)336 D, S. 13; *Schilde*, Untersagung, S. 7.

414 s.u. C.VIII.3.

415 *Lange*, Innenausschuss-Drucks. 18(4)336 E, S. 5 fordert daher Sanktionen „für Regeln wie Karenzzeiten für die Nach-Amtszeit".

416 s.u. E.II.6.a)cc)(1).

417 *Grzeszick*, Innenausschuss-Drucks. 18(4)336 D, S. 13.

streckbar. Zwar verstößt die Nichtbefolgung eines Verbots ebenfalls gegen die öffentliche Sicherheit, sodass ein ordnungsrechtliches Verbot gleichermaßen in Betracht käme,[418] doch ist damit hinsichtlich der Durchsetzung des Verbots gegenüber der normalen Verwaltungsvollstreckung nichts gewonnen. Das Problem der fehlenden Sanktionsoption ist daher im Rahmen der Erst-Anzeige einer neuen Tätigkeit relevant. Ohne dessen Kenntnis hat die Behörde keinen Anlass einen Verwaltungsakt zu erlassen. Da die Vollstreckung nur auf Verwaltungsakte, die ein Tun, Dulden oder Unterlassen fordern, gerichtet ist, dient sie nicht zur Sanktionierung. Vielmehr hat sich die Informationspflicht mit Kenntnis der Regierung bereits erledigt, sodass auf den (erledigten) Verwaltungsakt keine Vollstreckungsmaßnahme mehr gestützt werden kann.[419] Das ist etwa der Fall, wenn die Regierung von der neuen Beschäftigung durch die Presse erfährt.

d) Keine Evaluierung

Abschließend bemängelten Teile aus Politik und Wissenschaft die fehlende Evaluierung, inwiefern die Novelle die zugrundeliegenden Ziele fördert und verwirklicht.[420] Denn das Parlament und die Regierung hätten keinerlei Erfahrung mit Karenzzeiten.[421] Dagegen wandte sich die Regierungsfraktion: Eine Evaluierung sei „völlig unnötig“, da neben der zweigliedrigen Entscheidungsfindung durch das beratende Gremium und durch die Regierung noch die gerichtliche Kontrolle durch das Bundesverwaltungsgericht bestehe.[422] Ferner könne der Bundestag bei etwaigen Mängeln auch ohne Evaluierungsklausel nachjustieren.[423]

---

418 *Grzeszick/Limanowski*, DÖV 2016, S. 313 (318).

419 BVerwG, NVwZ 2009, S. 122 (122).

420 *Lange*, Innenausschuss-Drucks. 18(4)336 E, S. 7; *Müller*, Innenausschuss-Drucks. 18(4)336 B, S. 3; ebenso der Änderungsantrag der Fraktion BÜNDNIS 90/DIE GRÜNEN, in: BT-Drucks. 18/5429, S. 1 f.

421 Fraktion BÜNDNIS 90/DIE GRÜNEN, in: BT-Drucks. 18/5429, S. 6.

422 *Özdemir* (SPD), in: BT Plenarprotokoll (Sten. Ber.) 18/115, 11181C.

423 Fraktionen CDU/CSU und SPD, in: BT-Drucks. 18/5419, S. 5 f.; *Brandt* (CDU), in: BT Plenarprotokoll (Sten. Ber.) 18/115, 11187D f.

Überzeugend ist letztlich das methodische Argument des zu geringen Datenbestands.[424] Ausgehend von zwei Wechslern pro Jahr,[425] d.h. acht pro Legislaturperiode, ist ein zusätzlicher Verwaltungsaufwand und zusätzliche Kosten bei der jederzeitigen Änderbarkeit des Gesetzes nicht zweckmäßig. Zudem überzeugt die mangelnde Expertise des Parlaments nicht, da im Rahmen der finanzbeamtenrechtlichen[426] und wettbewerbsrechtlichen[427] Karenzzeiten bereits Erfahrungen gesammelt werden konnten.

e) Verengter personeller Anwendungsbereich

Darüber hinaus ist der personelle Zuschnitt der Novelle auf Kritik gestoßen. Nach hier vertretener Ansicht hätten nicht nur die von der Novelle adressierten Regierungsmitglieder und Parlamentarischen Staatssekretäre, sondern auch beamtete Staatssekretäre umfasst werden müssen, mithin die Politischen Entscheider.[428] Dies folgt – wie noch darzulegen sein wird – aus vergleichbaren internem Wissen und politischen Netzwerken der Beteiligten. Demnach treten mit Blick auf die Schutzgüter der Novelle vergleichbare Gefährdungslagen ein, die eine Gleichbehandlung der Politischen Entscheidern im Wege der verfassungskonformen Auslegung gebietet.[429]

9. Ziele der Novelle

Von der Novelle verspricht sich die Bundesregierung, dass manche Überlegung über eine nachamtliche Tätigkeit, „von der man weiß, dass

424 BT-Drucks. 18/5419, S. 5.

425 Die Empirik kommt auf ca. 3,2 Wechsel pro Jahr, s.u. D.VI.3, was in der Sache zu keiner anderen Bewertung führt.

426 s.u. C.III.2.c).

427 s.u. C.IX.

428 *Meyer,* in: Innenausschuss-Drucks. 16/99, S. 15; Regierungsmitglieder und Parlamentarische Staatssekretäre mit Ausnahme von abgeordneten Regierungsmitgliedern *Hahlen*, Innenausschuss-Drucks. 16(4)631 F, S. 10–12; mit Abgeordneten *Battis*, Innenausschuss-Drucks. 16(4)631 B, S. 1; ohne Abgeordnete, aber einschließlich Politischer Beamte *Bamberger*, Nachamtliche Tätigkeitsbeschränkungen, S. 198; Fraktion Die Linke, in: BT-Drucks. 18/285.

429 s.u. E.II.6.a).

sie nicht genehmigt wird, erst gar nicht angestellt“[430] wird. Diese sprachliche Ungenauigkeit einer vermeintlichen „Genehmigung“ widerspricht der Systematik der Anzeigepflicht mit Verbotsvorbehalt, da ein neuer Beruf bis zur Untersagung zulässig ist. Die Regelung diene laut damaligem Innenminister zwei Zielen, indem sie den „Anschein einer voreingenommenen Amtsführung im Hinblick auf spätere Verwendungen oder durch die private Verwertung von Amtswissen nach dem Ausscheiden aus dem Amt“ verhindere und „die Betroffenen vor Unsicherheiten und ungerechtfertigter Kritik“ schütze.[431] Der Abgeordnete *Özdemir (SPD)* teilt diese Ansicht mit den Worten, dass „aus Gründen der Transparenz, […] der Vertraulichkeit und der Integrität von Politik und nicht zuletzt aus Gründen des Schutzes des Rechtsstaats und seiner hoheitlichen Kenntnis“[432] die Novelle legitime Zwecke verfolge. Der Koalitionspartner konkretisiert die Zielvorstellung, mit der Aussage, „wir wollen Kenntnisse und Entscheidungsnetzwerke des Regierungsamtes schützen, die auf Kosten des Steuerzahlers erworben wurden, und verhindern, dass diese zu einem wirtschaftlichen Gut werden“[433]. Mit einer zweiten Präzisierung unterstreicht der Abgeordnete den Schutz des integren Ministers, indem er durch das Anzeigeverfahren und das ausbleibende Verbot „über jeden Zweifel erhaben“ seine neue Tätigkeit antreten könne. Damit verteidige die Novelle das Vertrauen der Allgemeinheit in die Politik im Allgemein und die Regierung im Besonderen.[434] Drittens schütze das Gesetz die Politik insgesamt durch die Transparenz, da der Verbotsvorbehalt einer „Übermacht der Wirtschaft“ entgegenwirke. Ferner gehe die Dauer der Un-

430 *De Maizière* (CDU), in: BT Plenarprotokoll (Sten. Ber.) 18/100, 9577B.

431 *De Maizière* (CDU), in: BT Plenarprotokoll (Sten. Ber.) 18/100, 9577A; bestätigt von *Özdemir* (SPD), in: BT Plenarprotokoll (Sten. Ber.) 18/115, 11180D; zugespitzter formuliert soll die Novelle der „mittelbaren Korruption entgegenwirken“ *Beck* (Bündnis 90/Die Grünen), in: BT Plenarprotokoll (Sten. Ber.) 16/35, 2982A; *ders.*, in: BT Plenarprotokoll (Sten. Ber.) 16/230, 25975B f.; *Lötzsch* (Die Linke), in: BT Plenarprotokoll (Sten. Ber.) 16/35, 2975A; ebenso aus rechtswissenschaftlicher Sicht *Bätge*, Innenausschuss-Drucks. 18(4)334 A, S. 3.

432 *Özdemir* (SPD), in: BT Plenarprotokoll (Sten. Ber.) 18/100, 9578C; ebenso in vorangegangenen Diskussionen *Beck (Bündnis 90/Die Grünen)*, in: BT Plenarprotokoll (Sten. Ber.) 16/35, 2981D; *Stadler (SPD)*, in: BT Plenarprotokoll (Sten. Ber.) 16/230, 25974B.

433 *Özdemir* (SPD), in: BT Plenarprotokoll (Sten. Ber.) 18/100, 9578C.

434 *Özdemir* (SPD), in: BT Plenarprotokoll (Sten. Ber.) 18/100, 9580B.

tersagungsmöglichkeit mit der Aktualität des exklusiven Wissens einher.[435] Zudem sei der zeitliche Rahmen des Verbotsvorbehalts an das Übergangsgeld gekoppelt, dessen zu weite Erstreckung den Haushalt zu sehr belaste.[436]

Zudem spiegelt § 6b Abs. 1 BMinG möglicherweise die Idee der „wirtschaftlichen Gewaltenteilung" des Art. 66 GG wieder.[437] Der denkbare Normzweck der Novelle, auf Kosten der Steuerzahler erlangtes Wissen nicht privat zu nutzen, widerspricht allerdings bei genauerer Betrachtung dem Zweck des Wissensschutzes. Denn alles, was ein Regierungsmitglied infolge seines Amts erlangt, erlangt es auf Kosten der Steuerzahler. Daher müsste im Umkehrschluss die Zweitverwendung unbeschränkt zulässig sein, wenn der Minister auf seine Versorgungsbezüge verzichtet.[438] Finanziell wäre eine Anschlusstätigkeit für den Staat sogar vorteilhaft, denn neues Einkommen wäre gem. (§ 20 Abs. 2a BMinG i.V.m.) §§ 53, 55 BeamtVG auf die Versorgungsbezüge anzurechnen. So würde zwar die Staatskasse geschont, aber nicht die staatliche Integrität. Eine geringe Belastung des Haushalts nimmt die zumindest die Gesetzesbegründung an, die von zusätzlichen Ausgaben in Höhe von (nur) 43.000 € pro Jahr ausgeht.[439] Darüber hinaus erwirbt das Regierungsmitglied ebenso berufsbedingtes Wissen, z.B. rhetorische Fertigkeiten vor einem großen Plenum. Selbstverständlich darf er das Wissen um die Gestaltung einer eingänglichen Rede für weitere Arbeitgeber einsetzen, ohne dass er zeitgleich staatliche Interessen gefährdet.

Im Ergebnis schützt die Novelle vielseitige öffentliche Interessen. Die Regelung möchte laut Gesetzesbegründung Interessenkollisionen vermeiden und die Integrität des Regierungshandelns schützen: Damit ist in subjektiver Hinsicht (1.) eine ausschließlich am Gemeinwohl – und nicht am Interesse des künftigen Arbeitgebers – orientierte Regie-

435 *Özdemir* (SPD), in: BT Plenarprotokoll (Sten. Ber.) 18/100, 9579C.

436 *Özdemir* (SPD), in: BT Plenarprotokoll (Sten. Ber.) 18/100, 9579D.

437 Zur Trennung von politischer und wirtschaftlicher Macht im Rahmen von Art. 66 GG, s.u. C.II.1.b), S. 107 f.

438 Eine Rückzahlung der Dienstbezüge wäre auch nach dieser These nicht erforderlich, da der Minister während der Amtszeit seine Dienst- und Treupflichten erfüllt hat.

439 BT-Drucks. 18/4630, S. 9.

rungsarbeit gemeint. Das betrifft die inhaltliche Ausrichtung der Regierungsarbeit, d.h. die Responsivität.[440] Daneben können (2.) äußere Einflüsse – insbesondere die Netzwerknutzung durch Private oder der Transfer exklusiven Wissens an Private – die effektive Regierungsarbeit beeinträchtigen, mithin wird in objektiv die Funktionsfähigkeit der Regierung geschützt. Der Schutz von inhaltlicher Ausrichtung und Funktionsfähigkeit wirkt im Zusammenspiel zugunsten einer „wirtschaftlichen Gewaltenteilung". Diese ist aber für sich kein Ziel der Novelle. Denn Regierungsmitglieder mit (privat-)wirtschaftlicher Erfahrung können die Politik bereichern. Im Vordergrund steht die Vermeidung von Interessenkollisionen. Dem voraus geht der mehrfach benannte Ansehensschutz der Regierung aus Sicht der Bürger. Das Ansehen der Regierung kann durch vielerlei leiden.[441] Geschützt wird im Rahmen der Novelle nur das Ansehen dahingehend, dass (1a.) die Regierung ihr Handeln ausschließlich am Gemeinwohl ausrichtet und dass (2a.) kein Dritter das Regierungshandeln beeinflusst haben könnte. Daneben hat (3.) der Ansehensschutz für das einzelne Regierungsmitglied eine eigenständige Bedeutung. Die Norm schützt (3a.) den ehemaligen Politiker vor unberechtigter Kritik und schafft für ihn (3b.) Rechtssicherheit in seiner künftigen beruflichen Betätigung. Da der Einzelne mit einem Berufsverbot und somit mit einem beschädigten öffentlichen Ansehen[442] rechnen muss, wirkt die Novelle (4.) präventiv. Denn ein aus dem Amt scheidender Politiker wird sich sein nachamtlicher Verhalten zumindest während der ersten 18 Monate reiflich überlegen. Wenn vorgetragen wird, dass die „Zweitverwendung" von in der Amtszeit erlangten Wissens verhindert werden soll, stellt sich ebenfalls die Frage, welches öffentliche Interesse geschützt wird, denn der öffentliche Haushalt ist es nicht.[443] Beeinträchtigt der Wissenstransfer die Regierungsarbeit, ist dies ein Fall der zweiten Kategorie.

---

440 s.o. B.III.

441 Vgl. C.II.1.a)cc), S. 105.

442 Denn das Berufsverbot setzt tatbestandlich eine Beeinträchtigung öffentlicher Interessen voraus.

443 Vgl. B.III., S. 28.

II. Verfassungsrechtliche Anknüpfung für ein nachamtliches Tätigkeitsverbot

1. Berufsverbot gegenüber Regierungsmitgliedern gem. Art. 66 GG

Regierungsmitglieder dürfen gem. Art. 66 GG neben ihrem Regierungsamt kein anderes besoldetes Amt, Gewerbe und keinen Beruf ausüben oder die Leitung eines gewerblichen Unternehmens übernehmen sowie, sofern der Bundestag nicht zustimmt, nicht dem Aufsichtsrat eines auf Erwerb gerichteten Unternehmens angehören. Wenn der Verfassungsgeber von einem „anderen besoldeten Amt, Gewerbe oder Beruf“ spricht und eine weite Auslegung der Norm bezweckt – etwa durch die offene Formulierung des „andere[n] [...] Amt[s]“ – kann es keinen Unterschied machen, ob die andere Tätigkeit im öffentlichen oder privaten Sektor stattfindet.[444] Ausgenommen sind hingegen grundsätzlich ehrenamtliche Tätigkeiten, wie das Adjektiv „besoldet“ klarstellt.[445] Der weitreichende Wortlaut der ersten Alternative unterscheidet somit primär anhand der Kriterien „vergütet“ und „ehrenamtlich“,[446] mithin will der Artikel Konflikte zwischen ökonomischen und politischen Interessen vermeiden.[447] Grundsätzlich untersagt der Normtext nur die Berufsausübung („auszuüben“), nicht die formelle Stellung.[448] Damit handelt es sich gegenüber Art. 12 Abs. 1 GG um eine verfassungsunmittelbare Berufsausübungsregel.[449] Anders verhält es sich jedoch für Aufsichtsratsmandate, die der Bundestag genehmigen kann (Ausnahmevorbehalt), sodass Art. 66 a.E. GG eine gewisse Verzahnung von Politik und Wirtschaft zulässt. Ob das Aufsichtsratsmandat vergütet ist, spielt dem Wortlaut nach hingegen keine Rolle,[450]

444 *Epping*, in: v. Mangoldt/Klein/Starck, GG II, Art. 66 Rn. 5; *Herzog*, in: Maunz/Dürig, GG, Art. 66 Rn. 15; *Oldiges/Brinktrine*, in: Sachs, GG, Art. 66 Rn. 13.

445 *Epping*, in: v. Mangoldt/Klein/Starck, GG II, Art. 66 Rn. 6.

446 *Tsatsos*, VerwArchiv 58 (1967), S. 360 (366).

447 *Morlok/Krüper*, NVwZ 2003, S. 573 (574); *Schneider*, in: Alternativkommentar II, Art. 66 Rn. 2.

448 *Müller-Franken/Uhle*, in: Schmidt-Bleibtreu/Hofmann/Henneke, GG, Art. 66 Rn. 34; *Schenke*, in: Bonner Kommentar, Art. 66 Rn. 7.

449 *Pieper*, in: Epping/Hillgruber, GG, Art. 66 Rn. 5.

450 *Oldiges/Brinktrine*, in: Sachs, GG, Art. 66 Rn. 14; *Traupel*, Ämtertrennung, S. 37.

solange das Unternehmen erwerbsorientiert ist.[451] Freilich ist die Vergütungsfrage im Rahmen des Bundestagsbeschlusses zu berücksichtigen.[452] Der Wortlaut beschränkt sich auf amtierende Kanzler und Minister, sodass Art. 66 GG zeitlich auf das Regierungsamt begrenzt ist,[453] sofern die Voraussetzungen für eine Analogie nicht vorliegen.[454]

Systematisch regelt Art. 66 GG primär wirtschaftliche im Sinne beruflicher Inkompatibilitäten.[455] Das folgt aus dem Umkehrschluss von Art. 53a Abs. 1 Satz 2 Hs. 1 GG, der ausdrücklich die organschaftliche Inkompatibilität zwischen Gemeinsamen Ausschuss und Bundesregierung regelt. Gleiches gilt für Art. 55 Abs. 1 GG, der eine Trennung von Bundespräsidentenamt und Bundestagsmandat vorsieht. Die wirtschaftlichen Beschränkungen regelt Art. 55 Abs. 2 GG, während dessen erster Absatz sich auf die organschaftlichen Unvereinbarkeiten bezieht.[456] Diese Unterteilung fehlt in Art. 66 GG. Demnach sind Verfassungsämter keine „besoldeten Ämter“ im Sinne des Art. 66 GG.[457] Eine technische Parallele bleibt: Art. 55 Abs. 2 GG und Art. 66 Hs. 1 GG statuieren Ausübungsverbote. Im Umkehrschluss bestätigt Art. 66 Hs. 2 GG dies, indem er ein ausdrückliches Zugehörigkeitsverbot für die Unternehmensleitung oder den Aufsichtsrat ausspricht.[458] Abschließend adressiert die Regelung entsprechend der Stellung im sechsten Abschnitt nur Regierungsmitglieder i.S.v. Art. 62 GG, folglich

451 Weit auslegend VerfGH NRW OVGE 44, 278 (287); *Epping*, in: v. Mangoldt/Klein/Starck, GG II, Art. 66 Rn. 29.

452 *Schenke*, in: Bonner Kommentar, Art. 66 Rn. 47.

453 *Hermes*, in: Dreier, GG II, Art. 66 Rn. 15; *Morlok/Krüper*, NVwZ 2003, S. 573 (574); *Müller-Franken/Uhle*, in: Schmidt-Bleibtreu/Hofmann/Henneke, GG, Art. 66 Rn. 10; *Schilde*, Untersagung, S. 5 Fn. 11.

454 s.u. C.II.1.c).

455 *Busse*, in: Friauf/Höfling, BK GG IV, Art. 66 Rn. 11; *Nebendahl*, DÖV 1988, S. 961 (962); *Schenke*, in: Bonner Kommentar, Art. 66 Rn. 18; zurückhaltend *Epping*, in: v. Mangoldt/Klein/Starck, GG II, Art. 66 Rn. 1, 5, 8; *Pieper*, in: Epping/Hillgruber, GG, Art. 66 Rn. 2; deutlicher *Epping*, DÖV 1999, S. 529 (531 f.).

456 *Beyer*, Unvereinbarkeit, S. 208 f.; *Nierhaus*, in: Sachs, GG, Art. 55 Rn. 1.

457 *Hermes*, in: Dreier, GG II, Art. 66 Rn. 8; *Oldiges/Brinktrine*, in: Sachs, GG, Art. 66 Rn. 21 f.

458 *Veen*, Vereinbarkeit, S. 83.

weder Parlamentarische noch beamtete Staatssekretäre.[459] Das Grundgesetz bedenkt die Politischen Entscheider demnach nur unvollständig.

Rechtsgeschichtlich ist das Berufsverbot für Regierungsmitglieder erstmalig im Grundgesetzes verankert: Die Reichsverfassung von 1871 kannte keine Regierungsämter sui generis, die damaligen Staatssekretäre unterlagen den klassischen beamtenrechtlichen Regelungen.[460] Die Verfassung im Kaiserreich ließ selbst private Erwerbstätigkeiten neben dem Regierungsamt zu und kannte nur organschaftliche Inkompatibilitäten gem. Art. 9 Satz 2 DRV zwischen Reichsregierung und Bundesrat sowie Reichstag. Der Ausschluss besoldeter Ämter folgte aus Art. 21 Abs. 2 DRV lediglich für das Reichstagsmandat.[461] Gleiches gilt letztlich für die Weimarer Reichsverfassung, die über Art. 44 WRV nur eine Inkompatibilität zwischen Reichsregierung und Reichstag annahm.[462]

Bei der Entstehung des Art. 66 GG prägte die beamtenrechtliche Denkweise den Herrenchiemseer Konvent, dessen Abgeordnete von einer Reglementierung anderweitiger Erwerbstätigkeiten absahen.[463] Ausgehend von Art. 82 Abs. 1 der Badischen Verfassung vom 19. Mai 1947 unterstellten die Teilnehmer eine Trennung von Regierungsamt und Beruf als selbstverständlich.[464] Gleichwohl brachte der Abgeordnete *Dr. Schwalber (CSU)* einen, den Wortlaut des Art. 66 GG antizipierenden Entwurfstext des Art. 91a HChE ein, um eine klare Rechts-

459 *Busse*, in: Friauf/Höfling, BK GG IV, Art. 66 Rn. 5; *Hermes*, in: Dreier, GG II, Art. 66 Rn. 7; *Mager*, in: v. Münch/Kunig, GG I, Art. 66 Rn. 3.

460 RGZ 120, 374 (388 f.); *Köttgen*, Statusinhaber, in: Bachof u.a., GS Jellinek, S. 195 (196).

461 *Epping*, in: v. Mangoldt/Klein/Starck, GG II, Art. 66 Rn. 22; *Müller-Franken/Uhle*, in: Schmidt-Bleibtreu/Hofmann/Henneke, GG, Art. 66 Rn. 13.

462 *Müller-Franken/Uhle*, in: Schmidt-Bleibtreu/Hofmann/Henneke, GG, Art. 66 Rn. 14; *v. Unruh/Frotscher*, DVBl. 1969, S. 821 (825).

463 *Schneider*, in: Alternativkommentar II, Art. 66 Rn. 1.

464 *Lehr* (CDU), in: Organisationsausschuss vom 30.09.1948, Parlamentarischer Rat 13/1, S. 281 f.; Artikel 82 Abs. 1 der Badischen Verfassung besagt: „Das Amt der Mitglieder der Landesregierung ist unvereinbar mit der Ausübung anderer öffentlicher Tätigkeiten oder mit der persönlichen Ausübung eines anderen Berufes oder Gewerbes. Das Ministeramt ist unvereinbar mit der Betätigung im Vorstand, Verwaltungs- oder Aufsichtsrat einer auf Erwerb gerichteten Vereinigung. Ausnahmen können der Landtag oder ein von ihm zu bestimmender Ausschuß bewilligen."

lage zu schaffen.[465] Doch die Reichweite einer verfassungsrechtlichen Berufsregulierung war umstritten: Ursprünglich sah Art. 77 Abs. 2 HChE eine Beschränkung vor, die dem heutigen Art. 55 Abs. 2 GG und dessen Reglementierung des Bundespräsidenten entspricht. Auf den Entwurf entgegnete der Abgeordnete *Dr. de Chapeaurouge (CDU)* jedoch, „[man] wolle, weil heute die Ämter meistens nur auf Zeit sind, die Herren nicht zwingen, alle diese jahrzehntealten Verbindungen zu Unternehmen zu lösen. Außerdem ist man der Meinung, daß es gerade für Mitglieder der Regierung unter Umständen von besonderer Bedeutung ist, die Ausführung der Gesetze im Einzelfall mit zu erleben und mit zu überwachen, und daß dadurch ihre Regierungstätigkeit nur gewinnen kann“[466]. Sein Parteikollege *Dr. Lehr (CDU)* erwiderte, ein so hohes Amt wie das eines Bundeskanzlers oder Bundesministers müsse von allen Bindungen frei sein. Darüber müsse der Betreffende sich klar sein, wenn er ein solches Amt annehme; das Opfer müsse er bringen.[467] Die wiedergegebenen Meinungen zeigen, dass die Abgeordneten den personellen Transfer zwischen Politik und Wirtschaft bereits 1948 vor Augen hatten. Jedoch stand bei der Betätigungsfreiheit weniger die Förderung des Allgemeinwohls durch einen Wissensaustausch als die individuelle Selbstverwirklichung im Vordergrund. Die Besoldungsfrage klang nur rudimentär an und verlief sich in der pauschalen,[468] nur 17 Zeilen umfassenden Aussprache über zulässige Ehrenämter.[469] Der Organisationsausschuss folgte *Lehrs* Auffassung, der allgemeine Redaktionsausschuss goss die Regelung in die Form des Art. 77 Abs. 2 HChE. Nachdem der Hauptausschuss sich für die Fassung des Art. 91a HChE (ohne Ausnahmevorbehalt) entschieden hatte, regte der allgemeine Redaktionsausschuss eine Ausnahme für überwiegend vom Bund gesteuerte Unternehmen an.[470] Dagegen argumentierte der Abgeordnete *Katz (SPD)*, indem er die Formulierung als un-

465 *V. Doemming/Füßlein/Matz*, JöR 1951, S. 1 (440).

466 *De Chapeaurouge* (CDU), in: Organisationsausschuss vom 30.09.1948, Parlamentarischer Rat 13/1, S. 282.

467 *Lehr* (CDU), in: v. Doemming/Füßlein/Matz, JöR 1951, S. 1 (441).

468 *Epping*, DÖV 1999, S. 529 (533); a.A. *Traupel*, Ämtertrennung, S. 37, der von einer Erörterung spricht.

469 Hauptausschuss vom 08.01.1949, in: Parlamentarischer Rat 14/2, S. 1025; *v. Doemming/Füßlein/Matz*, JöR 1951, S. 1 (442).

470 PR-Drucks. 374 vom 16.12.1948.

klar kritisierte, generelle Ausnahmen als unangemessen betitelte und auf eine faktische Wahrnehmung der Aufsichtsratsmandate durch die Staatssekretäre und nicht durch die Minister hinwies.[471] Um die „unangemessene" 180-Grad-Wendung zu vermeiden, beschwichtigte der Abgeordnete *Dr. Schmid (SPD)* mit der vermittelnden Auffassung eines Bundestagsdispenses.[472] Die Teilnehmer des Verfassungskonvents diskutierten vorrangig – wie für eine Verfassung üblich – über das abstrakte Spannungsverhältnis zwischen individueller Entfaltung und Wahrung des Ansehens von Regierungsämtern. Mit anderen Worten sollte Art. 66 GG die „Gewaltenteilung" zwischen Staat und Wirtschaft sichern.[473] Somit bestätigt die Genese den systematischen Befund. Detaillierte Punkte, wie Vergütungsgrenzen oder gar Karenzzeiten, blieben dem einfachen Gesetzgeber überlassen. Bemerkenswert ist ein kleiner Wendepunkt: Ausgehend von einer strikten Trennung einigten sich die Abgeordneten letztlich doch auf wirtschaftliche Verknüpfungsmöglichkeiten. Demnach kann aus der Genese folgender Schluss gezogen werden: Wenn bereits während der Amtszeit Ausnahmen möglich waren, gilt dies erst recht für die Zeit nach dem Amt.

Da Wortlaut, Geschichte und Systematik für viele Fragen unergiebig sind,[474] hat die Kommentarliteratur die Norm maßgeblich anhand des Regelungszwecks erschlossen. Das Berufsausübungsverbot verfolgt dabei ein Motivbündel.[475] Zunächst schützt die Norm davor, die Arbeitsleistung auf amtsfremde Tätigkeiten zu konzentrieren.[476] Dieses Ziel ist jedoch im nachamtlichen Bereich ungeeignet, Eingriffe in die Berufsfreiheit zu rechtfertigen. Mit der Arbeitsfokussierung auf das

---

471 *Katz* (SPD), in: Organisationsausschuss vom 16.12.1948, Parlamentarischer Rat 13/2, S. 976.

472 Hauptausschuss v. 08.01.1949, in: Parlamentarischer Rat 14/2, S. 1024; *v. Doemming/Füßlein/Matz*, JöR 1951, S. 1 (441).

473 *Oldiges/Brinktrine*, in: Sachs, GG, Art. 66 Rn. 14; *Schenke*, in: Bonner Kommentar, Art. 66 Rn. 17; vgl. *Beyer*, Unvereinbarkeit, S. 214.

474 Eine Leitentscheidung des Bundesverfassungsgerichts fehlt, welche die Auslegungsmethoden anwendet *Busse*, in: Friauf/Höfling, BK GG IV, Art. 66 Rn. 15.

475 *Busse*, in: Friauf/Höfling, BK GG IV, Art. 66 Rn. 1; *Morlok/Krüper*, NVwZ 2003, S. 573 (574); *Schenke*, in: Bonner Kommentar, Art. 66 Rn. 5: Vermeidung von Interessenkollisionen, Arbeitsüberlastung und Machtkonzentration.

476 Für selbstverständlich erklärend *Epping*, in: v. Mangoldt/Klein/Starck, GG II, Art. 66 Rn. 1; *Veen*, Vereinbarkeit, S. 57 f.

Amt einher geht ebenso die inhaltliche Ausrichtung am Gemeinwohl und die öffentliche Wahrnehmung eines gemeinwohlorientierten Amtsträgers.[477] Demnach dient das Verbot auch dem öffentlichen Ansehen des Amts. Da die Norm das Ansehen schützt, soll sie nicht nur tatsächlichen Interessen- und Pflichtenkonflikten vorbeugen, sondern bereits den „bösen Schein" vermeiden, ein Regierungsmitglied richte seine Amtswahrnehmung nicht am Allgemeinwohl aus.[478] Das ist der Hauptzweck der Inkompatibilitätsvorschriften im Allgemeinen und des Art. 66 GG im Besonderen.[479] Im Mittelpunkt steht die Interessens- und Pflichtenkollision bei Geschäften, die im unmittelbaren Zusammenhang zwischen amtlicher und privatwirtschaftlicher Tätigkeit stehen.[480] Die widerstrebenden Interessen zwischen Genehmigungsbehörde und Genehmigungsuchendem – in den Fällen, in denen die Genehmigungsvoraussetzungen nicht vorliegen – zeichnen das Problem deutlich nach.[481] Weil selbst der Schein etwaiger Parteilichkeit vermieden werden soll, erregt auch eine spätere Anstellung des vormals für die Erlaubniserteilung zuständigen Amtsträgers beim Genehmigungsbegünstigten aus anderen Gründen – etwa weil seine fachliche Qualifikation überzeugt hat – in der Öffentlichkeit Misstrauen. Andererseits kreuzen sich in einer pluralistischen Gesellschaft alltäglich die verschiedensten Interessen und Pflichten; dies verengt sich beispielhaft bei abgeordneten Ministern infolge des parteipolitischen Einflusses. Vielmehr können die Kontakte zur Wirtschaft sogar mitursächlich für die Berufung eines Ministers sein,[482] denn die Politik bedarf des privatwirtschaftlichen Sachverstands.[483] Daher verlangt die Vorschrift nicht die Vermeidung jedweder Vermischung von Staat und Wirt-

---

477 *Hermes*, in: Dreier, GG II, Art. 66 Rn. 5.

478 *Epping*, in: v. Mangoldt/Klein/Starck, GG II, Art. 66 Rn. 1; *Kazele*, Interessenkollision, S. 228 f.; *Müller-Franken/Uhle*, in: Schmidt-Bleibtreu/Hofmann/Henneke, GG, Art. 66 Rn. 5; *Nebendahl*, DÖV 1988, S. 961 (963); *Sturm*, Inkompatibilität, S. 91; *Tsatsos*, VerwArchiv 58 (1967), S. 360 (361 f.); *Veen*, Vereinbarkeit, S. 58 f.

479 *Keese*, Regierungsmitglieder, S. 24 ff.; *Nebendahl*, DÖV 1988, S. 961 (963); *Veen*, Vereinbarkeit, S. 58.

480 *Veen*, Vereinbarkeit, S. 59–63.

481 *Nebendahl*, DÖV 1988, S. 961 (963); ebenso *Hammer*, Interessenkollision, S. 50 f.

482 *Weckerling-Wilhelm*, in: Umbach/Clemens, GG II, Art. 66 Rn. 9.

483 s.o. A.III.3, S. 13.

schaft, sondern ist eng am Wortlaut auszulegen.[484] Auf der Suche nach dem konkreten normativen Gehalt des Art. 66 GG entzündet sich das Konfliktpotential dort, wo bekanntermaßen die Freundschaft aufhört – beim Geld.

a) Finanzielle Einflussnahme durch Unternehmen

Die Literatur postuliert die finanzielle Unabhängigkeit und Unbestechlichkeit des Regierungsamts gegenüber der Wirtschaft als essentiellen Normzweck.[485] Es liegt der Anschein nahe, vergütete Tätigkeiten protegierten Individual- statt Gemeinwohlinteressen.[486] Genauer betrachtet verursacht nicht die monetäre Entlohnung, sondern eine entgegen der Amtspflicht am Individualinteresse ausgerichtete Amtsführung den „bösen Schein",[487] wobei die Amtsausrichtung mit der Entlohnung für amtsfremde Tätigkeiten korrespondieren kann. Die Gefahr wirtschaftlicher Abhängigkeit im Sinne der Existenzsicherung – selbst gemessen an dem amtszeitigen Lebensstandard – besteht angesichts Übergangsgeld und Anschlussbezügen nicht.[488] Die politisch-wirtschaftliche Integrität der Regierung schützt Art. 66 GG, „verpflichtet [aber keineswegs deren] Mitglieder zur Armut"[489]. Gleiches gilt für die Anfälligkeit gegenüber Korruption, der § 331 StGB entgegentritt. Da bereits die scheinbare Korrumpierbarkeit dem Amtsansehen abträglich ist, stellt sich die Frage, in welchen der nachfolgenden Konstellationen das Ansehen genug leidet, damit Art. 66 GG eingreift.[490]

---

484 *Herzog*, in: Maunz/Dürig, GG, Art. 66 Rn. 5 mit Beispielen; *Schenke*, in: Bonner Kommentar, Art. 66 Rn. 6.

485 *Schenke*, in: Bonner Kommentar, Art. 66 Rn. 5; *Schneider*, in: Alternativkommentar II, Art. 66 Rn. 5.

486 Vgl. auch *Humborg*, Korruption, in: v. Arnim, Bezahlung von Politikern, S. 65 (67 f.); *Wagenknecht*, Instrumentalisierung, in: v. Arnim, Systemmängel, S. 73 (74 f.).

487 *Morlok/Krüper*, NVwZ 2003, S. 573 (574); *Nebendahl*, DÖV 1988, S. 961 (963); *Veen*, Vereinbarkeit, S. 64; distanziert *Hermes*, in: Dreier, GG II, Art. 66 Rn. 5, 11.

488 Vgl. *Michael*, Innenausschuss-Drucks. 18(4)336 F, S. 11 f.

489 *Busse*, in: Friauf/Höfling, BK GG IV, Art. 66 Rn. 12.

490 *Kolbe/Hönigsberger/Osterberg*, Marktordnung, S. 75: „Grenze der Schicklichkeit"; *Menzenbach*, Die Parlamentarischen, S. 200.

aa) Aktien und Geschäftsanteile

Das Berufsausübungsverbot lässt seinem Wortlaut nach eine umfassende Aktionärs- oder Gesellschafterstellung zu, solange daraus kein Direktionsrecht resultiert.[491] Dennoch kann ein scheidendes Regierungsmitglied in Aktien mit dem Wissen investieren, dass der Aktienkurs infolge eines noch vertraulichen Gesetzesvorhabens demnächst steigt. Da Gesetzesvorhaben eine Vorlaufzeit benötigen, dürfte sich das Amtsverhalten oft erst nach der Amtszeit auswirken, sodass Aktiengeschäfte im Rahmen von Art. 66 GG virulent sein können.

Das Nutzen von vertraulichen Informationen wird zunächst durch andere Vorschriften unterbunden, denn den Insiderhandel sanktioniert § 38 Abs. 1 Nr. 1 WpHG und den Verrat von Dienstgeheimnissen bestraft § 353b Abs. 1 StGB. Besitzt das Regierungsmitglied bereits während der Amtszeit einschlägige Anteile an Unternehmen und richtet er seine Arbeit nach dessen Wachstum aus, stoppen ihn §§ 20, 21 VwVfG.[492] Staatlicher Nachteil und privater Vorteil können, müssen aber nicht zwangsläufig zwei Seiten einer Medaille sein.[493] Da der Wortlaut eine derart weite Auslegung nicht stützt, überwiegt das Eigentumsrecht des Ministers gem. Art. 14 Abs. 1 GG als Privatperson.[494]

bb) Vortragstätigkeit

Im Gegensatz dazu sollen nach einer Ansicht vergütete Vortragstätigkeiten als Amtsträger von Verfassungs wegen ausscheiden. Denn zusätzliche Vortragshonorare dürften nicht dem privaten Vorteil des Vortragenden dienen, sonst sei der Weg zur strafbaren Vorteilsannahme eröffnet.[495] Denn der Staat vergüte bereits die Arbeitsleistung.[496]

---

491 *Schenke*, in: Bonner Kommentar, Art. 66 Rn. 42.

492 *Herzog*, in: Maunz/Dürig, GG, Art. 66 Rn. 53.

493 Vgl. *Schenke*, in: Bonner Kommentar, Art. 66 Rn. 6, 25 f.; *Weckerling-Wilhelm*, in: Umbach/Clemens, GG II, Art. 66 Rn. 9.

494 *Meyn*, in: v. Münch/Kunig, GG II [5](2001), Art. 66 Rn. 10; *Oldiges/Brinktrine*, in: Sachs, GG, Art. 66 Rn. 18.

495 *Oldiges/Brinktrine*, in: Sachs, GG, Art. 66 Rn. 13a; *Morlok/Krüper*, NVwZ 2003, S. 573 (575).

496 So auch BT-Drucks. 14/9866, S. 2.

Dagegen sprechen zwei Argumente. Zum einen verengt die Forderung nach einem privaten Vorteil des Vortragenden den Anwendungsbereich: Zusätzlich honorierte Vorträge sind eine auf Erwerb gerichtete private Tätigkeit und somit ein unzulässiger Beruf.[497] Vom Schutzzweck der Norm betrachtet, bereits den Schein einer Kollision von amtlichen und privaten Interesse zu vermeiden, ist jede individuelle Erwerbstätigkeit erfasst.[498] Eine Bewertung anhand des konkreten Einzelfalls, wie die Bundesregierung 2002 annahm,[499] verwässert grundlos die Norm. Das kann auch die verbreitete Praxis, das Honorar zu spenden, nicht in Frage stellen, da bereits der Vorteil eines Dritten ausreicht.[500] Zum anderen kommt es konsequenter Weise nicht auf den Vorteil von irgendjemand an, solange der Anschein entsteht, der Amtsinhaber handele rechtswidrig. Der Anschein mag etwa durch den Eindruck entstehen, das Vortragsengagement „vergüte" den Redner i.S.v. § 331 Abs. 1 StGB für vorherige, gemeinwohlwidrige Amtshandlungen zugunsten eines Unternehmens oder der Amtsträger gäbe Regierungsinterna i.S.v. § 353b Abs. 1 StGB in dem Vortrag preis. Das bloße Nutzen des Bekanntheitsgrades als Publikumsmagnet allerdings begründet – solange keine Amtsinterna mitgeteilt werden und der Vortrag nicht entlohnt wird – keine Interessenkollision,[501] sondern kann dabei helfen, vorherige politische Entscheidungen in einem unpolitischen Rahmen einem größeren Publikum näherzubringen. Unentgeltlichen Vorträgen von Regierungsmitgliedern steht demnach Art. 66 GG nicht entgegen.

---

497 *Epping*, in: v. Mangoldt/Klein/Starck, GG II, Art. 66 Rn. 28; *Mager*, in: v. Münch/Kunig, GG I, Art. 66 Rn. 9.

498 *Oldiges/Brinktrine*, in: Sachs, GG, Art. 66 Rn. 13; *Tsatsos*, VerwArchiv 58 (1967), S. 360 (366).

499 BT-Drucks. 14/9866, S. 2.

500 *Epping*, in: v. Mangoldt/Klein/Starck, GG II, Art. 66 Rn. 28 Fn. 145; *Müller-Franken/Uhle*, in: Schmidt-Bleibtreu/Hofmann/Henneke, GG, Art. 66 Rn. 30; a.A. *Oldiges/Brinktrine*, in: Sachs, GG, Art. 66 Rn. 13a.

501 Vgl. *Morlok/Krüper*, NVwZ 2003, S. 573 (574): Bekanntheitsgrad als „extralegaler Bonus".

cc) Schriftstellerische Tätigkeit

Eine Kehrwende vollziehen Teile der Literatur, wenn es um die Publikation von Büchern geht, solange die Vergütung marktangemessen ist. Denn die amtlichen Bezüge gelten die schriftstellerische Tätigkeit nicht ab, wenn sie über die mit dem Amt verbundenen Aufgaben hinausgeht.[502] Art. 66 GG verbiete nicht jegliche private Nebeneinkünfte, sondern das anderweitige Tätigwerden mit einem Konfliktpotential für das Ansehen des Amtes.[503] Die Bundesregierung plädiert für eine parallele Handhabung von Redner und Schreiberengagement, verweist aber jeweils auf die konkreten Umstände des Einzelfalls.[504] Andere sehen das Problem in der Art der Zuwendung:[505] Demnach sei zu unterscheiden, ob ein Unternehmen ein Regierungsmitglied mit 10.000 € bis 75.000 € pro Vortrag vergüte oder verdient der Autor über den Buchverkauf, der sich nach dem Erwerbsinteresse der Allgemeinheit richtet.[506] Damit sind zugleich zwei potentiell ansehensbelastende Faktoren genannt: erstens der einer unangemessen hohen Vergütung und zweitens die fehlende Gemeinwohlbindung des Zuwenders oder der Zuwendung.[507]

Nach obiger Lesart kommt es nur darauf an, ob die Vorteile der Publikation ein Individualinteresse zu bedienen scheinen und dadurch das Ansehen leidet. Das Ansehen des Amtes leidet ebenfalls bei schlechtem Schreibstil[508] oder politischen Irrthesen, doch wer will das beurteilen? Wenn das zusätzlich vergütete Halten eines Vortrags Art. 66 GG zuwiderläuft, muss dies konsequenter Weise auch für ent-

---

502 *Müller-Franken/Uhle,* in: Schmidt-Bleibtreu/Hofmann/Henneke, GG, Art. 66 Rn. 31; *Schenke,* in: Bonner Kommentar, Art. 66 Rn. 34.

503 *Oldiges/Brinktrine,* in: Sachs, GG, Art. 66 Rn. 13a.

504 BT-Drucks. 14/9866, S. 2.

505 So etwa *Schenke,* in: Bonner Kommentar, Art. 66 Rn. 34.

506 *Anger,* Handelsblatt vom 5./6./7.10.2012, S. 14; FAZ vom 22.01.2012 „Wer kostet was im Redner-Zirkus?".

507 Direktzahlung der VG Wort lösen den bösen Schein nicht aus, *Busse,* in: Friauf/Höfling, BK GG IV, Art. 66 Rn. 12; dies kann entweder in der Organisation als gemeinnütziger Verein oder in der Ausschüttungshöhe liegen.

508 Vgl. *Kammholz,* Welt online vom 02.10.2013, Peinliche Post; *Kempkens/Medick,* Spiegel online vom 02.10.2013, Peinliche Post-Posse, jeweils über einen orthographisch fehlerhaften Brief der rheinland-pfälzischen Ministerpräsidentin Malu Dreyer an Angela Merkel.

geltliche Publikationen gelten; es kommt weder auf die Höhe der Honorierung,[509] noch auf dessen Dauer an[510] – zumal Autoren regelmäßig Tantiemen über den Vermarkungszeitraum beziehen, das Veröffentlichen eines Buchs mithin von vornherein auf eine gewisse Dauer angelegt ist. Um einen umfassenden Schutz zu gewährleisten, kann es aus Gründen der Rechtssicherheit nicht auf die Höhe der Vergütung ankommen.[511]

Richtigerweise verwehrt Art. 66 GG daher während der Amtszeit zusätzlich vergütete Vortrags- und Autorentätigkeit. Das folgt bereits aus der Sicherung der ungeteilten Arbeitsleistung, dessen Erfüllung die Medien bemängeln.[512] Das Ziel, den „bösen Schein" einer nicht integren Amtsführung zu vermeiden, stützt den Befund für Vortragsvergütungen und Sofortzahlungen aus Autorenverträgen. Sofern Art. 5 Abs. 1 Satz 1 Var. 2 GG für das privat handelnde Regierungsmitglied eintritt, schützt die Meinungsfreiheit nur das Äußern der Meinung – ehrenamtlich ein Buch zu verfassen, ist bereits dem Wortlaut nach zulässig.

dd) Ehrenämter

Insgesamt verweist Art. 66 GG auf das Honorige des Ehrenamts, ohne sich jedoch mit der Frage auseinander zu setzen, inwiefern auch unentgeltliche Tätigkeiten zu Interessenkonflikten führen können. Eine Meinung plädiert aufgrund der Systematik zwischen erster und zweiter Alternative des Art. 66 GG für eine weite Auslegung des Verbots, sodass z.B. ehrenamtliche Aufsichtsratsmandat gleichermaßen erfasst sind. Denn im Rahmen von Art. 66 Hs. 2 GG komme gerade nicht auf die Entgeltlichkeit der Leitungstätigkeit oder des Aufsichtsratsmandats an.[513] Eine Gegenauffassung tritt für eine engere Auslegung des Verbots ein, sodass die Unentgeltlichkeit maßgeblich bleibt. Denn der

509 A.A. *Oldiges/Brinktrine*, in: Sachs, GG, Art. 66 Rn. 13a.
510 A.A. *Müller-Franken/Uhle*, in: Schmidt-Bleibtreu/Hofmann/Henneke, GG, Art. 66 Rn. 31.
511 *Müller-Franken/Uhle*, in: Schmidt-Bleibtreu/Hofmann/Henneke, GG, Art. 66 Rn. 31; *Schenke*, in: Bonner Kommentar, Art. 66 Rn. 34.
512 *Medick*, Spiegel online vom 17.08.2010; N-TV „Vortrag statt Sitzung".
513 *Veen*, Vereinbarkeit, S. 89; a.A. *Tsatsos*, VerwArchiv 58 (1967), S. 360 (366).

Grund, Interessenkonflikte zu vermeiden, sei zu unbestimmt, um allein dem Wortlaut Inkompatibilitäten zwischen Politik und ehrenamtlichen Wirtschaftspositionen zu entnehmen.[514]

Dem Wortlaut nach beziehen sich „Ämter" nur auf öffentliche Ämter, denn nur diese werden „besoldet".[515] Ehrenämter werden nicht besoldet und sind keine auf Erwerb gerichtete Tätigkeit i.S.v. eines Gewerbes oder Berufs. Ferner verhindert die Vorschrift die Kumulation wirtschaftlicher und politischer Macht,[516] unabhängig von der Vergütungsfrage der angehäuften Ämter und Funktionen. Zudem behandelt Art. 66 GG die organschaftliche Inkompatibilität nur sekundär,[517] weil bereits die allgemeinen Inkompatibilitätsnormen diese abdecken.[518] Daher spricht nur die teleologische Auslegung, Interessenkollisionen zu vermeiden, für eine restriktive Auslegung der erlaubten Ehrenämter. Insofern unterscheidet sich Art. 66 GG von der Novelle.[519]

b) Vermeidung von Machtkonzentration als Rechtfertigungsgrund für Berufsbeschränkungen während der Amtszeit

Sämtliche Inkompatibilitätsvorschriften dienen über die Entschärfung von Interessenskonflikten hinaus der Vermeidung von Machtkonzentration.[520] Den Ursprung hat diese Facette der Unvereinbarkeit im Gewaltenteilungsprinzip des Art. 20 Abs. 2 Satz 2 GG und der dort normierten Organisationsregel.[521] Die politisch-wirtschaftliche Inkompatibilität hat ihren Ausgangspunkt in Art. 66 GG selbst.[522] Die systematische Auslegung zu Art. 66 Alt. 2 GG unterstreicht den Befund, indem

514 *Traupel*, Ämtertrennung, S. 56.

515 Nach § 1 Abs. 1 Nr. 1 a.E. BBesG werden Ehrenbeamte ausdrücklich nicht besoldet.

516 *Herzog*, in: Maunz/Dürig, GG, Art. 66 Rn. 4; *Mager*, in: v. Münch/Kunig, GG I, Art. 66 Rn. 1; *Oldiges/Brinktrine*, in: Sachs, GG, Art. 66 Rn. 8, 14.

517 s.o. C.II.1, S. 98 Fn. 455 und S. 101 Fn. 479.

518 *Hermes*, in: Dreier, GG II, Art. 66 Rn. 18; *Müller-Franken/Uhle*, in: Schmidt-Bleibtreu/Hofmann/Henneke, GG, Art. 66 Rn. 46; *Oldiges/Brinktrine*, in: Sachs, GG, Art. 66 Rn. 23; a.A. *Epping*, in: v. Mangoldt/Klein/Starck, GG II, Art. 66 Rn. 8.

519 Vgl. C.I.7.d).

520 *Traupel*, Ämtertrennung, S. 148; *Sturm*, Inkompatibilität, S. 33 f.

521 *Grzeszick*, in: Maunz/Dürig, GG, Art. 20 Rn. 107; *Stern*, Staatsrecht II, § 36 I 4 (S. 518).

522 s.o. Fn. 516 m.w.N.; *Veen*, Vereinbarkeit, S. 67.

die Norm bereits die Zugehörigkeit zur Unternehmensleitung oder dem Aufsichtsrat grundsätzlich ausschließt.[523] Die genaue Untersuchung der Zielrichtung ergibt parallel zu der Unschädlichkeit des Gelds an sich, solange damit kein scheinbarer Interessenkonflikt einhergeht, die Zulässigkeit von Ämterkumulationen, sofern damit kein Machtmissbrauch und Kontrollverlust droht:[524] Die wirtschaftliche „Gewaltenteilung" schützt gerade vor einer intransparenten und regelungsfreien Vermischung von Staat und Privaten.[525]

Die Vorschrift des Art. 66 GG schafft dabei ein Spannungsfeld zwischen dem unternehmenswohlbezogenen Aufsichtsratsmandat eines Amtsträgers und der Gemeinwohlbindung der Regierungsmitglieder.[526] Dabei plädiert ein Teil der Literatur für eine Reduktion der Ausnahmemöglichkeit bei Ministern mit Ressortbereichen, die sich mit der Unternehmensausrichtung überschneiden, um (vermeintliche) Interessenswiderstreite zu verhindern.[527] Dem widersprechen neuerdings Stimmen in der Literatur, da dem Staat – insbesondere bei öffentlichen Unternehmen[528] – die Wirtschaftsaufsicht obliege[529] und die einschlägigen Ressortminister die erforderliche Expertise mitbrächten.[530] Der Streit bedarf vorliegend für die Dauer des Amts keiner Entscheidung, gewinnt jedoch im nachamtlichen Bereich an Brisanz: Zum einen liegt der Anschein einer Belohnung für die einseitige Amtsführung nahe, wenn der vorherige Minister nach seinem Amt in demselben oder einen ähnlichen Unternehmen ein Mandat im Vor-

523 *Herzog*, in: Maunz/Dürig, GG, Art. 66 Rn. 11; *Oldiges/Brinktrine*, in: Sachs, GG, Art. 66 Rn. 18.

524 *Kazele*, Interessenkollision, S. 222; *Sturm*, Inkompatibilität, S. 34 f.; *Traupel*, Ämtertrennung, S. 70; *Veen*, Vereinbarkeit, S. 68.

525 *Epping*, in: v. Mangoldt/Klein/Starck, GG II, Art. 66 Rn. 33.

526 *Mertens/Cahn*, in: Zöllner/Noack, Kölner Kommentar AktG II/2, § 116 Rn. 25 m.w.N.

527 *Keese*, Regierungsmitglieder, S. 53 f.; *Nebendahl*, DÖV 1988, S. 961 (964 f.); *Säcker*, Behördenvertreter, in: Eyrich/Obersky/Säcker, FS Rebmann, S. 781 (798); *Wiedenfels*, DÖV 1960, S. 892 (894 f.).

528 *Brüning*, in: Schulte/Kloos, Hb Öffentliches Wirtschaftsrecht, § 5 Rn. 8 ff.; *Tsatsos*, VerwArchiv 58 (1967), S. 360 (369 f.).

529 *Keese*, Regierungsmitglieder, S. 38; *Stein*, Wirtschaftsaufsicht, S. 55 f.

530 *Schenke*, in: Bonner Kommentar, Art. 66 Rn. 48; vgl. *Nebendahl*, DÖV 1988, S. 961 (965); *Veen*, Vereinbarkeit, S. 142.

stand oder Aufsichtsrat ausübt.[531] Der transportierte Sachverstand – die Wirtschaftsaufsicht etwa durchleuchtet sämtliche Konkurrenzunternehmen[532] – ist entgegen der obigen Auffassung in diesen Sphären mehr Problem als Lösung, denn dem Regierungsmitglied fehlt nun die Rückkopplung an das Gemeinwohl. Vielmehr ist er gehalten, sein Wissen zum Wohl des Unternehmens einzusetzen. Das Problem potenziert sich, wechselt das vormalige Aufsichtsrats- und Regierungsmitglied in eine korrespondierende Position bei einem Konkurrenzunternehmen. Über das staatliche Fachwissen hinaus liefert der Politiker zudem interne Kenntnisse über einen Mitbewerber. Dem Problem wirkt die Praxis mit vertraglichen Abreden[533] und der Entsendung von Staatssekretären statt Ministern bei amtsbezogenen Aufsichtsratsmandaten entgegen.[534] Demnach sind zwar die Anforderungen des Art. 66 GG gewahrt, doch das Problem setzt sich auf Ebene der Staatssekretäre fort. Dagegen wirkt entweder § 7 Satz 1 ParlStG i.V.m. § 5 Abs. 1 Satz 2 BMinG oder § 99 Abs. 1 Satz 2 Nr. 3 BBG. Damit das Regierungsmitglied a.D. weder Regierungsinterna noch Betriebsgeheimnisse nach einem Wechsel in die Leitung eines Unternehmens trägt, wäre eine Erstreckung des Verbots inklusive Ausnahmevorbehalt auf die post-politische Zeit vom Zweck des Art. 66 GG gedeckt und könnte als Rechtfertigung gegenüber Art. 12 Abs. 1 GG fungieren.[535]

Mit den Gefahren der Machtzunahme korrespondiert ein möglicher Kontrollverlust,[536] obwohl die Gemeinwohlbindung eine wirksame Kontrolle der Amtsführung gebietet.[537] Dennoch fordern Teile der Literatur anhand der teleologischen Auslegung des Art. 66 GG den Ausnahmevorbehalt nur für wirtschaftlich potente Unternehmen, an-

531 Die Welt online v. 13.02.2006.

532 *Stein*, Wirtschaftsaufsicht, S. 133.

533 Vgl. *Ehlers*, Privatrechtsform, S. 135–142; zur privatwirtschaftlichen Handhabung s.u. C.IX.3.

534 *Epping*, in: v. Mangoldt/Klein/Starck, GG II, Art. 66 Rn. 35; *Busse*, BMinG, § 5 Rn. 1; vgl. *Kropff*, Einflußnahme, in: Eichhorn, Auftrag und Führung, S. 79 (80 f.); *Veen*, Vereinbarkeit, S. 119.

535 Zur Anlogiefähigkeit des Art. 66 GG mit Blick auf den nachamtlichen Bereich, s. nachfolgend C.II.1.c).

536 *Kazele*, Interessenskollisionen, S. 221 f.; *Traupel*, Ämtertrennung, S. 70; a.A. im Jahr 1969 *Keese*, Regierungsmitglieder, S. 57.

537 s.o. C.II.2.d).

dernfalls trete keine wirtschaftliche Machtkumulation ein.[538] Eng am Wortlaut orientiert, kann es auf die Größe des Unternehmens nicht ankommen, sondern auf dessen Organisation, insbesondere ob es über einen Aufsichtsrat oder vergleichbare Institutionen verfügt.[539] Faktisch dürfte dies nur auf größere Unternehmen zutreffen.[540] Dieser Befund könnte dafür sprechen, nachamtliche Berufsregelungen ebenfalls nur auf größere Unternehmen zu erstrecken, insbesondere freie Berufe und Selbstständige auszuklammern. Dem könnte angesichts des Gebots einer wirksamen Kontrolle zu widersprechen sein, denn gerade selbstständige Beratungsfirmen ehemaliger Politischer Entscheider bieten Fachwissen und politische Kontakte auf eigene Rechnung an. Jedoch umfasst Art. 66 Hs. 1 GG Tätigkeiten bei Beratungsfirmen bereits unter „Beruf", sodass ein Rückgriff auf die Unternehmensleitung nicht erforderlich ist.[541]

c) Erstreckung des Regelungsgehalts von Art. 66 GG auf Anschlusstätigkeiten von Regierungsmitgliedern

Mit dem Auftreten des Wechselphänomens entbrannte eine Diskussion, inwiefern Art. 66 GG trotz seines amtsbezogenen Wortlauts über die Dauer des Amts hinaus fruchtbar gemacht werden kann.[542] Sinn und Zweck der Norm sprechen durchaus für eine zeitliche Erstreckung.[543] Da eine ausdrücklich grundgesetzliche Regelung fehlt, kommen eine Analogie und Gewohnheitsrecht in Betracht.

---

538 *Müller-Franken/Uhle*, in: Schmidt-Bleibtreu/Hofmann/Henneke, GG, Art. 66 Rn. 37; *Schenke*, in: Bonner Kommentar, Art. 66 Rn. 41.

539 *Herzog*, in: Maunz/Dürig, GG, Art. 66 Rn. 50–52; *Weckerling-Wilhelm*, in: Umbach/Clemens, GG II, Art. 66 Rn. 18; auch auf die Unternehmensgröße abstellend *Epping*, in: v. Mangoldt/Klein/Starck, GG II, Art. 66 Rn. 30; *Oldiges/Brinktrine*, in: Sachs, GG, Art. 66 Rn. 14.

540 *Herzog*, in: Maunz/Dürig, GG, Art. 66 Rn. 52.

541 Parallel für die Zeit im Amt *Herzog*, in: Maunz/Dürig, GG, Art. 66 Rn. 51.

542 *Morlok/Krüper*, NVwZ 2003, S. 573 (574); *Oldiges/Brinktrine*, in: Sachs, GG, Art. 66 Rn. 4a; vgl. *v. Arnim*, ZRP 2006, S. 44 (44 f.).

543 So auch *Epping*, in: v. Mangoldt/Klein/Starck, GG II, Art. 66 Rn. 4; *Pieper*, in: Epping/Hillgruber, GG, Art. 66 Rn. 3.

aa) Analoges Verfassungsrecht

Eine Analogie setzt grundsätzlich eine planwidrige Regelungslücke bei vergleichbarer Interessenslage voraus.[544] Als Vorfrage gilt darüber hinaus zu klären, ob mit Blick auf den Grundsatz der Gewaltenteilung und den Gesetzesvorbehalt – wie ihn etwa Art. 12 Abs. 1 Satz 2 GG vorschreibt – nur eine Analogie zu Gunsten des Bürgers denkbar ist.[545] Denn es gilt der Grundsatz, dass für den Bürger belastende Maßnahmen in gewissem Umfang vorhersehbar und berechenbar sein müssen,[546] was bei einer belastenden Analogie nicht gegeben sei.[547] Die Gegenauffassung hält eine Analogie im Bereich der Grundrechtsbeschränkungen grundsätzlich für zulässig, denn die Grenze der Rechtsfortbildung[548] bilde Art. 103 GG[549] und das Recht müsse – solange die Fortentwicklung noch auf dem Willen des Gesetzgebers beruhe – auf Veränderungen (etwa soziale Verhältnisse, gesellschaftspolitische Anschauungen und rechtliche Rahmenbedingungen) reagieren können[550] und andere – durch die Rechtsfortbildung begünstigte – Grundrechts-

---

544 *Larenz/Canaris,* Methodenlehre, S. 202; *Wank,* Auslegung, S. 87 f.

545 BVerfG, NVwZ 2007, S. 1296 (1297) (für Art. 104 Abs. 1 S. 1 GG); BVerfG, NJW 1996, S. 3146 (3146); DVBl. 1997, S. 351 (351); *Gärditz,* in: Friauf/Höfling, BK GG II, Art. 20 (6. Teil) Rn. 159 betont zudem, dass der Gesetzesvorbehalt auch im Sonderrechtsverhältnis gilt; *Gusy,* DÖV 1992, S. 461 (464); *Hartmann,* in: Pieroth/Silberkuhl, Verfassungsbeschwerde, § 93 BVerfGG, Rn. 27 Fn. 37; *ders.,* Öffentliches Haftungsrecht, S. 359 Fn. 93; *Kniesel,* NJW 2000, S. 2857 (2865); *Müller/Christensen,* Juristische Methodik, S. 395; *v. Coelln,* NVwZ 2001, S. 1234 (1235 f.); jedenfalls sofern eine ganze Rechtsmaterie nicht geregelt ist, ansonsten offen gelassen von BVerfGE 116, 69 (83); a.A. *Ehlers,* Die Verwaltung 31 (1998), S. 53 (59 u. 79 f.); *Jarass,* in: ders./Pieroth, GG, Art. 20 Rn. 66; *Sachs,* in: ders., GG, Art. 20 Rn. 121; nur in engen Grenzen zulässig *Beaucamp,* AöR 134 (2009), S. 83(101, 105).

546 BVerfGE 52, 1 (41); BVerfGE NJW 1996, S. 3146 (3146); DVBl. 1997, S. 351 (351); *Beaucamp,* AöR 134 (2009), S. 83 (101).

547 BVerfGE 109, 190 (253) (abweichende Meinung Richter Broß, Osterloh und Gerhardt); BVerfG, NJW 1996, S. 3146 (3146).

548 Zur richterliche Rechtsfortbildung durch Analogie *Larenz/Canaris,* Methodenlehre, S. 202; *Wank,* Auslegung, S. 83 ff.

549 *Jarass,* in: ders./Pieroth, GG, Art. 20 Rn. 66.

550 BVerfGE 98, 49 (59 f.); in der Sache ebenso BVerfGE 108, 150 (159 f.); *Ehlers,* Die Verwaltung 31 (1998), S. 53 (79 f.).

träger schützen.[551] Selbst wenn das Bundesverfassungsgericht entschieden hat, dass bestehende Berufsbeschränkungen eine Rechtsfortbildung erlauben, solange die vorhandenen Berufsbeschränkungen „sich unter Berücksichtigung ihrer Auslegung in Rechtsprechung und Schrifttum eine hinreichend erkennbare und bestimmte, den Anforderungen des Gesetzesvorbehalts genügende Regelung der Berufsausübung ergeben“[552], ist die erst genannte Auffassung vorzugswürdig. Denn dem bestellten Rechtsanwender fehlt es gegenüber dem gewählten Gesetzgeber an ausreichender demokratischer Legitimation und die Rechtsfolgen sind für den Bürger nicht vorhersehbar.[553]

Die Ausdehnung des Art. 66 GG belastetet den ehemaligen Minister und Bürger in seinem Grundrecht aus Art. 12 Abs. 1 GG, ohne dass die Rahmenbedingungen wie Dauer einer Karenzzeit oder Höhe und Zeitraum einer Karenzentschädigung sowie Sanktionsmöglichkeiten[554] verfassungsrechtlich bestimmt wären. Denn ein eindeutiges Regelungsziel für den nachamtlichen Bereich,[555] an das etwaige Erweiterungen anknüpfen könnten, ergeben die Normzwecke[556] des Art. 66 nicht.[557]

Wird eine belastende Analogie hingegen für zulässig gehalten, folgt eine Regelungslücke aus der begrenzten zeitlichen Reichweite des Art. 66 GG.[558] Denn wie bereits festgestellt, erfasst Art. 66 GG nur die

551 So im Fall der nachträglichen Anordnung der Sicherungsverwahrung, in dem das BVerfGE 109, 190 (235, 238 f.) zwar nicht die Nichtigkeit, aber die Unvereinbarkeit der jeweiligen Regelung erklärt hat.

552 BVerfGE 54, 234 (234 f.).

553 *Gusy,* DÖV 1992, S. 461 (464); *Hartmann,* Öffentliches Haftungsrecht, S. 361: Die fehlende Regulierung „darf nicht zu Lasten des Bürgers gehen“ (für den umgekehrten Fall, dass der Bürger einen Anspruch gegenüber dem Staat geltend macht).

554 *De lege lata* kennt die Vorschrift als *lex imperfecta* keine direkten Rechtsfolgen, sondern pocht auf politische Sanktionen *Mager,* in: v. Münch/Kunig, GG I, Art. 66 Rn. 9, 11; *Oldiges/Brinktrine,* in: Sachs, GG, Art. 66 Rn. 19; *Schenke,* in: Bonner Kommentar, Art. 66 Rn. 53.

555 s.o. C.I.9.

556 s.o. C.II.1.

557 *Bamberger,* Nachamtliche Tätigkeitsbeschränkungen, S. 181.

558 Vgl. *Epping,* in: v. Mangoldt/Klein/Starck, GG II, Art. 66 Rn. 4; *Oldiges/Brinktrine,* in: Sachs, GG, Art. 66 Rn. 4a; *Müller-Franken/Uhle,* in: Schmidt-Bleibtreu/Hofmann/Henneke, GG, Art. 66 Rn. 10, GG, Art. 66 Rn. 3; *Schenke,* in: Bonner Kommentar, Art. 66 Rn. 9.

Zeit während des Amts, nicht danach.[559] Ebenso wenig folgt – wie noch darzulegen sein wird – aus den Staatsstrukturprinzipien ein nachamtliches Tätigkeitsverbot.[560]

Allerdings ist die Planwidrigkeit der Regelungslücke wegen des fragmentarischen Charakters des Grundgesetzes zweifelhaft.[561] Die Planwidrigkeit könnte[562] aus dem begrenzenden Wortlaut folgen, der dem – zumindest mittlerweile im nachgelagerten Bereich aktualisierten – Schutzzweck nicht umfänglich Rechnung trägt.[563] Dagegen steht die Äußerung Adenauers gegenüber dem nachamtlichen Verhalten des damaligen Innenministers – dass ein Ministeramt mit beruflichen Beschränkungen einhergeht –,[564] denn der Parlamentarische Rat hatte sich zuvor zu der Wechselthematik ausgeschwiegen. Demnach kannte der Gesetzgeber die Problematik und hat sie bewusst nicht geregelt. Eine planwidrige Regelungslücke liegt demnach nicht vor.

bb) Verfassungsgewohnheitsrecht

Gewohnheitsrecht ist das nicht durch förmliche Setzung, sondern durch längere tatsächliche Übung entstandene Recht, das von den Beteiligten als verbindliche Rechtsnorm anerkannt wird und als Rechtssatz formuliert ist.[565] Da Gewohnheitsrecht auf allen Stufen der

559 s.o. C.II.1.

560 s.u. C.II.2.

561 *Isensees*, Staat und Verfassung, in: ders./Kirchhof, HStR II, § 15 Rn. 190: „Rahmenverfassung"; muss aber die Kompetenzen der obersten Bundesorgane detailliert regeln *Pitzen*, Vorbehalt der Verfassung, S. 107; das Grundgesetz ist eine „entwicklungsoffene" Ordnung laut *Volkmann*, Verfassungslehre, S. 30; *Wolff*, Ungeschriebenes Verfassungsrecht, S. 78 f.

562 Jedenfalls sofern die Kompetenz der Bundesregierung zur nachamtlichen Tätigkeitsuntersagung als Annexkompetenz zu Art. 66 GG verstanden wird.

563 Vgl. *Pieper*, in: Epping/Hillgruber, GG, Art. 66 Rn. 3; abwägend *Oldiges/Brinktrine*, in: Sachs, GG, Art. 66 Rn. 4: Erweiterung nach Sinn und Zweck des Art. 66 GG möglich; a.A. *Müller-Franken/Uhle*, in: Schmidt-Bleibtreu/Hofmann/Henneke, GG, Art. 66 Rn. 10: Weitergehende Beschränkungen sind nicht aus Art. 66 GG herzuleiten, sondern sind politischer Natur.

564 s.o. A.I.1.

565 BVerfGE 22, 114 (121); 78, 214 (227); *Ossenbühl*, Rechtsquellen, in: Isensee/Kirchhof, HStR V, § 100 Rn. 57; *Tomuschat*, Verfassungsgewohnheitsrecht?, S. 11; *Wolff*, Ungeschriebenes Verfassungsrecht, S. 427 f.

Rechtsordnung denkbar sei,[566] müsse es auch Verfassungsgewohnheitsrecht geben.[567] Die Frage kann jedoch offenbleiben, da vorliegend ein Eingriff kraft Gewohnheitsrecht nicht in Betracht kommt. Denn die Rechtsprechung des Bundesverfassungsgerichts erkennt vorkonstitutionelle gewohnheitsrechtliche Beschränkungen zwar grundsätzlich an,[568] zieht aber eine Grenze, wo die Weiterentwicklung des Gewohnheitsrechts „im Ergebnis zu einem neuen Eingriffstatbestand führt"[569]. Die Schaffung nachkonstitutionellen Gewohnheitsrechts vermag einen Eingriff nicht zu legalisieren,[570] da das Grundgesetz in Art. 12 Abs. 1 Satz 2 GG einen Gesetzesvorbehalt vorsieht. Mit anderen Worten dürfen die Gerichte keine eigenen Rechtsgrundlagen entwickeln.[571] Dem schloss sich die Lehrmeinung an, da alles andere der Systematik der Grundrechte widerspreche, und fordert formelle Parlamentsgesetze.[572] Da die Wechselthematik bereits seit Beginn der Bundesrepublik bekannt ist, aber erst im Laufe der neueren Debatte wahrgenommen wurde, spricht dies eher für eine liberale Gewohnheitsrechtspraxis, als für eine Begrenzung. Demnach scheidet etwaiges belastendes Gewohnheitsrecht aus.

d) Ergebnis

Art. 66 GG erfasst weder die Zeit nach dem Amt, noch wäre eine analoge oder gewohnheitsrechtliche Erweiterung der Verfassungsnorm

566 *Ossenbühl*, Rechtsquellen, in: Isensee/Kirchhof, HStR V, § 100 Rn. 58; *Stober*, in: Wolff u.a. Verwaltungsrecht I, § 25 Rn. 18; *Stern*, Staatsrecht II, § 37 II 2 (S. 580).

567 *Bachhof*, Verfassungsnormen, S. 44; *Bryde*, in: v. Münch/Kunig, GG II, Art. 79 Rn. 11 (S. 196); *Peine*, Systemgerechtigkeit, S. 191 f.; *Pieroth*, Rückwirkung, S. 272 (allerdings unter Hinweis auf die faktisch „beschränkte Rolle"); *Stern*, Staatsrecht I, § 4 II 6 (S. 111 f.); *Wolff*, Ungeschriebenes Verfassungsrecht, S. 428; A.A. *Sommermann*, in: v. Mangoldt/Klein/Starck, GG II, Art. 20 Rn. 251; *Tomuschat*, Verfassungsgewohnheitsrecht?, S. 144;

568 BVerfGE 15, 226 (233 f.); 22, 114 (121 f.); 34, 293 (303); 38, 575 (583 f.).

569 BVerfGE 15, 226 (233 f.); 22, 114 (122).

570 BVerfGE 80, 257, 267; BGHZ 124, 224, 229 f.

571 *Jarass*, in: ders./Pieroth, GG, Art. 12 Rn. 30 f.; in der Sache ebenso *Scholz*, in: Maunz/Dürig, GG, Art. 12 Rn. 311.

572 *Dietlein*, in: Stern, Staatsrecht IV, § 111 V 3 (S. 1885); *Jarass*, in: ders./Pieroth, GG, Art. 12 Rn. 30; *Ruffert*, in: Epping/Hillgruber, GG, Art. 12 Rn. 77; in der Sache ebenso *Pieroth*, Rückwirkung, S. 387: Nur gesetzeskonkretisierendes und gesetzesvertretendes Richterrecht ist zulässig.

zulässig. Die verfolgten Ziele decken sich – mit Ausnahme der zu vermeidenden Arbeitsüberlastung – aber größtenteils mit den Zielen der Novelle. Denn Art. 66 GG schützt ebenfalls die Integrität und die Funktionsfähigkeit sowie das Ansehen der Regierung gegenüber dem „bösen Schein" einer parteiischen Amtsführung der Regierungsmitglieder zugunsten Privater und dem Ausverkauf von internem Fachwissen.

2. Berufsverbote aufgrund der Staatsstrukturprinzipien?

Die auf die berufliche Tätigkeit von Regierungsmitgliedern zugeschnittene Vorschrift des Art. 66 GG ist nicht über das Amtsende hinaus anwendbar. Fraglich ist, ob die verfassungsrechtlichen Strukturprinzipien nachgelagerte Berufsbeschränkungen (direkt) ergeben oder derartige Beschränkungen gegenüber der Berufsfreiheit rechtfertigen oder ihnen sogar entgegenstehen?

a) Demokratieprinzip

Nach dem Demokratieprinzip muss gem. Art. 20 Abs. 2 Satz 1 GG jede staatliche Entscheidung auf dem Willen des Volkes basieren. Der Verfassungsvorgabe kommt der Staat in den zusammenwirkenden vielschichtigen Formen der institutionellen, funktionellen, sachlich-institutionellen und der personellen Legitimation nach.[573] Die mittels repräsentativer Demokratie gestrickte „Legitimationskette"[574] sichert in organisatorisch-personeller Hinsicht das demokratische Legitimationsniveau.[575] Somit bindet die Politischen Entscheider das Demokra-

573 BVerfGE 49, 89 (125); 83, 60 (72); 93, 37 (66 f.); *Böckenförde*, Verfassungsprinzip, in: Isensee/Kirchhof, HStR II, § 24 Rn. 14–25; *Burgi*, Verwaltungsorganisation, in: Ehlers/Pünder, Verwaltungsrecht, § 7 Rn. 28 f.; *Waechter*, Demokratische Legitimation, S. 33–36; *Zacharias*, Jura 2001, S. 446 (447).

574 BVerfGE 93, 37 (66 f.); VerfGH Rh.-Pf., NVwZ-RR 1994, S. 665 (670); *Battis/Kersten*, DÖV 1996, S. 584 (585); *Böckenförde*, Verfassungsprinzip, in: Isensee/Kirchhof, HStR II, § 24 Rn. 16; *Burgi*, Die Verwaltung 33 (2000), S. 183 (192); *Kolbe*, Mitbestimmung, S. 41–43.

575 BVerfGE 9, 268 (281 f.); 83, 60 (71 f.); 93, 37 (66 f.); *Böckenförde*, Verfassungsprinzip, in: Isensee/Kirchhof, HStR II, § 24 Rn. 16; *Kolbe*, Mitbestimmung, S. 44.

tieprinzip an „amtsgerechte" Handlungen.[576] Amtsgerecht handelt ein Amtsträger, wenn sein Handeln auf demokratisch geschaffenen Gesetzen beruht und somit den pluralistischen Interessen des Volkes entspricht.[577] Diese Ausrichtung des staatlichen Handelns am Willen des Volkes – mit anderen Worten die Responsivität – entspricht dem Ziel der Novelle, die Integrität des Regierungshandelns zu sichern.[578]

Die Politischen Entscheider als Amtsträger übernehmen zum einen die Sachverantwortung gegenüber Volk und Parlament,[579] zum anderen deckt der demokratische Legitimationszusammenhang nur amtsgerechtes Handeln der Amtswalter (sachlich-inhaltliche Legitimation); überschreiten sie die Grenzen, handeln die Amtsträger persönlich, sodass dem vermeintlichen Staatshandeln die Legitimation fehlt.[580] Somit folgt aus dem Demokratieprinzip nicht nur das Verbot, staatliche Entscheidungen an Partikularinteressen zu orientieren,[581] sondern vielmehr das Gebot, staatliche Entscheidungen nach Gemeinwohlbelangen auszurichten. Das Demokratieprinzip begründet dabei auch nachamtliche Gemeinwohlverpflichtung, da der nachamtliche Status sich aus dem vorangegangenen Amt inklusive Fachwissen und Entscheidungsgewalt generiert. Der Seitenwechsel wirft somit ein neues Schlaglicht auf das Demokratieprinzip,[582] ohne das daraus direkte rechtliche Konsequenzen folgen, da es keine direkten Rechtsfolgen vorsieht.[583]

---

576 Vgl. *Detterbeck*, Verwaltungsrecht, Rn. 252; *Ehlers*, Rechtsstaat, in: ders./Pünder, Verwaltungsrecht, § 1 Rn. 33.

577 *Bamberger*, Nachamtliche Tätigkeitsbeschränkungen, S. 85; *Kazele*, Interessenkollision, S. 48; *Kirchhof*, VerwArchiv 66 (1975), S. 371 (371).

578 Zur Responsivität s.o. B.III.; zu dem Ziel, eine integre Regierungsarbeit sicherzustellen, s.o. C.I.9.

579 BVerfGE 9, 268 (281 f.); 93, 37 (67); BVerwGE 106, 64 (75); *Böckenförde*, Verfassungsprinzip, in: Isensee/Kirchhof, HStR II, § 24 Rn. 22; *Burgi*, Verwaltungsorganisation, in: Ehlers/Pünder, Verwaltungsrecht, § 7 Rn. 28; *Zacharias*, Jura 2001, S. 446 (447).

580 BVerfGE 83, 60 (72 f.); 93, 37 (68); BVerwGE 106, 64 (77).

581 *Kunig*, Rechtsstaatsprinzip, S. 333, 335.

582 *Hartmann*, Inklusive Verwaltung, S. 26 f., diskutiert die Ausprägungen des Demokratieprinzips im Rahmen der Inklusiven Verwaltung.

583 *Bamberger*, Nachamtliche Tätigkeitsbeschränkungen, S. 88, 154, 193 f.

b) Rechtsstaatsprinzip

Das Rechtsstaatsprinzip gem. Art. 20 Abs. 3 GG bindet unter anderem die vollziehende Gewalt an Gesetz und Recht. *Gesetz* umfasst grundsätzlich nur die formelle Rechtsordnung.[584] *Recht* drückt das Spannungsverhältnis zwischen positivem Recht und materieller Gerechtigkeit aus.[585] Nach einem Teil der Literatur bindet *Recht* die vollziehende Gewalt an die verfassungsmäßige Rechtsordnung insgesamt.[586] Demnach sei *Recht* und *Gesetz* tautologisch oder im besten Fall deklaratorisch.[587]

Aus historischer Sicht ließ die WRV die Unterscheidung zwischen Gesetz und einem überpositiven Recht fallen.[588] Denn im modernen Verfassungsstaat bedarf jede Regelung einer demokratischen Legitimation, sodass die Frage der Gerechtigkeit ebenfalls dem Parlament überlassen ist.[589] Die Aufnahme des Begriffspaars im Grundgesetz erfolgte dennoch als Mahnung angesichts der Erfahrungen aus der Zeit des Nationalsozialismus.[590]

Zur Sicherung des Gemeinwohls ist die Exekutivtätigkeit durch die Rechtsordnung determiniert: Sie darf nach dem in Art. 20 Abs. 3 GG verbürgten Rechtsstaatsprinzip weder ohne (Vorbehalt des Gesetzes) noch gegen (Vorrang des Gesetzes) das Gesetz handeln.[591] In der Norm- und Normkontrolldichte des modernen Verfassungsstaats scheint eine Kollision von Gesetz und Recht ohnehin nur von kurzer

584 BVerfG 78, 214 (227); *Schmidt-Aßmann*, Rechtsstaat, in: Isensee/Kirchhof, HStR II, § 26 Rn. 37; *Sommermann*, in: v. Mangoldt/Klein/Starck, GG II, Art. 20 Rn. 264; *Grzeszick*, in: Maunz/Dürig, GG, Art. 20 VI Rn. 60; *Sachs*, in: ders., GG, § 20 Rn. 107.

585 BVerfGE 34, 269 (286 f.); *Schmidt-Aßmann*, Rechtsstaat, in: Isensee/Kirchhof, HStR II, § 26 Rn. 33 m.w.N.

586 *Huster/Rux*, in: Epping/Hillgruber, GG, Art. 20 Rn. 169; *Jarass*, in: ders./Pieroth, GG, Art. 20 Rn. 53; *Sommermann*, in: v. Mangoldt/Klein/Starck, GG II, Art. 20 Rn. 265.

587 *Grimm*, Gemeinwohl beim BVerfG, in: Münkler/Fischer, Gemeinwohl, S. 125 (132); a.A. *Hessdörfer*, Rechtsstaat, S. 129.

588 *Hoffmann*, Gesetz und Recht, S. 31.

589 *Grzeszick*, in: Maunz/Dürig, GG, Art. 20 VI Rn. 66 m.w.N.

590 *Grzeszick*, in: Maunz/Dürig, GG, Art. 20 VI Rn. 63.

591 Ausführlich *Stern*, Staatsrecht I, § 20 IV 4b (S. 801–815); *Sobota*, Rechtsstaat, S. 104–131; *Unruh*, Verfassungsbegriff, S. 495–498.

Dauer zu sein. Problematisch ist der nicht oder nicht hinreichend kodifizierte Bereich, wie – was konkret noch zu beweisen sein wird – bei nachamtlichen Tätigkeiten von Politischen Entscheidern.[592] Den genauen Inhalt des Rechtsstaatsprinzips bleibt die Verfassung zunächst schuldig, sodass es wenig verwundert, wenn das Bundesverfassungsgericht dem Prinzip in ständiger Rechtsprechung keine „in allen Einzelheiten eindeutige Anordnungen" bescheinigt.[593] Die Lehrmeinungen charakterisieren das Rechtsstaatsprinzip als verschwommen und zum Teil als inhaltsleer.[594]

Das Grundgesetz selbst nennt die Neutralitätspflicht der Staatsbediensteten nicht und die einzelnen rechtsstaatlichen Aspekte klingen nur zaghaft an in Art. 23 Abs. 1 Satz 1, Art. 28 Abs. 1 Satz 1 GG sowie in einem anderen Kontext in Art. 16 Abs. 2 GG. Die Begriffe *Neutralität* oder *Unparteilichkeit* kennt das Grundgesetz nicht, verwendet aber mehrmals und in verschiedenen Zusammenhängen das Attribut *unabhängig,* etwa in Art. 33 Abs. 3 GG, wonach die bürgerlichen und staatsbürgerlichen Rechte, die Zulassung zu öffentlichen Ämtern sowie die im öffentlichen Dienste erworbenen Rechte unabhängig von dem religiösen Bekenntnis sind. Die partielle Neutralität gegenüber dem religiösen Bekenntnis ist damit verfassungsrechtlich verankert, alles Weitere – insbesondere die politische oder wirtschaftliche Unbefangenheit – bleibt der Normtext schuldig.

Den Begriff *Rechtsstaat* erklärt Grimms Wörterbuch mit „*staatswesen, dessen zweck der rechtsschutz aller seiner bürger ist:* der moderne rechtsstaat im gegensatze zum mittelalterlichen feudalstaat"[595]. Das zentrale Wort *Recht* stammt je nach Region aus dem Altdeutschen *reht,* aus dem Niederländischen *recht,* aus dem Englischen *right* oder aus dem Schwedischen *rätt,*[596] bildet etymologisch den Gegensatz zu *link*

592 Für politische Amtsträger insgesamt *Bamberger*, Nachamtliche Tätigkeitsbeschränkungen, S. 194.

593 BVerfGE 7, 89 (92 f.); 11, 64 (72); 25, 269 (290); 49, 148 (164); 53, 115 (127); 57, 250 (275).

594 *Kunig*, Rechtsstaat, S. 117–126 m.w.N., 224 f., 341.

595 *Grimm/Grimm*, Deutsches Wörterbuch VIII, Sp. 437 „Rechtsstaat".

596 Duden, Herkunftswörterbuch, S. 657 „Recht".

und steht für aufrechtes, geradliniges Handeln.[597] Der allgemeine Sprachgebrauch versteht unter geradlinig einen planmäßig, vorhersehbaren Ablauf, da er ohne Einfluss äußerer Faktoren geschieht. Mit anderen Worten sei gerecht, was unparteiisch und damit *„unbeeinflusst, unvoreingenommen“*[598] ist. Gleiches, nämlich *„nicht von etwas beeinflusst, durch etwas bestimmt, bedingt“*[599], versteht die Dudenredaktion unter „unabhängig“. Das Völkerrecht entdeckte als erstes das Wort *Neutralität* für sich und meint „eine solche aufführung, da zwischen kriegenden partheien der dritte sich also verhält, dasz er mit beiden im friede lebet und keinem vor dem anderen beifällt noch einige gunst oder vortheil einräumet“[600]. Neutral ist folglich, wer „keiner partei zugethan“[601] ist. Die lateinische Wortherkunft über *neutralis,* was *neuter* entlehnt ist und für „keiner von beiden“ steht,[602] bestätigt die Entstehungsgeschichte. Das Zentralinstitut für Sprachwissenschaft verallgemeinert die „Nichteinmischung in Kriege“[603] zur fehlenden Gebundenheit an eine Seite. In den hiesigen Kontext rückt der Duden das Attribut „neutral“ als „frei von Beeinträchtigung, Beeinflussung o.Ä., Geld“[604]. Es soll gerade keine „gunst oder vortheil“ eingeräumt und angenommen werden. Nichts anderes folgt aus der Grimm'schen Abkehr von der Feudalordnung, wonach der grundbesitzende Adel Vorrechte gegenüber der gemeinen Bevölkerung genoss[605] und der Staat eben nicht neutral war.[606] Nach der grammatischen Auslegung ist *Recht* unabhängig von gewährten Vorteilen, vielmehr bedarf die Gerechtigkeit einer Geradlinigkeit.

---

597 *Seebold*, in: Kluge, Etymologisches Wörterbuch, S. 751 „Recht“; Zentralinstitut für Sprachwissenschaft, Etymologisches Wörterbuch II, S. 1005 „Recht“.

598 *Grimm/Grimm*, Deutsches Wörterbuch XI,3, Sp. 1222 f. „unparteiisch“ Nr. 4.

599 Duden, Wörterbuch IX, S. 1080 „unabhängig“ Nr. 2b.

600 *Grimm/Grimm*, Deutsches Wörterbuch VII, Sp. 688 „Neutralität“.

601 *Grimm/Grimm*, Deutsches Wörterbuch VII, Sp. 688 „neutral“.

602 *Seebold*, in: Kluge, Etymologisches Wörterbuch, S. 654 „neutral“.

603 Zentralinstitut für Sprachwissenschaft, Etymologisches Wörterbuch II, S. 921 f. „neutral“.

604 Duden, Wörterbuch VI, S. 2734 „neutral“ Nr. 5.

605 *Frotscher/Pieroth*, Verfassungsgeschichte, Rn. 59; *Huber*, Deutsche Verfassungsgeschichte II, S. 310.

606 *Hartmann*, Inklusive Verwaltung, S. 29.

Einen weiteren Zugriff bietet die Neutralitätspflicht als Facette des Rechtsstaatsprinzips. Diese Pflicht meint bei politischen Beamten keineswegs eine politische, sondern eine persönliche *Neutralität* in der Amtsausübung. Der Gleichheitssatz und das Rechtsstaatsgebot gebieten daher,[607] vergleichbare Begehren unabhängig von den dahinter stehenden Personen zu behandeln.[608] In letzter Konsequenz ist die Unterscheidung, ob der Amtsträger im eigenen oder im Interesse Dritter Partei ergreift, unerheblich. Der Amtsträger, der abseits des Rechts zugunsten eines Dritten Position bezieht, handelt letztlich im Eigeninteresse, sei es aus finanziellen Anreizen, persönlicher Verbundenheit oder zur Befriedigung einer willkürlichen Laune. Folglich entscheidet der Befangene in eigener Sache, *Verwalten* ist Entscheiden in fremder Sache.[609] Die Begriffe Parteilichkeit und Befangenheit stehen im Verwaltungsverfahren synonym für die fehlende innere Distanz des Amtsträgers zum Verfahrensgegenstand.[610] Teile der Literatur fassen die Begriffe als „Distanzgebot" zusammen,[611] dem andere sich für nachamtliche Tätigkeitsbegrenzungen anschließen.[612] Die rein negativ ausgestaltete Forderung nach Unbefangenheit stellt eine notwendige, aber keine hinreichende Bedingung dar, denn der Unbefangene muss seine Entscheidungen gem. Art. 20 Abs. 3 GG an Gesetz und Recht messen. Der rechtsstaatliche Vollzug setzt zwingend eine rechtsstaatliche Entscheidung voraus.[613] Bei gebundenen Entscheidungen hat der Gesetzgeber dies selbst übernommen, bei unbestimmten Rechtsbegriffen und

---

607 Gleiches folgt aus dem Willkürverbot, was seinerseits auf dem Gleichheitssatz und dem Rechtsstaatsprinzip gründet, *Kazele*, Interessenkollision, S. 46 f.; *Robbers*, Gerechtigkeit, S. 40–43.

608 Das Rechtsstaatsprinzip betonend BVerfG, NJW 1967, S. 1123 (1124); den Gleichheitssatz hervorhebend *Baltes*, Neutralität, S. 43; *Kazele*, Interessenkollision, S. 51; für ein Zusammenspiel von beidem *Battis*, BBG, § 60 Rn. 7; *Krekeler*, NJW 1981, S. 1633 (1633).

609 *Kirchhof*, VerwArchiv 66 (1975), S. 370 (371).

610 *Hammer*, Interessenkollision, S. 8; *Kazele*, Interessenkollision, S. 27; *Krekeler*, NJW 1981, S. 1633 (1634); *Marré*, Befangenheit, S. 14 f.; s.a. *Hartmann*, Inklusive Verwaltung, S. 29, insb. Anm. 144–147.

611 Allgemein *Isensee*, Gemeinwohl, in: ders./Kirchhof, HStR IV, § 71 Rn. 134; im Gesetzgebungsverfahren *Lang*, Gesetzgebung, S. 275 f.; im Verwaltungsverfahren *Sobota*, Rechtsstaat, S. 504 Nr. 89.

612 *Bamberger*, Nachamtliche Tätigkeitsbeschränkungen, S. 90 f.

613 *Kirchhof*, VerwArchiv 66 (1975), S. 370 (372).

Ermessensentscheidungen bewegt sich der Amtsträger in dem ihm gesetzlich zugewiesenen Freiraum, der der gerichtlichen Kontrolle auf Ermessensfehler unterliegt, vgl. § 114 VwGO. Handelt der Beamte außerhalb der vorgezeichneten Grenzen, missachtete er den ihm mit dem Amt übertragenen Entscheidungsauftrag und somit den Willen des Gesetzgebers.[614] Die Neutralitätspflicht charakterisiert unter anderem das Distanzgebot des Staats und seiner Amtsträger gegenüber der Wirtschaft.Fraglich bleibt die Reichweite dieser Pflicht.

Systematisch regelt das Grundgesetz die Neutralitätspflicht vermeintlich nur bereichsspezifisch, wie etwa der Wortlaut von Art. 33 Abs. 3 GG bestätigt. Die Regelungsdichte an Normen mit Bezug zur staatlichen Neutralitätspflicht ist hoch, vgl. Art. 3 Abs. 3, Art. 4 Abs. 1, 2, Art. 33 Abs. 4, 5, Art. 66, Art. 137 Abs. 1 GG sowie Art. 140 GG i.V.m. Art. 136 Abs. 1, 2, Art. 137 Abs. 1 WRV. Sie konkretisieren das rechtsstaatliche Distanzgebot des Art. 20 Abs. 3 GG, welches einfachrechtlich die § 20 Abs. 1, § 21 Abs. 1 VwVfG ohnehin auf alle Verwaltungstätigkeiten im Einzelfall ausdehnen. Ob darüber hinaus eine generelle Neutralitätspflicht des Staats besteht oder als *argumentum e contrario* außerhalb der spezifischen Verfassungsnormen gerade keine Neutralitätspflicht besteht, erschließt sich aus der Systematik nicht.[615]

Die Genese belegt, dass der Abgeordnete *Bergsträßer (SPD)* den Begriff ausdrücklich in Art. 20 Abs. 1 GG-E niederschreiben wollte: „Deutschland ist ein demokratischer und sozialer Rechtsstaat mit parlamentarischer Regierungsform und bundesstaatlichem Aufbau."[616] Die nachfolgenden Entwürfe tauschten den „Rechtsstaat" durch „Republik" und letztlich durch „Bundestaat" aus. Noch deutlicher diskutierte und forderte der Parlamentarische Rat die Neutralitätspflicht für Beamte gem. Art. 33 Abs. 4, 5 GG. Die Beschränkung des passiven Wahlrechts von Staatsdienern gem. Art. 137 Abs. 1 GG verdeutlicht das Neutralitätsgebot. Das Memorandum der Militärregierung vom 22. November 1948 empfahl unter Buchstabe g) einen „öffentliche[n] Dienst unpolitischen Charakters"[617]. Historisch fußt Art. 137 Abs. 1

614 BVerfGE 83, 60 (71); 97, 37 (66).
615 *Hartmann*, Inklusive Verwaltung, S. 30.
616 *Bergsträßer* (SPD), in: v. Doemming/Füßlein/Matz, JöR 1951, S. 1 (195 f.).
617 *V. Doemming/Füßlein/Matz*, JöR 1951, S. 1 (896 Fn. 43).

GG auf Art. 130 Abs. 1 WRV, wonach „Beamte […] Diener der Gesamtheit, nicht einer Partei" waren. Damit versuchte die Weimarer Republik den „Interessen gesellschaftlicher Gruppen, die den Staat als ‚Instrument' in ihren Dienst zu nehmen suchten"[618] entgegenzuwirken. Die Verfassungsgeschichte erkennt in der rechtsstaatlichen Republik einen „*neutrale[n] Staat*, den Staat der Nichteinmischung in die autonome Wirtschafts- und Kulturgesellschaft"[619]. Die semipermeable Neutralität sollte zwar den staatlichen Einfluss auf die Wirtschaft, nicht jedoch den wirtschaftlichen Einfluss auf den Staat verhindern.

Die staatsrechtliche Tradition suchte bereits 1897 und weit vor Einführung des Grundgesetzes im deutschen Idealismus den inneren Interessenswiderstreit des Menschen „zu überwinden durch den Entschluss seines freien, sittlichen Willens." Damit der Einzelne „jenes Widerspruchs der Interessen und ihrer Unfreiheit Herr [wird]", unterwirft ihn die Gemeinschaft „unter Gesetz und Recht"[620]. Dies ist geschichtlich zu erklären, da bereits im 14. Jahrhundert die unparteiische Amtsführung der landesherrlichen Verwaltungstätigkeit teilweise vorgeschrieben war.[621] Konkret zählen zu dem „charakteristischen Kernbestand" der verwaltungsrechtlichen Pflichten das „Gebot der Unparteilichkeit, […], das Verbot Geschenke anzunehmen, und die Betonung der dem Herrn gegenüber geschuldeten Treue und Pflicht, Schaden von ihm abzuwenden"[622]. Als Ergebnis fordert das Rechtsstaatsprinzip die Unbefangenheit und Neutralität der Staatsdiener, überlässt die Detailfragen jedoch dem Gesetzgeber und Rechtsanwender,[623] sodass aus ihm keine Beschränkung postpolitischer Aktivitäten folgt.[624]

---

618 *Huber*, Deutsche Verfassungsgeschichte VI, S. 92 Fn. 42.

619 *Huber*, Deutsche Verfassungsgeschichte VI, S. 95.

620 *V. Gneist*, Rechtsstaat, S. 27 f.

621 *Willoweit*, Landesherrschaft, in: Jeserich/Pohl/v. Unruh, Deutsche Verwaltungsgeschichte I, S. 66 (133 f.).

622 *Willoweit*, Landesherrschaft, in: Jeserich/Pohl/v. Unruh, Deutsche Verwaltungsgeschichte I, S. 66 (133).

623 *Burgi*, Verwaltungsorganisation, in: Ehlers/Pünder, Verwaltungsrecht, § 7 Rn. 29; *Hartmann*, Inklusive Verwaltung, S. 31, *Sobota*, Rechtsstaat, S. 504 Nr. 88 „Grundsatz-Charakter".

624 Im Ergebnis ebenso *Bamberger*, Nachamtliche Tätigkeitsbeschränkungen, S. 90 f.

c) Republikprinzip

Das Republikprinzip gem. Art. 20 Abs. 1 GG ist – mit Ausnahme der Ablehnung von Monarchie[625] – in seinem normativen Gehalt scheinbar parallel zu den Vorhaltungen gegenüber dem Rechtsstaatsprinzip ebenso „inhaltsleer".[626] Der Parlamentarische Rat konnte sich zwar nicht von dem Begriff trennen, blieb dafür aber eine Erklärung schuldig.[627] Die bisherige Untersuchung hat eine Komponente des Republikprinzips unter Gemeinwohlaspekten bereits erhellt; die gemeinnützige Wahrnehmung der *res publica*.[628] Amtsträger haben auch nach dem Republikprinzip ihr Handeln als Amtsträger ausschließlich am Wohl der Allgemeinheit auszurichten, welches in den jeweiligen Gesetzen Ausdruck findet.[629] Demnach bekräftigt das Bundesverfassungsgericht, die Exekutive dürfe keine Partikularinteressen unabhängig von der Wahrnehmung öffentlicher Aufgaben verfolgen.[630]

Wenn das Republikprinzip das ausfüllungsbedürftige Gemeinwohl kanalisiert und konkretisiert, so gilt dies auch für die Gemeinwohlbindung. Denn der Staatsleitung steht die Bindung als Korrektiv gegenüber. Die an das Exekutivamt anknüpfende Staatsleitung ist aber ebenso zeitlich auf die Amtsdauer limitiert, mithin ist die Gemeinwohlbindung gleichermaßen begrenzt. Eine nachamtliche Tätigkeitsbeschränkung aus dem Republikprinzip direkt herzuleiten, scheidet somit aus.

---

625 *Gröschner*, Republik, in: Isensee/Kirchhof, HStR II, § 23 Rn. 53; *Grzeszick*, in: Maunz/Dürig, GG, Art. 20 III Rn. 2; *Sachs*, in: ders., GG, Art. 20 Rn. 9; *Stern*, Staatsrecht I, § 17 II 3.

626 *Anderheiden*, Gemeinwohl, S. 228; *Böckenförde*, Verfassungsprinzip, in: Isensee/Kirchhof, HStR II, § 24 Rn. 96; *Stern*, Staatsrecht I, § 17 II 2 (S. 581 f.); *Dreier*, in: ders., GG II, Art. 20 (Republik) Rn. 20 ff.; *Hain*, in: v. Mangoldt/Klein/Starck, GG II, Art. 79 Rn. 137 f.; *Sachs*, in: ders., GG, Art. 20 Rn. 10; *Schnapp*, in: v. Münch/Kunig, GG I, Art. 20 Rn. 9; *Jarass*, in: ders./Pieroth, GG, Art. 20 Rn. 21; differenzierend *Gröschner*, Republik, in: Isensee/Kirchhof, HStR II, § 23 Rn. 45 ff.; *Sommermann*, in: v. Mangoldt/Klein/Starck, GG II, Art. 20 Rn. 14 ff.; siehe auch *Grzeszick*, in: Maunz/Dürig, GG, Art. 20 III Rn. 3.

627 *V. Doemming/Füßlein/Matz*, JöR 1951, S. 1 (199 ff.); gleiche Wertung bei *Anderheiden*, Gemeinwohl, S. 228.

628 *Gröschner*, Republik, in: Isensee/Kirchhof, HStR II, § 23 Rn. 63.

629 *Anderheiden*, Gemeinwohl, S. 289; *Gröschner*, JZ 1996, S. 637 (642); *v. Bogdandy*, JZ 2005, S. 529, (534 f.).

630 BVerfG, NJW 1987, S. 1251 (1253).

d) Gemeinsame Wirkung und gemeinsames Defizit der Strukturprinzipien

Somit ergänzen sich Demokratie-, Rechtsstaats- und Republikprinzip, um eine hinreichende Gemeinwohlbindung und damit einhergehend ein hinreichendes Neutralitätsniveau zu gewährleisten. Das Gemeinwohl ist kein Sammelbegriff für dahinter stehende Verfassungsstrukturprinzipen,[631] sondern bildet eine integrale Einheit.[632] Der Amtseid gem. Art. 64 Abs. 2 i.V.m. Art. 56 GG indes wirkt nicht konstitutiv.[633] Das Zusammenspiel der Prinzipien verwundert nicht angesichts gemeinsamer Traditionslinien und einem überschneidenden verfassungssystematischen Zusammenhang.[634] Folglich ist die Weise des Zusammenwirkens personeller, institutioneller, funktioneller und sachlich-institutioneller Elemente zur Zielerreichung offen.[635]

Übereinstimmend beziehen sich die Prinzipien auf das Amt und deren Amtswalter. Daher ist die innere Haltung derselben Voraussetzung und Maßstab für die Berücksichtigung des Gemeinwohls, insbesondere der Neutralität.[636] Wenn der fehlbare, weil interessengesteuerte Mensch gleichwohl eine Schwachstelle darstellt,[637] muss der individuelle Faktor minimiert werden. Die Sozialwissenschaft fordert als Gütemaßstab für ihre Erhebungen standardmäßig die interpersonelle Vergleichbarkeit.[638] Die angerissene Frage nach dem „Maßstab Mensch“ deutet auf ein weiteres, die Pflichten und Begrenzungen des Adressatenkreises umfassendes Bindungselement. Während der Amtszeit eint die Politischen Entscheider ihre parlamentarische Verantwort-

631 A.A. *Bamberger*, Nachamtliche Tätigkeitsbeschränkungen, S. 82.

632 *Isensee*, Gemeinwohl, S. 70.

633 *Herzog*, in: Maunz/Dürig, GG, Art. 56 Rn. 4; *Pieper*, in: Epping/Hillgruber, GG, Art. 56 Rn. 3.

634 *Burgi*, Die Verwaltung 33 (2000), S. 183 (190); *Hartmann*, Inklusive Verwaltung, S. 32; *König*, Verwaltung, S. 293; *Wißmann*, Verwaltungsorganisation, in: Hoffmann-Riem/Schmidt-Aßmann/Voßkuhle, Verwaltungsrecht I, § 15 Rn. 58a.

635 *Burgi*, Die Verwaltung 33 (2000), S. 183 (202 f.); *Hartmann*, Inklusive Verwaltung, S. 32; *König*, Verwaltung, S. 293–296.

636 *Bamberger*, Nachamtliche Tätigkeitsbeschränkungen, S. 86 f.; *Dreier*, Die Verwaltung 25 (1992), S. 137 (153).

637 *Bamberger*, Nachamtliche Tätigkeitsbeschränkungen, S. 86; *Kazele*, Interessenskollision, S. 45 f.; kritisch *Ehlers*, Staatsgewalt, in: Faber/Frank, FS Stein, S. 125 (134).

638 s.u. D.IV.2.

lichkeit, danach betrifft sie gleichermaßen nur die Entscheidung der amtierenden Regierung gem. § 6b Abs. 1 Satz 1 BMinG oder der vorgesetzten Stelle gem. § 105 Abs. 3 BBG. Letztere sind gegenüber beamteten Staatssekretären die Minister, welche gem. Art. 62 GG Teil der Regierung sind. Somit wandelt sich die Parlamentsverantwortlichkeit in eine Regierungsverantwortlichkeit.[639]

Diese Kontrollzuständigkeit Weniger öffnet den menschlichen Schwachstellen[640] Tür und Tor.[641] Eine programmatische Lösung bietet das Gemeinwohl und die daraus resultierenden Staatsstrukturbestimmungen nicht.[642] Vielmehr gibt die Gemeinwohlbindung der Politischen Entscheider den dogmatischen Weg vor;[643] zunächst als Werkzeug zur Adressatenbestimmung sowie als normativer Anknüpfungspunkt für die Rechtfertigung von Grundrechtseingriffen und endlich als Quelle und Wertbestimmung des Abwägungsmaterials. Als Ergebnis der Gemeinwohlbindung muss der Staat institutionelle[644], funktionelle[645] und prozedurale[646] Vorkehrungen zur Sicherung der Lauterkeit und Unparteilichkeit der Amtsträger treffen.[647] Die getroffenen Vorkehrungen als Konkretisierungen der Strukturprinzipien und somit der Gemeinwohlbindung beleuchtet die nachstehende Analyse.

---

639 Vgl. zu der Frage, ob die Politischen Entscheider nicht weiterhin vom Parlament oder einem seiner Teilorgan kontrolliert werden sollten, s.o. C.I.4.

640 Etwa wenn Amtsträger gemeinwohlfremde Partikularinteressen verfolgen, vgl. *Kirchhof*, VerwArchiv 66 (1975), S. 370 (371 f.); in der Sache ebenso *Fehling*, Verwaltung, S. 444.

641 Zu den Kontrolldefiziten bei § 6b BMinG s.u. C.I.4.b)aa), gegenüber § 105 BBG s.u. C.III.2.a)dd).

642 *Hartmann*, Inklusive Verwaltung, S. 29, 31; *Schlaich*, Neutralität, S. 54 f.

643 *Burgi*, Verwaltungsorganisation, in: Ehlers/Pünder, Verwaltungsrecht, § 7 Rn. 29; *Isensee*, Gemeinwohl, in: v. Arnim/Sommermann, Gemeinwohlgefährdung, S. 94 (104 f.); *Kazele*, Interessenkollision, S. 46; vgl. *Sobota*, Rechtsstaat, S. 530 f.

644 Alternativen zur parlamentarischen Verantwortlichkeit der Minister als Verwaltungsspitze sind kaum denkbar *Dreier*, Hierarchische Verwaltung, S. 136 ff.; *Ehlers*, Staatsgewalt, in: Faber/Frank, FS Stein, S. 125 (134 f.); vgl. *Burgi*, Verwaltungsorganisation, in: Ehlers/Pünder, Verwaltungsrecht, § 7 Rn. 29.

645 *Fehling*, Verwaltung, S. 451 f.; vgl. *König*, Verwaltung, S. 298 f.

646 *Fehling*, Verwaltung, S. 452–457; *Sommermann*, in: v. Mangoldt/Klein/Starck, GG II, Art. 20 Rn. 307.

647 *Fehling*, Verwaltung, S. 448–457; *Hartmann*, Inklusive Verwaltung, S. 32; *Sommermann*, in: v. Mangoldt/Klein/Starck, GG II, Art. 20 Rn. 307.

III. Einfach-rechtliche Berufsbeschränkungen

Die öffentlich-rechtlichen Berufsverbote während der Amtszeit dienen als Prototypen für etwaige nachamtliche Berufsverbote, sofern der Zweck der Untersagung auf das Wechselphänomen übertragbar ist. Soweit die Novelle und andere Berufsbeschränkungen einen kongruenten Anwendungsbereich haben, ist das Konkurrenzverhältnis zu klären.

1. Während der Amtszeit

Während der Amtszeit unterliegen die Politischen Entscheider seit längerem einem Berufsverbot. Am markantesten sticht das gem. Art. 66 GG unmittelbar aus der Verfassung folgende Verbot für Regierungsmitglieder hervor. Einfach-rechtlich konkretisiert § 5 Abs. 1 BMinG die Untersagung und § 7 Satz 1 ParlStG erstreckt den Anwendungsbereich auf Parlamentarische Staatssekretäre. Für beamtete Staatssekretäre begrenzt §§ 99 f. BBG die Berufsfreiheit.

a) Berufsverbot durch das Bundesministergesetz

aa) Identische Normzwecke von § 5 BMinG und Art. 66 GG

Der Gesetzgeber hat mit Blick auf Art. 66 GG von seiner einfach-rechtlichen Erweiterungsmöglichkeit Gebrauch gemacht und das Berufsverbot für Regierungsmitglieder in § 5 BMinG (§ 4 BMinG a.F.) präzisiert.[648] Der erste Absatz spiegelt den Wortlaut des Art. 66 GG und umschreibt nur, was ohnehin aus der Verfassungsauslegung folgt.[649] Insofern bietet der erste Teil der Präzisierung keine neuen Erkenntnisse.[650] Normgeschichtlich basiert das Bundesministergesetz auf § 7 RMinG,[651] sodass die Idee einer beruflich unabhängigen Regierung bereits vor dem Grundgesetz anerkannt war. Im Wesentlichen ent-

648 Vom 17.07.1953 (BGBl. I S. 407), Neufassung vom 27.07.1971 (BGBl. I S. 1166), zuletzt geändert durch das Gesetz vom 17.07.2015 (BGBl. I S. 1322).

649 BT-Drucks. 1/3551, S. 7.

650 *Busse*, BMinG, § 5 Rn. 1 bestätigt dieselben Normzwecke.

651 RT-Drucks. Nr. 1466 vom 30.11.1929, S. 7 f.

sprach § 4 Abs. 2 BMinG a.F. dem heutigen § 5 Abs. 1 Satz 2 BMinG, der entgeltliche Schiedstätigkeiten untersagt. Die Gesetzesbegründung verweist pauschal auf den denkbaren Ansehensverlust der Regierung durch entgeltliche Nebentätigkeiten.[652] Literatur und Praxis lassen einen entgeltlichen, gerichtlichen Auftrag als Gutachter zu, da nicht der Minister, sondern das Gericht das Urteil fällt und der Gutachter keine Prozesspartei sei, mithin der Normzweck einer unparteilichen Amtsführung des Ministers gewahrt bleibe.[653]

bb) Kein öffentliches Ehrenamt

Mit der Wendung „kein öffentliches Ehrenamt" erweitert § 5 Abs. 2 Satz 1 BMinG die erfassten Verbotsfälle, lässt aber parallel zu Art. 66 a.E. GG mit § 5 Abs. 2 Satz 2 BMinG Ausnahmen von dem Verbot der Zugehörigkeit zu einem Aufsichtsrat oder Verwaltungsrat zu. Hintergrund der Norm ist nicht die Vermeidung von Interessenkonflikten, denn öffentliche Ämter sind ebenso gemeinwohlgebunden, sondern die Vorschrift sichert die Fokussierung auf das Ministeramt.[654] Unter diesem Aspekt vermag eine nachgelagerte Begrenzung auf öffentliche Ehrenämter nicht zu überzeugen. Darüber hinaus ist eine Pflichtenkollision zwischen Ministeramt und Ehrenamt ebenso denkbar. Für etwaige nachamtliche Regelung ist jedoch die Freistellungsmöglichkeit durch die Bundesregierung - nicht den Bundestag - aus Sicht der Gewaltenteilung interessant; die Kontrolleure kontrollieren sich selbst.[655]

cc) Mitteilungspflicht bei Geschenken

Einen Spagat zwischen zwei gegenläufigen Elementen versucht § 5 Abs. 3 BMinG, indem er Regierungsmitglieder und (ausdrücklich) ehemalige Regierungsmitglieder in seinem Satz 1 verpflichtet, Geschenke gegenüber dem Kollegium - in der Praxis: gegenüber dem Bundeskanzleramt - anzuzeigen, sodass die Bundesregierung gem.

652 BT-Drucks. 1/3551, S. 7.
653 *Busse*, BMinG, § 5 Rn. 2
654 *Busse*, BMinG, § 5 Rn. 5.
655 Zu diesem institutionellen Kontrolldefizit im nachamtlichen Bereich s.o. C.I.4., zur Regierungsverantwortlichkeit s.o. C.II.2.d), S. 125.

Satz 2 über die Verwendung entscheiden kann. In der einen Richtung erlaubt die Vorschrift, Geschenke entgegen zu nehmen, um internationale Gepflogenheiten zu respektieren. In der anderen limitiert sie die Bereicherung, um unerwünschte Beeinflussungen zwischen Schenker und Staatsdiener zu vermeiden.[656]

An § 5 Abs. 3 BMinG wird kritisiert, dass der Balanceakt für den nachamtlichen Bereich misslungen sei, denn im Gleichklang mit § 71 BBG sei schwierig abzugrenzen, wann eine unangemessene Vergütung und damit ein „Geschenk" vorliege. Denn die unangemessene Vergütung beziehe sich auf die Entlohnung der nachamtlichen Tätigkeit. Wann diese gegenüber der geleisteten Arbeit nicht mehr marktgerecht sei, sei schwierig zu bestimmen.[657] Die Kritik geht jedoch am Kern des Problems vorbei. Was als spätere dienstliche Entlohnung adäquat ist oder nicht, bleibt dem Arbeitgeber überlassen. § 71 BBG soll bereits „jeden Anschein [einer] durch Gefälligkeiten beeinflussbare[n] dienstliche[n] Tätigkeit […] vermeiden"[658]. Auf die Frage, ob das Angebot zu einem vermeintlich überdotierten Arbeitsvertrag als „Geschenk" zu werten ist,[659] kommt es daher nicht an. Darüber hinaus richte sich § 5 Abs. 3 BMinG im Umkehrschluss zu den „sonstigen Vorteile" i.S.v. § 71 Abs. 1 Satz 1 BBG nur gegen wirtschaftlich vorteilhafte Übereignungen.[660] Andere lassen die Vorschrift auch nicht körperliche Vorteile, wie wirtschaftlich lohnende schuldrechtliche Verträge, erfassen.[661] Letzterem ist in Anlehnung an den Normzweck beizupflichten, denn § 5 Abs. 3 BMinG schützt die Integrität des Amts unabhängig von einer konkreten Beeinflussung.

Fraglich ist hingegen eine Untergrenze gegenüber der Anzeigepflicht, um „bürokratische Pflichten in Bagatellangelegenheiten zu vermeiden"[662]. Der Wortlaut zieht keine derartige Grenze. Die Systematik

656 *Busse*, BMinG, § 5 Rn. 6.

657 *Bamberger*, Nachamtliche Tätigkeitsbeschränkungen, S. 184.

658 BVerwG, NVwZ 2002, S. 1515 (1516); bestätigt durch BVerwG, NVwZ 2013, S. 1087 (1087)

659 *Korte*, in: MüKo StGB V, § 331 Rn. 83 für § 331 StGB; a.A. *Bamberger*, Nachamtliche Tätigkeitsbeschränkungen, S. 184 Fn. 738.

660 *Bamberger*, Nachamtliche Tätigkeitsbeschränkungen, S. 184 Fn. 738.

661 *Busse*, BMinG, § 5 Rn. 7.

662 *Busse*, BMinG, § 5 Rn. 7, 9, 11.

zwischen Satz 1 und Satz 2 verdeutlicht, dass die Befreiung der Bundesregierung als Gremium obliegt. Dem ist die Bundesregierung mit dem Kabinettsbeschluss vom 20. November 1984 nachgekommen. Demnach haben Mitglieder der Bundesregierung sowie ehemalige Mitglieder der Bundesregierung dem Chef des Bundeskanzleramts schriftlich mitzuteilen, wenn sie ein Geschenk mit Bezug auf das Amt erhalten haben. Der Kanzleramtschef trägt die Angelegenheit sodann dem Kabinett vor, welches über die Verwendung des Geschenks entscheidet. Eine Mitteilung des Beschenkten an den Chef des Bundeskanzleramts bedarf es indes nicht, wenn der materielle Wert ca. 150 € nicht übersteigt, das Geschenk in das Bundesvermögen übernommen wird oder der Beschenkte das Geschenk behält und den Gegenwert in angemessener Frist an die Bundeskasse abliefert.[663] Insofern hat die Bundesregierung bestimmt, dass unterhalb von 150 € keine Interessenkollision beim Beschenkten vorliegt. Gleiches gilt, wenn dieser das Geschenk oder den Gegenwert des Geschenks abliefert.

b) Berufsverbote der Parlamentarischen Staatssekretäre

Das Grundgesetz statuiert keine Berufsverbote für Parlamentarische Staatssekretäre. Einfach-rechtlich schließt § 7 Satz 1 ParlStG i.V.m. § 5 Abs. 1 BMinG die Lücke.[664] Allerdings war die Erstreckung umstritten: Das Gesetz sah einen Verweis auf § 5 BMinG ursprünglich nicht vor.[665] In der Gesetzesbegründung[666] hieß es:

> „Der Parlamentarische Staatssekretär wird jedoch im Interesse seiner Aufgaben beruflich eine gewisse Zurückhaltung üben müssen. Vor seiner Ernennung wird daher auch zu klären sein, ob und wie weit er seinen Beruf weiter ausüben kann. Es muß vermieden werden, daß ein Parlamentarischer Staatssekretär in einen Konflikt mit seinen beruflichen Interessen oder mit seiner Tätigkeit im Vorstand, Aufsichtsrat oder Verwaltungsrat eines auf Erwerb gerichteten Unternehmens gerät."

Potentielle Interessenkonflikte galten zwar als unerwünscht, der Gesetzgeber beließ es aber bei den belehrenden Worten. Ein Berufsausü-

663 *Krienke*, Interessenskonflikte, S. 68; in der Sache ebenso *Busse*, BMinG, § 5 Rn. 11.
664 *Menzenbach*, Die Parlamentarischen, S. 199–204.
665 Vom 13.02.1967 (BGBl. 1967 I S. 396).
666 BT-Drucks. 5/1402, S. 3.

bungsverbot habe der federführende Innenausschuss lange diskutiert, letztlich aber abgelehnt, da eine Berufsausübung neben dem Amt aus zeitlichen Gründen ausscheide.[667] Die Fraktion der FDP setzte sich hingegen für ein Berufsverbot ein, denn andernfalls käme es zu einer Ungleichbehandlung gegenüber den Ministern.[668] Dabei wollte die FDP-Fraktion weniger die wirtschaftliche Unparteilichkeit des Amts wahren, als vielmehr den Amtsstatus nicht zu einem „Quasi-Laufburschenamt" degradiert wissen.[669] 1974 kam mit dem Verweis in § 7 ParlStG die nahezu vollständige Gleichstellung von Parlamentarischen Staatssekretären und Bundesministern,[670] da deren Rechtsstellung sich in der Praxis angenähert habe.[671] Da § 5 BMinG dieselben Ziele wie Art. 66 GG verfolgt, muss dies auch in Verbindung mit § 7 Satz 1 ParlStG gelten.[672] Mit einer Modifizierung wartet § 7 Satz 1 Hs. 2 ParlStG auf, indem er den Ausnahmevorbehalt gem. § 5 Abs. 1 Satz 3 BMinG auf die Regierung und die Verwendung von Geschenken gem. § 5 Abs. 3 BMinG auf das zuständige Regierungsmitglied überträgt. In der Begründung heißt es, die Bundesregierung kann die Dispensentscheidung unter der Auflage erteilen, etwaige Einkünfte an den Bund abzuführen.[673] Dies steht im Einklang mit der oben dargestellten Bagatellgrenze für Geschenke an Regierungsmitglieder. Weitergehende Erkenntnisse für Berufsbeschränkungen folgen aufgrund der Angleichung zwischen Regierungsmitgliedern und Parlamentarischen Staatssekretären nicht.

c) Nebentätigkeitsrecht der beamteten Staatssekretäre

Das viel diskutierte Nebentätigkeitsrecht der Beamten soll nur schlaglichtartig auf etwaige Besonderheiten gegenüber beamteten Staatsse-

667 *Wörner* (CDU), in: BT Plenarprotokoll (Sten. Ber.) 5/98, 4509C.
668 *Dorn* (FDP), in: BT Plenarprotokoll (Sten. Ber.) 5/95, 4345A.
669 *Dorn* (FDP), in: BT Plenarprotokoll (Sten. Ber.) 5/95, 4345B.
670 *Menzenbach*, Die Parlamentarischen, S. 199; *Stern*, Staatsrecht II, § 31 II 5 (S. 289); *Traupel*, Ämtertrennung, S. 41.
671 BT-Drucks. 7/820, S. 6.
672 So auch *Busse*, ParlStG, § 7 Rn. 4–11.
673 BT-Drucks. 7/820, S. 7.

kretären sowie den dahinterstehenden Wertungen beleuchtet werden.[674]

aa) Hauptberuflichkeitsgrundsatz und Alimentationsprinzip

Den Ausgangspunkt bildet Art. 33 Abs. 5 GG in der Ausprägung des Hauptberuflichkeitsgrundsatzes.[675] Grund dafür ist zum einen die Bündelung der Arbeitskraft[676] – zumindest während der Dienstzeit gem. § 101 Abs. 1 Satz 1 BBG[677] –, zum anderen die Vermeidung von Interessen- und Pflichtenkollisionen.[678] Die Gefahr „Diener zweier Herren" zu werden bestehe insbesondere dann, wenn der Beamte seine fachliche Kompetenz und Qualifikation gleichzeitig Privaten gegen Entlohnung zur Verfügung stelle.[679] Dabei seien Konflikte angelegt, die Einsatzbereitschaft, Loyalität und Unparteilichkeit des Beamten gefährden könnten. Dies liege nahe, wenn die ausgeübte Nebentätigkeit unmittelbaren Bezug zu dem dienstlichen Hauptamt aufweist.[680] Die Fokussierung auf das Amt korreliert mit der Alimentationspflicht des Staats in Form von Dienstbezügen sowie Alters- und Hinterbliebenenversorgung.[681] Demnach kann der Staat Nebentätigkeit und Art. 12 Abs. 1 GG nur deswegen einschränken, weil der Staatsdiener ohnehin

674 Vgl. nur *Baßlsperger*, ZBR 2004, S. 369–384; *Battis*, Nebentätigkeiten, in: Frank/Summer/Weiß, FS Fürst, S. 45–55; *Eschenburg*, Nebentätigkeitsrecht, passim; *Günther*, DÖD 2003, S. 183–199; *ders.*, DÖD 1988, S. 78–95; *ders.*, ZBR 1986, S. 97–115; *Haubrichs*, in: Bierfelder, HÖD, S. 1054–1059 „Nebentätigkeit"; *Jansen*, Nebentätigkeit, passim; *Ossenbühl/Cornils*, Nebentätigkeit, passim; *Thieme*, öffentlicher Dienst, S. 75 f.; *ders.*, DVBl 2001, S. 1025–1031; *ders.*, Alimentationsprinzip, in: Magiera/Sommermann/Ziller, FS Siedentopf, S. 705–717; *v. Zwehl*, Nebentätigkeitsrecht, passim; alle m.w.N; zur Historie *Günther*, ZBR 2012, S. 187–195.

675 BVerfGE 55, 207 (240); 71, 39 (61); 119, 247 (260).

676 BVerfGE 21, 329 (345); 119 247 (263 f.).

677 Bereits vor der Novelle des BBG im Jahre 2009 angenommen von BVerfGE 119, 247, (263 f.); *Battis*, ZBR 1982, S. 166 (169); *ders.*, BBG, § 97 Rn. 5; *Kahl*, ZBR 2001, S. 225 (226).

678 Das Alimentationsprinzip soll bereits dem Eindruck, der Beamte sei bestechlich entgegenwirken, indem dem Beamten ein „Minimum an Lebenskomfort" ermöglicht wird, *Hartmann*, NJ 2001, S. 455 (457).

679 BVerfGE 119, 247 (264 f.).

680 BVerfGE 119, 247 (265).

681 BVerfGE 44, 249 (262–265); ebenso *Hartmann*, NJ 2001, S. 455 (457); *Pannhorst*, Alimentationsprinzip, S. 53; *Summer/Rometsch*, ZBR 1981, S. 1 (4).

angemessen versorgt ist.[682] Neben der Hauptamtlichkeit schützt die Alimentationspflicht die wirtschaftliche Unabhängigkeit des Beamten, um eine stabile und gesetzestreue Verwaltung zu sichern.[683] Die Funktionsfähigkeit des Beamtentums ist ebenso als hergebrachter Grundsatz des Berufsbeamtentums ein Schutzinteresse des Staats.[684] Dieser Regelungszweck entspricht der Ausrichtung des Art. 66 GG und der Novelle. Daher verwundert es nicht, wenn die monistische Arbeitsleistung bereits den Anschein möglicher Interessen- und Loyalitätskonflikte vermeiden soll.[685]

bb) Genehmigungsvorbehalt für entgeltliche Nebentätigkeiten

Der Bundesgesetzgeber hat das Nebentätigkeitsrecht in §§ 97–105 BBG ausgestaltet[686] und zwischen genehmigungspflichtigen (§ 99 BBG) und genehmigungsfreien (§ 100 BBG) Beschäftigungen unterschieden. Die Begriffsbestimmungen des § 97 BBG verdeutlichen in Abs. 3, dass es keinen Unterschied macht, ob die Nebentätigkeit im öffentlichen oder privaten Sektor stattfindet, denn eine Gefährdung dienstlicher Interessen ist gleichwohl denkbar.[687]

Systematisch betrifft § 98 BBG Nebentätigkeiten im öffentlichen Dienst auf Verlangen der Dienstbehörde und somit die interne Organisation des Amts,[688] sodass nachamtliche Tätigkeiten, insbesondere die Pantouflage, keine Rolle spielen können. Daher konzentrieren sich die Suche nach Regelungszwecken für Berufsbeschränkungen auf § 99 BBG, wonach Beamte für die Ausübung von entgeltlichen Nebentätigkeiten eine vorherige Genehmigung benötigen, sofern keine Ausnahme nach §§ 98, 100 Abs. 1 BBG greift.

682 BVerfGE 44, 249 (264); 119, 247 (264); *Lecheler*, Öffentlicher Dienst, in: Isensee/Kirchhof, HStR V, § 110 Rn. 45.

683 BVerfGE 39, 196 (201); 44, 249 (265); 70, 251 (267).

684 *Konow*, ZBR 1972, S. 47 (48); *Jarass*, in: ders./Pieroth, GG, Art. 33 Rn. 46.

685 BVerwGE 84, 299 (302); vgl. auch BVerfGE 55, 207 (243).

686 DNeuG vom 05.02.2009 (BGBl. I 2009 S. 160).

687 *Baßlsperger*, ZBR 2004, S. 369 (369); *Günther*, DÖD 1988, S. 78 (79).

688 Vgl. *Lecheler*, ZBR 1985, S. 97 (100); *Scheerbarth u.a.*, Beamtenrecht, § 16 I 3; in der Sache ebenso BVerwGE 40, 104 (107).

Der historische Wille des Gesetzgebers bei Erlass des Nebentätigkeitsbegrenzungsgesetzes[689] war das namensgebende Bestreben, die ausufernden[690] Nebenbeschäftigungen der Staatsdiener zu begrenzen.[691] Genetisch erhellt die Bundestagsdebatte vom 6. Dezember 1984 die Norm. Der Berichterstatter *Broll (CDU)* erkennt zu vermeidende Kollisionen, wenn ein Beamter „bereits im Dienst schwierige Entscheidungen z.B. über Bestellungen bei einer Firma" treffen müsse und später bei derselben Firma arbeite. Der Beamte solle sich nicht eine „spätere lukrative Tätigkeit vor der Pensionierung" sichern.[692] Der Abgeordnete *Hirsch (FDP)* legitimiert die Berufs- und Persönlichkeitsbeschränkungen damit, dass die „Behörde oder die Beamten aus dem Gerede kommen", denn das Ansehen des öffentlichen Dienstes sei durch übermäßige Nebentätigkeiten gefährdet. Dafür bedürfe es keiner „fein ziselierter Formulierungen", sondern die Dienstherren müssten „die Genehmigungsmöglichkeiten im richtigen Sinne gebrauchen."[693] Sein Kollege *Sauermilch (Bündnis 90/Die Grünen)* sieht in der Nebentätigkeitsbegrenzung zugleich den „Schutz des loyalen und integren Beamten"[694].

(1) Dienstliches Interesse

Das *dienstliche Interesse* i.S.v. § 99 Abs. 2 Satz 1 BBG bildet den Dreh- und Angelpunkt im Nebentätigkeitsrecht. Das dienstliche Interesse grenzt sich sprachlich von dem öffentlichen Interesse ab. Dienstliche Interessen sind zugleich öffentliche Interessen, andersherum jedoch nicht.[695] Erstere sind nicht allein die mit der unmittelbaren Erledigung dienstlicher Aufgaben zusammenhängenden Interessen, sondern auch die Interessen, welche durch die Treuepflicht des Beamten berührt

689 Vom 27.02.1985 (BGBl. I S. 371).

690 Vgl. FAZ online vom 10.06.2016, 17.600 Euro für die Nebentätigkeit; der Artikel bezieht sich auf eine Kleine Anfrage der Fraktion Bündnis 90/Die Grünen, BT-Drucks. 18/7889, S. 6 ff.

691 BT-Drucks. 10/1319, S. 8.

692 *Broll* (CDU), in: BT Plenarprotokoll (Sten. Ber.) 10/95, 8118B.

693 *Hirsch* (FDP), in: BT Plenarprotokoll (Sten. Ber.) 10/95, 8120B.

694 *Sauermilch* (Die Grünen), in: BT Plenarprotokoll (Sten. Ber.) 10/95, 8121B.

695 *Geis*, in: Fürst/Franke/Weiß, GKÖD, § 99 BBG, Rn. 51; *Häberle*, Öffentliche Interessen, S. 414 f.; in der Sache ebenso *Battis*, BBG, § 99 Rn. 8.

werden.[696] Dienstliche Interessen – in einem engeren Sinne – sind nur Interessen der jeweiligen Verwaltung, nicht aber andere öffentliche Interessen ohne dienstlichen Bezug.[697] Die Versagung von Nebentätigkeiten bedarf daher eines Bezugs zu den dienstlichen Belangen des Dienstherrn.[698]

(2) Besorgnis der Befangenheit

Die „Besorgnis" der Befangenheit liegt vor, wenn objektiv mit einer gewissen Wahrscheinlichkeit ein nach den konkreten Umständen vernünftiger Grund besteht, eine unsachliche Beeinflussung in Rechnung zu stellen.[699] Maßstab ist der „sachlich denkende Bürger", den der „böse Schein" nur erfassen soll, wenn ein nicht unerheblicher Zusammenhang zwischen Erwerbstätigkeit und dienstlicher Tätigkeit besteht.[700] Die „Zweitverwertung" (vgl. § 99 Abs. 2 Satz 2 Nr. 4 BBG) dienstlicher Kenntnisse erzeugt einen derartigen Zusammenhang, da sie den Anschein einer eigennützigen Verwertung dienstlich erlangter Kenntnisse weckt.[701]

(3) Regelbeispiele

Bezogen auf die einzelnen Regelbeispiele in § 99 Abs. 2 BBG scheiden im Rekurs auf nachamtliche Tätigkeiten Nr. 1 und Nr. 5 der Natur der Sache nach aus. Nr. 2 normiert mit dem Widerstreit der dienstlichen Pflichten des Beamten einen klassischen Fall der Pflichtenkollision; etwa in Form der Unbefangenheit und Unparteilichkeit[702] oder gegenüber der Geheimhaltungspflicht.[703] Der Abgeordnete *Hirsch* (FDP)

696 BVerwGE 12, 34 (36).

697 BVerwGE 35; 201 (205); 60, 252 (257); 67, 287 (295).

698 BVerwGE 35, 62 (63); BVerwG, VerwRspr 1977, S. 393 (397); *Battis*, BBG, § 99 Rn. 8.

699 BVerwGE 31, 241 (247 f.); 84, 194 (202); *Günther*, DÖD 1988, S. 78 (82).

700 BVerwGE 84, 194 (202); BVerwG, VerwRspr 1977, S. 393 (395 f.); *Geis*, in: Fürst/Franke/Weiß, GKÖD, § 99 BBG, Rn. 55; auf die „verständige Würdigung" abstellend BVerwGE 60, 254 (256 f.).

701 BVerwGE 12, 273 (276); 43, 42 (44).

702 BVerwGE 31, 241 (252); 60, 254 (258 f.); BVerwG, VerwRspr 1977, S. 393 (393); OVG Münster, ZBR 1974, S. 364 (365).

703 *Günther*, DÖD 1988 S. 78 (87) m.w.N.

plädiert im Rahmen der Beratungen zum Begrenzungsgesetz für das Regelbeispiel Nr. 2: Das Ansehen des öffentlichen Diensts leide, „wenn immer gesagt wird, es sind die Beamten, die Steuerklärungen, Statistiken, Baugenehmigungen und Bebauungspläne [im Rahmen ihrer Nebentätigkeit] vorbereiten" und zugleich „im Bereich ihrer Behörde dienstlich entschieden würden".[704]

Nach Nr. 3 kommen Nebentätigkeiten bei einer Überschneidung mit Amtsaufgaben nicht in Betracht. Daher sei die Erlaubnis zu versagen, ohne dass es auf die konkrete Wahrscheinlichkeit eines Interessenkonflikts oder auf das Ergebnis einer Einzelfallprüfung ankomme. Der Versagungsgrund greife damit zwar „stark generalisierend und typisierend" in den Bereich möglicher Interessenkonflikte ein. Dies sei aber deshalb zulässig, weil im Rahmen der Nr. 3 die Möglichkeit eines Widerstreits der angestrebten Nebentätigkeit mit den dienstlichen Pflichten offenkundig sei.[705] Dem ist zuzustimmen, denn Schutzgut ist primär das Vertrauen der Bürger in die Integrität der Verwaltung.[706] Präventiv streitet Nr. 3 gegen jeden Anschein von Interessenkollisionen, ohne dass eine konkrete Beeinträchtigung erforderlich ist.[707]

In dasselbe Horn stößt *expressis verbis* Nr. 4 mit der Gefahr für Unparteilichkeit und Unbefangenheit des Beamten. Entscheidend ist die objektive Möglichkeit der Befangenheit.[708] Die Versagung erfolgt etwa aufgrund der bewussten oder unbewussten Nutzung interner Kenntnisse zum Nachteil der Verwaltung.[709] Diese liegt immer nahe, wenn Beamte entgeltlich fremde Angelegenheiten besorgen. Denn so entsteht der abträgliche Eindruck einer interessengeleiteten Zusammenarbeit zwischen Beamten und privatem Arbeitgeber.[710] Mit anderen Worten soll der Eindruck unterbunden werden, der Staatsdiener

---

704 *Hirsch* (FDP), in: BT Plenarprotokoll (Sten. Ber.) 10/95, 8120B.

705 BVerwG, DokBer B 1990, S. 100 (100); OVG Koblenz, DÖD 1994, S. 67 (68); in der Sache ebenso VGH Mannheim, NVwZ-RR 2003, S. 224 (224).

706 *Günther*, DÖD 1988, S. 78 (87 f.); *Geis*, in: Fürst/Franke/Weiß, GKÖD, § 99 BBG, Rn. 65 mit Nachweisen für den Richterdienst; in der Sache ebenso BVerfGE 21, 139 (145); 42, 69 (78); 46, 34 (37); BVerwGE 52, 47 (48).

707 *Battis*, BBG, § 99 Rn. 12; *Geis*, in: Fürst/Franke/Weiß, GKÖD, § 99 BBG, Rn. 65.

708 BVerwGE 84, 299 (302); *Geis*, in: Fürst/Franke/Weiß, GKÖD, § 99 BBG, Rn. 66; *Günther*, DÖD 1988, S. 78 (87).

709 BVerwGE 60, 254 (259).

710 OVG Münster, ZBR 1993, S. 339 (340).

„versilbere" sein Fachwissen in der Privatwirtschaft.[711] Ungeachtet des Konkurrenzverhältnisses[712] richten sich die Varianten Nr. 3 und Nr. 4 mit dem Wort „kann" gegen den Anschein der Voreingenommenheit.[713] Demnach ist der gute Wille[714] des vermeintlich amtspflichtwidrig handelnden Beamten genauso wie dessen Vertretung[715] unbeachtlich. Mithin scheiden Gegenausnahmen zugunsten eines umfassenden Schutzes des Amtsansehens aus.[716] Ein wirtschaftliches Abhängigkeitsverhältnis begründet dementsprechend den Anschein der Befangenheit.[717] Dabei geht es weder um die abstrakte Vergütungshöhe noch deren Unangemessenheit maßgeblich.[718] Sondern entscheidend ist, ob die Nebentätigkeit eine Entlohnung für vorausgegangene an Partikularinteressen ausgerichtete Amtshandlungen darstellt. Unangemessen hohe Vergütungen können jedoch ein Indiz dafür sein, dass der Amtsträger nicht nur für die Nebentätigkeit an sich, sondern auch für eine entsprechende Amtsführung entlohnt wird. Eine die politische Sensibilität des amtlichen und privaten Aufgabenbereichs kann ebenfalls ein entsprechendes Bild projizieren.[719]

Gegenüber dem „bösen Schein" sticht das Regelbeispiel Nr. 6 ins Auge, das dem Ansehen der öffentlichen Verwaltung abträgliche Nebentätigkeiten untersagt. Die letzte Nummer schützt die „exekutive Außenwirkung" gegenüber außerdienstlichem Verhalten der Beamten.[720] Im Gleichklang mit Art. 66 GG fragt sich, wann das Amtsansehen außerdienstlich genug leidet, damit § 99 Abs. 2 Nr. 6 BBG eingreift.[721] Die Rechtsprechung nimmt die Sozialschädlichkeit des Ver-

---

711 Vgl. BVerwGE 60, 254 (259); 84, 194 (200 f.); 150, 153 (159); *Traupel*, Ämtertrennung, S. 48.

712 Nachweise zu den jeweiligen Auffassungen bei *Günther*, ZBR 1989, S. 164 (169 Fn. 77).

713 BVerwGE 60, 254 (257); 84, 194 (202); 113, 229 (232).

714 BVerwGE 60, 254 (259); OVG Münster, ZBR 1959, S. 186 (187).

715 BVerwGE 60, 254 (261); BVerwG, NJW 1996, S. 139 (140).

716 *Günther*, ZBR 1989, S. 164 (169).

717 BVerwGE 84, 194 (201); 91, 67 (68 f.); 102, 326 (328).

718 A.A. *Geis*, in: Fürst/Franke/Weiß, GKÖD, § 99 BBG, Rn. 67.

719 *Geis*, in: Fürst/Franke/Weiß, GKÖD, § 99 BBG, Rn. 67; *Günther*, DÖD 1988, S. 78 (89 f.); für das Vergaberecht BVerwG, DÖD 1997, S. 108 (111).

720 *Battis*, BBG, § 99 Rn. 15; *Geis*, in: Fürst/Franke/Weiß, GKÖD, § 99 BBG, Rn. 69; *Günther*, DÖD 1988, S. 78 (90).

721 s.o. C.II.1.a).

haltens ins Visier,[722] während die neuere Literatur einer Wertung anhand des Sozialprestiges kritisch gegenübersteht.[723] Wann die Grenze zwischen Missbilligung und Integritätsgefährdung überschritten ist, beurteilt sich nach der Höhe der Vergütung und der Art der Tätigkeit,[724] worüber erneut die Sicht des Bürgers entscheidet.[725] Eine pauschale Betrachtungsweise gegenüber der Entlohnung ist dabei abzulehnen,[726] da die Vorschrift „kein Vehikel für Neidkomplexe“[727] ist. Für die Tätigkeitsart gilt, je höher die Position des Beamten, umso wichtiger ist das dienstliche Aufgabenfeld. Folglich beeinträchtigt das Fehlverhalten eines formell hohen Repräsentanten der Behörde das Amtsansehen.[728] Auf den Punkt gebracht leidet das Ansehen am meisten, wenn ein beamteter Staatssekretär sich nicht integer verhält. Somit bedingt die Partizipation an der Staatsleistung einen besonders starken Ansehensverlust.

Die Fünftelvermutung des § 99 Abs. 3 Satz 1 BBG bezieht sich auf die Arbeitsbelastung und ist daher für nachamtliche Tätigkeiten ertraglos. Hingegen schließt § 99 Abs. 3 Satz 3 BBG nicht an die Belastungsfrage, sondern an die Entlohnung an. Übersteigen die Einkünfte aus Nebentätigkeiten 40% des jährlichen Endgrundgehalts, liegt ein Versagungsgrund vor. Während Satz 2 der Regelung des § 42a Abs. 4 Satz 2 BBG a.F. entsprach, ist Satz 3 ein Novum. Die Gesetzesbegründung verweist auf den „typischerweise engen Zusammenhang“ zwischen Vergütungshöhe und zeitlicher Beanspruchung.[729] Teile des Schrifttums kritisierten die pauschalierte Schlussfolgerung von der

722 Verleih jugendgefährdender Filme VG Hannover, NJW 1988, S. 1162 (1162); Bordellbetreiber und Hausierer *Günther*, DÖD 1988, S. 78 (90); *Schnellenbach*, Beamtenrecht, S. 223 f. m.w.N. aus der Rechtsprechung.

723 *Geis*, in: Fürst/Franke/Weiß, GKÖD, § 99 BBG, Rn. 70; konservativer *Baßlsperger*, ZBR 2004, S. 369 (376).

724 *Baßlsperger*, ZBR 2004, 369 (376 f.); *Geis*, in: Fürst/Franke/Weiß, GKÖD, § 99 BBG, Rn. 70 f.; *Lemhöfer*, in: Plog/Wiedow, BBG, § 99 Rn. 25 f.

725 BVerwGE 60, 254 (261); vgl. *Häberle*, JuS 1969, S. 265 (274).

726 *Baßlsperger*, ZBR 2004, S. 369 (376); *Lemhöfer*, in: Plog/Wiedow, BBG), § 99 Rn. 25 f.; *Schnellenbach*, Beamtenrecht, S. 224; vgl. *Ossenbühl/Cornils*, Nebentätigkeit, S. 104.

727 *Geis*, in: Fürst/Franke/Weiß, GKÖD, § 99 BBG, Rn. 71.

728 BVerwGE 53, 78 (83); *Günther*, ZBR 1989, S. 164 (170).

729 BT-Drucks. 16/7076, S. 123.

Vergütungshöhe auf eine Gefährdung dienstlicher Interessen.[730] Letzterem ist beizupflichten, denn die Berufsverbote schützen unter anderem vor dem abträglichen Schein von Interessenkollisionen, welche unabhängig von der Vergütungshöhe entstehen können.

(4) Ablieferungspflicht und Privatwirtschaft

Die Ablieferungspflicht nach § 6 BNV ist ein weiterer Indikator für derartige Konflikte. Das Gebot des § 6 Abs. 4 BNV bei öffentlichrechtlichen Nebentätigkeiten schont die öffentlichen Kassen vor einer Doppelbelastung und vermeidet Interessenskonflikte.[731] Sofern das Entgelt gem. § 5 Abs. 1 Satz 2 BNV 100 € im Monat nicht übersteigt, fingiert § 5 Abs. 1 Satz 1 BNV die Genehmigung nach § 99 BBG. § 5 Abs. 2 BNV bezieht sich auf die Beeinträchtigung der oben untersuchten „dienstlichen Interessen". Die Kritik bemängelt daran unter anderem, das Nutzen von dienstlich erworbenen Kenntnissen sei vom Fall zu Fall sehr unterschiedlich.[732] Der Beamte habe sich privat zusätzliches Wissen angeeignet, das er dem Dienstherrn kostenlos zur Verfügung stelle und das ein Dritter lediglich mitbenutze.[733] Weitergehend zeige der Vergleich zur Privatwirtschaft, wo es regelmäßig kein Verbot der Nebentätigkeit gebe, dass das Verbot mit Erlaubnisvorbehalt gegen den Grundsatz der Verhältnismäßigkeit verstoße.[734] Danach handele der Beamte im Nebentätigkeitsverhältnis gerade nicht als Beamter, da eine doppelte Beamteneigenschaft rechtlich unmöglich sei gem. § 29 Abs. 1 Nr. 3 BBG a.F. (§ 31 Abs. 1 Nr. 2 BBG n.F.).[735]

Bezogen auf das Fachwissen aus Kabinettssitzungen o.Ä. handelt es sich weder um „privat angeeignetes" Wissen, noch um Wissen, das für die öffentliche Nutzung bestimmt ist. Daher lässt sich die Kritik

---

730 *Geis*, in: Fürst/Franke/Weiß, GKÖD, § 99 BBG, Rn. 61; kritisch auch *Gärditz*, ZBR 2009, S. 145 (148 f.); *Günther*, DÖD 1988, S. 78 (85); *Thieme*, Ablieferungspflicht, in: Schneider/Götz, FS Weber, S. 625 (638.).

731 BVerfGE 55, 207 (234); BVerfG, NVwZ 2007, S. 571 (572).

732 Ausführlich *Thieme*, Alimentationsprinzip, in: Magiera/Sommermann/Ziller, FS Siedentopf, S. 705 (710–716).

733 *Thieme*, Alimentationsprinzip, in: Magiera/Sommermann/Ziller, FS Siedentopf, S. 705 (715 f.).

734 *Thieme*, Gutachten für den 48. Deutschen Juristentag, S. D 55.

735 *Thieme*, Ablieferungspflicht, in: Schneider/Götz, FS Weber, S. 625 (635).

nicht auf die Wechselthematik übertragen. Der Vergleich mit der Privatwirtschaft scheitert formell an der fehlenden Arbeitnehmereigenschaft auf Lebenszeit. Materiell sind Staatssekretäre gem. § 54 BBG jedoch jederzeit in den einstweiligen Ruhestand versetzbar. Überzeugend ist hingegen der Schutz des Ansehens der Beamtenschaft und das Wohl der Allgemeinheit,[736] was im Rahmen der wirtschaftlichen Privatautonomie nicht überzeugt. Im nachamtlichen Bereich ist der Ansicht, die Beamten handelten als Privatpersonen, zuzustimmen. Gemessen an dem Regelungszweck, die Integrität der Exekutive zu schützen, vermag die Kritik jedoch nur insoweit zu überzeugen, als sie das Verbot von Nebentätigkeiten infolge der Gefahr von Interessenkollisionen als berechtigt anerkennt.[737] Denn jene Auswüchse bekämpfen auch Art. 66 GG und § 5 Abs. 1, § 6b Abs. 1 Satz 1 BMinG.

(5) Regelungsziele und Zwischenergebnis

Entgeltliche Nebentätigkeiten bedürfen grundsätzlich einer Genehmigung. Die Regelungszwecke werden von der Historie und den Regelbeispielen anschaulich nachgezeichnet. Zwar streitet der Hauptberuflichkeitsgrundsatz gegen zusätzliche Arbeitsbelastung, doch ist dies gegenüber nachamtlichen Tätigkeiten unbeachtlich. Eben jener Grundsatz verpflichtet den Staat im Gegenzug zur Alimentation. Diese Erkenntnis gewinnt im post-politischen Bereich in Einklang mit Übergangsgeld und Versorgungsbezügen an Gewicht. Maßgebliches Ziel der Nebentätigkeitsuntersagung ist erstens die Integrität und Unparteilichkeit der Verwaltung und somit ihre Funktionsfähigkeit, zweitens die Integrität und Unparteilichkeit des einzelnen Beamten, drittens das Ansehen der Verwaltung insgesamt und viertens der Schutz des Ansehens des integren Beamten. Die Gefahr des Ansehensverlusts potenziert sich in dem Amt des beamteten Staatssekretärs. Damit verfolgt § 99 BBG feingliedriger als Art. 66 GG die gleichen Ziele wie die Verfassungsnorm.[738] Fraglich bleibt, ob und inwiefern das Amtsansehen von Regierungsmitgliedern und deren Handlungen das gleiche Schutz-

736 *Ule*, Nebentätigkeitsrecht, in: Schneider/Götz, FS Weber, S. 609 (617 f.); *ders.*, StK V, S. 441 (502).

737 *Thieme*, Gutachten für den 48. Deutschen Juristentag, S. D 54.

738 s.o. C.II.1, S. 100.

niveau genießt und die gleichen Eingriffe rechtfertigt wie das Beamtenrecht: Das Grundgesetz kennt keine Geringfügigkeitsschwelle wie § 5 Abs. 1 Satz 2 BNV noch eine grundsätzlichen Genehmigungsvorbehalt: Eine Ausnahme ist nur im Rahmen von Art. 66 a.E. GG möglich. Demnach folgt aus der Systematik grundsätzlich ein strengerer Maßstab gegenüber Regierungsmitgliedern im Vergleich zu Beamten, da ein größerer Ansehensverlust droht.

cc) Genehmigungsfreie Nebentätigkeiten und Anzeigepflicht

Der Gesetzgeber hat in § 100 Abs. 1 BBG bestimmte Nebentätigkeiten unabhängig von der Entgeltlichkeit[739] erlaubnisfrei gestellt. Dies ist jedenfalls immer dann der Fall, wenn die Grundrechte des Beamten[740] gegenüber der Gefahr von Interessenkollisionen überwiegen.[741] Hier bestehen Parallelen zur Novelle[742] und zu Art. 66 GG.[743]

(1) Verfassungsrechtliche Wertungen

Unentgeltliche Nebentätigkeiten in der Freizeit sind im Umkehrschluss zu § 99 Abs. 1 Satz 2 BBG grundsätzlich erlaubnisfrei. Dies gründet zunächst auf der allgemeinen Handlungsfreiheit aus Art. 2 Abs. 1 GG. Darüber hinaus zählt § 100 Abs. 1 BBG abschließend jede Bereiche auf, die mit den Grundrechten der Beamten korrespondieren.[744] Die Genehmigungsfreiheit der Verwaltung eigenen oder die Nutznießung fremden Vermögens nach § 100 Abs. 1 Nr. 1 BBG gründet auf den Wertungen des Art. 14 Abs. 1 GG.[745] Ebenso wie im Rahmen von

739 BVerwG, ZBR 1984, S. 125 (125); *Geis*, in: Fürst/Franke/Weiß, GKÖD, § 100 BBG, Rn. 9.

740 Amtsträger können sich nur auf Grundrechte berufen, wenn sie nicht in ihrer Funktion als Amtswalter handeln, vgl. E.II.1.a)aa).

741 BVerwGE 40, 11 (15); 60, 254 (256 f.); *Battis*, BBG, § 100 Rn. 2; *Lemhöfer*, in: Plog/Wiedow, BBG, § 100 Rn. 2; *Wagner*, NVwZ 1989, S. 515 (516).

742 s.o. C.I.7.

743 s.o. C.II.1.a)aa) ff.

744 OVG Rh.-Pf., DVBl. 2010, S. 978 (980); VG Hamburg, ZBR 2012, S. 423 (424); *Geis*, in: Fürst/Franke/Weiß, GKÖD, § 100 BBG, Rn. 4; *Ossenbühl/Cornils*, Nebentätigkeit, S. 27–34.

745 *Geis*, in: Fürst/Franke/Weiß, GKÖD, § 100 BBG, Rn. 10; *Lemhöfer*, in: Plog/Wiedow, BBG, § 100 Rn. 6; *Wagner*, NVwZ 1989, S. 515 (517).; Art. 14 Abs. 1 GG

Art. 66 GG[746] folgt aus einer Kommanditistenstellung keine Genehmigungspflicht,[747] da Kommanditisten gem. § 170 HGB keinen Einfluss auf die Geschäftsführung haben.

Die schriftstellerische Tätigkeit erfährt je nach Art und Erscheinungsform den Schutz des Art. 5 Abs. 1 Satz 1 Var. 2 oder Abs. 3 GG.[748] Die Vermarktung des Buches ist hingegen genehmigungspflichtig, da Art. 5 Abs. 1 GG nicht die wirtschaftliche Nutzbarmachung schützt.[749] Der Abschluss eines Verlagsvertrags als zwingende Vorbedingung führt nicht in die Genehmigungspflicht,[750] soweit der Autor lediglich Aufwandsentschädigung oder Verwertungstantieme erhält. Der Befund deckt sich mit den verfassungsrechtlichen Wertungen gegenüber Regierungsmitgliedern. Den erlaubnisfreien wissenschaftlichen und künstlerischen Tätigkeiten[751] nach Nr. 2 liegt die Wissenschaftsfreiheit aus Art. 5 Abs. 3 GG zugrunde,[752] wozu im Wesentlichen auf die Ausführungen zum Autorentum verwiesen werden kann. Die Vortragstätigkeit[753] ist über Art. 5 Abs. 3 oder Art. 12 Abs. 1 GG geschützt.[754] Die Verwertung dienstlich erlangter Kenntnisse im privaten Bereich darf der Gesetzgeber trotz der dafür streitenden Grund-

---

schützt dabei nicht das Vermögen schlechthin, sondern die vermögenswerten Rechtspositionen des Bürgers, *Papier/Shirvani*, in: Maunz/Dürig, GG, Art. 14 Rn. 160; *Wendet*, Eigentum, S. 36 ff. m.w.N.

746 s.o. C.II.1.a)aa)

747 VG Hamburg, ZBR 2012, S. 423 (424); *Geis*, in: Fürst/Franke/Weiß, GKÖD, § 100 BBG, Rn. 12.

748 *Baßlsperger*, ZBR 2004, S. 369 (379); *Geis*, in: Fürst/Franke/Weiß, GKÖD, § 100 BBG, Rn. 18; *ders.*, Nebentätigkeit, Rn. 59 f.

749 *Baßlsperger*, ZBR 2004, S. 369 (379); *Wagner*, NVwZ 1989, S. 515 (518); *Weimar*, RiA 1963, S. 230 (230).

750 *Baßlsperger*, ZBR 2004, S. 369 (379); *Geis*, in: Fürst/Franke/Weiß, GKÖD, § 100 BBG, Rn. 18.

751 Eine solche privilegierte Tätigkeit könnte das Gutachten darstellen, das die Grundlage für die spätere Publikation bildete bei *Ossenbühl/Cornils*, Nebentätigkeit, S. VI.

752 *Geis*, in: Fürst/Franke/Weiß, GKÖD, § 100 BBG, Rn. 24; *Lemhöfer*, in: Plog/Wiedow, BBG, § 100 Rn. 9, 11; *Scholz*, in: Maunz/Dürig, GG, Art. 5 Abs. 3 Rn. 178; *Schrödter*, Wissenschaftsfreiheit, S. 96–104.

753 Zur Vortragsdefinition im Nebentätigkeitsrecht OVG Rh.-Pf., DÖD 2008, S. 69 (70).

754 BVerfG, NVwZ 2007, S. 571 (573); *Geis*, in: Fürst/Franke/Weiß, GKÖD, § 100 BBG, Rn. 49; *Lemhöfer*, in: Plog/Wiedow, BBG, § 100 Rn. 13 f.

rechte verhältnismäßig beschneiden.[755] Bei einer Zweitverwendung im öffentlichen Dienst hingegen besteht ein schützenswertes Interesse des Dienstherrn, die im Laufe des Diensts erworbenen Kenntnisse umfassend zu nutzen.[756] Privat honorierte Vorträge können gem. § 100 Abs. 4 BBG untersagt werden, wenn die Beamten dienstliche Interessen verletzen.[757] In der Folge bedürfen außerdienstliche Vorträge einer Genehmigung, wenn sie über die Entgeltlichkeit unter § 100 Abs. 4 BBG fallen.[758]

Selbstständige wissenschaftliche Gutachtertätigkeiten im Sinne von § 100 Abs. 1 Nr. 3 BBG, jedoch nicht deren wirtschaftliche Verwertung, genießen den Schutz des Art. 5 Abs. 3 GG.[759] Das gilt auch für die Zweitverwendung von im Dienst erworbenen Wissens, sofern sie vorab am Versagungsmaßstab des § 99 Abs. 1 Satz 1, Abs. 2 BBG gemessen wurde.[760] Gegenüber § 5 Abs. 1 Satz 2 Var. 4 BMinG ist § 100 Abs. 1 Nr. 4 BBG auf den ersten Blick liberaler, der entgeltliche Gutachten zulässt, solange die Eigenständigkeit gewahrt bleibt und kein Gewerbe vorliegt. Die wertungsmäßigen Unterschiede sind dennoch marginal: Die Freistellung in § 5 Abs. 1 Satz 2 BMinG für gerichtliche Gutachten infolge der Unparteilichkeit nährt sich aus dem Allgemeinwohlgedanken,[761] der den Beamten über § 60 Abs. 1 Satz 2 BBG ohnehin immanent ist. Solange die Regierungsmitglieder dem allgemeinen Wohl Rechnung tragen, können sie – zumindest vor Gericht – ebenso als Gutachter agieren, sodass auch hier eine Parallele über die Allgemeinwohlbindung vorliegt. Die Gewerkschafts- oder Verbandsarbeit oder in Selbsthilfeeinrichtungen zur Wahrung von Berufsinteressen der Beamten privilegiert Nr. 5. Die aus Art. 9 Abs. 3 GG motivierte Erleichterung gibt den Beamten die Möglichkeit zur Selbstorganisation

755 BVerfG, NVwZ 2007, S. 571 (573); vgl. BVerfGE 55, 207 (236).
756 BVerfGE 55, 207 (229).
757 OVG Hamburg, Beschluss vom 14.01.2000 – 2 Ws 243/99 –, juris Rn. 46.
758 *Geis*, Nebentätigkeit, Rn. 29, 66.
759 BVerwG, ZBR 1993, S. 149 (150 f.); *Lemhöfer*, in: Plog/Wiedow, BBG, § 100 Rn. 15 f.
760 BVerwG, ZBR 1993, S. 149 (150); *Günther*, ZBR 1989, S. 164 (169).
761 s.o. C.III.1.a), S. 127, insb. Fn. 653.

und -hilfe.[762] In diesem Fall ist die „Zweitverwendung" im nicht-staatlichen Bereich erwünscht.

Ergänzend hat der Gesetzgeber in § 99 Abs. 1 Satz 2 BBG abschließend unentgeltliche genehmigungspflichtige Nebentätigkeiten festgelegt. Das Bundesverfassungsgericht hat die unentgeltliche Tätigkeit dem Ehrenamt gleichgesetzt,[763] folglich überschneiden sich die Wertungen des Nebentätigkeitsrechts und der wirtschaftlichen Inkompatibilität des Art. 66 GG. Parallel kommt es für die Unentgeltlichkeit nicht darauf an, ob dem Beamten selbst oder einem Dritten ein vermögenswerter Vorteil zufließt.[764] Neben dem Verbot eines Nebenamts in § 99 Abs. 1 Satz 2 Nr. 1 BBG stellt die Vorschrift auch gewerbliche oder freiberufliche Tätigkeiten oder die Mitarbeit bei einer dieser Tätigkeiten nach Nr. 2 und grundsätzlich den Eintritt in ein Organ eines Unternehmens genehmigungspflichtig. Zwar könnten die letzten beiden Aspekte auf ein ungewolltes Anbändeln mit der Wirtschaft hindeuten, doch nimmt die Unentgeltlichkeit der Vermutung den Wind aus den Segeln. Denn Nr. 2 dient der Rechtssicherheit, sofern ausnahmsweise[765] eine grundsätzlich gewerbliche Tätigkeit unentgeltlich geschieht.[766] Unentgeltlichen Interessenskollisionen will auch Nr. 3 entgegenwirken, indem unentgeltliche Organmitgliedschaften – etwa in Interessenverbänden – gleichermaßen eine Erlaubnis erfordern. Demnach sind Konfliktpotentiale für die Unbefangenheit des Beamten und das Ansehen der Verwaltung bei unentgeltlichen Tätigkeiten gleichermaßen denkbar. Die Vermeidung von Machtkonzentration greift gegenüber § 99 Abs. 1 Satz 2 BBG als weiteres Regelungsziel sicherlich zu weit, doch sind einzelne Facetten, etwa der Transport internen Wissens oder eine intransparente Einflussnahme privater Akteure, genauso denkbar.[767]

---

762 *Geis*, in: Fürst/Franke/Weiß, GKÖD, § 100 BBG, Rn. 56; *Lemhöfer*, in: Plog/Wiedow, BBG, § 100 Rn. 21; vgl. *Wilhelm*, freie Meinung, S. 64–68.

763 BVerwGE 40, 11 (13); vgl. ferner § 4 BNV.

764 BVerwG, ZBR 1993, S. 149 (149); *Günther*, ZBR 1989, S. 164 (166); *Lemhöfer*, in: Plog/Wiedow, BBG (alt), § 66 Rn. 6; *Summer*, ZBR 1988, S. 1 (5 f.).

765 Die hier einschlägigen Fälle dürften in der Praxis eher selten sein, denkbar wäre ein unbezahltes Praktikum in einem gewerblichen Unternehmen.

766 *Wagner*, NVwZ 1989, S. 515 (517).

767 Vgl. für entgeltliche Tätigkeiten von Beamten C.III.1.c)bb)(3), S. 135, für Regierungsmitglieder C.II.1.b), S. 109.

(2) Anzeigepflicht

Nach § 100 Abs. 2 Satz 1 BBG besteht eine Anzeigepflicht entgeltlicher aber grundrechtlich motivierter genehmigungsfreier Nebenbeschäftigungen.[768] Das mutmaßliche öffentliche Unbehagen gegenüber hohen Vergütungen ist die Motivation der neuen Anzeigepflicht des zweiten Nebentätigkeitsbegrenzungsgesetzes,[769] da das Gesetz im Zusammenhang mit der Korruptionsbekämpfung steht.[770] Es verpflichtet die Beamten gem. § 66 Abs. 2 Satz 1 BBG a.F., entgeltliche genehmigungsfreie Tätigkeiten anzuzeigen, damit der Dienstherr prüfen kann, ob der Beamte dienstliche Pflichten verletzt.[771] Die Integrität und Funktionsfähigkeit des Amtes legalisiere[772] die grundrechtsbeschränkende Anzeigepflicht im Kanon mit § 99 Abs. 2 Satz 2 Nr. 6 BBG aufgrund des Inhalts der Beschäftigung oder der Höhe der Vergütung.[773] Bei genauerer Betrachtung bezweckt die Anzeigepflicht den Informationsgewinn der Behörde und schützt unmittelbar weder Funktionsfähigkeit noch Ansehen der Verwaltung.[774] Demnach ist der Regelungszweck nur von Interesse, wenn die Anzeigepflicht eine zwingende Voraussetzung ist, um die genannten Absichten zu verwirklichen. Die weiterführende Auskunftspflicht gem. § 100 Abs. 3 BBG bedient das Aufklärungsinteresse des Dienstherrn.[775]

Die Schlussfolgerung, dass zwischen Ertragshöhe und Dienstmissbrauch einen Zusammenhang besteht, zogen Bundesregierung und Teile der Literatur auch im Rahmen der Anzeigepflicht.[776] Die Wissen-

---

768 *Geis*, in: Fürst/Franke/Weiß, GKÖD, § 100 BBG, Rn. 4, 73a; *Lemhöfer*, in: Plog/Wiedow, BBG, § 100 Rn. 2 f.

769 Vom 09.09.1997 (BGBl. I S. 2294); *Ossenbühl/Cornils*, Nebentätigkeit, S. 112 f.

770 *Ossenbühl/Cornils*, Nebentätigkeit, S. 113; BT-Drucks. 13/5584, S. 1; 13/8079, S. 13 f.

771 BT-Drucks. 13/8079, S. 19.

772 Vgl. C.III.1.c)aa), S. 131 Fn. 683 f. und *Ossenbühl/Cornils*, Nebentätigkeit, S. 78–82.

773 *Geis*, in: Fürst/Franke/Weiß, GKÖD, § 100 BBG, Rn. 66; *Ossenbühl/Cornils*, Nebentätigkeit, S. 114.

774 *Lemhöfer*, in: Plog/Wiedow, BBG, § 100 Rn. 26; *Ossenbühl/Cornils*, Nebentätigkeit, S. 89; in der Sache ebenso BVerwG, DVBl. S. 637 (638).

775 BVerfG, NJW 2007, S. 3450 (3452); *Ossenbühl/Cornils*, Nebentätigkeit, S. 92.

776 BT-Drucks. 13/5584, S. 10; *Ule*, Nebentätigkeitsrecht, in: Schneider/Götz, FS Weber, S. 609 (621).

schaft übte hieran Kritik:[777] Zum einen sei insgesamt die Erscheinungsform der mittelbaren Korruption über Scheinvergütungen zu bezweifeln.[778] Zudem biete die Anzeigepflicht an sich keinen Aufschluss über etwaige inhaltliche Zusammenhänge zwischen Amt und Nebenberuf, was aber für die Gefährdung dienstlicher Interessen im Einzelfall erforderlich sei.[779] Zum anderen seien von korrupten Beamten ohnehin keine zutreffenden Auskünfte zu erwarten, sodass die Tauglichkeit der Regelung in der Praxis scheitere.[780]

Ob mittelbare Korruption und Scheinvergütungen wirklich existieren, kann dahinstehen, da allein der Anschein einer solchen Praxis das Vertrauen in die Exekutive mindert. Mangelnde Angaben über die Verbindung zwischen alter und neuer Tätigkeit kann der Dienstherr über § 100 Abs. 3 BBG nachfordern. Endlich kann dem generellen Problem falscher Angaben nicht mit Resignation begegnet werden. Zum Teil kann bereits die Anzeigepflicht den Betreffenden dazu anhalten, sein Vorhaben zu überdenken. Daher ist die Anzeigepflicht als Informationsquelle und Warnsignal ein Instrument zur Vermeidung des „bösen Scheins".

(3) Untersagungspflicht

Während die Versagung erlaubnispflichtiger Tätigkeiten auf der Gefährdung dienstlicher Interessen basiert, müssen gegenüber den grundrechtsbezogenen Nebentätigkeiten i.S.d. § 100 Abs. 1 BBG dienstliche Pflichten verletzt sein.[781] Systemgerecht folgen die dienstlichen Pflichten aus dem Katalog des § 99 Abs. 2 Satz 2 BBG und aus

777 Grundlegend *Ossenbühl/Cornils*, Nebentätigkeit, S. 114–117; zustimmend *Badura*, ZBR 2000, S. 109 (114); *Battis*, Nebentätigkeiten, in: Frank/Summer/Weiß, FS Fürst, S. 45 (49); *Thieme*, DVBl. 2000, S. 146 (146 f.); kritisch auch *Engelken*, DVBl. 2008, S. 117 (120); a.A. BVerwG, NJW 2007, S. 3450 (3451 f.).

778 *Ossenbühl/Cornils*, Nebentätigkeit, S. 114.

779 *Ossenbühl/Cornils*, Nebentätigkeit, S. 114 f.; *Engelken*, DVBl. 2008, S. 117, (119); *Thieme*, Gutachten für den 48. Deutschen Juristentag, S. D 55.

780 *Ossenbühl/Cornils*, Nebentätigkeit, S. 115; zweifelnd auch *Lemhöfer*, in: Plog/Wiedow, BBG (alt), § 66 Rn. 24d.

781 *Battis*, BBG, § 100 Rn. 17; *Geis*, in: Fürst/Franke/Weiß, GKÖD, § 100 BBG, Rn. 83; *Günther*, DÖD 1988, S. 78 (92).

den allgemeinen Dienstpflichten nach §§ 52–76 BBG,[782] die wiederrum § 99 Abs. 2 Satz 2 Nr. 2 BBG abdeckt. Das Regel-Ausnahme-Verhältnis des § 99 Abs. 1 BBG (Verbot mit Erlaubnisvorbehalt) gegenüber §§ 100 Abs. 1 BBG (Erlaubnis mit Verbotsvorbehalt) kehrt § 100 Abs. 4 BBG aufgrund der grundrechtlichen Prägung um. Die Motivationslage für die Nebentätigkeitsbegrenzung ist – wie zuvor ausgeführt – kongruent.

(4) Zwischenergebnis

Die Anzeigepflicht ist trotz der grundrechtlichen Wirkungen des Art. 12 Abs. 1 GG aufgrund von Art. 33 Abs. 5 GG verfassungskonform.[783] Das gilt auch, sofern (z.B. unentgeltliche) Nebentätigkeiten nur durch Art. 2 Abs. 1 GG geschützt werden.[784] Dabei können die Schutzgüter des Beamtentums im Einzelfall die grundrechtlichen Wertungen gem. § 100 Abs. 1 BBG überwiegen. Es bleibt bei der Feststellung, dass nur konkrete Anlässe i.S.d. § 99 Abs. 2 Satz 2 BBG zu einer Versagung führen, sodass die Grundrechte der Betroffenen die Umkehrung des Regel-Ausnahme-Verhältnisses verlangen.

dd) Geschenke und sonstige Vorteile

Das gleiche Ziele der Korruptionsbekämpfung wie § 5 Abs. 3 BMinG verfolgt § 71 Abs. 1 BBG: das Verbot für aktive und ehemalige Beamte Belohnungen, Geschenke oder sonstigen Vorteile für sich oder einen Dritten in Bezug auf ihr Amt zu fordern, sich versprechen zu lassen oder anzunehmen.

(1) Vergleichbarer Anwendungsbereich

Der sachliche Anwendungsbereich ist ebenso wie der von §§ 5 ff. BMinG weit auszulegen. Die Auslegung am Wortlaut des § 71 Abs. 1

782 BVerfGE 39, 334 (360); *Schnellenbach*, Beamtenrecht, S. 219.

783 *Battis*, in: Achterberg/Püttner/Würtenberger, Besonderes Verwaltungsrecht II, S. 1077; *Papier*, DÖV 1984, S. 536 (538 f.); *Scholz*, in: Maunz/Dürig, GG, Art. 12 Rn. 214, 294.

784 BVerwG, NJW 2007, S. 3450 (3450 f.); vgl. auch BVerwGE 35, 201 (205); 60, 254 (256).

BBG verdeutlicht den Einbezug von ehemaligen Beamten, damit etwaige Umgehungsmöglichkeiten – z.B. nachgelagerte Korruption – ausscheiden.[785] Das Tatbestandsmerkmal „Vorteil" verlangt eine Besserstellung des Beamten von dritter Seite gegenüber der gesetzlichen Vergütung, ohne dass es auf eine konkrete Form des Vorteils ankommt.[786] Das ist der Fall, wenn ein Dritte dem Beamten etwas zuwendet, ohne dass der Beamte darauf einen Anspruch hat.[787] Ferner muss der Dritte den Vorteil „in Bezug auf das Amt" versprechen oder anbieten. Das ist der Fall, wenn sich der Geber nach den konkreten Umständen davon leiten lässt, dass der Beamte ein Amt bekleidet oder bekleidet hat.[788] Der Amtsbezug gegenüber ehemaligen Beamten bedarf folglich einer kritischen Prüfung, damit der Anwendungsbereich nicht ausufert.[789] Da allerdings § 71 BBG das Versprechen von Vorteilen unabhängig von deren Realisierung erfasst, knüpft die Korruptionsprävention frühzeitig an die mangelbehaftete Vereinbarung an, nicht (erst) an die Bereicherung des Amtsträgers.[790]

(2) Vergleichbare Regelungsziele

Nach der systematischen Auslegung sichert das Verbot die Pflicht des Beamten zu unparteiischer, gerechter (§ 60 Abs. 1 Satz 2 BBG) und uneigennütziger (§ 61 Abs. 1 Satz 2 BBG) Amtsführung.[791] Die Ablieferungspflicht des § 71 Abs. 2 Satz 1 BBG intensiviert die Wirkung des § 71 Abs. 1 BBG, sofern das Erlangte nicht ohnehin über den angeordneten Verfall oder in sonstiger Weise auf den Staat übergeht.[792] Nur das „Behaltensverbot" beseitigt den infolge pflichtwidriger Zuwendungen geschaffenen rechtswidrigen Zustand.[793] Die Ablieferungspflicht ist somit ein Reflex der pflichtwidrigen Annahme und sanktioniert

785 *Bamberger*, Nachamtliche Tätigkeitsbeschränkungen, S. 168.
786 BVerwGE 73, 71 (73); 100, 172 (175); 113, 229 (232).
787 BVerwG, ZBR 2000, S. 273 (274); *Battis*, BBG, § 71 Rn. 4.
788 BVerwGE 100, 172 (172); BVerwG, ZBR 2000, S. 273 (273); *Lemhöfer*, in: Plog/Wiedow, BBG, § 71 Rn. 11, 18.
789 *Lemhöfer*, in: Plog/Wiedow, BBG, § 71 Rn. 8a.
790 *Battis*, BBG, § 71 Rn. 6.
791 *Battis*, BBG, § 71 Rn. 2; *Lemhöfer*, in: Plog/Wiedow, BBG, § 71 Rn. 6.
792 BT-Drucks. 16/4027, S. 33.
793 BVerwGE 115, 389 (392); vgl. auch BVerwGE 106, 324 (324 f.).

nicht die Bereicherung an sich.[794] Dieser Befund reiht sich in das gefundene Ergebnis,[795] dass nicht das „Reicherwerden“ an sich sanktionswürdig ist, sondern das vorausgehende pflichtwidrige Verhalten des Beamten. Die Erlasse des Bundesinnenministeriums und des Bundesfinanzministeriums komplettieren die Systematik durch sozialadäquate Ausnahmen des Verbots,[796] etwa in Form einer Bagatellgrenze von 10 €,[797] weil der Vorteil keinen Anschein etwaiger Parteilichkeit begründet.[798] Entgegen § 105 BBG kennt § 71 BBG keine zeitliche Begrenzung: Die Feinsteuerung folgt über das Merkmal des Amtsbezugs und über § 77 Abs. 2 Nr. 3 BBG. Maßgeblich ist folglich der konkrete Amtsbezug und nicht eine Abkühlungsphase.[799]

Die Norm entspricht dem bisherigen § 70 BBG a.F., der seinerseits auf Art. 10 des Gesetzes zur Bekämpfung der Korruption zurückgeht.[800] Historisch erteilt die Begründung des Ausnahmevorbehalts gem. § 71 Abs. 1 Satz 2 BBG Auskunft über den Regelungszweck, denn „[d]ie Zustimmung darf nur erteilt werden, wenn nach Lage des Falls es nicht zu befürchten ist, daß die Annahme die objektive Amtsführung des Beamten beeinträchtigt oder den Eindruck seiner Befangenheit entstehen lassen könnte“[801]. Daher schützt § 71 BBG ergänzend zum Nebentätigkeitsrecht die Funktionsfähigkeit und das Ansehen der Verwaltung. Das Bundesverwaltungsgericht hat das bekräftigt, denn die Grundlage „ist unverzichtbar, um das notwenige Vertrauen der Bevölkerung darauf zu erhalten, dass sich die Tätigkeit der öffentlichen Verwaltung ausschließlich an Recht und Gesetz orientiert. Dieses Vertrauen wird beeinträchtigt, wenn der Anschein entsteht, ein Beamter nutze seine Amtsstellung oder seine dienstliche Tätigkeit aus, um private Vorteile zu erzielen“[802].

794 OVG Rh.-Pf., ZBR 2003, S. 617 (620) räumt dem Beamten Vertrauensschutz ein.
795 s.o. C.II.1.a) und C.III.1.a).
796 BMI, Runderlass vom 08.11.2004, D13–210170/1; BMF, Erlass vom 16.02.2005, ZB I – P 1011–9/04.
797 *Schrapper*, DÖD 2012, S. 49 (53); vgl. gegenüber Ministern C.III.1.a), S. 128.
798 *Battis*, BBG, § 71 Rn. 7; *Kugele*, in: ders., BBG, § 71 Rn. 8.
799 Vgl. *Lemhöfer*, in: Plog/Wiedow, BBG, § 71 Rn. 17 f.
800 Vom 13.08.1997 (BGBl. I S. 2038).
801 BT-Drucks. 13/5584, S. 8.
802 BVerwGE 146, 98 (100).

Die Regel des § 71 BBG beabsichtigt, bereits den Anschein zu vermeiden, ein Beamter wäre in seinem Dienst durch Gefälligkeiten beeinflusst oder verfolge private Interessen.[803] Da bereits der Anschein vermieden werden soll, kommt es für den in § 71 BBG normierten Korruptionsvorwurf nicht darauf an, ob zwischen Annahme und Diensthandlung ein Zusammenhang besteht.[804] Gemessen an dem Regelungszweck schaden sogar ein Klima der Sympathie erzeugende Zuschüsse.[805] Daher soll ein Amtsbezug vorliegen, wenn sich aus dem dienstlichen Kontakt ein privates Rechtsverhältnis entwickelt.[806] Von der Normintention her betrachtet erstreckt sich § 71 BBG als Grundlage des öffentlichen Diensts auch auf Angestellte und amtsähnliche Stellungen.[807]

Erhält ein vorheriger beamteter Staatssekretär eine privatwirtschaftliche Stellung aufgrund seiner vorherigen Amtsstellung, bestätigt sich eben jener Kausalnexus. Ob darin tatsächlich eine Belohnung liegt, ist unerheblich. Abschließend sei noch ein Wort zum Stellenwert des § 71 BBG gesagt: Verstößt der Beamte gegen die Vorschrift, begeht er ein schweres Dienstvergehen, das ein Disziplinarverfahren nach sich zieht.[808] Zwar sei die Schwere der Verfehlung anhand der Umstände des Einzelfalls zu bemessen, doch sei in der Regel der Ausschluss aus dem Dienst angezeigt, wenn der Beamte die geforderte pflichtwidrige Diensthandlung vorgenommen oder Geld angenommen hat.[809] Damit hat der Gesetzgeber die hohe Wertigkeit des Vertrauens der Allgemeinheit in den einzelnen Beamten sowie die Funktionsfähigkeit des öffentlichen Diensts unterstrichen.[810] Deshalb kann ein Verstoß gegen § 71 BBG als Konkretisierung von Art. 33 Abs. 5 GG Eingriffe in Art. 14 Abs. 1 GG und Art. 2 Abs. 1 GG rechtfertigen.[811]

---

803 BVerwGE 100, 172 (175); 146, 98 (100).

804 BVerwGE 100, 172 (176 f.); 115, 389 (391 f.).

805 BVerwG, ZBR 2007, S. 94 (95); vgl. auch BT-Drucks. 13/8079, S. 15.

806 *Bamberger*, Nachamtliche Tätigkeitsbeschränkungen, S. 170; *Claussen/Ostendorf*, Korruption, S. 40.

807 *Lemhöfer*, in: Plog/Wiedow, BBG, § 71 Rn. 10.

808 BVerwGE 86, 74 (76 f.); 113, 229 (232 f.).

809 BVerwGE 113, 229 (232); BVerwG, Urteil vom 25.02.1997 – 1 D 22/96 –, juris Rn. 25.

810 Vgl. BVerwGE 86, 74 (76 f.); 113, 229 (232).

811 BVerwGE 100, 172 (175 f.).

ee) Zwischenergebnis Beamtennebentätigkeitsrecht

Das Nebentätigkeitsrecht inklusive § 71 BBG liefert Erkenntnisse für die Bewertung der Beschränkung des Seitenwechsels. Einer unangemessen hohen Vergütung kommt höchstens eine Indizwirkung zu, sofern der Gesetzgeber der Vergütungshöhe keine materiell-rechtliche Wirkung zuschreibt.[812] Beispiele sind § 71 Abs. 1, § 99 Abs. 1 Satz 1 und § 99 Abs. 3 Satz 3 BBG. § 99 Abs. 1 Satz 1 kennt gesetzliche Ausnahmen in § 100 Abs. 1 BBG, während § 99 Abs. 3 Satz 3 BBG den Gegenbeweis nach § 99 Abs. 3 Satz 4 BBG zulässt. Im Mittelpunkt stehen die objektive Funktionsfähigkeit und die Gemeinwohlausrichtung der Verwaltung sowie der subjektive Ansehens- und Vertrauensverlust gegenüber der Bevölkerung. Dabei kommt es zu einem Gefälle von einem absoluten Berufsverbot für Regierungsmitglieder zu einem relativen Berufsverbot für entgeltliche Nebentätigkeiten von Beamten und zu einer relativen Erlaubnis für grundrechtlich unterstützte Nebentätigkeiten.

d) Nebentätigkeitsrecht der Abgeordneten

Ein Blick auf die Abgeordneten des Deutschen Bundestags und deren Beschränkungen vervollständigt das Bild des Nebentätigkeitsrechts. Als Mandatsträger können den Abgeordneten gleichfalls Interessenkollisionen erwachsen.[813] Im Zusammenhang mit § 71 BBG ist § 5 Abs. 1 Satz 1 AbgG zu sehen, der die Rechte und Pflichten aus dem Dienstverhältnis mit Ausnahme von § 67 Abs. 1 BBG und § 71 BBG ruhend stellt. Damit entfällt die Pflicht zur Erlaubniseinholung nach § 99 Abs. 1 BBG;[814] das Mandat als Nebentätigkeit einzuordnen wäre gem. Art. 137 Abs. 1 GG i.V.m. §§ 5 ff. AbgG ohnehin systemwidrig. Das Abgeordnetenrecht begegnet möglichen Interessenkollisionen mit einem Verbot von Zuwendungen und anderen Vermögensvorteilen sowie einer Anzeigepflicht für Nebentätigkeiten.

812 So etwa in § 44a Abs. 2 Satz 3 AbgG.

813 *Roll*, Verhaltensregeln, in: Schneider/Zeh, Parlamentsrecht und Parlamentspraxis, § 19 Rn. 1. m.w.N.

814 BT-Drucks. 7/5531, S. 15.

aa) Zuwendungen und andere Vermögensvorteile

Grundsätzlich bleiben Tätigkeiten beruflicher oder anderer Art gem. § 44a Abs. 1 Satz 2 AbgG neben dem Mandat zulässig. Eine Grenze bildet jedoch § 44a Abs. 2 Satz 1 AbgG, der verbietet, andere als die gesetzlich vorgesehenen Vorteile anzunehmen. Das Gesetz konkretisiert in Satz 2 das Verbot insbesondere für die bei Vertretung und Durchsetzung von Individualinteressen im Bundestag gewährten Vorteile (Interessentenzahlungen).[815] Ferner untersagt die Vorschrift in Satz 3 Geld ohne angemessene Gegenleistung anzunehmen, da auch ohne Vereinbarung eine Beeinflussung naheliegt.[816] Auf eine konkrete Interessengefährdung kommt es für die Vermutung des Satz 3 nicht an,[817] vielmehr stellt die Norm auf die generelle Vergütung ab. Die Vorschrift will dem Vehikel „unechter Beraterverträge“ als Instrument „parlamentsinterner Lobbytätigkeit“ entgegenwirken.[818] Zum einen steht zu befürchten, Abgeordnete verfolgten bei „finanzieller Selbstbindung“ Interessen unnachgiebiger, zum anderen könnte die freie Gewissensentscheidung des Art. 38 Abs. 1 Satz 2 GG an den Meistbietenden verkauft werden.[819] Der demokratische Prozess soll – ähnlich wie das Verwaltungshandeln – frei von intransparenten Einflüssen Dritter sein.[820] Selbst außerhalb konkreter Gesetzesvorhaben stehen Fachwissen des Abgeordneten und dessen „Machtzugang“ nicht zum Verkauf.[821]

Im Hinblick auf Anschlusstätigkeiten von Abgeordneten sind Berater- und Anstellungsverträge als Entschädigung für während der

---

815 *Kühn*, Verhaltensregeln, S. 103; *Roll*, Verhaltensregeln, in: Schneider/Zeh, Parlamentsrecht und Parlamentspraxis, § 19 Rn. 18.

816 BT-Drucks. 15/5671, S. 4.

817 *Kühn*, Verhaltensregeln, S. 104 f.

818 BVerfGE 40, 296 (318 f.); *Käßner*, Nebentätigkeiten, S. 39; *Pohl*, ZParl 1995 (26), S. 385 (389).

819 BVerfGE 40, 296 (319); OVG Lüneburg, NdsVBl 2008, S. 226 (231); vgl. *Kühn*, Verhaltensregeln, S. 104; *Meessen*, Beraterverträge, in: Ehmke u.a., FS Scheuner, S. 431 (448).

820 *Bamberger*, Nachamtliche Tätigkeitsbeschränkungen, S. 190; *v. Arnim*, NVwZ 2006, S. 249 (254): Der Abgeordnete habe nur die Interessen der Wähler zu vertreten.

821 *Kühn*, Verhaltensregeln, S. 104; *v. Arnim*, NVwZ 2006, S. 249 (250).

Mandatszeit erbrachte Leistungen hoch im Kurs.[822] Zwar stellt bereits der Vertragsabschluss einen Vermögensvorteil dar, da die daraus resultierende künftige Forderung einen Vermögenswert hat, doch ist die von § 44a Abs. 2 Satz 2 AbgG geforderte Kausalität („nur deshalb gewährt wurde“) in der Praxis schwierig zu beweisen.[823] Gegenüber Satz 3 ist fraglich, ob die nachamtliche Vergütung von Abgeordneten nach den Grundsätzen der Markwirtschaft überhaupt unangemessen sein kann.[824] Maßgeblich sei die Verkehrsüblichkeit der Vergütung, die davon abhängt, ob auch ein Nicht-Abgeordneter die Leistung erbringen könnte,[825] was jedoch gegenüber dem Bezug von Fachwissen und politischen Kontakten regelmäßig ausscheidet. Vielmehr ist die Gegenleistung des Abgeordneten – in der systematischen Zusammenschau mit § 44a Abs. 2 Satz 2 AbgG – immer dann unangemessen, wenn der Abgeordnete sich für den Vorteil „mandatswidrig“ verhält. Da der Abgeordnete aber gem. Art. 38 Abs. 1 Satz 2 GG nur seinem Gewissen Rechenschaft schuldet, wird ein solcher Nachweis selten gelingen. Daher kann § 44a Abs. 2 AbgG die nachgelagerte Korruption nicht wirksam unterbinden.[826] Erkenntnisse für die Berufsbeschränkungen gegenüber ehemaligen Ministern lassen sich aus § 44a Abs. 2 AbgG demnach nicht gewinnen.

bb) Anzeigepflicht

Tätigkeiten neben dem Mandant sind gem. § 44a Abs. 1 Satz 2 AbgG zulässig, solange der Abgeordnete bei einer Interessenverknüpfung auf die Nebenbeschäftigung gem. § 44a Abs. 4 Satz 1, § 44b AbgG i.V.m. § 1 Abs. 2 Nr. 5 VhR BT hinweist. Traditionell setzt das Parlamentsrecht dem Anschein partikularer Interessenwahrnehmung Transparenz entgegen:[827] Die Offenlegungspflicht war spätestens seit dem

822 Grundlegend BVerfGE 40, 296 (297) (Leitsatz 5); *v. Arnim*, NVwZ 2006, S. 249 (253); für einen Abgeordneten des thüringischen Landtags BGH, NStZ 2015, S. 451 (451).

823 OVG Lüneburg, NdsVBl 2008, S. 226 (232).

824 *Bamberger*, Nachamtliche Tätigkeitsbeschränkungen, S. 191.

825 OVG Lüneburg, NdsVBl 2008, S. 226 (231).

826 Ebenso *Bamberger*, Nachamtliche Tätigkeitsbeschränkungen, S. 191 f.

827 *Bamberger*, Nachamtliche Tätigkeitsbeschränkungen, S. 187; *Cancik*, Parlamentsrecht, VVDStRL 72 (2013), S. 268 (308–311); *Käßner*, Nebentätigkeiten, S. 30.

„Flick-Untersuchungsausschuss" ein Anliegen des Gesetzgebers,[828] vgl. § 3 Satz 1 VhR BT. Die anderen Parlamentarier können somit leichter erkennen, ob Drittinteressen die Handlungen der Kollegen leiten. Die Bürger können den „durchsichtigen" Abgeordneten bei – aus ihrer Sicht – unangemessenen Nebentätigkeiten durch ihr Wahlverhalten abstrafen.[829] D.h. die Offenlegung informiert die interessierte Öffentlichkeit, ob und wie der Abgeordnete mit Dritten zusammenarbeitet. Dies soll dem Schein einer parteiischen Mandatsausübung entgegenwirken[830] und somit das Vertrauen in die Integrität der Abgeordneten stärken. Darüber hinaus dient die Transparenz auch dem Selbstschutz der Betroffenen vor investigativer Presse.[831]

Nach § 1 Abs. 2 Nr. 5 VhR BT muss der Abgeordnete nachwirkende Vereinbarungen über anschließende Tätigkeiten oder Vermögensvorteile während des Mandats anzeigen. Die Effektivität der Norm hängt maßgeblich vom Merkmal der „Vereinbarung" ab. Die Vorschrift wird aber dem Regelungszweck, Interessensbeeinflussungen aufzudecken, nur bedingt gerecht:[832] Es fehlen inhaltliche Bewertungsmaßstäbe für die Verbindung zwischen Kommerz und Kollision,[833] sowie detaillierte inhaltliche Angaben, die nicht „auf halber Strecke stehenbleiben"[834].

Als zweiten Kritikpunkt bemängeln Teile der Wissenschaft die dreimonatige „Schonfrist" am Ende des Mandats, da die Abgeordneten nach § 1 Abs. 6 VhR BT drei Monate Zeit für die Anzeige von Anschlussvereinbarungen haben. Damit werde die intendierte Offenlegung potentieller Beeinflussungen gegenüber den Kollegen unterlaufen, was Abgeordnete motivieren könnte, Verträge erst gegen Ende der

---

828 BT-Drucks. 10/3544, S. 4; 10/3557, S. 4.

829 A.A. *v. Arnim*, NJW 2006, S. 1714 (1715).

830 BT-Drucks. 10/3544, S. 9; 10/3557, S. 4.

831 Zusammenfassend BT-Drucks. 15/5671, S. 4; *Herbertz*, Verhaltensregeln, S. 23; *Käßner*, Nebentätigkeiten, S. 30, 152 f.

832 *Bamberger*, Nachamtliche Tätigkeitsbeschränkungen, S. 189; *Krause*, DÖV 1974, S. 325 (335 f.); *v. Arnim*, NVwZ 2006, 249; 252; a.A. *Kühn*, Verhaltensregeln, S. 129.

833 *Krause*, DÖV 1974, S. 325 (336); wobei mit der Novelle des AbgG 2005 Besserungen eingetreten seien, vgl. *Käßner*, Nebentätigkeiten, S. 32.

834 *V. Arnim*, NVwZ 2006, S. 249 (252).

Parlamentslaufbahn zu schließen.[835] Das Problem spitzt sich zu, wenn nicht der Abgeordnete selbst, sondern eine von ihm gegründete (Beratungs-)Gesellschaft mit der Wirtschaft kontrahiert.[836]

cc) Sanktionen und Rechtsschutz

Drittens schrecken Transparenzgebote und sogar Ordnungsgelder kaum wirksam ab:[837] Zwar kennt das Parlamentsrecht in § 44a Abs. 4 Satz 2, 3 AbgG und § 8 Abs. 2, 4 f. VhR BT Ahndungsmöglichkeiten,[838] doch entfalten diese in der Zeit nach dem Mandat keine Wirkung. Zum einen brauchen die vormaligen Abgeordneten nicht den Zorn der Wähler oder der Partei fürchten, zum anderen können finanzstarke Unternehmen etwaige Ordnungsgelder gegenüber dem Politiker bei der Vergütungshöhe berücksichtigen.[839] Als faktischer Beleg mögen die fehlenden Anzeigen solcher nachwirkenden Vereinbarungen gelten, obschon die Anzeigepflicht auf eine 25-jährige Tradition zurückblicken kann.[840]

Der Abgeordnete kann gem. § 50 Abs. 1 Nr. 5 VwGO Anfechtungsklage gegen Sanktionen vor dem Bundesverwaltungsgericht als erste und letzte Instanz erheben. Die Gesetzesbegründung schweigt allerdings zur Begrenzung des Instanzenzugs auf das Bundesverwaltungsgericht.[841] Drittschutz diskutiert die Literatur höchstens im Rahmen der Transparenzpflichten,[842] gegenüber Ordnungsmaßnahmen scheidet er aus.

835 *Bamberger,* Nachamtliche Tätigkeitsbeschränkungen, S. 189.

836 BVerfGE 118, 277 (293 f.); *Kühn,* Verhaltensregeln, S. 137 f.

837 Während des Mandats *v. Arnim,* DÖV 2007, S. 897 (905 f.); in der Sache ebenso *v. Aaken,* ZaöRV 2005, S. 407 (437); *Zivier,* RuP 2005, S. 152 (157); a.A. *Kühn,* Verhaltensregeln, S. 255.

838 Einzelheiten bei *Käßner,* Nebentätigkeiten, S. 37.

839 *Bamberger,* Nachamtliche Tätigkeitsbeschränkungen, S. 189 f.

840 *Kühn,* Verhaltensregeln, S. 129; *v. Arnim,* NVwZ 2006, S. 249 (252).

841 *Ziekow,* in: Sodan/Ziekow, VwGO, § 50 Rn. 16a; vgl. BT-Drucks. 15/5846, S. 13.

842 *Kühn,* Verhaltensregeln, S. 294, 299: „Individualrecht des Abgeordneten“; vgl. *Herbertz,* Verhaltensregeln, S. 190.

e) Ergebnis

Politische Entscheider und Abgeordnete lassen sich genauso wenig wie „Amt" und „Mandat" über einen Kamm scheren, dennoch weisen die spezifischen Berufsbeschränkungen samt ihrer Probleme Gemeinsamkeiten auf: Die grundrechtlichen Wertungen leuchten gleichermaßen im Beamtenrecht und Abgeordnetenrecht auf, etwa in § 1 Abs. 2 Nr. 1 Satz 2 VhR BT. Mit der Freigrenze von 10.000 € jährlich verweist der Gesetzgeber zwar auf den Makel des Geldes, versäumt aber im Übrigen den Zusammenhang zwischen Nebentätigkeit, Vergütung und Interessenskollision (etwa in Form eines qualifizierten Bezugs) auszugestalten. Systematisch kongruent zu § 5 Abs. 3 BMinG und § 71 Abs. 1 BBG regelt § 4 Abs. 6 Satz 1 VhR BT die Pflicht zur Anzeige und Herausgabe von Geschenken, sofern der Geldwert die Schwelle des § 1 Abs. 4 AB-VhR BT übersteigt.[843] Ein wesentlicher Unterschied bleibt: Während Minister keine Nebentätigkeiten ausüben dürfen, der Dienstherr seinen Beamten ihre Nebenbeschäftigung verbieten kann, bleibt das Mandat inklusive Nebentätigkeit des Abgeordneten bestehen. Der Bundestagspräsident kann die neue Beschäftigung nicht untersagen.

2. Nach der Amtszeit

Nach der Amtszeit kann die Untersagung einer Beschäftigung nicht mehr mit dem Vorrang des Hauptamtes gerechtfertigt werden, denn Art. 12 Abs. 1 GG und subsidiär Art. 2 Abs. 1 GG schützen ebenso die nachamtliche Tätigkeit.[844] Der Gesetzgeber hat mit § 105 BBG, § 62 StBerG und §§ 6a–6d BMinG die Kontrolle von Anschlussbeschäftigungen gesondert geregelt.

a) Anzeigepflicht und Berufsverbot für Ruhestandsbeamte und frühere Beamte mit Versorgungsbezügen, § 105 BBG

Ruhestandsbeamte und frühere Beamte mit Versorgungsbezügen haben gem. § 105 Abs. 1 Satz 1 BBG (§ 69a Abs. 1 BBG a. F.) Erwerbstä-

843 *Käßner*, Nebentätigkeiten, S. 80.
844 BVerwGE 102, 326 (328); 150, 153 (159).

tigkeiten im Zusammenhang mit der dienstlichen Tätigkeit anzuzeigen. Die Anzeigepflicht endet gem. § 105 Abs. 1 Satz 2 BBG bei Erreichen der Regelaltersgrenze nach drei, ansonsten nach fünf Jahren. Sofern eine Beeinträchtigung dienstlicher Interessen zu besorgen ist, muss die Aufsichtsbehörde die nachamtliche Tätigkeit gem. § 105 Abs. 2 Satz 1 BBG untersagen.

aa) Anzeigepflicht

(1) Mit § 6a BMinG vergleichbarer Anwendungsbereich

Der Wortlaut des § 105 Abs. 1 Satz 1 BBG umfasst sowohl Ruhestandsbeamte als auch frühere Beamte mit Versorgungsbezügen. Für die Anwendbarkeit des § 105 BBG kommt es auf die Art des Ausscheidens somit nur gegenüber ehemaligen Beamten ohne Versorgungsbezüge an.[845] Darüber hinaus erweitert § 105 Abs. 1 Satz 3 BBG den Anwendungsbereich auf Altersgeldberechtigte, da § 2 BeamtVG das Altersgeld nicht als Versorgungsbezug definiert. Demnach sind gem. § 105 BBG Berufsbeschränkung nur bei gesicherter Versorgung zulässig. Dieser Gedanke entspricht der Intention des § 6d BMinG.

Der sachliche Anwendungsbereich entspricht grundsätzlich dem der Anzeigepflicht nach § 6a BMinG. Denn § 105 Abs. 1 BBG erfasst Erwerbstätigkeiten und sonstige Beschäftigungen. Das Merkmal der „sonstigen Beschäftigung“ erfasst auch unentgeltliche Tätigkeiten und Umgehungstatbestände,[846] sodass monetäre Erwägungen nur ein Anzeichen für unlauteres Verhalten sind. Ferner bezieht sich die Anzeigepflicht nur auf Tätigkeiten außerhalb des öffentlichen Diensts. Dies gründet auf der Gemeinwohlverpflichtung im Staatsdienst, sodass Interessenskollisionen ausgeschlossen scheinen.[847]

845 Vgl. *Geis*, in: Fürst/Franke/Weiß, GKÖD, § 105 BBG, Rn. 7; *Lemhöfer*, in: Plog/Wiedow, BBG, § 105 Rn. 7.

846 BT-Drucks. 16/7076, S. 124.

847 *Baßlsperger*, ZBR 2001, S. 1 (2); *Geis*, in: Fürst/Franke/Weiß, GKÖD, § 105 BBG, Rn. 12; *Günther*, DÖD 1990, S. 129 (133); *Lemhöfer*, in: Plog/Wiedow, BBG, § 105 Rn. 9.

(2) Mit § 6a BMinG vergleichbarer Regelungszweck

Systematisch statuiert § 105 kein Nebentätigkeitsrecht, sondern partiell fortwirkende Treuepflichten, da das öffentlich-rechtlich Sonderverhältnis in modifizierter Form über das Lebenszeitprinzip fortbesteht.[848] Dogmatischer Anknüpfungspunkt ist Art. 33 Abs. 5 GG, dessen Ausprägungen die Integrität und Funktionsfähigkeit der Verwaltung sichern wollen.[849] Zu Unrecht rückt die Bezeichnung „Nebeneinkünfte" die Frage der Vergütung wieder in den Vordergrund,[850] obwohl auch § 105 BBG im Schulterschluss mit § 100 Abs. 2 Satz 1, Abs. 3 BBG nicht zusätzliche Einkommen unterbinden soll,[851] sodass es auf die Entgeltlichkeit letztlich nicht ankommt.[852] Daher wandelt sich die Genehmigungspflicht während der Amtszeit in eine einzelfallbezogene Anzeigepflicht mit Verbotsvorbehalt.[853] Gegenüber § 100 Abs. 2 BBG ist keine „umfassende Präventivkontrolle, sondern lediglich eine anlassbezogene Informationspflicht vorgesehen"[854]. Wenn § 99 Abs. 1 Satz 2, § 100 Abs. 1 BBG bereits gewisse, grundrechtlich geprägte Tätigkeiten freistellen, muss dies erst recht gegenüber den im nachamtlichen Bereich erstarkenden Grundrechten des Beamten a.D. gelten.[855] Insofern ist das im Rahmen von §§ 99, 100 BBG skizzierte Stufenverhältnis[856] um eine Stufe am unteren Ende ergänzt: um erlaubnisfreie Tätigkeiten, die nur im Einzelfall eine Anzeigepflicht auslösen. Abweichungen gegenüber §§ 99, 100 BBG legalisiert der Ruhestand als zulässiges Differenzierungskriterium.[857] Der inneren Systematik des § 105

848 OVG Rh.-Pf., NJW 1991, S. 245 (246); *Günther*, DÖD 1990, S. 129 (130); *Lemhöfer*, in: Plog/Wiedow, BBG, § 105 Rn. 4; *Summer*, ZBR 1988, S. 1 (11).

849 *Günther*, DÖD 1990, S. 129 (130 f.); *Lemhöfer*, in: Plog/Wiedow, BBG, § 105 Rn. 5; für die Parallelvorschrift des § 20a SG vgl. BVerwGE 84, 194 (199); 91, 57 (60).

850 So aber *Schick*, Ruhestandsbeamte, S. 15.

851 *Geis*, in: Fürst/Franke/Weiß, GKÖD, § 105 BBG, Rn. 18.

852 *Battis*, BBG, § 105 Rn. 4; *Geis*, in: Fürst/Franke/Weiß, GKÖD, § 105 BBG, Rn. 16; *Günther*, DÖD 1990, S. 129 (133); *Lemhöfer*, in: Plog/Wiedow, BBG, § 105 Rn. 8, 18.

853 BT-Drucks. 16/7076, S. 125; *Baßlsperger*, ZBR 2012, S. 1 (3).

854 BT-Drucks. 16/7076, S. 125.

855 *Geis*, in: Fürst/Franke/Weiß, GKÖD, § 105 BBG, Rn. 3 f.; *Güdden*, Nebentätigkeit, S. 37 f.

856 s.o. C.III.1.c)ee), S. 150.

857 *Geis*, in: Fürst/Franke/Weiß, GKÖD, § 105 BBG, Rn. 6; kritisch *Schick*, Ruhestandsbeamte, S. 20.

Abs. 1 BBG nach erstreckt sich die Anzeigepflicht auf drei oder fünf Jahre, je nachdem, ob der scheidende Beamte die Regelaltersgrenze erreicht hat. Die Unterscheidung gründet in der Annahme des Gesetzgebers, jüngere Staatsdiener a.D. suchten eher ihr Amtswissen in der Privatwirtschaft zu verwerten. Ebenso begrenzt die Auslegung des § 105 Abs. 2 Satz 1 BBG die Untersagungspflicht auf Tätigkeiten, für die eine Anzeigepflicht nach § 105 Abs. 1 Satz 1 BBG bestand.[858]

Die aktuelle Fassung des § 105 BBG basiert auf § 69a BBG a.F., den das erste Nebentätigkeitsbegrenzungsgesetz[859] eingeführt hat. Entstehungsgeschichtlich wollte der Berichterstatter *Broll (CDU)* bereits „den Hauch von Korruption" verhindern, den spätere lukrative Anstellungen in der Privatwirtschaft auslösten.[860] Der Abgeordnete *Sauermilch (Bündnis 90/Die Grünen)* stritt vehement für eine weite Auslegung des § 69a BBG a.F.: „Ein früh pensionierter Bundeswehroffizier, der seine intimen Kenntnisse über Waffensysteme und Infrastruktur zugunsten seiner Konten verwertet und für die Rüstungsindustrie als Vermittler oder Verkäufer auftritt – das ist ein Skandal!" Gleiches gelte für Referenten-Kommentare durch Beamte, die den Gesetzesentwurf selbst verfasst hätten.[861] Beiden Fällen liegt die Zweitverwendung von Amtswissen zugrunde, sodass in dessen Vermeidung ein Ziel des § 105 Abs. 1 BBG liegt. Für den Gesetzgeber stand somit die konkrete Amtsgefährdung, insbesondere der „böse Schein",[862] im Vordergrund.[863] Die Vorschrift verfolgt zusammenfassend einen dreigliedrigen Ansatz, indem sie der Prävention des Missbrauchs dienstlicher Tätigkeiten, dienstlicher Kenntnisse und dienstlicher Kontakte dient.[864] Die Vorschrift muss demnach für einen Ausgleich sorgen zwischen dem Inter-

858 BT-Drucks. 10/2542, S. 15; vgl. *Günther*, DÖD 1990, S. 129 (133).

859 Vom 21.02.1985 (BGBl. I S. 371).

860 *Broll*, in: BT Plenarprotokoll (Sten. Ber.) 10/95, 8117B, 8118B.

861 *Sauerwald*, in: BT Plenarprotokoll (Sten. Ber.) 10/95, 8121B.

862 BT-Drucks. 16/7076, S. 124.

863 Auch wenn eine unangemessen hohe Nebentätigkeitsvergütung den „bösen Schein" in der Öffentlichkeit erzeugen kann. FAZ online vom 10.06.2016, 17.600 Euro für die Nebentätigkeit, bezieht sich auf die Gesetzesbegründung, nicht auf eine unangemessen hohe Vergütung.

864 BVerwGE 102, 326 (328); BVerwGE 150, 153 (159 f.) (ohne die Kontaktnutzung); *Günther*, DÖD 1990, S. 129 (130).

esse des Beamten,[865] die im Dienst erworbenen Kenntnisse privat zu nutzen, und dem Interesse des Dienstherrn,[866] etwaigen Schaden vom öffentlichen Dienst abzuwenden.[867]

(3) Unterschied zu § 6a BMinG: Zusammenhang mit dienstlicher Tätigkeit

Im Unterschied zu § 6a BMinG muss die Erwerbstätigkeit oder die sonstige Beschäftigung im Zusammenhang mit der dienstlichen Tätigkeit stehen. Die fachliche Konnexität scheint besonders naheliegend, wenn der Beamte a.D. auf die „Gegenseite" wechselt, etwa vom Verteidigungsministerium in die Rüstungsindustrie oder vom Ministerium für Gesundheit zu einer privaten Krankenversicherung. Dabei scheidet eine pauschale Betrachtung der Berufsfelder aus.[868] Deshalb schadet eine neue Arbeit im gleichen Fachgebiet allgemein nicht, denn ein fachfremder Berufswechsel ist selten der Fall – jeder darf grundsätzlich ausüben, worin er erfahren ist.[869] Rechtsprechung und Literatur fordern daher einen qualifizierten Bezug zwischen den Tätigkeiten.[870] Dieser besteht, „wenn die beabsichtigte Erwerbstätigkeit durch denjenigen finanziert werden soll, mit dessen Interessen der Beamte in seiner früheren dienstlichen Tätigkeit nicht unerheblich befasst war"[871]. Mit anderen Worten ist die neue Tätigkeit nur anzeigepflichtig, wenn der Ruhestandsbeamte eine Beschäftigung bei einem in seinen früheren Amtsbereich agierenden Privaten aufnimmt.[872] Die Verknüpfung zeichnet sich faktisch ab durch die Netzwerknutzung und die einher-

865 s.o. B.I.1, S. 18.

866 s.o. B.IV.1, S. 29.

867 *Geis*, in: Fürst/Franke/Weiß, GKÖD, § 105 BBG, Rn. 2; *Günther*, DÖD 1988, S. 78 (94); *ders.*, DÖD 1990, S. 129 (129 f.); *Summer*, ZBR 1988, S. 1 (11).

868 Vgl. *Geis*, in: Fürst/Franke/Weiß, GKÖD, § 105 BBG, Rn. 14 mit dem Beispiel eines als Strafverteidiger tätigen Verwaltungsjuristen.

869 BVerwGE 84, 191 (200); *Lemhöfer*, in: Plog/Wiedow, BBG (alt), § 69a Rn. 6.

870 BVerwGE 84, 191 (202); 91, 57 (61); 102, 326 (328 f.); *Baßlsperger*, ZBR 2012, S. 1 (5); *Geis*, in: Fürst/Franke/Weiß, GKÖD, § 105 BBG, Rn. 14; *Günther*, DÖD 1990, S. 129 (134).

871 BVerwGE 102, 326 (328 f.).

872 OVG Koblenz, NJW 1991, S. 245 (246); Beispiele bei *Baßlsperger*, ZBR 2012, S. 1 (1); *Battis*, BBG, § 105 Rn. 5; *Günther*, DÖD 1990, S. 129 (134 f.) und *Kugele*, in: ders., BBG, § 105 Rn. 12.

gehende Beeinflussung des aktuellen Amtsinhabers,[873] da dies ohne fachliche Übereinstimmungen fernliegt. Ob der konkrete Zusammenhang vorliegt, ist aus der Sicht des sachlich denkenden Bürgers zu beurteilen.[874]

(4) Unterschied zu § 6a BMinG: Beeinträchtigung dienstlicher Interessen

Inwiefern die fachliche Überschneidung eine Anzeigepflicht nach § 105 Abs. 1 BBG auslöst, richtet sich nach der Beeinträchtigung dienstlicher Interessen. Das Merkmal des „dienstlichen Interesses" ist eng dem Zweck nach auszulegen.[875] Arbeitsmarktpolitische[876] und wirtschaftliche Gesichtspunkte, etwa Konkurrenzschutz des Staats haben gegenüber den Grundrechten der Beamten a.D. keinen Platz.[877] Dabei schützt § 105 BBG nur die dienstlichen Interessen des jeweiligen Dienstherrn,[878] denn vorausgegangene Behörden haben keine Rechte gegenüber dem Beamten und der neue ist nicht Sachwalter des alten Dienstherrn.[879] Liegt ein qualifizierter Zusammenhang bei einem Wechsel auf die „Gegenseite" vor, ist mit dem Schutzzweck der integren Verwaltung regelmäßig eine Beeinträchtigung dienstlicher Interessen zu besorgen.[880]

Die geringe Anzahl der Politischen Entscheider verdrängt weder andere Arbeitnehmer vom Markt, noch treten sie oder ihr neuer Arbeitgeber grundsätzlich in Konkurrenz mit dem Staat. Die im nachamtlichen Bereich auflebenden Grundrechte der beamteten Staatssekretäre a.D. überwiegen, solange sie – gemessen am Inhalt der amtlichen Tätigkeit – keine gleichgearteten Dienstleistungen anbieten.[881]

873 *Geis*, in: Fürst/Franke/Weiß, GKÖD, § 105 BBG, Rn. 15.
874 BVerwGE 84, 191 (202); BVerwG, NVwZ-RR 1990, S. 365 (367); 1990, S. 430 (430).
875 BVerwGE 150, 153 (156); OVG Berlin-Brandenburg, LKV 2011, S. 425 (426).
876 BVerfG, NJW 1981, S. 971 (972).
877 BVerwGE 150, 153 (157); *Güdden*, Nebentätigkeit, S. 147–150; *Günther*, DÖD 1990, S. 129 (129 f.).
878 *Battis*, BBG, § 105 Rn. 5; *Geis*, in: Fürst/Franke/Weiß, GKÖD, § 105 BBG, Rn. 15; vgl. C.III.2.a)aa)(4), S. 134 Fn. 697.
879 *Baßlsperger*, ZBR 2012, S. 1 (7).
880 *Baßlsperger*, ZBR 2012, S. 1 (7); *Geis*, in: Fürst/Franke/Weiß, GKÖD, § 105 BBG, Rn. 17; *Günther*, DÖD 1990, S. 129 (134).
881 Vgl. *Günther*, DÖD 1990, S. 129 (133).

Denn die Anzeigepflicht verfolgt das legitime Ziel, Informationen über denkbare Beeinträchtigung dienstlicher Interessen zu gewinnen. Dahinter steht – vergleichbar mit den Zielen der Novelle – der Gedanke, die Integrität und Funktionsfähigkeit der Verwaltung zu sichern.[882] Gebraucht der Beamte a.D. lediglich seine Berufserfahrung und seine allgemeinen Kenntnisse auf dem Arbeitsmarkt, überwiegen seine Grundrechte das staatliche Informationsinteresse, da keine dienstlichen Interessen beeinträchtigt werden können.[883]

bb) Untersagungspflicht

Die Anzeigepflicht nach § 105 Abs. 1 BBG an sich löst noch keine bestehende Konfliktlage,[884] sondern informiert die zuständige Stelle, damit diese prüft, ob die Tätigkeit ein Einschreiten gebietet.[885] Steigert sich die Möglichkeit der dienstlichen Interessengefährdung im Rahmen einer Wahrscheinlichkeitsprognose zu einer Besorgnis,[886] hat der Dienstherr die Tätigkeit gem. § 105 Abs. 2 Satz 1 BBG (§ 69a Abs. 2 BBG a. F.) zu untersagen, wobei die Regelbeispiele des § 99 Abs. 2 Satz 2 BBG als Auslegungshilfe dienen.[887] Der Bogenschlag zum originären Nebentätigkeitsrecht überrascht wenig angesichts der formellen Stellung des § 105 BBG. Da die Normen unterschiedliche Ziele verfolgen, könne jedoch in § 105 BBG ein anderes „dienstliches Interesse" als in §§ 99, 100 BBG gemeint sein.[888] Richtig ist zwar die Auslegung der jeweiligen Vorschrift nach ihrem Zweck, doch hat der Gesetzgeber in § 99 Abs. 2 Satz 2 Nr. 6 BBG ausdrücklich den Ansehensschutz verteidigt, den auch § 105 BBG wahren will.[889] Es scheidet nur ein „undif-

---

882 *Baßlsperger*, ZBR 2012, S. 1 (2).

883 Vgl. BVerwGE 84, 194 (196); *Battis*, BBG, § 105 Rn. 5; *Lemhöfer*, in: Plog/Wiedow, BBG, § 69a (alt) Rn. 8, vgl. C.III.2.a)aa)(3), S. 159 Fn. 869.

884 *Baßlsperger*, ZBR 2012, S. 1 (9).

885 BT-Drucks. 16/7076, S. 125.

886 BVerwGE 91, 57 (60); *Baßlsperger*, ZBR 2012, S. 1 (9); *Lemhöfer*, in: Plog/Wiedow, BBG, § 69a (alt) Rn. 14.

887 BVerwG, NVwZ-RR 1990, S. 365 (366); *Battis*, BBG, § 105 Rn. 8; *Geis*, in: Fürst/Franke/Weiß, GKÖD, § 105 BBG, Rn. 25; *Günther*, DÖD 1990, S. 129 (137); vgl. BVerwGE 150, 153 (157 f.).

888 *Baßlsperger*, ZBR 2012, S. 1 (5 f.).

889 Vgl. BVerwGE 150, 153 (159); OVG Berlin-Brandenburg, LKV 2011, S. 425 (426).

ferenzierter Rückgriff auf die Versagungsgründe" aus.[890] Der mit einem Verbot einhergehende Eingriff in Art. 12 Abs. 1 GG des Beamten a.D. ist gerechtfertigt.[891] Die Untersagung ist eine Berufsausübungsregel gegenüber dem ehemaligen Beamten, denn sie knüpft an den begrenzten Anzeigezeitraum an, d.h. sie betrifft nicht nur „besondere", „eigenständige" bzw. „selbstständige" Berufe[892] und setzt ein Auswahlermessen voraus.[893] Zwar greift die Untersagung intensiv in die Berufsfreiheit ein, aber im Rahmen von § 105 Abs. 2 BBG verdichtet sich die Möglichkeit einer Beeinträchtigung dienstlicher Interessen zu einer Besorgnis der Beeinträchtigung.

cc) Rechtsschutz und gerichtliche Überprüfbarkeit

Gegenüber der Klagebefugnis von Dienstherrn und Beamten verwehrt § 105 BBG Dritten die Klagebefugnis.[894] Auf die Bedeutung, Schäden vom Exekutivansehen abzuwenden, lässt sich regelmäßig die Anordnung der sofortigen Vollziehung gem. § 80 Abs. 2 Satz 1 Nr. 4 VwGO stützen:[895] Die Beeinträchtigung dienstlicher Interessen ist als unbestimmter Rechtsbegriff vollumfänglich gerichtlich überprüfbar.[896]

dd) Regelungs- und Vollzugsmängel

Die Wissenschaft hat drei konzeptionelle Mängel des § 105 BBG herausgearbeitet. Zum ersten lasse sich die Anzeigepflicht über einen Antrag auf Entlassung umgehen,[897] denn die Vorschrift gelte nur für

---

890 OVG Berlin-Brandenburg, LKV 2011, S. 425 (426); *Güdden*, Nebentätigkeit, S. 48.

891 BVerwGE 84, 194 (198 f.); 102, 326 (328); 150, 153 (159); *Günther*, DÖD 1990, S. 129 (131 f.); *Summer*, ZBR 1988, S. 1 (11).

892 BVerwGE 84, 194 (198).

893 BVerwGE 91, 57 (60); BVerwG, NVwZ-RR 1990, S. 365 (365); 1990, S. 430 (430); *Baßlsperger*, ZBR 2012, S. 1 (2 f.); *Günther*, DÖD 1990, S. 129 (131 f.).

894 *Baßlsperger*, ZBR 2012, S. 1 (11); *Günther*, DÖD 1990, S. 129 (138); Ausnahmen können sich in Fällen der Parallelbetroffenheit ergeben, s. dazu C.I.5.b).

895 VGH München, NJW 1988, S. 1406 (1406 f.); OVG Lüneburg, ZBR 2011, S. 51 (52).

896 *Lemhöfer*, in: Plog/Wiedow, BBG (alt), § 69a Rn. 7.

897 *Bamberger*, Nachamtliche Tätigkeitsbeschränkungen, S. 164 f.; *Bäumel*, Innenausschuss-Drucks. 16(4)631 A, S. 2; *Hahlen*, Innenausschuss-Drucks. 16(4)631 F, S. 10; *v. Arnim*, ZRP 2006, S. 44 (46).

Beamte mit Ruhe- oder Versorgungsbezügen.[898] Ausnahme von dem Grundsatz sind außer in § 61 StBerG und § 20 Nr. 1 BRAO a.F. nicht ersichtlich.[899] Mit der Umgehungsmöglichkeit könnten am aktuellen Fachwissen interessierte Arbeitgeber beamtete Staatssekretäre „freikaufen".[900] Nur finanziell potente Unternehmen leisteten sich diesen Luxus, sodass die Minister nur auf ihre Bezüge verzichten brauchten, wenn sich das für sie rechne.[901] Im Sinn der Allgemeinheit sind Politische Entscheider mit „höherem Marktwert" erst recht zu beschränken.[902] Denn je mehr ein Unternehmen investiert, desto mehr Ertrag erwarte dieses, sodass Interessenskonflikte und die Umgehung der dagegen gerichteten Schutzvorschriften naheliegen.[903]

Zweitens trete § 105 BBG den Möglichkeiten zur Einflussnahme nur unzureichend entgegen, denn bereits das Versprechen einer späteren lukrativen Anstellung verursache den „bösen Schein", die Anzeige- und Untersagungspflicht gelte aber erst ab dem Ruhestand.[904] Das vermag vor dem Hintergrund der § 71 Abs. 1, §§ 98 ff. BBG nicht zu überzeugen. Denn das Nebentätigkeitsrecht kennt sowohl Informationspflichten als auch Untersagungsmöglichkeiten, die § 71 Abs. 1 BBG im Falle der nachgelagerten Korruption über das Amt hinaus absichert. Dass derartige Absprachen selten angezeigt werden dürften, ist somit kein konzeptionelles, sondern ein Vollzugsdefizit.

Drittens sei eine effektive Kontrolle durch die zuständige Stelle i.S.v. § 105 Abs. 3 BBG nicht gegeben, da die Regierungsmitglieder mit ihren beamteten Staatssekretären eine politische Schicksalsgemeinschaft eingingen.[905] Die Bedenken teilen die Sachverständigen des In-

898 Zur Ausnahme gegenüber Altersgeldberechtigen nach § 105 Abs. 1 S. 3 BBG s.u. C.VI.3, S. 181.

899 *V. Arnim*, ZRP 2006, S. 44 (45 f.).

900 *Battis*, in: Innenausschuss-Drucks. 16/99, S. 14.

901 *Battis*, in: Innenausschuss-Drucks. 16/99, S. 15; *Kolbe/Hönigsberger/Osterberg*, Marktordnung, S. 72 Fn. 31.

902 Vgl. *Battis*, Innenausschuss-Drucks. 16(4)631 B, S. 2.

903 *Bamberger*, Nachamtliche Tätigkeitsbeschränkungen, S. 163.

904 *Bamberger*, Nachamtliche Tätigkeitsbeschränkungen, S. 164; *Güdden*, Nebentätigkeit, S. 12 f.

905 *Bamberger*, Nachamtliche Tätigkeitsbeschränkungen, S. 164, bezieht sich hier auch nur auf beamtete Staatssekretäre, obwohl sein Regelungsentwurf auf S. 198 f. alle politischen Beamten adressiert.

nenausschusses zum Thema Transparenz: Stammen Minister und Staatssekretär aus derselben Partei, liegt eine Bevorzugung aufgrund des Parteibuchs[906] sowie das Interesse einer etablierten Genehmigungspraxis im Hinblick auf das eigene Amtsende nahe.[907]

Die mangelhafte Kontrollnormierung korrespondiert mit einem Vollzugsdefizit gegenüber beamteten Staatssekretären.[908] Neuerdings habe eine neue Intensität der nachamtlichen Netzwerknutzung eingesetzt.[909] Ein Politischer Entscheider bestätigte, ihm sei kein Fall bekannt, in dem einem Staatssekretär eine spätere Tätigkeit untersagt worden sei.[910] Als Beispiele von Finanzstaatssekretären, die später für eine Bank arbeiteten, seien die Herren *Asmussen* und *Koch-Weser* genannt. Ersterer scheint ein Paradebeispiel für Interessenkollisionen zu sein. Zuerst saß er als Staatssekretär im Aufsichtsrat einer Bank und im Verwaltungsrat der die Bank überwachenden „BaFin". Von dort übernahm er ohne Pause im Oktober 2011 die Führung der EZB und kehrte zum Jahresbeginn 2014 an seine alte Wirkungsstätte zurück.[911] *Asmussen* wies den Vorwurf einer Interessenkollision 2010 zurück, da es letztlich an einem qualifizierten Bezug zwischen Bankaufsichtsrat und BaFin-Mandat fehle, die Öffentlichkeit dies aber nicht verstehe.[912] Freilich begründen Anschlusstätigkeiten im öffentlichen Sektor keine Gefahren i.S.d. § 105 BBG, andernfalls hätte sich *Asmussen* mit der „Unerklärbarkeit gegenüber der Öffentlichkeit" kaum retten können. Denn maßgeblich ist die Sicht des sachlich denkenden Bürgers.

Caio Koch-Weser sorgte mit seinem Übertritt zur Deutschen Bank im Januar 2006 für Wirbel, weil sein Amt im Finanzministerium erst im Oktober 2005 endete – zu einer Untersagung kam es trotz des

906 Zur Ämterpatronage s.o. A.III.2.

907 *Bäumel,* in: Innenausschuss-Drucks. 16/99, S. 17; *Klein,* Innenausschuss-Drucks. 16(4)631 E, S. 9; *Tillack,* in: Innenausschuss-Drucks. 16/99, S. 18.

908 Allgemein *Klein,* Innenausschuss-Drucks. 16(4)631 E, S. 8, *v Arnim/Heiny/Ittner,* Korruption, S. 11; eigene Empirik gem. D.V.4: Durchschnittliche Abkühlungsphase von 5,4 Monaten, bei rein privatwirtschaftlich Wechseln von 8,5 Monaten.

909 *Baßlsperger,* ZBR 2012, S. 1 (2).

910 Politischer Entscheider Nr. 285, Primärquelle.

911 Eintrag "Asmussen, Jörg" in Munzinger Online/Personen – Internationales Biographisches Archiv.

912 *Hulverscheidt,* Süddeutsche online vom 17.05.2010.

Wechsels auf die „Gegenseite“ nicht.[913] Hingegen wurde *Volker Halsch,* bevor er aus dem Finanzministerium zur Telekom-Tochter Vivento wechseln durfte, mit einer einjährigen Untersagung belegt.[914] Ob nach nur einem von fünf möglichen Jahren eine Interessengefährdung ausgeschlossen werden kann, steht auf einem anderen Blatt. Insgesamt ist somit eher ein Vollzugs- als ein Normierungsdefizit gegeben. Ein konzeptionelles „Gschmäckle“ bleibt gegenüber auf eigenen Antrag entlassenen Beamten, welche kein Altersgeld beziehen.

ee) Zwischenergebnis

Im Ergebnis bewahrt § 105 BBG die amtliche Dienstleistung des Einzelnen, damit spätere Anstellungen keine Vorwirkung gegenüber Amtshandlungen entfalten, schützt vor einer intransparenten Kontaktnutzung zugunsten nicht gemeinwohlgebundener Akteure und schließt selbige vom Fachwissen der Beamten a.D. aus. In Summe soll die Vorschrift die Integrität, die Funktionsfähigkeit und das Ansehen der Verwaltung – kongruent zu den Zielen der §§ 6a ff. BMinG – sichern, allerdings beeinträchtigten konzeptionelle und praktische Mängel die Zielerreichung. In der Treppen-Metapher bildet § 105 BBG die mildeste Berufsbeschränkung und unterste Stufe, da außerhalb des aktiven Diensts die Grundrechte des Beamten an Bedeutung gewinnen.

b) Erweiterungen des § 105 BBG

Die Konzeption des § 105 BBG bietet einen sachadäquaten Ansatz zur Regelung des Seitenwechsels,[915] erfasst das Problem jedoch nur begrenzt, sodass die Sachverständigen des Innenausschusses in zwei Richtungen Erweiterungen diskutierten.

---

913 Eintrag "Koch-Weser, Caio" in Munzinger Online/Personen – Internationales Biographisches Archiv; *v. Arnim/Heiny/Ittner,* Korruption, S. 11.

914 Spiegel online v. 10.04.2006, Steinbrück stoppt Ex-Staatssekretär.

915 *Bamberger,* Nachamtliche Tätigkeitsbeschränkungen, S. 161; *Battis,* Innenausschuss-Drucks. 16(4)631 B, S. 1 f.

aa) Erweiterung auf Regierungsmitglieder und Parlamentarische Staatssekretäre

In der ersten Spielart ging es um die Erstreckung der Anzeigepflicht des Beamten und der korrespondierenden Untersagungspflicht des Dienstherrn bei Interessensgefährdung auf Regierungsmitglieder und parlamentarische Staatssekretäre.[916] Allerdings schließt mittlerweile der neue § 6b Abs. 1 Satz 1 BMinG die Regelungslücke gegenüber den adressierten Politikern.[917] Dennoch bieten die herausgearbeiteten beamtenrechtlichen Regelungsbegründungen Aufschluss über die Verfassungsmäßigkeit der Novellierung. Die Sachverständigen weisen auf den Vorbehalt des Gesetzes gegenüber Grundrechtsbeschränkungen hin, den Art. 12 Abs. 1 Satz 2 GG für Berufsausübungsregeln ausdrücklich einfordere.[918] Darüber hinaus sei wegen der unterschiedlichen Status mehr als einen bloßen Verweis auf das Beamtenrecht erforderlich, wie ihn § 18 Abs. 1 KorruptionsbG NRW vorsieht.[919] Der Verweis auf den Gesetzesvorbehalt überzeugt, denn sowohl die Ausgangsnorm[920] als auch die analoge Regelung[921] stellen eine Berufsausübungsregel dar und eine Analogie wird dem rechtsstaatlichen Erfordernis nicht gerecht.[922] Das formelle Statusargument überzeugt jedoch angesichts der Historie und der zahlreichen Überschneidungen zwischen Minister- und Beamtenrecht nicht.[923] Maßgebliches Differenzierungskriterium könnte die mit dem Lebenszeitprinzip der Beamten einhergehende Bindung zum Dienstherrn sein,[924] das nach dem Republikprinzip nicht für Regierungsmitglieder gilt. Die undifferenzierte

916 *Battis,* Innenausschuss-Drucks. 16(4)631 B, S. 1; *Schilde,* Untersagung, S. 2; *v. Arnim,* ZRP 2006, S. 44 (46); vgl. auch *Bamberger,* Nachamtliche Tätigkeitsbeschränkungen, S. 199.

917 s.o. C.I.6.

918 *Bätge,* Innenausschuss-Drucks. 18(4)334 A, S. 5.

919 *Bätge,* Innenausschuss-Drucks. 18(4)334 A, S. 4; *Battis,* Innenausschuss-Drucks. 16(4)631 B, S. 1 f.; *Schwarz,* Innenausschuss-Drucks. 18(4)334 C, S. 1; status-unabhängig nimmt *Grzeszick,* Innenausschuss-Drucks. 18(4)334 D, S. 1 eine „partiell vergleichbare Konfliktlage" an.

920 Zur Eingriffsintensität von § 105 Abs. 2 Satz 1 BBG s.o. C.III.2.a)bb).

921 Zur Eingriffsintensität von § 6b Abs. 1 Satz 1 BMinG s.u. E.II.1.a)bb)(2).

922 s. zu dieser streitigen Auffassung bereits oben C.II.1.c)aa), S. 111.

923 Zur Historie BT-Drucks. 1/3551, S. 6; zu den Überschneidungen s.u. E.II.6.a)bb).

924 *Schilde,* Untersagung, S. 6.

Betrachtung übersieht jedoch, dass diese Unterscheidung aus beiden Richtungen Durchbrechungen erfährt: Zum einen können Beamte gem. § 33 Abs. 2 Satz 1 BBG jederzeit ihre Entlassung verlangen und politische Beamte gem. § 54 Abs. 1 BBG jederzeit in den einstweiligen Ruhestand versetzt werden. Zum anderen unterliegen Regierungsmitglieder nach § 6 Abs. 1 Satz 1 BMinG ebenso lebenslangen[925] Bindungen.[926] Konkreter ist das Argument, die Höhe und Dauer des Übergangsgelds reiche nicht, um die Eingriffe des § 105 BBG in Art. 12 Abs. 1 GG zu legitimieren, sondern eine Beschränkung müsse sich an der Rechtsprechung zu Wettbewerbsverboten orientieren. Das bestätigt die beamtenrechtliche Aussage von der Korrelation zwischen Versorgungs- und Untersagungsdauer. Ebenso präjudiziere das Wettbewerbsrecht die Höhe der Karenzentschädigung.[927] In zeitlicher Hinsicht hat der Gesetzgeber mit § 6d BMinG und dem erweiterten Übergangsgeld reagiert, in monetärer Hinsicht nicht.

bb) Erweiterung auf entlassene Beamte ohne Anspruch auf Altersgeld

Ebenso lasse sich eine Analogie zu § 105 BBG denken, um die Lücke im Falle einer Entlassung auf eigenen Wunsch zu schließen.[928] Ein rechtspolitischer Bedarf hierfür besteht.[929] Dagegen sprechen Stimmen in Politik und Verwaltung, da entlassene Beamte in keinerlei Rechtsbeziehung zu dem früheren Dienstherrn ständen.[930] Dies überzeugt nicht, denn § 67 Abs. 1 Satz 2 BBG überträgt die Verschwiegenheitspflicht unabhängig der Ausscheidensart auf ehemalige Beamte.[931] Die neuen Vorschriften des Bundesministergesetzes richten sich ihrer systematischen Stellung nach konsequent nur an Regierungsmitglieder, sodass die Umgehungsmöglichkeit gegenüber Beamten ohne Anspruch auf Altersgeld nach § 3 AltGG weiterhin besteht.[932]

---

925 s.u. C.IV.1., S. 171.
926 A.A. ohne nähere Begründung *Schilde*, Untersagung, S. 6.
927 *Hahlen*, Innenausschuss-Drucks. 16(4)631 F, S. 11.
928 *Hahlen*, Innenausschuss-Drucks. 16(4)631 F, S. 10.
929 s.o. C.III.2.a)dd).
930 BT-Drucks. 10/1319, S. 9; *Schilde*, Untersagung, S. 4 f.
931 s.u. C.IV.2.b), S. 174.
932 Einzelheiten zum Anspruch auf Altergeld unter C.VI.3.

c) Tätigkeitsverbote für ehemalige Angehörige der Finanzverwaltung

Ehemalige Beamte und Angestellte der Finanzverwaltung dürfen gem. § 61 StBerG während eines Zeitraums von drei Jahren nach dem Ausscheiden aus dem öffentlichen Dienst nicht für Auftraggeber tätig werden, mit deren Steuerangelegenheit sie innerhalb der letzten drei Jahre vor dem Ausscheiden inhaltlich befasst waren.[933]

Der Anwendungsbereich der Vorschrift ist gegenüber §§ 6a, 6b BMinG und § 105 BBG durch den Wortlaut personell auf Angehörige der Finanzverwaltung beschränkt.[934] Materiell nimmt die Norm Bezug auf die letzten drei Jahre vor Ausscheiden des Sachbearbeiters und legt eine dreijährige Karenzzeit fest. Die Norm bezweckt, dass die Finanzverwaltung keinem äußeren Einfluss unterliegt, da so lukrative Anschlusstätigkeiten für ein vormaliges pflichtwidriges Verhalten zugunsten des späteren Arbeitgebers unattraktiv werden. Somit soll die Vorschrift die Integrität der Finanzverwaltung sichern. Zudem dürfen Angehörige der Finanzverwaltung die durch die Bearbeitung bestimmter Steuerfälle erworbenen Kenntnisse nicht für ihre späteren Arbeitgeber einsetzen. Der Schutz internen Wissens dient letztlich auch der Funktionsfähigkeit der Finanzverwaltung.[935] Damit hat der Gesetzgeber erneut die Wertung vertreten, dass exklusives Wissen (erst) nach drei Jahren unreguliert in die Wirtschaft gelangen darf.

Die Vorschrift untersagt nur das Tätigwerden in Steuerangelegenheiten. Somit ist infolge des auf die Finanzverwaltung beschränkten Adressatenkreises ein qualifizierter Bezug erforderlich.[936] Da § 61 StBerG andere Fälle der Beeinträchtigung dienstlicher Interessen nicht erfasst, steht die Vorschrift in keinem Spezialitätsverhältnis zu § 105 BBG.[937]

Die Aufsicht über die Einhaltung des § 61 StBerG liegt bei den Berufskammern.[938] Die hierarchische Finanzverwaltung ist nicht befugt,

933 Für den Hinweis auf die Norm danke ich Herrn *Prof. Dr. von Arnim.*

934 Gehre/*Koslowski,* StBerG, § 61 Rn. 3.

935 Gehre/*Koslowski,* StBerG, § 61 Rn. 1.

936 Vgl. Gehre/*Koslowski,* StBerG, § 61 Rn. 5.

937 Vgl. OVG Rh.-Pf., ZBR 1992, S. 19 (20 f.); VG Köln, Beschluss vom 13.12.2013 – 19 L 1671/13 –, juris Rn. 9.

938 BFHE 86, 292 (293).

Steuerbescheide unter Verstoß gegen die Vorschrift zurückzuweisen.[939] Damit hat der Gesetzgeber ein Vorbild für die Ausgliederung der nachamtlichen Kontrolle aus der Linienverwaltung auf eine Selbstverwaltungskörperschaft geschaffen.

3. Ergebnis

Berufsverbote für Regierungsmitglieder und Beamte sind dem Recht nicht unbekannt. Während der Amtszeit folgen die Beschränkungen für Regierungsmitglieder aus Art. 66 GG, für Beamte aus Art. 33 Abs. 5 GG in Form des Hauptamtlichkeitsgrundsatzes. Inhaltlich ist dies durch die Fokussierung auf das Amt begründet. Die weiteren Zwecke rechtfertigen über die Amtszeit hinaus die Eingriffe in die nunmehr einschlägige Berufsfreiheit der Amtsträger. Unter Berücksichtigung der vorstehenden Analyse ist folgendes Stufenverhältnis festzuhalten: Während der Amtszeit sind grundsätzlich alle Nebentätigkeiten untersagt. Eine gesetzliche Ausnahme bilden erlaubnisfreie Nebentätigkeiten von Beamten. Im nachamtlichen Bereich dreht sich das Regel-Ausnahme-Verhältnis: Alle Tätigkeiten sind solange erlaubt, bis die zuständige Stelle ein Verbot (§ 6b Abs. 1 Satz 1 BMinG, § 105 Abs. 2 Satz 1 BBG) ausspricht. Das ist Ausdruck der erstarkten Grundrechte der ehemaligen Amtsträger. Infolge der Grundrechtsrelevanz ist stets eine erforderliche Maßnahme im Einzelfall angezeigt: Die Verbotsvorbehalte ermöglichen mit ihren Ermessensrechtsfolgen eine flexible Handhabung. Dennoch bleiben einige konzeptionelle Bedenken bestehen, etwa fehlende Sanktionsmöglichkeiten gegenüber Regierungsmitgliedern oder auf eigenen Antrag aus dem Amt geschiedenen Beamten ohne Anspruch auf Altersgeld.

IV. Verschwiegenheitspflicht

Die Berufsbeschränkungen sollen den Transfer von Fachwissen in die Privatwirtschaft temporär unterbinden. Handelt es sich dabei sogar

939 Gehre/*Koslowski*, StBerG, § 61 Rn. 7.

um Dienstgeheimnisse, sind diese durchgehend anderen Akteuren verschlossen. Auf der anderen Seite ist der Staat auf Öffentlichkeitsarbeit angewiesen, zum Teil sogar dazu verpflichtet, legitime Informationsinteressen der Allgemeinheit zu bedienen. Alle Politischen Entscheider unterliegen einer gesetzlichen Verschwiegenheitspflicht: Regierungsmitglieder unterfallen der Pflicht aus § 6 Abs. 1, 2 BMinG, worauf § 7 Satz 1 ParlStG für Parlamentarische Staatssekretäre Bezug nimmt. Für beamtete Staatssekretäre gilt § 67 BBG. Als Amtsträgern ist allen die Strafbarkeit nach §§ 203, 353b Nr. 1 StGB gemein.

1. Geheimhaltungspflicht der Regierungsmitglieder, § 6 BMinG

Aktive und ehemalige Mitglieder der Bundesregierung sind gem. § 6 Abs. 1 Satz 1 BMinG verpflichtet, über ihre amtlichen Angelegenheiten zu schweigen. Was der Gesetzgeber unter „Angelegenheiten“ versteht, verdeutlicht die Systematik zu Satz 2 und die Genese: Erfasst sind Tatsachen, die den Regierungsmitgliedern während ihrer Amtszeit bekannt werden und gegenüber deren öffentlichem Bekanntwerden ein Geheimhaltungsinteresse besteht.[940] Während der Amtszeit kommt dem Regierungsmitglied gemäß der Ressortkompetenz des Art. 65 Satz 2 GG ein großer Ermessensspielraum zu, wann und wie dieses das Parlament und die Bürger informiert.[941] Im Spannungsverhältnis zwischen Öffentlichkeitsarbeit der Regierung[942] und deren Kernbereich zur Sicherung der Funktionsfähigkeit[943] tendiert die regierungsinterne Arbeit deutlich zu Letzterem: Regierungsentscheidungen müssen versuchen, zum Teil gegenläufige Interessen in Einklang zu bringen, was durchaus zu kontroversen Diskussionen führen kann.[944] In einer „Atmosphäre der Diskretion“ muss den Kabinettsmitgliedern daher eine „freimütige Aussprache“ genauso möglich sein wie ein Nachgeben

940 BT-Drucks. 1/3551, S. 7.

941 *Busse,* BMinG, § 6 Rn. 1.

942 BVerfGE 20, 56 (100); 44, 125 (147); 63, 230 (242 f.).

943 BVerfGE 67, 100 (139); 124, 78 (120 f.).

944 *Busse,* in: Friauf/Höfling, BK GG IV, vor Art. 62 Rn. 27; *ders.,* DÖV 1989, S. 45 (49); *Jestaedt,* AöR 126 (2001), S. 204 (230 f.).

oder Kompromissschließen.[945] Demnach ist die Geheimhaltungspflicht ein gewichtiges Anliegen des Staats und mag zur Rechtfertigung der Karenzzeit beitragen.[946]

Über das aktive Amt hinaus bindet die Vorschrift die Regierungsmitglieder, kennt in Abs. 2 allerdings einen Dispens durch selbige.[947] Im Rahmen des Wechselphänomens ist die Regierungsverantwortlichkeit hauptsächlich bei außergerichtlichen Aussagen relevant, etwa bei Tatsachen, die der Staatsdiener a.D. einem Unternehmen offenbart. Die Gefahr ist naturgemäß größer, wenn er in diesem angestellt ist oder sein Wissen gerade die Anstellung unternehmerisch begründet.

a) Schutzgut der geheimen Tatsachen

Eine Tatsache ist gemeinhin alles, was dem Beweis zugänglich ist.[948] Inhaltsgebend ist das Adjektiv „geheim" und die zugrundliegende Frage, wann eine Tatsache diskret zu behandeln ist. Der Gesetzgeber hat den Bereich schützenswerter Tatsachen durch § 6 Abs. 1 Satz 2 BMinG auf nicht offenkundige oder ihrer Bedeutung nach keiner Geheimhaltung bedürfende Tatsachen begrenzt. Für letzteren Fall verweist die Systematik mit § 7 Abs. 1 BMinG auf das „Wohl des Bundes".[949] Ansonsten kann die Exekutive sich selbst gegenüber der parlamentarischen Kontrolle hinsichtlich Tatsachen des exekutiven Kernbereichs auf ihre Verschwiegenheitspflicht berufen.[950] Das folgt aus dem Grundsatz der Gewaltenteilung, der auch zwischen staatlichen Organen einen unausforschbaren Kernbereich garantiert.[951] Sofern die Exekutive gegenüber dem kontrollierenden Parlament ein Diskretionsrecht hat, ist die Regierung erst Recht gegenüber Dritten verpflichtet, diskret zu handeln.[952] Den Kernbereich bilden Staatsgeheimnisse oder

945 *Busse,* in: Friauf/Höfling, BK GG IV, vor Art. 62 Rn. 27; *ders.,* DÖV 1989, S. 45 (49).

946 *Jestaedt,* AöR 126 (2001), S. 204 (220 f.); *Stein,* Verantwortlichkeit, S. 522 f.

947 BVerwGE 93, 202 (206): § 6 Abs. 1 BMinG setzt keine zeitliche Grenze.

948 BVerfGE 90, 241 (247); 94, 1 (8); BVerfG, NJW 2013, S. 217 (218).

949 *Busse,* DÖV 1989, S. 45 (53).

950 Insofern korrespondiert mit der Verschwiegenheitspflicht ein Verschwiegenheitsrecht, vgl. *Cancik,* ZParl. 2014, S. 885 (903 f.).

951 BVerfGE 67, 100 (139); 124, 78 (120 f.); *Cancik,* ZParl. 2014, S. 885 (891).

952 Vgl. BVerfGE 124, 100 (124).

Geheimnisse, bei denen „deutlich höherrangige Grundrechte“ auf dem Spiel stehen. Teleologisch schützt der Kernbereich der Exekutive deren Funktionsfähigkeit,[953] indem er die innere Willensbildung des Staats gegen Fremdeinblick und Fremdeinfluss abschirmt,[954] was sich mit den Befunden aus dem Nebentätigkeitsrecht deckt. Die innere Willensbildung schützt ebenfalls § 22 Abs. 3 Satz 1 GO BReg, der Sitzungen der Bundesregierung für vertraulich erklärt und in Satz 2 den näheren Umfang bestimmt. Bei der genauen Bestimmung der Reichweit gilt, dass die Schutzbedürftigkeit und damit die Schutzintensität steigt, je staatstragender die interne Information ist.[955]

b) Mängel und Rechtsfolgen

Kritik gegenüber der Geheimhaltungspflicht folgt aus dem begrenzten Tatbestand; die Norm verbiete nur das „Weitergeben“, nicht das eigenständige „Nutzen“ des Amtswissens, sodass sich zahlreiche Umgehungsarten denken ließen.[956] Das Problem der Vorschrift liegt jedoch in den mangelnden Ahndungsmöglichkeiten: Nach § 8 BMinG finden Disziplinarverfahren gegen Regierungsmitglieder nicht statt. Zwar bleibt das Strafrecht mit § 353b StGB anwendbar, erfordert allerdings gem. § 353b Abs. 2 StGB eine Strafverfolgungsermächtigung. Da die Minister selbst Dienstherrn der obersten Bundesbehörde sind, agieren ihre Vertreter im Regierungsamt gem. § 14 Abs. 1 GO BReg,[957] d.h. ihre Kabinettskollegen. Eine wirksame Kontrolle scheint wegen der Nähe zwischen den Ministern einer Regierungskoalition kaum möglich.[958] Ebenso sind politische Sanktionen nach der Amtszeit allenfalls gegenüber abgeordneten ehemaligen Ministern denkbar. Der Ver-

953 *Busse*, DÖV 1989, S. 45 (53 f.); *Cancik*, ZParl. 2014, S. 885 (891); *Jestaedt*, AöR 126 (2001), S. 204 (222 f.).

954 BVerfGE 137, 185 (234); *Jestaedt*, AöR 126 (2001), S. 204 (227, 240); ebenso *Cancik*, ZParl. 2014, S. 885 (892).

955 *Busse*, GO BReg, § 22 Rn. 4.

956 *Bamberger*, Nachamtliche Tätigkeitsbeschränkungen, S. 177 f., 186.

957 *Busse*, BMinG, § 6 Rn. 3.

958 Daher lehnt *Cancik*, ZParl. 2014, S. 885 (895, 898 f.) einen absoluten Kernbereich ab und will ihn dort relativieren, wo eine „wirksame parlamentarische Kontrolle“ dies erfordert.

schwiegenheitspflicht fehlt somit die nötige Schärfe, um einen unkontrollierten Wissenstransfer in die Wirtschaft effektiv zu unterbinden.

2. Verschwiegenheitspflichten von Beamten, § 67 BBG

Im Wesentlichen entspricht § 67 BBG der Geheimhaltungspflicht des § 6 Abs. 1 BMinG.[959] Die Gesetzesbegründung konkretisiert die erforderliche *Amtskausalität*, indem sie Angelegenheiten, die Beamte infolge ihrer Dienstgeschäfte oder bei Gelegenheit derselben erlangen, umfasst.[960] Da bereits § 11 des Reichsbeamtengesetzes[961] zur Amtsverschwiegenheit mahnte, zählt die nunmehr in § 6 Abs. 1 BMinG festgeschriebene Pflicht zu den hergebrachten Grundsätzen des Berufsbeamtentums.[962] Dogmatisch fußt die Norm demnach auf Art. 33 Abs. 5 GG. Gegenüber § 353b StGB grenzt sich die ähnlich klingende Verschwiegenheitspflicht über das mangelnde Verschuldenserfordernis ab.[963] Ziel ist eine „rechtsstaatlich einwandfreie, zuverlässige und unparteiisch arbeitende öffentliche Verwaltung“[964]. Somit präzisiert § 67 BBG partiell das Rechtsstaatsprinzip im nachamtlichen Bereich.[965]

a) Reichweite der Amtsverschwiegenheit

Der Tatbestand ist infolge der „überragenden Bedeutung“ der Amtsverschwiegenheit weit auszulegen,[966] sodass „dienstliche Angelegenheiten“ als Tatsachen jeglicher Art der Norm unterfallen.[967] Ausgenommen sind parallel zu den beamtenrechtlichen Berufsbeschränkungen allgemeine Rechts- und Fachkenntnisse.[968] Die Pflicht erstreckt

959 *Battis*, BBG, § 67 Rn. 2; *Busse*, BMinG, § 6 Rn. 1.
960 BT-Drucks. 16/7076, S. 116.
961 Vom 31.03.1873 (RGBl. I S. 61).
962 BVerwGE 37, 265 (268); 66, 39 (42).
963 *Lemhöfer*, in: Plog/Wiedow, BBG, § 67 Rn. 10; in der Sache ebenso BGH, NJW 2003, S. 979 (979 f.).
964 BVerfGE 28, 191 (198); vgl. in der Sache BVerwGE 37, 265 (269); 66, 39 (42).
965 Vgl. C.II.2.d), S. 102.
966 BVerwG, NVwZ-RR 2006, S. 485 (487); *Lemhöfer*, in: Plog/Wiedow, BBG, § 67 Rn. 25.
967 BVerwG, ZBR 1983, S. 181 (181); BGH, NJW 2003, S. 979 (979 f.).
968 *Kugele*, in: ders., BBG, § 67 Rn. 4; *Lemhöfer*, in: Plog/Wiedow, BBG, § 67 Rn. 13.

§ 67 Abs. 1 Satz 2 BBG auf eine lebenslange Amtsverschwiegenheit.[969] Im Kontext des Seitenwechsels sichert die Vorschrift „Sein und Schein der Unparteilichkeit“ gegenüber Wirtschaftsunternehmen.[970] In Abgrenzung zu § 30 VwVfG tangiert § 67 BBG nur die Spielart des öffentlichen Geheimhaltungsinteresses.[971] Der Schutz vor Unbefangenheit steht nicht nur dem vorherigen Dienstherrn, sondern entsprechend der „ewigen Pflicht“ allen vorherigen Dienstherrn bei, vgl. § 67 Abs. 3 Satz 3 BBG.[972]

Im Einklang mit § 6 Abs. 2 BMinG kennt § 67 Abs. 3 Satz 1 BBG einen Genehmigungsvorbehalt des Vorgesetzten (Satz 2). Dieser hat bei der Entscheidung die widerstreitenden Interessen, Amtsverschwiegenheit und Grundrechte des Einzelnen abzuwägen.[973] Demnach begrenzen die gleichen Wertungen[974] wie im Rahmen von § 100 Abs. 1 BBG[975] die Reichweite der Amtsverschwiegenheit.

b) Rechtsfolgen

Anders als Regierungsmitglieder und Parlamentarische Staatssekretäre unterliegen Beamte Disziplinarmaßnahmen. Im nachamtlichen Bereich sanktioniert § 77 Abs. 2 Nr. 3 Var. 1 BBG Verstöße gegen die Verschwiegenheitspflicht. Dem Wortlaut nach kommt es für § 67 BBG auf die Art der Entlassung nicht an, im Rahmen des Disziplinarrechts hingegen durchaus, denn § 77 Abs. 2 BBG greift nur gegenüber Ruhestandsbeamten und früheren Beamten mit Versorgungsbezügen. Folg-

---

969 *Battis,* BBG, § 67 Rn. 1; *Herold,* ZBR 2013, S. 8 (11); *Lemhöfer,* in: Plog/Wiedow, BBG, § 67 Rn. 39.

970 Laut *Dagtoglou,* StK VI, S. 89 dürfen sich die Beamten nicht daran gewöhnen, die Vertreter der Wirtschaft, mit denen sie dienstlich in Kontakt kommen, als Arbeitgeber zu betrachten.

971 Vgl. *Schrödter,* Wissenschaftsfreiheit, S. 162, 165 m.w.N.

972 *Battis,* BBG, § 67 Rn. 7; *Herold,* ZBR 2013, S. 8 (11); *Lemhöfer,* in: Plog/Wiedow, BBG, § 67 Rn. 14a.

973 BVerfGE 28, 191 (201 f.); BVerwGE 37, 265 (267); 93, 202 (207 f.).

974 Zur Meinungsfreiheit BVerwGE 93, 202 (207 f.); *Wiese,* Staatsdienst, S. 124 f.; dazu *F. Schnapp,* Amtsrecht, S. 279; *Wilhelm,* freie Meinung, S. 20–24; zur Kunst- und Wissenschaftsfreiheit BVerwGE 37, 265 (267–271); *Battis,* NJW 1997, S. 1482 (1488); *Schrödter,* Wissenschaftsfreiheit, S. 165–172; insgesamt *Lorse,* BayVBl 2002, S. 417–423 u. 451 (455 f.).

975 s.o. C.III.1.c)cc)(1).

lich haften alle ehemaligen Beamten i.S.v. § 67 Abs. 1 Satz 2 BBG auf Schadensersatz und Unterlassen,[976] denn der Tatbestand der zugrundeliegenden Pflicht differenziert nicht nach dem Grund des Dienstendes. Eine Übertragung der Sekundärhaftung auf § 105 BBG – etwa um der Entlassung auf einen Antrag[977] zu entgehen – scheidet somit aus, denn dort sind Ruhe- und Versorgungsbezüge Tatbestandsmerkmale der Anzeigepflicht.

3. Ergebnis: Abweichendes Regelungsprinzip zwischen Berufsbeschränkungen und Verschwiegenheitspflichten

Die Verschwiegenheitspflichten unterscheiden sich strukturell wesentlich von den Tätigkeitsbeschränkungen: Minister, Parlamentarische Staatssekretäre und Beamte müssen amtsbezogene Tatsachen kausal weitergegeben haben, sodass der bloße Anschein einer pflichtwidrigen Amtsführung nicht ausreicht. Da die Ursächlichkeit den „bösen Schein" verdrängt, kann es auf die Indizwirkung einer unangemessen hohen Vergütung, etwa in Form des Informationsverkaufs, nicht ankommen.

V. Übergangsgeld

Der neue § 6d BMinG gewährt den Betroffenen einer Beschäftigungsuntersagung einen Anspruch auf Übergangsgeld, sofern sich nicht aus § 14 Abs. 2 Satz 1 BMinG (ggf. i.V.m. § 6 ParlStG) ein weiterführender Anspruch ergibt. Im Sinne der vorliegenden Untersuchung steht beamteten Staatssekretären nach § 47a Abs. 1 BeamtVG scheinbar kongruent ein Anspruch auf Übergangsgeld zu.

976 *Lemhöfer*, in: Plog/Wiedow, BBG, § 67 Rn. 38.
977 s.o. C.III.2.a)dd).

1. Übergangsgeld von Regierungsmitgliedern

Regierungsmitglieder haben gem. § 14 Abs. 2 Satz 1 BMinG für sechs bis 24 Monate einen Anspruch auf Übergangsgeld, je nachdem, wie lange ihre Amtszeit währte. Den Regierungsmitgliedern a.D. stehen gem. § 14 Abs. 3 BMinG in den ersten drei Monaten die volle Summe zu, danach die Hälfte. Die Anspruchsgrundlage erweitert § 6 ParlStG auf Parlamentarischen Staatssekretäre a.D.

An die Zielsetzung knüpft die Anrechnung von Einkünften aus nachfolgenden Beschäftigungen gem. § 14 Abs. 6 BMinG,[978] da der Übergang nicht mehr abgefedert werden braucht, wenn er bereits vollzogen ist.[979] Wenn Abs. 6 private Einkünfte auf das Übergangsgeld anrechnet, dann sind solche grundsätzlich zulässig, während das Regierungsmitglied a.D. Übergangsgeld bezieht; mithin ist die Karenzzeit keine tatbestandliche Voraussetzung für das Übergangsgeld.[980] § 6d BMinG sichert nur, dass es keine Karenzzeit ohne Übergangsgeld gibt, tritt aber gemäß seines zweiten Halbsatzes hinter § 14 Abs. 2 Satz 1 BMinG zurück. Aus der systematischen Anlehnung des Ministerrechts an das Beamtenrecht folgt in Besoldungsfragen die Pflicht des Staats, seine ehemaligen Amtsträger zu versorgen, wenn ihnen Pflichten obliegen, die eine eigene finanzielle Absicherung erschweren (vgl. §§ 6a, 6b BMinG).[981]

Das Übergangsgeld gründet nach der historischen Auslegung auf der Umstrukturierung des Staatswesens in der Weimarer Republik: Während Reichsminister und Reichskanzler sich regelmäßig aus der Beamtenschaft rekrutierten, kamen die Regierungsmitglieder ab 1919 aus allen gesellschaftlichen Schichten. Die damalige Rechtslage sah

978 BT-Drucks. 13/7554, S. 1.

979 Vgl. *Kreiner*, Amt auf Zeit, S. 131 f.

980 *Michael*, Innenausschuss-Drucks. 18(4)336 F, S. 10; missverständlich *Roßmann*, Süddeutsche Online vom 23.12.2014, Karenzzeiten für Politiker.

981 *Hahlen*, Innenausschuss-Drucks. 16(4)631 F, S. 11, der aber das Übergangsgeld als unzureichend betrachtet; *Suttner*, Korruption, in: v. Arnim, Defizite, S. 69 (75), der anstelle der Pflichten auf die Bedürftigkeit abstellt, was jedoch die Betroffenen ggf. zu einem geringeren Lebensstandard zwingt; a.A. *Bamberger*, Nachamtliche Tätigkeitsbeschränkungen, S. 295 f., *Meyer*, in: Innenausschuss-Drucks. 16/99, S. 15; unentschlossen *Grzeszick*, Innenausschuss-Drucks. 18(4)334 D, S. 6.

Pensionsbezüge erst nach zweijähriger Regierungs- oder zehnjähriger (Verwaltungs-)Amtszeit vor, sodass eine Versorgungslücke – insbesondere in den politisch instabilen Zeiten der Weimarer Republik – bestand.[982] Dem Reichstag „erschien es billig", scheidenden Ministern ein Übergangsgeld zu gewähren, da sie mit der Ernennung ihrem alten Beruf entzogen würden und nur schwierig wieder in dieselbe oder gar eine neue Anstellung hineinfänden.[983] Das Bundesministergesetz hat sich in der Folgezeit die Argumentation des Reichsministergesetzes zu eigen gemacht.[984] Folglich ist das Übergangsgeld im originären Sinne nicht zur Legitimation einer Karenzzeit gedacht.[985]

Die Kritik der Opposition, das Übergangsgeld fördere gerade den Wechsel in die Wirtschaft und unterliefe somit den Sinn einer Karenzzeit,[986] überzeugt kaum. Denn ohne finanzielle Absicherung wäre ein Regierungsmitglied a.D. erst recht gehalten, sich eine neue Erwerbstätigkeit zu suchen. Mit anderen Worten intendierte die Historie einen erleichterten Übergang in eine neue Anstellung und diente gerade nicht dazu, die Untersagung desselben finanziell zu rechtfertigen.[987] Allerdings steht es dem Gesetzgeber frei, bestehenden Instituten im Rahmen der verfassungsrechtlichen Ordnung neue Intentionen zuzuweisen.[988]

2. Übergangsgeld von beamteten Staatssekretären

Nicht auf eigenen Wunsch entlassene politische Beamte haben gem. § 47a Abs. 1 Satz 1 BeamtVG einen Anspruch auf Übergangsgeld in

982 RT-Drucks. Nr. 1466 vom 30.11.1929, S. 6.

983 RT-Drucks. Nr. 1466 vom 30.11.1929, S. 9; aktuell wiederholt von *Busse*, BMinG, § 14 Rn. 1.

984 BT-Drucks. 1/3551, S. 6.

985 *Michael*, Innenausschuss-Drucks. 18(4)336 F, S. 11; vgl. *Brandt* (CDU), in: BT Plenarprotokoll (Sten. Ber.) 18/8, 442B.

986 *Wawzyniak* (Die Linke), in: BT Plenarprotokoll (Sten. Ber.) 18/100, 9578B.

987 *Krienke*, Interessenskonflikte, S. 15; *Willand*, Besoldungs- und Versorgungsstrukturen, S. 21 ff.; a.A. *Wawzyniak* (Die Linke), in: BT Plenarprotokoll (Sten. Ber.) 18/115, 11180B.

988 *Horn*, Einführung, Rn. 179a; *Kramer*, Methodenlehre, S. 125 f.; in der Sache ebenso *Bydlinski/Bydlinski*, Methodenlehre, S. 43 f.

Höhe von 71,75% der ruhegehaltsfähigen Dienstbezüge, sofern sie kein Ruhegehalt beziehen. Parallelen zum ministeriellen Übergangsgeld liegen hinsichtlich des Ziels und der Dauer nahe: Das Übergangsgeld dient der vorübergehenden wirtschaftlichen Absicherung und erleichtert den Übergang.[989] Auch hier beabsichtigt die Norm höchstens sekundär die Rechtfertigung einer Karenzzeit, da § 105 BBG systematischen Grenzen unterliegt. Zwar stellt das Übergangsgeld Versorgungsbezüge i.S.v. § 2 BeamtVG dar, doch fehlt für eine Untersagung nach § 105 Abs. 2 Satz 1 BBG mit Ende der Anspruchsgewährung das Tatbestandsmerkmal der Versorgungsbezüge. Eine Verlängerung des Übergangsgelds, damit der Dienstherr den Fünf-Jahres-Zeitraum umfänglich ausschöpfen kann, ist dem Gesetz fremd. Daran ändert auch der gegenüber § 47a BeamtVG subsidiäre § 47 BeamtVG nichts.[990] Nach § 47a Abs. 2 BeamtVG korreliert der Anspruch grundsätzlich mit der vorangegangenen Amtsdauer, mindestens für sechs, höchstens für 36 Monate.

Ausgangsgedanke des Übergangsgelds ist die Versorgungslücke, wenn Beamte die fünfjährige Wartezeit gem. § 4 Abs. 1 Nr. 1 BeamtVG für einen Ruhegehaltsanspruch nicht erfüllen und nach § 32 Abs. 1 Nr. 2 BBG zu entlassen sind.[991] Damit schließt das Übergangsgeld für Beamte die gleiche Lücke wie bei der Versorgung von ehemaligen Regierungsmitglieder. Ebenfalls rechnet § 47a Abs. 4 BeamtVG neue Einkommen auf die fortgezahlten Bezüge und das Übergangsgeld an. Systematisch konsequent unterfallen Einkünfte aus über Art. 12 GG hinaus grundrechtlich privilegierten Beschäftigungen[992] nicht der Anrechnung.[993] Demnach erklärt § 47a Abs. 4 BeamtVG grundsätzlich private Tätigkeiten während des Übergangsgelds für zulässig, die Ruhensvorschrift des § 53 BeamtVG findet nach § 47a Abs. 4 Hs. 2 BeamtVG keine Anwendung.[994] Ebenso verdrängt § 47a Abs. 4

989 BT-Drucks. 13/9527, S. 37, 40; *Groepper/Tegethoff*, in: Plog/Wiedow, BeamtVG, § 47a Rn. 1; *Stadler*, in: Fürst/Franke/Weiß, GKÖD, § 47a BeamtVG, Rn. 2.

990 *Groepper/Tegethoff*, in: Plog/Wiedow, BeamtVG, § 47a Rn. 10.

991 *Brinktrine/Rauscher*, in: Kugele, BeamtVG, § 47a Rn. 2; *Groepper/Tegethoff*, in: Plog/Wiedow, BeamtVG, § 47a Rn. 2a.

992 s.o. C.III.1.c)cc)(1), S. 140.

993 *Groepper/Tegethoff*, in: Plog/Wiedow, BeamtVG, § 47a Rn. 9a.

994 *Brinktrine/Rauscher*, in: Kugele, BeamtVG, § 47a Rn. 9.

BeamtVG die Anrechnungsvorschriften des § 4 Abs. 2, 3 BBesG, sodass während der ersten drei Monate keine Anrechnung privater Nebeneinkünfte stattfindet.[995]

VI. Anschlussbezüge

Fraglich ist, wie sich das zuvor thematisierte Übergangsgeld zu etwaigen Anschlussbezügen, das sind Ruhegehalt und Altersgeld, verhält.

1. Ruhegehalt von Regierungsmitgliedern und von Parlamentarischen Staatssekretären

Nach § 15 Abs. 1 Satz 1 BMinG haben Regierungsmitglieder einen Anspruch auf Ruhegehalt, wenn sie eine Legislaturperiode der Bundesregierung angehört haben. Zumindest muss nach Satz 2 im Falle eines vorzeitigen Ausscheidens eine ununterbrochene Zugehörigkeit zur Bundesregierung von zwei Jahren vorliegen. Gegenüber Parlamentarischen Staatssekretären verweist § 6 ParlStG auf § 15 BMinG. Der Grund des Ausscheidens ist unerheblich.[996] Mit anderen Worten erhält auch derjenige Ruhebezüge, der selbstbestimmt sein Amt zugunsten der Wirtschaft verlässt, solange er die Wartezeit erfüllt hat.

Für private Einkünfte überträgt § 20 Abs. 2a Satz 1 BMinG die beamtenrechtlichen Höchstgrenzen der durch Satz 2 modifizierten §§ 53, 55 BeamtVG; ein weiteres Beispiel für die Gleichbehandlung von Regierungsmitgliedern und Beamten in Versorgungsfragen.[997] Insgesamt dient die Novellierung des Versorgungsrechts[998] der systematischen Angleichung an die Übergangsgeldregelung des § 14 Abs. 6 BMinG,[999] mithin stehen auch die Versorgungsbezüge einer nachamtlichen Beschäftigung keineswegs ablehnend gegenüber, sondern bestätigen deren grundsätzliche Zulässigkeit und versuchen die öffentlichen Kassen

995 *Groepper/Tegethoff*, in: Plog/Wiedow, BeamtVG, § 47a Rn. 5l, 9c.
996 *V. Arnim*, Schein der Demokratie, S. 43; vgl. *Busse*, BMinG, § 15 Rn. 1.
997 Vgl. *Busse*, BMinG, § 20 Rn. 4.
998 Vom 29.10.2008 (BGBl. I S. 2018).
999 BT-Drucks. 16/5052, S. 8.

zu schonen.[1000] Unter dem letzten Aspekt sind Anschlusstätigkeiten sogar wünschenswert.

2. Ruhegehalt beamteter Staatssekretäre

Die Rechte und Pflichten von einstweilig in den Ruhestand versetzten politischen Beamten bestimmen sich zwar grundsätzlich nach denen ihrer endgültig in den Ruhestand versetzten Kollegen,[1001] doch richtet sich die Ruhestandsbesoldung für politische Beamte nach dem Bundesbesoldungsgesetz: Nach § 4 Abs. 1 Satz 1 BBesG erhält der politische Beamte a.D. für drei weitere Monate das volle Dienstgehalt seiner Besoldungsgruppe. Zwar verringern öffentlich-rechtliche Bezüge das fortgezahlte Einkommen gem. § 4 Abs. 2 BBesG, doch verhält sich die Norm nicht gegenüber privaten Einkommen.[1002] Während der ersten drei Monate belässt § 53 Abs. 10 BeamtVG dem Beamten a.D. sein ungemindertes Einkommen, danach ruhen die Versorgungsbezüge um 50% des Betrags, um den sie und das private Einkommen die Höchstgrenze überschreiten.[1003] Damit schafft das Recht einen Anreiz, seine Kenntnisse und Fähigkeiten unmittelbar nach dem Amtsende finanziell zu verwerten. Etwas andere gilt, wenn die Versetzung in den einstweiligen Ruhestand mit dem Erreichen der Altersgrenze zusammenfällt, da der Beamte nach § 58 Abs. 2 BBG als dauernd in den Ruhestand versetzt gilt und die Anrechnung nach § 53 Abs. 1 BeamtVG greift.[1004] Das fehlende Übergangsgeld gleicht § 14 Abs. 6 BeamtVG für Beamte mit Versorgungsbezügen innerhalb von maximal drei Jahren nach dem Amt aus, da sie keinen Anspruch nach § 47a BeamtVG haben.

1000 BT-Drucks. 16/5052, S. 1 f.

1001 *Kremer,* DÖD 1998, S. 269 (269).

1002 *Dawin,* in: Kugele, BBesG, § 4 Rn. 11; *Reich,* in: ders./Preißler, BBesG, § 4 Rn. 7.

1003 *Stadler,* in: Fürst/Franke/Weiß, GKÖD, § 53 BeamtVG, Rn. 97.

1004 Nach *Dawin,* in: Kugele, BBesG, § 4 Rn. 11 steht der vorzeitige Ruhestandsbeamte schlechter als der einstweilige Ruhestandsbeamte; Details zum vorzeitigen Ruhestand bei BVerfG, DVBl. 2008, S. 184 (186 f.).

3. Altersgeld

Entlässt der Dienstherr seinen politischen Beamten auf eigenen Antrag gem. § 33 BBG, steht dem Beamten gem. § 39 Satz 1 BBG weder Übergangsgeld noch Ruhegehalt zu. Als gesetzliche Ausnahme gewährt § 3 Abs. 1 Satz 1 AltGG einen Anspruch auf Altersgeld,[1005] wenn eine Wartezeit von sieben Jahren eingehalten wurde. Das Altersgeld zielt darauf ab, den Wechsel zwischen Beamtentum und privater Wirtschaft zu erleichtern.[1006]

Konzeptionell ähnelt § 11 Abs. 1 Satz 1 AltGG dem § 53 BeamtVG, indem das Altersgeld in § 11 Abs. 2 AltGG ebenfalls Höchstgrenzen kennt. Ansonsten ist die Systematik des § 4 BBesG und des § 53 BeamtVG nicht auf das Altersgeld übertragbar, weil es keine Versorgung i.S.v. § 2 BeamtVG darstellt.[1007] Damit das Altersgeld keinen Anreiz schafft, freiwillig aus dem Dienst zu scheiden und die nachwirkende Anzeigepflicht und Untersagungsmöglichkeit zu umgehen, ergänzt § 105 Abs. 1 Satz 3 BBG den Anwendungsbereich seines Satz 1 auf Beamte mit Anspruch auf Altersgeld. Da nach § 105 Abs. 1 Satz 3 BBG bereits der Altersgeldanspruch, nicht dessen tatsächlicher Bezug ausreicht, ist die Umgehungsmöglichkeit nach sieben Jahren Dienstzeit gesunken, jedoch bleibt weiterhin die Möglichkeit der Nachversicherung und somit des „Freikaufens“[1008].

Die Historie erklärt den Paradigmenwechsel: Die bisherige obligatorische Nachversicherung in die gesetzliche Rentenversicherung gem. § 8 Abs. 2 Satz 1 SGB VI hat zu „starken finanziellen Einbußen“[1009] der Wechsler geführt. Die Politik rechtfertigt die Wechselerleichterung mit dem Fachkräftebedarf der Verwaltung: Der Abgeordnete *Schuster (CDU)* fordert, „[w]enn der Arbeitgeber Bund der Konkurrenz um gute Fachkräfte gewachsen sein will, muss er etwas bieten“[1010]. Die fi-

1005 Vom 28.08.2014 (BGBl. I S. 3386); einführend *Holzer*, DÖV 2013, S. 890 (passim).

1006 BT-Drucks. 17/12479, S. 11.

1007 BT-Drucks. 17/12479, S. 1.

1008 s.o. C.III.2.a)dd), S. 162.

1009 *Schuster* (CDU), in: BT Plenarprotokoll (Sten. Ber.) 17/228, 28508D; *Tempel* (Die Linke), in: BT Plenarprotokoll (Sten. Ber.) 17/228, 28514B f.

1010 *Schuster* (CDU), in: BT Plenarprotokoll (Sten. Ber.) 17/228, 28508A

nanzielle Stärkung nach dem Amt erstaunt, soll doch gerade der Wechsel *in* das Amt gefördert werden. Dem Pantouflagegedanken, wie er im Rahmen von § 105 Abs. 1 BBG aufkommt,[1011] erteilt sein Kollege *M. Hartmann (SPD)* eine Abfuhr, „[d]enn diese klassische Denke ‚Einmal Beamter, immer Beamter' und ‚Wer vorher geht, nimmt Netzwerkwissen, seine Ausbildung und anderes mehr mit und wird das schändlicherweise in der gewerblichen Wirtschaft verwenden' stammt aus dem 19. Jahrhundert"[1012]. Interessant sind die Ausführungen des Abgeordneten *Dr. von Notz (Bündnis 90/Die Grünen)*, da er auf eine grundsätzlich geringe Wechselbegeisterung in Richtung Privatwirtschaft hinweist.[1013] Die empirische Erhebung zeigt aber, dass beamtete Staatssekretäre a.D. vor Erreichen der Altersgrenze durchaus wechselwillig sind.[1014]

Ob die Politik das Ziel, „keine Ausstiegsklausel aus dem öffentlichen Dienst, sondern vielmehr eine Einstiegsklausel in den öffentlichen Dienst"[1015] zu schaffen, durch höhere Anschlussbezüge oder eher durch Sozialleistungen und flexible Arbeitszeiten erreicht,[1016] bleibt der politischen Debatte überlassen. Das Instrument des Altersgelds ist jedenfalls zur finanziellen Absicherung einer Karriere nach dem Amt durchaus geeignet und vermag somit dem finanziell motivierten Wechsel abstrakt entgegenzuwirken. Andererseits erleichtert es gleichfalls den Wechsel in die Privatwirtschaft, da der freiwillig aus dem Amt scheidende Beamte geringere Einbußen hat.

VII. Verwaltungsrecht

Fraglich ist, inwiefern bereits das allgemeine Verwaltungsrecht Interessenkollisionen durch einen Seitenwechsel von Politischen Entschei-

1011 s.o. C.III.2.a)dd), S. 162.
1012 *M. Hartmann* (SPD), in: BT Plenarprotokoll (Sten. Ber.) 17/228, 28511C.
1013 *V. Notz* (Bündnis 90/Die Grünen), in: BT Plenarprotokoll (Sten. Ber.) 17/228, 28515C.
1014 35 von 70 beamteten Staatssekretären a.D. wechselten in den privaten Sektor, s.u. D.V.4.
1015 *M. Hartmann* (SPD), in: BT Plenarprotokoll (Sten. Ber.) 17/228, 28511D.
1016 *Tempel* (Die Linke), in: BT Plenarprotokoll (Sten. Ber.) 17/228, 28514D.

dern entgegensteht. Gerichte und Wissenschaft nahmen einen Ausschluss bestimmter Personen aufgrund der Befangenheitsbesorgnis bereits vor Inkrafttreten des Verwaltungsverfahrensgesetzes an und der Gesetzgeber hat den Gedanken am 29. Mai 1976[1017] kodifiziert.[1018] Das Vertrauen des Bürgers in ein unparteiisches Verwaltungshandeln und die Interessen der Behörde schützen §§ 20, 21 VwVfG, indem sie einer Kollision von öffentlichen mit den privaten Interessen des Amtswalters vorbeugen sollen. In der Folge sollen die Vorschriften den Amtswalter vor inneren Konflikten und schwindendem Ansehen bewahren. Damit dienen die Normen eine formell wie materiell richtige Entscheidung und stärken das Vertrauen der Öffentlichkeit insgesamt in die Verwaltung,[1019] sodass eine deutliche Parallele zu anderen Inkompatibilitätsnormen hervorsticht.[1020] Mitwirkungsverbote für Regierungsmitglieder gibt es weder für den legislativen, noch für den gubernativen Bereich,[1021] doch beziehen §§ 20, 21 VwVfG diese mit ein,[1022] wenn sie im Gesetzesvollzug selbst tätig werden.

1. Beteiligter durch Anschlussbeschäftigung?

Infolge der unwiderlegbar vermuteten Befangenheit schließt § 20 Abs. 1 VwVfG gewisse Personen vom Verwaltungsverfahren aus.[1023] Bezogen auf den Drehtüreffekt sind die Fallgruppen der entgeltliche

1017 BGBl. I S. 1253.

1018 BVerwGE 12, 273 (273); 16, 150 (152); 43, 42 (43); *Haueisen*, DVBl. 1950, S. 774 (776); *Kirchhof*, VerwArchiv 66 (1975), S. 370 (371); *v. Turegg*, NJW 1955, S. 81 (82); *Wimmer*, MDR 1962, S. 11 (12).

1019 *Hammer*, Interessenkollision, S. 21–26; *Kazele*, Interessenkollision, S. 247–251; *Ramsauer*, in: Kopp/Ramsauer, VwVfG, § 20 Rn. 6; *Scheuing*, NVwZ 1982, S. 487 (487 f.).

1020 Für Art. 66 GG s.o. C.II.1., S. 101; für § 99 BBG s.o. C.III.1.c)bb)(5), S. 139; bestätigend *Schmitz*, in: Stelkens/Bonk/Sachs, VwVfG, § 20 Rn. 2 f.

1021 Verfassungsrechtlich *Köttgen*, Statusinhaber, in: Bachof u.a., GS Jellinek, S. 195 (203 f.); einfach-rechtlich *Krienke*, Interessenskonflikte, S. 97.

1022 *Bamberger*, Nachamtliche Tätigkeitsbeschränkungen, S. 183 Fn. 730 mit dem Beispiel der kartellrechtlichen Ausnahmegenehmigung im Fall „Tacke und Müller"; *Käßner*, Nebentätigkeiten, S. 115.

1023 BVerwGE 69, 256 (264); BVerwG, NVwZ 1988, S. 527 (530); *Ramsauer*, in: Kopp/Ramsauer, VwVfG, § 20 Rn. 1, 5; *Schmitz*, in: Stelkens/Bonk/Sachs, VwVfG, § 20 Rn. 1.

Beschäftigung bei einem Beteiligten (Nr. 5) oder wenn der Amtsträger für den Beteiligten außerhalb seines Amts tätig war (Nr. 6) denkbar. Einer Mitwirkung der Amtsperson könnte Nr. 5 entgegenstehen, wenn sie während der Amtszeit bereits einen Anschlussvertrag mit einem Beteiligten i.S.v. § 13 VwVfG schließt, da die Ausprägung gerade den „bösen Schein" paralleler Singularinteressen von Privaten und Amtswaltern vermeiden soll.[1024] Grundsätzlich unterliegen alle Politischen Entscheider als Amtsträger den Vorgaben des §§ 20 Abs. 1 Nr. 5 VwVfG, sofern sie in dem Verwaltungsverfahren – unabhängig von der Vergütung[1025] – tätig werden.[1026] Jedoch stellt der im Präsens formulierte Ausschluss nach Nr. 5 auf eine zeitgleiche Beschäftigung ab, sodass die Anstellung im Anschluss nicht ausreicht.[1027] Nachwirkung entfaltet hingegen Nr. 6,[1028] doch verläuft die Kausalität genau andersherum: Ausgeschlossen ist, wer vor dem Verwaltungsverfahren außeramtlich in der Angelegenheit tätig *war*, nicht wer außeramtlich (nach dem Seitenwechsel) in der Angelegenheit tätig *wird*.[1029] Zudem fordert die letzte Nummer im konkreten Fall einen engen inneren Zusammenhang zwischen vorheriger Tätigkeit und Amtshandlung,[1030] mit anderen Worten einen „qualifizierten Bezug"[1031]. Alleine die Personenidentität ohne Bezug zu dem Verwaltungsverfahren begründet den Zusammenhang nicht.[1032]

Vertragliche Beziehung zu den Beteiligten außerhalb von § 20 Abs. 1 Satz 1 VwVfG unterfallen dem Auffangtatbestand des § 20

1024 *Hammer*, Interessenkollision, S. 155 f.; *Hufen/Siegel*, Fehler, Rn. 123; *Scheuing*, NVwZ 1982, S. 487 (489).

1025 *Hufen/Siegel*, Fehler, Rn. 129.

1026 BVerwGE 69, 256 (264); *Schmitz*, in: Stelkens/Bonk/Sachs, VwVfG, § 20 Rn. 36; *Wolfram*, NZBau 2000, S. 545 (548), a.A. *Kopp*, WiVerw 1983, S. 226 (236 f.): Vorrang der unbeschränkten Ressortkompetenz gem. Art. 65 S. 2 GG; mit Zweifeln gegenüber Parlamentarischen Staatssekretären *Bamberger*, Nachamtliche Tätigkeitsbeschränkungen, S. 182 Fn. 730.

1027 BVerwGE 75, 214 (228); *Ley*, Ministerbefangenheit, S. 84; in der Sache ebenso *Hufen/Siegel*, Fehler, Rn. 126.

1028 BVerwGE 75, 214 (228).

1029 *Ramsauer*, in: Kopp/Ramsauer, VwVfG, § 20 Rn. 29; *Ritgen*, in: Knack/Henneke, VwVfG, § 20 Rn. 59 f.

1030 BVerwGE 140, 359 (363 f.).

1031 s.o. C.III.2.a)aa), S. 156.

1032 *Ramsauer*, in: Kopp/Ramsauer, VwVfG, § 20 Rn. 30.

Abs. 1 Satz 2 VwVfG.[1033] Ein wechselwilliger Amtsträger darf somit gem. § 20 Abs. 1 Satz 2 VwVfG an Verwaltungsverfahren nicht teilnehmen, in dem sein zukünftiger Arbeitgeber Beteiligter ist und die Amtsperson somit einen unmittelbaren Vor- oder Nachteil erlangen könnte.[1034] Die abstrakte Gefahr einer parteiischen Amtsführung lässt die Möglichkeit eines Vorteils ausreichen.[1035] Maßgeblich ist demnach die Sicht des von der Verwaltungsentscheidung betroffenen Dritten,[1036] sodass eventuelle Zwischenakte nicht entgegenstehen.[1037] Zutreffend ist die Vergütungsgestaltung unerheblich, d.h. ob der Anschlussvertrag während des Verwaltungsverfahrens geschlossen oder lediglich in Aussicht gestellt wurde. Wenn bereits vor Beginn des Verfahrens eine spätere Anstellung feststand, läuft § 20 Abs. 1 Satz 2 VwVfG leer, da eine weitere Besserstellung des Beamten nicht denkbar ist.[1038] Denn der Beamte erlangt nicht mehr „durch die Entscheidung einen unmittelbaren Vorteil", sondern hat ihn bereits vor Beginn des Verfahrens erhalten.

2. Besorgnis der Befangenheit

Den allgemeinen Rechtsgrundsatz vom Ausschluss befangener Personen, damit das Verfahren objektiv, neutral und fair abläuft, ergänzt § 21 Abs. 1 VwVfG.[1039] Da anders als in § 20 VwVfG keine Vermutungsregel greift, muss die Besorgnis der Befangenheit positiv festgestellt werden, wobei allerdings der „böse Schein" möglicher Parteilichkeit oder Interessenskollisionen ausreicht.[1040] Die Entscheidungskompetenz überträgt § 21 Abs. 1 Satz 2 VwVfG auf die Aufsichtsbehörde,

---

1033 Den Tatbestand weit auslegend BVerwG, NVwZ 1988, S. 527 (530); *Ramsauer*, in: Kopp/Ramsauer, VwVfG, § 20 Rn. 31; *Schmitz*, in: Stelkens/Bonk/Sachs, VwVfG, § 20 Rn. 44.

1034 *Bamberger*, Nachamtliche Tätigkeitsbeschränkungen, S. 165 f.

1035 OVG Münster, NVwZ 1984, S. 667 (667); VGH München, DVBl. 1985, S. 895 (895).

1036 BVerwGE 69, 256 (263); VGH Mannheim, DVBl. 1988, S. 1122 (1122).

1037 *Ramsauer*, in: Kopp/Ramsauer, VwVfG, § 20 Rn. 37; *Schmitz*, in: Stelkens/Bonk/Sachs, VwVfG, § 20 Rn. 44.

1038 *Bamberger*, Nachamtliche Tätigkeitsbeschränkungen, S. 166.

1039 *Ramsauer*, in: Kopp/Ramsauer, VwVfG, § 21 Rn. 1; *Schmitz*, in: Stelkens/Bonk/Sachs, VwVfG, § 21 Rn. 1 ff.

1040 BVerwGE 63, 84 (85), 83, 87 (89 f.).

sofern der Behördenleiter sich nicht selbst der Mitwirkung enthält. Der Ausschluss nach § 21 Abs. 1 VwVfG kommt von vornherein nur gegenüber im Verwaltungsverfahren tätigen Personen in Betracht. Die Politik lenkt, plant und organisiert abstrakt die Verwaltung, konkretes Verwaltungshandeln ist hingegen die Ausnahme – eben jenes abstrakte Handeln ist aber nicht umfasst.[1041] Hinreichend beteiligt sind weisungsbefugte Vorgesetzte – etwa Minister und Staatssekretäre: Dabei reichen „unverbindliche" Empfehlungen aus, da sie im Subtext die Möglichkeit der formellen Durchsetzung transportieren.[1042] Doch selbst diese Beschränkbarkeit ist im diffusen Bereich „zwischen Rechts- und Fachaufsicht oder der Figur ministerialfreier Räume"[1043] umgehbar, da ein Minister keine Weisung mehr erteilen muss, wenn seine Führungsebene durch Ämterpatronage bereits hinreichend „auf Linie" gebracht worden ist.[1044] Regelt der Minister eine Angelegenheit jedoch selbst, etwa nach § 42 Abs. 1 Satz 1 GWB, greifen die Ausschlussnormen des Verwaltungsverfahrensgesetzes.[1045] Spiegelbildlich löst eine Anschlussbeschäftigung ebenso den „bösen Schein" einer parteiischen Amtsführung zugunsten des künftigen Arbeitgebers aus.[1046]

3. Drittschutz und Durchsetzbarkeit

Abweichend von dem spezielleren Minister- und Beamtenrecht ist eine Rechtsverletzung von am Verfahren beteiligten Bürgern denkbar, sodass die Befangenheitsnormen des VwVfG Drittschutz vermitteln.[1047] Der Amtsträger selbst kann seine Unbefangenheit hingegen nicht ge-

---

1041 *Schmitz*, in: Stelkens/Bonk/Sachs, VwVfG, § 20 Rn. 21.

1042 *Veen*, Regierungsamt, S. 129 f.

1043 *Döhler*, VerwArch 102 (2011), 110, 119; zur Unterscheidung der verschiedenen Figuren *Steinkemper*, Ministerialverwaltung, S. 99 f.

1044 *Bischoff/Bischoff*, Parlament und Ministerialverwaltung, in: Schneider/Zeh, Parlamentsrecht, § 54 Rn. 32.

1045 BVerwGE 69, 256, 264 f.; OLG Düsseldorf, BB 2016, S. 1741 (1743); *Kölble*, DÖV 1969, S. 25 (27, 29); *Ley*, Ministerverantwortlichkeit, S. 73 f.

1046 *Bamberger*, Nachamtliche Tätigkeitsbeschränkungen, S. 166 f.

1047 *Fehling*, in: ders./Kaster/Störmer, Verwaltungsrecht, § 20 VwVfG, Rn. 61; *Kösling*, NVwZ 1994, S. 455 (456).

richtlich feststellen lassen[1048] oder der Dritte die Beteiligung eines bestimmten Beamten verlangen.[1049] Insofern ist die Entscheidung der Bundesregierung nach § 6b Abs. 4 BMinG für das Regierungsmitglieder a.D. möglicherweise vorteilhaft. Der Vorgesetzte kann mit einem Ausschluss nach § 21 Abs. 1 VwVfG potentiellen Interessenkollisionen entgegenwirken. Ein solches Instrument fehlt jedoch gegenüber Regierungsmitgliedern.[1050]

4. Ergebnis

Während die gesetzlich normierten Verdachtsfälle des § 20 Abs. 1 Satz 1 VwVfG den Drehtüreffekt nicht oder gem. § 20 Abs. 1 Satz 2 VwVfG nur zum Teil erfassen, ermöglicht § 21 Abs. 1 VwVfG im Fall von gubernativem Verwaltungshandeln Beschränkungen. Darüber hinaus sind die Parallelen zum Beamtenrecht erkennbar: In Folge denkbarer Ämterpatronage wird die „Aufsichtsbehörde“, d.h. nach § 21 Abs. 1 Satz 1 VwVfG der Minister,[1051] gegenüber seinen politisch treuen Staatssekretären selten die gewünschte Neutralität hervorbringen,[1052] sodass ein Kontrolldefizit ähnlich des § 105 BBG zu besorgen ist.[1053] Der Kontrollverlust ist angesichts der kongruenten Zielverfolgung umso gravierender.[1054] Auch die Regelungstechnik ähnelt der des Beamtenrechts, so entsprechen die Vermutungen des § 20 Abs. 1 VwVfG den Regelbeispielen des § 99 Abs. 2 BBG, während der Verbotsvorbehalt in § 100 Abs. 4 und § 105 Abs. 2 Satz 1 BBG der Ausschlussmöglichkeit des § 21 Abs. 1 Satz 1 VwVfG entspricht. Allerdings ist der zeitliche Anknüpfungspunkt ein anderer: Während §§ 99, 100, 105 BBG die nachgelagerte Beschäftigung sozusagen rückwärtsgewandt untersagen, verbieten §§ 20, 21 VwVfG im Vorfeld die Beteiligung im Verwaltungsverfahren, mithin ist die Kausalität umgekehrt.

1048 BVerwG, NVwZ 1994, S. 785 (786); *Ramsauer,* in: Kopp/Ramsauer, VwVfG, § 21 Rn. 5, 21.
1049 *Schmitz,* in: Stelkens/Bonk/Sachs, VwVfG, § 20 Rn. 12.
1050 *Krienke,* Interessenskonflikte, S. 94.
1051 *Bull/Mehde,* Verwaltungsrecht, Rn. 109.
1052 Zusammenfassend *Bamberger,* Nachamtliche Tätigkeitsbeschränkungen, S. 167 f.
1053 s.o. C.III.2.a)dd), S. 162.
1054 Vgl. *Schmitz,* in: Stelkens/Bonk/Sachs, VwVfG, § 20 Rn. 2.

Daran ändert der ebenfalls erforderliche „qualifizierte Bezug“ im Ergebnis nichts, da §§ 20, 21 VwVfG keine umfassende Therapie gegen Befangenheit, sondern nur eine Symptombehandlung verordnen.[1055] Eine umfassende Unterbindung des Seitenwechsels bezwecken sie weder, noch taugen sie letztlich dafür.

VIII. Straf- und Disziplinarrecht

Ergänzend gilt es zu untersuchen, inwiefern das Straf- und Disziplinarrecht den Gefahren des Seitenwechsels entgegenwirken. Denn die §§ 6a–6d BMinG belehren den Abgeordneten *Schmidt (CDU)* eines Besseren, wenn er behauptet, er sehe angesichts § 331 StGB „weder eine Notwendigkeit für eine gesetzliche Regelung, noch eine rechtsstaatliche Chance für ein gesetzliches Berufsverbot“[1056]. Denn Minister und Parlamentarische Staatssekretäre sind in der Regel auch Abgeordnete und genießen Immunität, sodass Art. 46 Abs. 2 GG grundsätzlich der Strafverfolgung einen Bundestagsbeschluss vorschiebt.[1057] Eine starke Regierungskoalition kann somit die Strafverfolgung lenken.[1058]

1. Vorteilsannahme

Mit bis zu drei Jahren Freiheitsstrafe sanktioniert § 331 Abs. 1 StGB Amtsträger, die für die Dienstausübung einen Vorteil für sich oder Dritte fordern, sich versprechen lassen oder annehmen. Zunächst sind Minister, Parlamentarische (§ 11 Abs. 1 Nr. 2 lit. b StGB) und beamtete (§ 11 Abs. 1 Nr. 2 lit. a StGB) Staatssekretäre Amtsträger im Sinne von § 331 StGB.[1059] Abgeordnete unterfallen dem für sie spezielleren

1055 *Bamberger*, Nachamtliche Tätigkeitsbeschränkungen, S. 167; *Hartmann*, Inklusive Verwaltung, S. 29; *Kazele*, Interessenskollisionen, S. 75–77; a.A. *Marré*, Befangenheit, S. 91 f.; *v. Turegg*, NJW 1955, S. 81 (85).

1056 *Schmidt* (CDU), in: BT Plenarprotokoll (Sten. Ber.) 16/19, 1374D; s.a. *Kampeter* (CDU), in: BT Plenarprotokoll (Sten. Ber.) 16/19, 1378D.

1057 *Schrapper*, DÖD 2012 S. 49 (55).

1058 s.o. C.IV.1.b), S. 172.

1059 *Korte*, in: MüKo StGB V, § 331 Rn. 44; *Stein*, Verantwortlichkeit, S. 415 f.; *Zimmermann*, StW 2012, S. 1023 (1023).

§ 108e StGB,[1060] jedoch schließt das die Anwendbarkeit gegenüber abgeordneten Regierungsmitgliedern nicht aus, sofern sie exekutiv und nicht legislativ tätig werden.[1061]

Inhaltlich gleichen §§ 331, 332 StGB als *leges speciales*[1062] überwiegend den Anwendungsbereichen von § 5 Abs. 3 BMinG[1063] und § 71 Abs. 1 BBG[1064]. Der weitereichende „Amtsbegriff" umfasst mehr Sachverhalte als der engere „Dienstbegriff", sodass bei einer Strafbarkeit nach §§ 331, 332 StGB auch ein Dienstvergehen nach § 71 BBG vorliegt.[1065] Als abstrakte Gefährdungsdelikte[1066] schützen die Strafnormen gleichermaßen vor dem Anschein einer parteiischen Amtsführung und stärken das Vertrauen der Bevölkerung in die Verwaltung und halten deren Funktionsfähigkeit aufrecht.[1067] Den obigen Befund bestätigend stellen Anschlussverträge einen Vorteil im Sinne der Norm dar, ohne dass es auf das Verhältnis von Leistung und Gegenleistung ankommt:[1068] Ohne Kontrahierungszwang ist bereits das Angebot eines Vertrags eine Privilegierung des Amtsträgers.[1069] Einen direkten Kausalzusammenhang fordert die Norm entsprechend ihrer Schutzrichtung nicht[1070] und kann auch das gekaufte allgemeine Wohlwollen (sog. Klimapflege) sowie noch nicht näher bestimmte Gefälligkeiten (sog. Anfüttern) umfassen, wenn die Interessenlage der Beteiligten auf die Beeinflussung der Dienstausübung gerichtet ist.[1071] Das Merkmal „für die Dienstausübung" beschränkt das Handlungsunrecht auf die

1060 *Bamberger*, Nachamtliche Tätigkeitsbeschränkungen, S. 192 f.; *Käßner*, Nebentätigkeiten, S. 44–51.

1061 *Hecker*, in: Schönke/Schröder, StGB, § 11 Rn. 21 f.; für Gemeinderatsmitglieder *Epp*, Abgeordnetenbestechung, S. 386 f.

1062 BVerwG, NVwZ 2002, S. 1515 (1516).

1063 s.o. C.III.1.a), S. 127 f.

1064 s.o. C.III.1.c)dd), S. 146.

1065 *Hettinger*, NJW 1996, S. 2263 (2269 f.); *Schrapper*, DÖD 2012, S. 49 (50); aus beamtenrechtliche Sicht *Lemhöfer*, in: Plog/Wiedow, BBG, § 71 Rn. 17.

1066 *Fischer*, StGB, § 331 Rn. 2; *Korte*, in: MüKo StGB V, § 331 Rn. 12.

1067 BGHSt 47, 22 (25); 47, 295 (303); 49, 275 (283); *Heine/Eisele*, in: Schönke/Schröder, StGB, § 331 Rn. 7; *Korte*, in: MüKo StGB V § 331 Rn. 8; *Kuhlen*, in: Kindhäuser/Neumann/Paeffgen, StGB, § 331 Rn. 9 - 13 m.w.N.

1068 BGH, NStZ-RR 2003, S. 171 (171); 2007, S. 309 (310); BGH, NStZ 2008, S. 216 (216).

1069 *Korte*, in: MüKo StGB V, § 331 Rn. 83.

1070 Zum Merkmal der Unrechtsvereinbarung *Hoeven*, NStZ 2013, S. 617 (618 ff.).

1071 BGH, NJW 2008, S. 3580 (3583); vgl. BT-Drucks. 13/8079, S. 15.

aktive Dienstführung,[1072] sodass höchstens „Beraterverträge“ als Entlohnung für während der Amtszeit erbrachte Gefälligkeiten in Betracht kommen,[1073] das nachgelagerte Sichern des Fachwissens und des Netzwerkzugangs scheidet hingegen aus. Einstweilige Ruhestandsbeamte unterfallen somit zwar dem Amtsbegriff,[1074] können sich mangels Dienstführung aber nicht wegen Vorteilsannahme strafbar machen.

Aufsehen erregte die Verurteilung[1075] des ehemaligen thüringischen Innenministers *Christian Köckert* wegen Vorteilsannahme und Abgeordnetenbestechung. Die Berichterstattung titelte „Ex-Innenminister Köckert lässt Urteil anfechten“[1076] und „Schuldspruch gegen Ex-Innenminister rechtskräftig“[1077] und erweckte den Anschein, die Strafbarkeit stehe im Zusammenhang mit dem vormaligen Ministeramt. Die Vorteilsnahme gründete allerdings auf einem Beratervertrag aus der auf die Ministertätigkeit folgenden Zeit als Beigeordneter und stellvertretender Bürgermeister der Stadt Eisenach. Die Ermittlungen gegen Ex-Staatsminister *von Klaeden* stellte die Staatsanwaltschaft mangels Anfangsverdacht ein, obwohl er seinen Arbeitsvertrag als Cheflobbyist unterschrieb, während er noch im Amt war.[1078] Insgesamt scheinen die Politischen Entscheider a.D. strafrechtlich unbehelligt ihr Tagwerk verrichten zu können, wo andere Amtsträger sich längst mit den Rädern der Justiz konfrontiert sähen.[1079] Der Befund unterstreicht damit die These, mit Blick auf nachamtliche Tätigkeits-

1072 BGH, NStZ 2004, S. 564 (564 f.); *Heine/Eisele,* in: Schönke/Schröder, StGB, § 331 Rn. 30 f.; *Korte,* in: MüKo StGB V, § 331 Rn. 104; *Sowada,* in: LK, StGB XIII, § 331 Rn. 4.

1073 *Hoeven,* NStZ 2013, S. 617 (620).

1074 *Fischer,* StGB, § 11 Rn. 14; *Saliger,* in: Kindhäuser/Neumann/Paeffgen, StGB, § 11 Rn. 22.

1075 Bestätigt durch BGH, NStZ 2015, S. 451 (452).

1076 Thüringer Allgemeine online vom 09.01.2014, Ex-Innenminister Köckert lässt Urteil anfechten.

1077 Legal Tribut online vom 17.03.2015, Schuldspruch gegen Ex-Innenminister rechtskräftig.

1078 FOCUS Money online vom 10.02.2015, Kein hinreichender Korruptionsverdacht.

1079 *Hoeven,* NStZ 2013, S. 617 (621) hofft daher auf gerichtliche Maßstäbe für die strafrechtliche Bewertung des Wechsels von Amtsträgern in die Privatwirtschaft; *Zimmermann,* ZStW 2012, S. 1023 (1024 f.).

beschränkungen innerhalb der Beamtenschaft nach Politiknähe unterscheiden.[1080]

2. Geheimnisverrat

Da §§ 331, 332 StGB den Transfer des „Insiderwissens" über die Amtszeit hinaus in die Privatwirtschaft nicht erfassen, könnte § 353b Abs. 1 StGB die vermeintliche Lücke füllen. Seinem Wortlaut nach gilt die Vorschrift auch für ehemalige Amtsträger und erfährt zeitlich keine Beschränkung,[1081] sodass sich eine Parallele zu § 6 Abs. 1 BMinG[1082] und § 67 BBG[1083] aufdrängt.[1084] Mithin ist gegenüber §§ 331, 332 StGB ein anderer Amtsbezug maßgeblich.[1085] Demnach ist § 353b Abs. 1 StGB zwar generell geeignet, den Wissenstransfer – sofern es sich um Dienstgeheimnisse[1086] handelt – zu unterbinden, doch bestehen demgegenüber – wie bereits ausgeführt – konzeptionelle Schwächen.[1087]

Im Unterschied zu § 6b BMinG fordern Literatur und Rechtsprechung aufgrund der *ultima-ratio*-Funktion des Strafrechts gegenüber dem Merkmal der „Gefährdung wichtiger öffentlicher Interessen" als tatbestandliche Voraussetzung eine konkrete Gefahr. Eine solche Gefahr ergibt sich aus den Umständen des Einzelfalls,[1088] etwa aus dem Kontext des Geheimnisbruchs und der Motivlage der Täter.[1089] Zur Verurteilung Politischer Entscheider nach § 353b StGB kam es daher selten,[1090] insbesondere stellte die Staatsanwaltschaft Berlin das Er-

1080 s.u. E.II.6.b).

1081 *Hoyer*, in: SK, StGB VI, § 353b Rn. 3; *Kuhlen*, in: Kindhäuser/Neumann/Paeffgen, StGB, § 353b Rn. 9.

1082 s.o. C.IV.1, S. 170 - 173.

1083 s.o. C.IV.2, S. 173 - 175.

1084 *Battis*, BBG, § 67 Rn. 2; vgl. *Puschke*, in: MüKo StGB V, § 353b Rn. 6; *Perron/Hecker*, in: Schönke/Schröder, StGB, § 353b Rn. 1.

1085 BGH, NStZ 2004, S. 564 (564 f.); *Fischer*, § 11 Rn. 14; *Hilgendorf*, in: LK, StGB I, § 11 Rn. 29.

1086 *Fabricius/Zurwonne*, AL 2012, S. 201 (205 f.).

1087 s.o. C.IV.1.b), S. 172.

1088 BGH, NJW 2001, S. 2032 (2033); *Krüger*, NStZ 1990, S. 283 (283).

1089 OLG Köln, NJW 1988, S. 2489 (2490).

1090 Z.B. die ehemalige baden-württembergische Justizministerin Corinna Werwigk-Hertneck in BGHSt 52, 220.

mittlungsverfahren gegen Hans-Peter Friedrich im Rahmen der „Edathy-Affäre“ aufgrund seiner geringen Schuld ein.[1091]

3. Disziplinarrecht

Beamte und Ruhestandsbeamte unterfallen nach § 1 Satz 1 BDG dem Disziplinarrecht. Das „Verfahrensrecht“[1092] verfolgt über § 77 Abs. 3 BBG Dienstvergehen. Ein solches liegt gem. § 77 Abs. 2 Nr. 3 BBG vor, wenn Beamte erstens ihre Verschwiegenheitspflicht nach § 67 BBG, zweitens ihre Anzeigepflicht oder ein Verbot nach § 105 Abs. 1, 2 BBG oder drittens das Verbot nach § 71 BBG, Geschenke anzunehmen, missachten. Das Disziplinarrecht ist kein Strafrecht,[1093] dennoch überschneiden sich § 331 StGB und § 71 Abs. 1 BBG, da hinsichtlich des geschützten Rechtsguts und der Interessenlage kein Unterschied besteht.[1094] Bei einem Verstoß gegen Verbote des § 71 BBG bildet die Entfernung aus dem Beamtenverhältnis nach § 10 Abs. 1 Satz 1 BDG das „schärfste Schwert“[1095]. Im nachamtlichen Bereich setzt sich der Verlust der Versorgungsbezüge gem. § 10 Abs. 1 Satz 2 BBG in § 12 Abs. 1 BDG fort.[1096] Als Reflex verweist § 6 Abs. 1 AltGG auf § 59 BeamtVG, wonach Beamte keinen Anspruch auf Altersgeld haben, wenn sie entweder vor Beendigung ihres Beamtenverhältnisses nach § 41 Abs. 1 BBG ihre Beamtenrechte verloren haben oder nach Beendigung gegen den Ruheständler eine Freiheitsstrafe von mindestens zwei Jahren verhängt wurde (§ 59 Abs. 1 BeamtVG). Im Umkehrschluss kann jedoch ein Beamter seinen Dienst freiwillig quittieren, Altersgeld beziehen und seine Anzeigepflicht nach § 105 Abs. 1 Satz 3 BBG vernachlässigen, da er keine strafrechtliche Sanktion befürchten braucht. Sein Anspruch auf Altersgeld erlischt nicht. Die Möglichkeit, den Anspruch auf Ruhegehalt unter den Voraussetzungen des § 13 BDG abzu-

---

1091 *Decker,* in: Frankfurter Rundschau vom 08.09.2014.
1092 *Müller-Eising,* NJW 2001, S. 3587 (passim).
1093 BVerwGE 83, 1 (3 f.); 86, 379 (381); *Wattler,* ZBR 1989, S. 321 (325).
1094 BVerwG, NVwZ-RR 1994, S. 681 (681).
1095 *Urban,* in: ders./Wittkowski, BDG, § 10 Rn. 4; zur Historie *Hettinger,* NJW 1996, S. 2263 (2270).
1096 *Urban,* in: ders./Wittkowski, BDG, § 12 Rn. 1.

erkennen, besteht zwar gem. § 12 Abs. 1 BDG, doch verliert der Beamte damit (nur) seine Versorgungsbezüge, zu denen Altersgeld gem. § 2 BeamtVG nicht zählt. Da die Aberkennung des Ruhegehalts wie eine strafrechtliche Verurteilung wirkt,[1097] erfordert die Grundrechtsbeeinträchtigung ein Parlamentsgesetz.[1098] Zur Aberkennung des Altersgelds über § 4 Abs. 1 AltGG i.V.m. § 59 Abs. 1 BeamtVG fehlt demnach in § 12 Abs. 1 BDG ein Zusatz i.S.v. § 105 Abs. 1 Satz 3 BBG. Folglich kann ein ehemaliger beamteter Staatssekretär mit Blick auf seine Anzeigepflicht oder hinsichtlich einer Tätigkeitsuntersagung ohne Sorge leben, solange er keine strafrechtlichen Normen – etwa § 353b StGB – verletzt.

Beachtlich ist zudem die Rechtsprechung im Disziplinarrecht gegenüber den obigen Befunden zur Entlohnung von am Gemeinwohl ausgerichteten Amtshandlungen, denn die Vornahme der pflichtwidrigen Amtshandlung *oder* die Entgegennahme von Geld begründen ein schweres Dienstvergehen, das mit der Aberkennung des Ruhegehalts zu ahnden ist.[1099] Hier vollzieht das Bundesverwaltungsgericht gegenüber der Wissenschaft im Nebentätigkeitsrecht ein Paradigmenwechsel und stellt entweder auf die materielle Beeinträchtigung der Amtshandlung oder auf die innere Geisteshaltung des Amtswalter ab: „Ein Beamter, der [die Hemmungsschwelle gegen eine Pflichtverletzung] um persönlicher Vorteile willen überwindet, läßt ein besonders hohes Maß an Pflichtvergessenheit und Rücksichtlosigkeit gegenüber den Interessen der Allgemeinheit, die er zu vertreten hat, erkennen."[1100] Die Literatur und die neue Rechtsprechung kritisieren jedoch schematische Lösungen.[1101] Denn die Bereicherung ist nur „regelmäßig" geeignet, das Vertrauen zu zerstören, jedoch ist eine Gesamtwürdigung der Umstände des Einzelfalls geboten.[1102] Nimmt der Beamte etwa die pflichtwidrige Handlung tatsächlich vor, für die er einen „privaten Bonus" er-

1097 *Urban*, in: ders./Wittkowski, BDG, § 12 Rn. 1.

1098 Vgl. oben C.II.1.c), S. 110.

1099 BVerwGE 83, 49 (51); 86, 74 (77).

1100 BVerwG, NVwZ-RR, 1989, S. 88 (89).

1101 Ebenso die pauschale Würdigung der „anerkannten Milderungsgründe" in BVerwGE 83, 49 (51); 86, 74 (77).

1102 Gegenüber Untreue BVerwGE 103, 1 (2); BVerwG, NVwZ 2006, S. 469 (471); allgemein *Bauschke/Weber*, BDG, § 13 Rn. 3; *Klueß*, NZA 2009, S. 337 (341).

langt hat, so ist für den Beamten im öffentlichen Dienst kein Platz mehr.[1103]

Regierungsmitglieder unterliegen nach § 8 BMinG nicht dem Disziplinarrecht. Die Regelung folgt historisch auf § 10 RMinG, dessen Begründung auf die ausschließliche Verantwortung der Minister vor dem Parlament mit der Ministeranklage nach Art. 56, 59 WRV verweist.[1104] Doch Ministeranklagen sind dem Bundesrecht fremd,[1105] vielmehr bleibt ihnen der Rücktritt und dem Kanzler die Möglichkeit, auf die Entlassung gem. Art. 64 GG hinzuwirken.[1106]

4. Ergebnis

Das *ultima-ratio*-Funktion sowie das politische System lassen das schneidige Schwert des Strafrechts gegenüber Politischen Entscheidern abstumpfen. Wird die erste Hürde der Immunität überwunden, bieten zum einen die Tatbestände Umgehungsmöglichkeiten, zum anderen hinkt die Rechtswirklichkeit bei der konsequenten Strafverfolgung und -ahndung anscheinend hinterher. Das Disziplinarrecht kann dem Drehtüreffekt infolge des neuen Altersgeldgesetzes für Beamte nur sporadisch entgegentreten und findet auf Regierungsmitglieder keine Anwendung. Zusammenfassend eignen sich somit weder Straf- noch Disziplinarrecht zur Begrenzung des Seitenwechsels.

IX. Privatrechtliche Berufsbeschränkungen

Karenzzeiten zwischen zwei Tätigkeiten sind keinesfalls ein Novum der Rechtswirklichkeit. Die dem öffentlichen Sektor scheinbar stets einen Schritt vorauseilende[1107] Privatwirtschaft kennt und nutzt seit langem die Möglichkeiten gesetzlicher und vertraglicher Sperrklau-

1103 *Claussen/Janzen*, BDO, S. 92.
1104 RT-Drucks. Nr. 1466 vom 30.11.1929, S. 8.
1105 *V. Münch*, NJW 1993, S. 1673 (1677).
1106 *Busse*, BMinG, § 8 Rn. 1; ebenso die Änderungsvorschläge des Bundesrats in: BT-Drucks. 1/3551, S. 1.
1107 Vgl. *Püttner*, Verwaltungslehre, § 14 Rn. 75–79.

seln. Das Arbeitsrecht, insbesondere im gewerblichen Bereich, kennt Wettbewerbsverbote, die zeitlich über die eigentliche Anstellung hinauswirken, um den Wechsel zwischen zwei Arbeitgebern zu unterbinden. Daher forderten Stimmen in Politik,[1108] Verwaltung[1109] und Wissenschaft[1110] mit den im Zivilrecht erarbeiteten Erkenntnissen den Drehtüreffekt zu entschleunigen.

1. Wettbewerbsverbote

Die Beschränkung des Arbeitnehmers nach Beendigung des Arbeitsverhältnisses erklärt § 110 Satz 1 GewO für zulässig und verweist auf das Handelsrecht.[1111] Das kennt eine Vielzahl von Wettbewerbsverboten im Anschluss an die ursprüngliche Tätigkeit, etwa § 74 Abs. 1, § 82a und § 90a Abs. 1 Satz 1 HGB, schreibt sie aber nicht zwingend vor. Vielmehr steckt das Handelsrecht den Gestaltungsspielraum für vertragliche Vereinbarungen ab. Grundstein war § 133f GewO a.F. mit einer nachwirkenden Beschränkung gegenüber technischen Angestellten und seiner Ergänzung in § 74 HGB a.F.[1112] für Handelsgehilfen. Im Zuge der geschichtlichen Entwicklung führte § 74 Abs. 2 HGB[1113] die bezahlte Karenz ein.[1114] Demnach dürfen Angestellte nach Beendigung des Arbeitsverhältnisses für einen gewissen Zeitraum keine – verglichen mit der vorherigen Tätigkeit – gleichgelagerten Dienste ausführen oder anbieten und erhalten eine Karenzentschädigung.

1108 BT-Drucks. 18/285, S. 3; *Gerster* (SPD), in: BT Plenarprotokoll (Sten. Ber.) 16/35, 2981A; a.A. *W. Wieland* (Bündnis 90/Die Grünen), in: BT Plenarprotokoll (Sten. Ber.) 16/35, 2981A.

1109 *Hahlen*, Innenausschuss-Drucks. 16/99, S. 11.

1110 *V. Arnim/Heiny/Ittner*, Korruption, S. 10, die von einer „gewissen Verwandtschaft" zum Wettbewerbsrecht sprechen; a.A. *Battis*, Innenausschuss-Drucks. 16/99, S. 14 f.

1111 BT-Drucks. 14/8796, S. 26.

1112 § 133f GewO und §§ 73, 74 HGB vom 10.05.1897, in Kraft seit 01.01.1900, (RGBl. S. 220, 438).

1113 Gesetz vom 10.06.1914 (RGBl. S. 209).

1114 RT Protokoll 1911/14,18, Anlage Nr. 575, S. 728; dazu bereits RT Protokoll 1895/97,14, VI. Anlagenband, S. 3171.

a) Regelungsziele der Wettbewerbsverbote

Was zunächst als fertige Lösung zur Regulierung des Seitenwechsels erscheint, bedarf aufgrund prägnanter Unterschiede einer differenzierten Betrachtung: Die Reichstagsdebatten geben Aufschluss über die scheinbar gleichliegende Thematik, denn die Regelungsziele unterscheiden sich maßgeblich. Die Gesetzesbegründung und die Abgeordneten *Springer (SPD)* und *Roeren (Zentrum)* plädierten für den Schutz des wirtschaftlich schwächeren Handlungsgehilfen.[1115] Die politische Rechte stellte den Schutz von Erfindungen und geistigem Eigentum sowie vor „illoyaler" Konkurrenz in den Vordergrund.[1116] Den geschäftsschädigenden Wissenstransfer fokussierte der Zentrumspolitiker *Roeren.*[1117] Die Reichsregierung stritt zudem für flexible Lösungen im Einzelfall und gegen „mechanische" Höchstgrenzen.[1118] Ferner war gem. § 74 Abs. 1 HGB a.F.[1119] der Grund und die Art der Entlassung relevant.

Aktuell bestätigt der Umkehrschluss aus § 74a Abs. 1 Satz 1 HGB, dass die Wettbewerbsverbote die berechtigten Interessen des Arbeitgebers schützen sollen. Voraussetzung ist ein konkreter Zusammenhang zwischen der vorherigen und anschließenden Tätigkeit, sodass andernfalls der Angestellte sein Wissen verwerten darf.[1120] Das Bundesarbeitsgericht hat eine derartige Konnexität ausdrücklich für die Sicherung von Betriebsgeheimnissen und bestehender Lieferanten-Kunden-Beziehungen angenommen. Auf der anderen Seite streitet die Ausstrahlungswirkung des Art. 12 Abs. 1 GG für das ungehinderte berufliche Fortkommen des Arbeitnehmers, wenn die Karenzzeit lediglich den Arbeitgeberwechsel erschweren soll.[1121] Dogmatischer Anknüp-

1115 RT Verhandlungen 1895/97,14, VI. Anlagenband, S. 3170; *Springer* (SPD), in: RT Plenarprotokoll, 1895/97,7, 5528D; *Roeren* (Zentrum), in: RT Plenarprotokoll, 1895/97,7, 5536B.

1116 *Freiherr v. Stumm-Halberg* (Reichspartei), in: RT Plenarprotokoll, 1895/97,7, 5532C.

1117 *Roeren* (Zentrum), in: RT Plenarprotokoll, 1895/97,7, 5536D.

1118 *Rieberding* (Staatssekretär im RJM), in: RT Plenarprotokoll, 1895/97,7, 5535B f.

1119 RT Verhandlungen 1895/97,14, VI. Anlagenband, S. 3171; *Roeren* (Zentrum), in: RT Plenarprotokoll, 1895/97,7, 5537C.

1120 BAG, NJW 1964, S. 1639 (1640); BAG, NZA 1994, S. 502 (502).

1121 BAG, NJW 1996, S. 1365 (Leitsatz); in der Sache ebenso *Hunold,* NZA-RR 2007, S. 617 (619).

fungspunkt ist Art. 12 Abs. 1 GG i.V.m. §§ 138, 242 BGB.[1122] Das einfache Recht konkretisiert die Verfassungsvorgaben und limitiert die Verbotsdauer gem. § 74a Abs. 1 HGB auf zwei Jahre bei einer korrespondierenden Entscheidungspflicht nach § 74 Abs. 2 HGB. Entsprechend knüpft § 75 HGB an § 74 Abs. 1 HGB a.F. an und lässt das Wettbewerbsverbot bei vertragswidrigem Verhalten oder Kündigung des Arbeitgebers entfallen. Innerhalb der gesetzlichen Grenzen[1123] sind Wettbewerbsverbote gegenüber Art. 12 Abs. 1 GG zulässig,[1124] da das „berechtigte Interesse" letztlich durch praktische Konkordanz zwischen den grundrechtlichen Interessen der Parteien entsteht.[1125]

b) Übertragbarkeit

Am Ende steht die bereits angedeutete Frage, ob die handelsrechtlichen Normen und Wertungen auf die öffentlich-rechtlich determinierten Politischen Entscheider übertragbar sind. Gemein ist beiden Berufsbeschränkungen die Angst vor dem Transfer internen Wissens. Da je nach Fallgestaltung das Wissen unterschiedlich virulent ist, sträubte sich die Reichsregierung und sträubt sich die amtierende Bundesregierung gegen „mechanische" Grenzen.[1126] Dabei werteten bzw. werten Reichs- und Bundesregierung den Seitenwechsel unterschiedlich: Was der Reichsregierung zum Schutz von Industrie und Unternehmertum nicht lang genug sein kann, dämpft die Bundesregierung angesichts der Berufsfreiheit und der eigenen Zukunft.

Zunächst unterscheidet sich der formelle Status von Amtsträgern und Handelsgehilfen, denn Letztere werden nicht durch Hoheitsakt in das Amt berufen, sondern per Vertrag eingestellt. Diese rein formelle

1122 BAGE 23, 382 (386 f.); 25, 330 (342 f.); *Spinner*, in: MüKo BGB, § 611a Rn. 1147.

1123 § 1 GWB, § 1 UmwG, §§ 823, 826 BGB; zusammenfassend *v. Hoyningen-Huene*, in: MüKo HGB I, § 74 Rn. 5.

1124 BAG, Urteil vom 04.10.1958 – 2 AZR 200/55, AP 7 zu Art. 12 GG; Urteil vom 11.02.1960 – 5 AZR 79/58, AP 20 zu Art. 12 GG; *Bauer/Diller*, Wettbewerbsverbote, Rn. 366 m.w.N.; zu Art. 45 AEUV *Koenig/Steiner*, NJW 2002, S. 3583 (passim).

1125 Ausdrücklich BGHZ 151, 389 (389) gegenüber einem arbeitnehmerähnlichen Arzt.

1126 *Rieberding* (Staatssekretär im RJM), in: RT Plenarprotokoll, 1895/97,7, 5535B f.; *de Maizière* (CDU), in: BT Plenarprotokoll (Sten. Ber.) 18/84, 7976C.

Trennung bedarf allerdings einer inhaltlichen Konkretisierung. So kommt das Bundesverfassungsgericht an anderer Stelle zu dem Schluss, dass „der systeminterne Besoldungsvergleich durch den systemexternen Gehaltsvergleich mit der Privatwirtschaft ergänzt [wird]“[1127]. Dem Wortlaut nach könnte der beamtete „Gefolgsmann“[1128] dem Handlungsgehilfen gleichstehen, doch trifft die Dienereigenschaft auf staatsleitende Amtsträger, insbesondere die Gubernative, nicht zu. Die Entstehungsgeschichte widerspricht einer Ausdehnung auf „Betriebsbeamte und Techniker“.[1129] Zwar umfasst § 110 GewO alle Arten von Angestellten, doch unterstreicht dieser Befund den Ausnahmecharakter der Regelung des § 75 HGB hinsichtlich der „Betriebsbeamten“. Systematisch thematisiert § 75 HGB den Grund der Entlassung, der gegenüber Politischen Entscheidern nur minimal Relevanz entfaltet, etwa bei der Entlassung auf eigenen Antrag gegenüber § 105 Abs. 1 Satz 1 BBG und einer Nachversicherung.[1130] Eine vergleichbare Interessenlage ist nicht erkennbar, denn das Handelsgesetzbuch schützt den wirtschaftlich Schwachen; Verdienste von bis zu 100.000 € pro Vortrag strotzen vor ökonomischer Kraft. Zudem sichern die Versorgungsbezüge von Regierungsmitgliedern und Beamten deren wirtschaftliche Existenz. Der Ansehensschutz ist nicht Zweck der Wettbewerbsverbote. Mit anderen Worten sind die Regelungsziele des Handelsrechts nicht auf die hiesige Thematik übertragbar.

2. Wirtschaftliche Entscheider

Angestellte schützt § 110 Satz 1 GewO aufgrund ihres wirtschaftlichen Abhängigkeitsverhältnisses. Etwas anderes könnte sich jedoch für Ge-

1127 BVerfGE 130, 263 (293); bestätigt durch BVerfGE 140, 240 (288).

1128 Ursprünglich stammt der Begriff Amt aus dem Altdeutschen ambahti, was dem Gallischen ambactus entlehnt ist, und einen Gefolgs- oder Dienstmann bezeichnet *Seebold*, in: Kluge, Etymologisches Wörterbuch, S. 41.

1129 RT Protokolle 1911/14,18, Anlage Nr. 575, S. 728.

1130 s.o. C.III.2.a)dd), S. 162.

schäftsführer und Vorstandsmitglieder (nachfolgend Wirtschaftliche Entscheider)[1131] ergeben, für die §§ 74 ff. HGB nicht gelten.[1132]

a) Regelungsziele gegenüber Wirtschaftlichen Entscheidern

Die mutmaßliche Regelungslücke schließen die Gerichte ausdrücklich, indem sie direkt auf § 138 BGB i.V.m. Art. 2 und Art. 12 GG zurückgreifen.[1133] Inhaltlich liege keine vergleichbare Interessenlage gegenüber Handlungsgehilfen vor, da das Ansehen des Unternehmens bei einem Organmitglied stärker betroffen sei,[1134] das Organmitglied infolge seiner arbeitgebergleichen Stellung weniger schutzbedürftig sei[1135] und Wirtschaftliche Entscheider leichter auf interne Kenntnisse zugreifen und diese verwerten könnten.[1136]

Die inhaltlichen Rahmenbedingungen sind freilich die gleichen wie im Handelsrecht, da der BGH die „in §§ 74 ff. HGB zum Ausdruck gekommenen Rechtsgrundsätze" im Rahmen der Interessenabwägung heranzieht, „wenn sie dem Schutze eines berechtigten Interesses des Gesellschaftsunternehmens dienen und nach Ort, Zeit und Gegenstand die Berufsausübung und wirtschaftliche Betätigung des Geschäftsführers nicht unbillig erschweren"[1137]. Der BGH hat etwa ein zweijähriges Verbot für die Übernahme von Mandaten aus den letzten drei Jahren als wirksam erachtet, einer parallelen Tätigkeitsuntersagung auf den gleichen Arbeitsfeldern aber verneint.[1138] Neben vertraglichen Wettbewerbsverboten beschränken § 85 GmbHG, § 404 AktG

1131 „Organmitglieder" vgl. nur *Boecken/Rudkowski*, in: Ebenroth u.a., HGB, § 74 Rn. 8 m.w.N.

1132 BGHZ 91, 1 (5); BGH, NJW 1968, S. 1717 (1717); 2002, S. 1875 (1876); BGH, NJW-RR 2008, S. 1421 (1422); zur Gegenauffassung in der Literatur *Bauer/Diller*, Wettbewerbsverbote, Rn. 1038 m.w.N.

1133 BGHZ 91, 1 (5); OLG Düsseldorf, NZG 2000, S. 737 (737).

1134 BGHZ 91, 1 (4); *v. Hoyningen-Huene*, in: MüKo HGB I, § 74 Rn. 9.

1135 *Boecken/Rudkowski*, in: Ebenroth u.a., HGB, § 74 Rn. 8.

1136 BGHZ 91, 1 (6); *Bauer/Diller*, Wettbewerbsverbote, Rn. 1035.

1137 BGHZ 91, 1 (5); bestätigt durch BGH, NJW 1968, S. 1717 (1717); 2002, S. 1875 (1876).

1138 BGHZ 91, 1 (6 f.).

die Verwertung von Betriebs- oder Geschäftsgeheimnissen.[1139] Zum Teil regeln die strafrechtlichen Normen das neue Anstellungsverhältnis, da der Geschäftsführer ohne zeitliche Einschränkung und Entschädigung auch nach der Zeit als Geschäftsführer die internen Kenntnisse gem. § 85 Abs. 1 GmbHG, § 404 Abs. 1 AktG nicht offenbaren darf.[1140] Andererseits darf der Wirtschaftliche Entscheider sein während der Leitungszeit erworbenes berufsbedingtes Wissen auf eigene Rechnung in den neuen Job einbringen,[1141] solange er keine Betriebs- oder Geschäftsgeheimnisse *offenbart.*[1142] Diese Abwägung der „berechtigten Interessen" über § 34 StGB modifiziert Art. 12 Abs. 1 GG zugunsten des Ausgeschiedenen, wenn er im Rahmen eigener Erwerbstätigkeit Geschäftsgeheimnisse *verwertet.*[1143] Bei der Verwertung ist eine Interessenabwägung im Einzelfall erforderlich.[1144] Die Alternativen verdeutlichen im Spannungsverhältnis mit den unbestimmten Rechtsbegriffen des § 34 StGB, dass *ipso iure* nachwirkende Pflichten bestehen, deren genauer Umfang aber einzelfallgebunden ist.[1145] Ein direktes Tätigkeitsverbot folgt aus § 85 GmbHG und § 404 AktG genauso wenig wie aus § 353b StGB.[1146]

b) Übertragbarkeit

Auch mit Blick auf die Wirtschaftlichen Entscheider ist fraglich, inwiefern die obigen Wertungen auf Politische Entscheider übertragbar sind. Die Bestellung von Geschäftsführern (§ 6 Abs. 3 Satz 1 GmbHG)

1139 Beide Normen entsprechen einander für die jeweilige Rechtsform: *Müller-Michaels*, in: Hölters, AktG, § 404 Rn. 5; *Raum* in: Henssler/Strohn, Gesellschaftsrecht, AktG § 404 Rn. 1.

1140 BGHZ 91, 1 (6); *Semler*, EWiR § 45 GmbhG 1/85, S. 299.

1141 LG Bochum, NJW-RR 1991, S. 1315 (1316); *Tiedemann/Rönnau*, in: Scholz III, GmbHG, § 85 Rn. 45.

1142 OLG Karlsruhe, NJOZ 2006, S. 2190 (2190); *Tiedemann/Rönnau*, in: Scholz III, GmbHG, § 85 Rn. 45.

1143 *Bauer/Diller*, Wettbewerbsverbote, Rn. 1030; zurückhaltend *Haas*, in: Baumbach/Hueck, GmbHG, § 85 Rn. 18; *Tiedemann/Rönnau*, in: Scholz III, GmbHG, § 85 Rn. 45; a.A. *Altmeppen*, in: Roth/Altmeppen, GmbHG, § 85 Rn. 22 f.

1144 *Dannecker*, in: Michalski u.a., GmbHG II, § 85 Rn. 75; *Schaal*, in: Rowedder/Schmidt-Leithoff, § 85 Rn. 16.

1145 Vgl. C.IV.1.b), S. 172.

1146 s.o. C.VIII.2., S. 191.

und Vorstandsmitgliedern (§ 84 Abs. 1 Satz 1 AktG) durch Beschluss nähert die Wirtschaftlichen Entscheider den Politischen an. Ferner könnten „Staatsleitung“ und „Konzernleitung“ ein ähnliches Machtgepräge aufweisen. Allerdings üben Regierungsmitglieder und Staatssekretäre während der Amtszeit einseitig Hoheitsgewalt aus,[1147] sodass die Stellungen leitungstechnisch divergieren.

Nach der Amtszeit kommt es jedoch nicht mehr auf amtliche Befugnisse an, vielmehr unterliegen die Politischen Entscheider fortwirkenden Treuepflichten.[1148] Ausdrücklich legitimiert der Bundesgerichtshof nachvertragliche Wettbewerbsverbote gegenüber Wirtschaftlichen Entscheidern gleichermaßen mit „nachwirkenden Treuepflichten“[1149], sodass die Befugnisse während der vorangegangenen Tätigkeit nicht entscheidend sind. Im Spannungsverhältnis mit den Treuepflichten steht die erstarkende Berufsfreiheit, die beiden Gruppen zu Gute kommt.[1150] Im Rahmen der Güterabwägung von Art. 12 Abs. 1 GG beschneiden die nachwirkenden Pflichten den Wissenstransfer an Dritte. Zwar bringen Dritte das Verhalten von Wirtschaftlichen Entscheidern stärker mit dem Unternehmen insgesamt in Verbindung als bei Angestellten,[1151] doch ist damit nichts über den Inhalt der Zuschreibung gesagt. Der Schein des konkurrierenden ehemaligen Organmitglieds deutete zwar auf eine Zweitverwendung des Fachwissens hin, etwa bezüglich Kundenbeziehungen und Lieferketten, jedoch nicht auf eine „dienstwidrige“ vorherige Arbeitsweise. Der Wirtschaftliche Entscheider hat regelmäßig das Wohl des Unternehmens als Maßstab, den die Jahresbilanz in Zahlen ausdrückt. Der Politische Entscheider muss sein Handeln hingegen nach dem Allgemeinwohl ausrichten,[1152] sodass andere Tätigkeiten im öffentlichen Sektor grundsätzlich zulässig sind.

Zusammenfassend sind zwar die schädlichen Aspekte der Zweitverwendung von Fachwissen und der nachgelagerten Korruption auf die Leitungsebenen privater Unternehmen übertragbar, doch müssen

1147 *Battis*, Innenausschuss-Drucks. 16/99, S. 14 f.

1148 s.o. C.III.2.a)aa), S. 157.

1149 BGHZ 91, 1 (5).

1150 Für Regierungsmitglieder vgl. C.II.1.a)aa), S. 103 Fn. 494; für Beamte *Bäumel*, in: Innenausschuss-Drucks. 16/99, S. 20.

1151 s.o. C.IX.2.a), S. 199 Fn. 1134.

1152 s.o. C.II.1., S. 47.

die Wettbewerbsverbote auf andersgelagerte Konstellationen reagieren, sodass die rechtlichen Rahmenbedingungen von denen der Politischen Entscheider abweichen. Normativ lässt sich das an Art. 12 Abs. 1 GG festmachen, der zwar für Private, nicht jedoch für den Staat streitet. Folglich können die Befunde der Rechtsprechung gegenüber Wirtschaftlichen Entscheidern nicht auf Politische Entscheider übertragen werden, sodass die Berufsfreiheit stets als Maßstab des Einzelfalls dient.

3. Karenzzeit für Vorstandsmitglieder vor Aufsichtsratsmandaten

Die aktienrechtliche Besonderheit des § 100 Abs. 2 Satz 1 Nr. 4 AktG zwingt Vorstandsmitglieder zu einer zweijährigen Karenzzeit vor Antritt eines Aufsichtratmandats in demselben börsennotierten Unternehmen, solange nicht 25% der Stimmrechte des Unternehmens den vorherigen Vertretungsberechtigten vorgeschlagen haben. Die gesetzliche, an die vorherige Vorstandstätigkeit anknüpfende Sperrfrist könnte Aufschluss über nachamtliche Karenzzeiten geben, etwa hinsichtlich Dauer und Ausnahmemöglichkeiten.

a) Regelungsziele der Karenzzeit

Der Wortlaut begrenzt den Anwendungsfall eindeutig auf Wechsel vom Vorstand in den Aufsichtsrat, sodass umgekehrte Personalentscheidungen zulässig bleiben.[1153] Ferner ist die Karenzzeit fix auf zwei Jahre ausgelegt[1154] und kennt einen generellen Eigentümerdispens bei 25% der Stimmrechte an der Gesellschaft.[1155] Folglich beschränkt die Norm nur eine bestimmte Wechselkonstellation, sodass dessen Begründung in der Eigenart der Umstände liegt.

Mit der systematischen Auslegung sticht der auf börsennotierte Aktiengesellschaften limitierte Anwendungsbereich hervor, sodass Gesellschaften mit beschränkter Haftung – soweit lediglich der Gesellschaftsvertrag zur Wahl eines Aufsichtsrats verpflichtet (§ 52 Abs. 1

1153 *Habersack*, in: MüKo, AktG II, § 100 Rn. 42.
1154 *Habersack*, in: MüKo, AktG II, § 100 Rn. 44.
1155 *Simons*, in: Hölters, AktG, § 100 Rn. 27.

GmbHG) – Geschäftsführer ohne „Cooling-Off-Periode“ in den Aufsichtsrat wählen können. Denn § 52 Abs. 1 GmbHG verweist nur auf § 100 Abs. 2 Satz 1 Nr. 2 AktG. Ist die Gesellschaft zur Wahl eines Aufsichtsrats verpflichtet (vgl. § 52 Abs. 2 GmbHG), verweisen zwar § 1 Abs. 1 Nr. 3 DrittelbG und § 6 Abs. 2 Satz 1 MitbestG – als Rechtsgrundverweisungen – unter anderem auf § 100 Abs. 2 Satz 1 Nr. 4 AktG, doch gilt die Vorschrift nur für börsennotierte Aktiengesellschaften.[1156] Im Zusammenspiel mit § 105 AktG regelt § 100 AktG die Voraussetzungen für eine Mitgliedschaft im Aufsichtsrat: § 105 Abs. 2 Satz 4 AktG stellt Aufsichtsratsmitglieder von dem Wettbewerbsverbot des § 88 AktG ausdrücklich frei.[1157] Der internen Stellung nach bezieht sich § 105 Abs. 2 Satz 4 AktG nur auf den zweiten Absatz, d.h. auf ersatzweise zu Vorstandsmitgliedern bestellte Aufsichtsräte. Folglich greift auch nicht § 100 Abs. 2 Satz 1 Nr. 4 AktG bei der Rückkehr nach der provisorischen Entsendung in den Vorstand, weil es zum einen an einer Neubestellung fehlt und zum anderen die Möglichkeit der kurzen Überbrückung von Engpässen im Führungspersonal *ad absurdum* führte.[1158] Somit erfährt die Sperrfrist neben der 25%-Ausnahme eine zweite Durchbrechung für vorübergehend im Vorstand aushelfende Aufsichtsratsmitglieder. In der Konsequenz kann die wechselnde Person ihre Kenntnisse barrierefrei aus dem einen in das andere Organ transferieren. Die Freistellung von § 88 AktG unterstreicht die unternehmensinterne Zweitverwendung.

Die Beschlussempfehlung des Rechtsausschusses erteilt im Zuge der genetischen Auslegung Auskunft über die Norm. Dieser fand es bedenklich, „dass das ehemalige Vorstandsmitglied den neuen Vorstand behindern und die Bereinigung strategischer Fehler oder die Beseitigung von Unregelmäßigkeiten aus der eigenen Vorstandszeit unterbinden könnte“[1159]. Die Beschränkung auf börsennotierte Unternehmen gründet auf dem „systematische[n] Kontrolldefizit durch die

1156 *Müller*, in: Prinz/Winkeljohann, Beck'sches Handbuch der GmbH, § 6 Rn. 78.

1157 Kritisch *Heidbüchel*, WM 2004, S. 1317 (1321); *Spindler*, in: ders./Stilz, AktG I, § 105 Rn. 37, da der Aufsichtsrat das vorübergehende Vorstandsmitglied nach § 88 Abs. 1 Satz 1, 2 AktG im Einzelfall freistellen könne.

1158 *Koch*, in: Hüffer/Koch, AktG, § 100 Rn. 14; *Simons*, in: Hölters, AktG, § 105 Rn. 21.

1159 BT-Drucks. 16/13433, S. 11.

Eigentümergesamtheit". Einigen sich jedoch 25% der Stimmrechte auf einen Kandidaten, so entfällt das Kontrolldefizit infolge von „Streubesitz und der faktischen Kooptation der Aufsichtsratsbesetzung durch den Vorstand". Folglich soll ein ehemaliges Vorstandsmitglied nicht in den Aufsichtsrat wechseln, damit eine effektive Kontrolle der Vorstandstätigkeit gewährleistet bleibt. Diese geforderte Trennung der beiden Organe durchbricht der Wortlaut mit dem Eigentümervorbehalt. Den Zielkonflikt zwischen unabhängiger Aufsicht und professionalisiertem Aufsichtsrat zur besseren Beratung und Kontrolle löst die Norm durch den Gedanken der Eigentümerkontrolle.[1160]

b) Übertragbarkeit

Für Mitglieder des Aufsichtsrats gelten ebenfalls die Ausführungen zu § 85 Abs. 1 GmbHG und § 404 Abs. 1 Satz 2 Alt. 2 AktG, jedoch lassen sie sich mangels Vertretungsbefugnis nicht auf Wettbewerbsverbote übertragen.[1161] Anders gewendet scheidet eine Anwendung auf die Politischen Entscheider ohnehin aus, da der Aufsichtsrat eine Kontrollfunktion wahrnimmt,[1162] die im politischen Bereich dem Parlament obliegt.

Bezogen auf das Phänomen des Seitenwechsels kommt es zudem zu einer Inkongruenz: Während Politische Entscheider nach ihrem Amt einer Karenzzeit unterliegen, damit ihre vorangegangene Tätigkeit nicht zugunsten des darauffolgenden Arbeitgebers leidet oder sie ihr internes Wissen vermarkten, soll der Vorstand gerade seine Unternehmenskenntnisse für eine wirksame Kontrolle mitnehmen. Ferner ist kaum denkbar, wie die Aussicht auf ein späteres Aufsichtsratsmandat die Vorstandstätigkeit beeinträchtigen könnte, insbesondere da der Hauptversammlung die Aufsichtsratsbestellung gem. § 101 Abs. 1 Satz 1 AktG obliegt. Höchstens versucht umgekehrt der Vorstand zu seinen Gunsten Einfluss auf die Aufsichtsratsbesetzung zu nehmen. Da der Übertritt zwischen zwei Organen desselben Unternehmens in Rede steht, passt die Wechselthematik zwischen Staat und Wirtschaft

1160 *Habersack*, in: MüKo, AktG II, § 100 Rn. 39; *Velte*, WM 2012, S. 537 (539).
1161 *Bauer/v. Medem*, GWR 2011, S. 435 (435), s.a. § 105 Abs. 2 Satz 4 AktG.
1162 Vgl. nur *Habersack*, in: MüKo, AktG II, Vor. § 95 Rn. 2 f.

nicht. Vielmehr müsste der Wechsel vom Vorstand in den Aufsichtsrat, unter Berücksichtigung des grundsätzlich zulässigen Wechsels innerhalb des öffentlichen Sektors, eher für einen durchgängigen Austausch zwischen den Gremien sprechen.

4. Ergebnis

Weder die Wettbewerbsverbote für Handlungsgehilfen noch die für Wirtschaftliche Entscheider oder die Karenzzeit für Vorstandsmitglieder lassen sich auf die Politischen Entscheider übertragen. Zwar nähert die Berufsfreiheit die Politischen und Wirtschaftlichen Entscheider einander an, doch fehlt den nichtstaatlichen Akteuren die maßgebliche Rückbindung an das Allgemeinwohl,[1163] sodass das Spannungsverhältnis abweicht.

1163 *Häberle*, Öffentliches Interesse, S. 48 f.

D. Empirische Erhebung des Seitenwechsels

Ein solcher Sachverhalt – gemeint ist das Phänomen des Seitenwechsels – sei per Gesetz nicht regelbar, hieß es im Bundestag.[1164] Die Novelle widerlegt den Abgeordneten *Dr. Uhl (CSU)*, doch mehren sich die oppositionellen Stimmen, für eine sachgerechte Ermessensausübung fehle es Regierung und Parlament an Erfahrung.[1165] Daher erfasst die nachfolgende Untersuchung die Anschlusstätigkeiten von Politischen Entscheidern, welche zwischen 2002 (15. Wahlperiode) und 2013 (17. Wahlperiode) ein entsprechendes Amt inne hatten und subsumiert ihr Verhalten sowohl unter die neue Beschränkung als auch unter § 105 Abs. 1, 2 BBG.

I. Bisherige Empirie

Einschlägige Empirie gibt es bis jetzt nur wenig:[1166] Lobbycontrol untersuchte den Werdegang der Mitglieder des Kabinetts Schröder II und stellte Schäden für die Demokratie fest.[1167] Andere beschreiben die rot-grüne Bundesregierung unter Gerhard Schröder, beschränken sich allerdings auf die Amtszeit der Regierungsmitglieder.[1168] Die „Lobby-Studie" dient mangels anderer Erhebungen als Basis weiterer Diskurse.[1169] Eine neuere Schrift aus dem Jahr 2014 untersucht ebenfalls die Drehtürthematik und weist auf die öffentliche Unzugänglichkeit der

---

1164 *Uhl* (CSU), in: BT Plenarprotokoll 18/8, 435D.

1165 s.o. C.I.8.d).

1166 Vgl. *Bamberger*, Nachamtliche Tätigkeitsbeschränkungen, S. 41 f.; *Battis*, DVBl. 2015, S. 832 (832); *Tillack*, in: Innenausschuss-Drucks. 16/99, S. 21.

1167 *Klein/Höntzsch*, Fliegender Wechsel, S. 2.

1168 *Kempf/Merz*, in: dies., Kanzler 1998–2005, S. 134–383; *Kempf/Gloe*, in: Kempf/Merz/Gloe, Kanzler 2005–2013, S. 61–262; *Wolfrum*, Rot-Grün an der Macht, ab S. 501.

1169 Vgl. *Ohle*, Drehtüreffekt, S. 2.

beamtenrechtlichen Auskünfte hin, sodass eine derartige Empirik „notgedrungen lückenhaft“ bleiben müsse.[1170] Diese Einschätzung basiert unter anderem auf einer sozialwissenschaftlichen Untersuchung, welche sich mit der postpolitischen Tätigkeit von Abgeordneten beschäftigt.[1171] Ein anderes sozialwissenschaftliches Forschungsprojekt beschränkt sich zwar auf die 12. und 13. Wahlperiode,[1172] liefert aber ebenso anregende Überlegungen zum beruflichen Verbleib der Abgeordneten.[1173] Für den vorliegenden Zusammenhang ist diese Untersuchung freilich nur weiterführend, soweit die Politischen Entscheider auch Abgeordnete waren.

Diesen Dualismus erhebt § 1 Abs. 1 Satz 1 Hs. 2 ParlStG für Parlamentarische Staatssekretäre zur Regel, von der nur für jene im Bundeskanzleramt abgewichen werden kann.[1174] Für beamtete Staatssekretäre liefert das ParlStG keinen Erkenntnisgewinn, da gem. Art. 137 Abs. 1 GG i.V.m. § 40 Abs. 1 Satz 1 BBG Bundestagsmandat und Exekutivamt unvereinbar sind. Die Ausführungen zur Berufswahl nach dem Mandat[1175] sind hingegen abstrakt mit Blick auf die Motivationslage gehaltvoll. Gleiches gilt für eine Betrachtung der Parlamentarischen Staatssekretäre bis 2005,[1176] denn die Annahmen zu den dortigen „Umsteigern“ basieren auf ähnlichen Gedanken wie jene zu den Seitenwechslern.[1177]

Eine systematische Auswertung, insbesondere mit Blick auf das hiesige Forschungsziel, ist bisher unterblieben. Die vorliegende Betrachtung erfolgt entsprechend ihrer 20 Kategorien differenzierter als die bisherigen Erhebungen. Daten zu beamteten Staatssekretären sind ebenso rar wie aktuelle Untersuchungen. Trotz des – zumindest im hiesigen Kontext – wenig belastbaren Zahlenmaterials, wagen einige Autoren Prognosen über die Häufigkeit eines „fliegenden Wechsels“

1170 *Bamberger*, Nachamtliche Tätigkeitsbeschränkungen, S. 41 f.

1171 *Edinger/Schwarz*, Nach dem Mandat, S. 9; ferner *Piechaczek*, Lobbyismus, S. 7 f.

1172 *Kreiner*, Amt auf Zeit, S. 29.

1173 *Kreiner*, Amt auf Zeit, S. 44 ff.

1174 Eine Auswertung hinsichtlicher der amtlichen Funktionen von Parlamentarischen Staatssekretären findet sich bei *Menzenbach*, Die Parlamentarischen, S. 366–388.

1175 *Edinger/Schwarz*, Nach dem Mandat, S. 26 ff.

1176 *Hefty*, Staatssekretäre, S. 166.

1177 *Hefty*, Staatssekretäre, S. 247.

vom Staatsamt in die Privatwirtschaft: Die jeweiligen Prozentangaben variieren und beziehen sich auf andere Kollektive[1178] als jenes der Politischen Entscheider. Konsens besteht indes über die zunehmende Zahl an Wechseln seit 2005.[1179]

II. Forschungsziel

Das vorliegende Werk soll die Brücke zwischen der Novelle und der Wechselwirklichkeit der davorliegenden Jahre schlagen. Dabei schafft die Untersuchung keine soziologische Erklärung für den Übertritt und strenggenommen auch keine Rückbindung zwischen Normanwendung und Gesellschaft, da die Vorschrift seit Inkrafttreten noch keinen Fall erfasst hat. Vielmehr handelt es sich um hypothetische Rechtstatsachenforschung, indem sie fragt: Wie hätten nach der Novelle die Politischen Entscheider a.D. hinsichtlich neuer Beschäftigungen behandelt werden müssen? Neben der Evaluation der Regelungstechnik,[1180] etwa ob alle relevanten Fälle sachgerecht erfasst werden, kommt die verfassungsrechtliche Würdigung nicht ohne tatsächliche Wertungen aus. Zum einen beantwortet die Realität die Frage der Geeignetheit, zum anderen fordert die Angemessenheit eine abstrakte Gewichtung der verschiedenen Belange, deren Wertigkeit jedoch erst die Rechtswirklichkeit legitimiert.[1181]

1178 Vgl. *Edinger/Schwarz*, Nach dem Mandat, S. 33, 68 ff.

1179 *Bamberger*, Nachamtliche Tätigkeitsbeschränkungen, S. 42, 44; *Kreiner*, Amt auf Zeit, S. 116; *Lösche*, Verbände, S. 114 ff.; *Priddat/Speth*, Neues Lobbying, in: Priddat, Politik unter Einfluss, S. 167 (167); *Kempf/Gloe*, Einleitung, in: Kempf/Merz/Gloe, Kanzler 1998–2005, S. 10 (32 f.); ferner *Hoeven*, NStZ 2013, S. 617 (617).

1180 Vgl. *Bender*, Praktikerforschungsgruppe Stuttgart, in: Heinz, Rechtstatsachenforschung, S. 133 (134 ff.); *Voßkuhle*, VerwArch 85 (1994), S. 567 (574 f.).

1181 *Maurer*, Verwaltungsrecht, in: Heinz, Rechtstatsachenforschung, S. 125 (126): „erforderlicher Praxisbezug"; *Voßkuhle*, VerwArch 85 (1994), S. 567 (577) warnt vor „kaum gangbaren, rein dogmatischen Lösungswegen".

III. Schwierigkeiten bei Rechtstatsachenforschungen

Rechtstatsachenuntersuchungen scheinen nicht nur wegen der sperrigen Begrifflichkeit unbeliebt:[1182] Durch die Abhängigkeit von der Kooperationsbereitschaft Dritter entsteht ein schwierig abschätzbares „Forschungsrisiko“,[1183] Fördermittel zur Bewältigung des zusätzlichen Aufwands sind selten beizutreiben[1184] und der rechtliche Ertrag ist fraglich. Während die (Rechts-)Soziologie gesellschaftliche Phänomene und die damit korrespondierende Wirkung des Rechts untersucht, beschreibt die Rechtstatsachenforschung die Rückkopplung des Rechts zur Wirklichkeit.[1185] Daher besteht die Gefahr, mit der Analyse lediglich vorhandene Vermutungen zu bestätigen, ohne neue Erkenntnisse über die Rechtswirklichkeit zu gewinnen.[1186]

Als Folge der Schwierigkeiten und der umfangreichen rechtlichen Analyse sowie verfassungsrechtlichen Würdigung könnte der Schluss naheliegen, die Dissertation ohne Empirie abzuschließen.[1187] Da die Evaluationsfrage jedoch umstritten ist, die Staatspraxis keine Erfahrung mit Karenzzeiten für Politiker hat und das beamtenrechtliche Pendant an einem Vollzugsdefizit[1188] leidet, kann auf die Rechtstatsachenuntersuchung nicht verzichtet werden.

1182 Zusammenfassend *Remmert,* Dienstleistungen, S. 109–117.

1183 *Bartscher,* Verwaltungsvertrag, S. 23; *Schlette,* Verwaltung, S. 246 Fn. 16.

1184 *Bartscher,* Verwaltungsvertrag, S. 27 f.; *Remmert,* Dienstleistungen, S. 113; *Voßkuhle,* VerwArch 85 (1994), S. 567 (581 f.).

1185 *Voßkuhle,* VerwArch 85 (1994), S. 567 (567, 569 f.); *Wach,* Methodologische Probleme, in: Chiotellis/Fikentscher, Rechtstatsachenforschung, S. 89 (93).

1186 *Bartscher,* Verwaltungsvertrag, S. 23; *Derlien,* VerwArch 75 (1984), S. 256 (261); vgl. *Voßkuhle,* VerwArch 85 (1994), S. 567 (582 f.).

1187 Vgl. *Remmert,* Dienstleistungen, S. 114.

1188 Die Evaluierung des Gesetzes beugt streng genommen keinem Vollzugs-, sondern einem Konzeptionsdefizit vor. *Voßkuhle,* VerwArch 85 (1994), S. 567 (572 f.) unterscheidet daher zwischen Gesetzgebungs- und Normkonkretisierungsprozess.

IV. Forschungsmethodik

Neben den faktischen Problemen sind methodische Klippen zu umschiffen. Die Ergebnisse müssen unabhängig[1189] von der forschenden Person,[1190] den Befragten und der Erhebungssituation reproduzierbar sein (Objektivität).[1191] Die Rechtstatsachenforschung als Form der empirischen Sozialforschung[1192] unterliegt daher den gleichen methodischen Voraussetzungen wie sozialwissenschaftliche Untersuchungen.[1193] Die Objektivität sichern eindeutig definierte und kontrollierte Randbedingungen.[1194]

1. Untersuchungsgegenstand

Einleitend ist der Untersuchungsgegenstand festzulegen:[1195] Neben der zeitlichen Komponente des Erhebungszeitraums ist die Grundgesamtheit auch sachlich, instanziell und funktional[1196] abzugrenzen.[1197] Die Erhebung erfasst nur die Politischen Entscheider ab der 15. Wahlperiode bis einschließlich der 17. Wahlperiode (Erhebungszeitraum). Im

1189 Kritisch zur fehlenden Offenlegung der Untersuchungsmethoden *Remmert*, Dienstleistungen, S. 116; *v. Falckenstein*, Rechtstatsachenforschung, in: Chiotellis/Fikentscher, Rechtstatsachenforschung, S. 77 (82).

1190 Zur Objektivierung als Mittel gegen subjektive Einflüsse bei nur einem Forscher *Borchhardt/Göthlich*, Erkenntnisgewinn, in: Albers u.a., Methodik, S. 33 (45).

1191 *Heidenreich*, Testen und Messen, in: Roth/Holling, Sozialwissenschaftliche Methoden, S. 342 (354); *Rehbinder*, Rechtssoziologie, Rn. 52; *Wach*, Methodologische Probleme, in: Chiotellis/Fikentscher, Rechtstatsachenforschung, S. 89 (90).

1192 *Rehbinder*, Rechtssoziologie, Rn. 52; *Voßkuhle*, VerwArch 85 (1994), S. 567 (570); kritisch *v. Falckenstein*, Rechtstatsachenforschung, in: Chiotellis/Fikentscher, Rechtstatsachenforschung, S. 77 (82).

1193 *Rehbinder*, Rechtssoziologie, Rn. 52 f.; V. *Falckenstein*, Rechtstatsachenforschung, in: Chiotellis/Fikentscher, Rechtstatsachenforschung, S. 77 (82); vgl. *Remmert*, Dienstleistungen, S. 117; *Voßkuhle*, VerwArch 85 (1994), S. 567 (579 f.).

1194 *Riesenhuber*, Forschung, in: Albers u.a., Methodik, S. 1 (2 f.).

1195 *Kaya/Himme*, Stichprobenbildung, in: Albers u.a., Methodik, S. 79 (79 f.); *Rehbinder*, Rechtssoziologie, Rn. 53; v. *Falckenstein*, Rechtstatsachenforschung, in: Chiotellis/Fikentscher, Rechtstatsachenforschung, S. 77 (83); vgl. *Remmert*, Dienstleistungen, S. 109 f.

1196 *Ipsen*, Verwaltungsrecht, Rn. 228–234.

1197 *Böhler*, Marktforschung, S. 132 ff.; *Rehbinder*, Rechtssoziologie, Rn. 53.

Erhebungszeitraum waren alle Parteien an der Regierungsbildung beteiligt, die insgesamt in der Bundesrepublik Deutschland an der Bundesregierung partizipiert haben; das sind die Fraktion der CDU, die Fraktion von Bündnis 90/Die Grünen, die Fraktion der SPD und die der FDP.[1198] Erhebungsstichtag ist der 31.12.2016. Auch wenn andere Motive[1199] möglicherweise die Politischen Entscheider vorheriger Wahlperioden geleitet haben, bleibt dies aufgrund der angestrebten Aktualität der Studie unberücksichtigt. Folglich repräsentieren die Personen des Erhebungszeitraums nicht die Grundgesamtheit aller Politischen Entscheider a.D.,[1200] mithin wird ein aktuelles Bild der Situation wiedergeben, das – solange keine grundlegenden tatsächlichen oder rechtlichen Änderungen eintreten – als Grundlage für die Beurteilung der abstrakten Regelungstechnik fruchtbar gemacht werden kann. Die instanzielle Begrenzung folgt aus der Fokussierung auf den Bund. Neben den Adressaten der Novelle finden beamtete Staatssekretäre Beachtung, damit eine faktisch belastbare Aussage zum Gleichheitssatz möglich ist.

Im Erhebungszeitraum waren 201 Personen Politische Entscheider: zwei Bundeskanzler, 45 Bundesminister, 71 Parlamentarische und 83 beamtete Staatssekretäre.[1201] Dabei sind sechs Parlamentarische Staatssekretäre im Erhebungszeitraum zum Bundesminister aufgestiegen und einer ist beamteter Staatssekretär geworden. Ein beamteter Staatssekretär avancierte zum Bundesminister und eine beamtete Staatssekretärin war nach ihrem Verwaltungsamt Bundesministerin und ist mittlerweile Parlamentarische Staatssekretärin. Maßgeblich im Rahmen dieser Untersuchung ist jeweils das zuletzt bekleidete Amt.

1198 Deutscher Bundestag, Datenhandbuch, Kapitel 6.2, Stand: 18.07.2019

1199 s.o. B.I.

1200 Dafür wären statistisch 2000 Probanden erforderlich gewesen, die es im hiesigen Kontext nicht gibt, vgl. *v. Falckenstein*, Rechtstatsachenforschung, in: Chiotellis/Fikentscher, Rechtstatsachenforschung, S. 77 (86).

1201 Deutscher Bundestag, Datenhandbuch, Kapitel 6.3, Stand: 02.06.2017.

2. Forschungsdesign

Die Untersuchung verfolgt einen deduktiven-quantitativen Ansatz.[1202] Die meisten Indikatoren (Antworten des Fragebogens nach Anhang 2, und die Sekundärerhebung) schildern dichotome Variablen. Eine Eins folgt, wenn die Kategorie erfüllt ist, ansonsten eine Null (Kodierung). Ausnahmen bilden die zeitlichen Angaben, namentlich die Dauer im Amt, der Zeitraum des Anspruchs auf Übergangsgeld, die Zeit zwischen Amt und neuer Tätigkeit (Zahlen auf Monatsebene) und das Alter bei Amtsende (in Jahren). Durch die Kodierung sind die Ergebnisse quantitativ greifbar[1203] und die so gefundenen Ergebnisse lassen sich – wenn auch abstrakt – unter das neue Gesetz subsumieren.

Freilich bilden die gefundenen Ergebnisse nur Indizien dafür, ob der Anwendungsbereich der Novelle eröffnet ist. Zudem hängt eine Untersagungsverfügung vom Ermessen der Regierung ab. Daher ist nicht auszuschließen, dass die Perspektive des Forschers die Schlussfolgerungen subjektiv prägen kann. Das gilt insbesondere für den Ansehensverlust i.S.v. § 6b Abs. 2 Satz 2 Nr. 2 BMinG. Gleichermaßen sind die genauen Inhalte der neuen Tätigkeiten oft weder öffentlich bekannt, noch im Zuge der Befragung angegeben worden noch überprüfbar, sodass zum Teil konkrete Informationen für den Nachweis eines qualifizierten Bezugs i.S.v. § 6b Abs. 2 Satz 2 Nr. 1 BMinG fehlen. Über die Höhe der Vergütung liegen ebenfalls keine umfassenden Daten vor. Zwar sind Abgeordnete verpflichtet, Einkommen aus Nebentätigkeiten zu veröffentlichen, doch sind nur einige der Politischen Entscheider nach ihrer Amtszeit Mandatsträger. Die Idee, die Versorgungsbezüge anhand der gesetzlichen Bestimmungen berechnen zu können, geht fehl: Die exakte Höhe hängt von den Lebensumständen des Einzelnen ab, z.B. wie lange die Amtszeit war, wie der Familienstand ist oder ob der Betroffene Kinder hat. Dasselbe gilt für eine nachamtliche Tätigkeit im öffentlichen Sektor. Die Besoldungsgruppe

1202 Grundlegend *Hempel/Oppenheim*, Logic of Explanation, in: Hempel, Wahrscheinlichkeitsbegriff, S. 135 (137–175); *Schnell/Hill/Esser*, Methoden der empirischen Sozialforschung, S. 52–67; in der Sache ebenso *Schirmer*, Empirische Methoden, S. 165: Deduktion als „Königsweg“ der quantitativen Forschung.

1203 Vgl. *Atteslander*, Sozialforschung, S. 70; *Häder*, Empirische Sozialforschung, S. 56 f.

mag feststellbar sein, der Bruttolohn und erst recht der Nettolohnanspruch hingegen nicht. Bliebe nur die Möglichkeit, die Einkommenshöhe direkt zu erfragen. Aufgrund der zugesicherten Verschwiegenheit haben einige wenige Befragte von sich aus Stellung zu der Höhe ihres Einkommens bezogen. Eine entsprechende Frage sah das Anschreiben jedoch nicht vor. Die Wahrscheinlichkeit, die Befragten könnten sich „ausgespäht fühlen" und eine Antwort gänzlich ablehnen, schien zu groß. Teilweise schwiegen die Befragten bereits auf die Frage nach dem „Ob" der Bezahlung, sodass sich diese Befürchtung im Nachhinein als berechtigt erwiesen hat.

3. Fragebogen

Anhand von Dokumenten werden bestehende Informationsquellen (Sekundärquellen) ausgewertet und mit neu produzierten Quellen (Primärquellen) abgeglichen und ergänzt. Die entstehenden Primärquellen basieren auf einem erstellten Fragebogen (Anlage 2, S. 317). Die Politischen Entscheider a.D. erhielten die Anfrage per E-Mail oder per Brief, die Antwort kam teilweise auch telefonisch. Die Vorgehensweise gründet auf der komplexen Situation von persönlichen Befragungen und den damit verbundenen Störfaktoren.[1204] Jedoch ist ohne weitere Überprüfung die Qualität von Sekundärquellen zweifelhaft,[1205] insbesondere wird oft nicht deutlich, in welchem Kontext die Daten produziert und ausgewertet wurden.[1206]

Der standardisierte Fragebogen sichert eine hohe Durchführungsobjektivität, da alle Befragten in der gleichen Art und Weise zu den gleichen Themen befragt wurden. Um Störfaktoren im Antwortverhalten der Befragten zu minimieren, wurde ihnen Anonymität zugesichert. Manche der Befragten unterhalten eigene Internetauftritte, auf welche sie in ihren Antworten verwiesen haben. Den Inhalt dieser Seiten geben die Politischen Entscheider vor, sodass sie üblicherweise mit

1204 *Bryman*, Social Research Methods, S. 213 ff., 224; *Häder*, Empirische Sozialforschung, S. 191 f., 228 f.

1205 *Bryman*, Social Research Methods, S. 211 f.

1206 *Churchill/Iacobucci*, Marketing Research, S. 169 f.; *Kromrey/Roose/Strübing*, Empirische Sozialforschung, S. 101.

den Antworten des Fragebogens identisch sind. Andernfalls würde sich der Befragte in Widersprüche zwischen den Angaben auf der Website und auf dem Fragebogen verwickeln. Die Gegenüberstellung von Primär- und Sekundärquellen erfolgte daher ohne die persönlichen Internetseiten. Lediglich das Alter und die Daten eines Vorverstorbenen (Lebensdaten) wurden ohne Kontaktversuch erhoben.

Hintergrund der Frage 1 sind die Kategorien der Amtsdauer, des Anspruchs auf Übergangsgeld und der Anschlussbezüge. Zudem sind die Daten zur Berechnung der Zeit zwischen Amt und neuer Tätigkeit sowie des Alters bei Amtsende und des potentiellen Ruhestands erforderlich. Das Enddatum legt auch ein fremdbestimmtes Amtsende nahe, wenn es mit dem Ende einer Legislaturperiode zusammenfällt.

Frage 2 beleuchtet den amtlichen Zuständigkeitsbereich, damit eine abstrakte Konnexität zwischen alter und neuer Tätigkeit im Sinne von § 6b Abs. 1 Satz 2 Nr. 1 BMinG hervortritt.

Frage 3 hinterfragt, ob die Art des Ausscheidens aus dem Amt sich auf das Wechselverhalten der Betroffenen auswirkt. So könnten freiwillig aus dem Amt geschiedene Politische Entscheider dieses mit Blick auf eine sichere Anschlusstätigkeit aufgegeben haben.

Frage 4 komplettiert die Daten für die Berechnung des Zeitraums zwischen den Tätigkeiten.

Frage 5 fragt nach der Position der Politischen Entscheider in der Wirtschaft. Ursprünglich war eine Unterscheidung i.S.v. Art. 66 Hs. 2 GG zwischen allgemeinen Berufsausübungsverboten und besonderen Berufswahlverboten für Leitungspositionen angedacht, die sich jedoch infolge des umfangreichen Anwendungsbereichs der Novelle erledigt hat.

Frage 6 spiegelt die zweite Frage des Tätigkeitsinhalts im nachamtlichen Bereich und ermöglicht so Rückschlüsse auf den Zusammenhang der Tätigkeiten sowie auf etwaige Ansehensverluste der Regierung.

Hintergrund der Frage 7 ist, dass ein Ansehensverlust des Politischen Entscheiders a.D. bei unentgeltlichen nachamtlichen Tätigkeiten kaum denkbar ist. Eine etwaige – verglichen mit dem neuen Aufgabenfeld – unangemessen hohen Vergütung kann Grund für die Besorgnis einer Beeinträchtigung öffentlicher Interessen sein.

Frage 8 erhellt den Zeitraum, in dem Übergangsgeld bezogen wurde und fragt nach etwaigen Anrechnungen.

Frage 9 schließt die Erhebung mit der Unterscheidung zwischen Anschlusstätigkeiten im öffentlichen oder privaten Sektor. Die Differenzierung basiert auf der Privilegierung des öffentlichen Sektors gem. § 6a Abs. 1 Satz 1 BMinG.

4. Kategorien der Auswertungsmatrix

Eine Schwarz-Weiß-Betrachtung wird dem komplexen Themengebiet nicht gerecht[1207] und mit dem Abgeordneten *Dr. Uhl (CSU)*[1208] ist zuzugestehen, dass vielgestaltige Wechselkonstellationen denkbar sind. Der Komplexität nehmen sich die insgesamt 20 Kategorien der nachfolgenden Auswertungsmatrix an.

a) Noch im Amt

Da manche Politischen Entscheider über mehrere Wahlperioden hinweg im Amt bleiben, muss die Statistik bereinigt werden: All jene Amtsträger, die zum 31.12.2016 noch im Amt sind, erfasst die Erhebung zwar aufgrund ihrer vorangegangen Amtszeit, sie scheiden aber mangels der Möglichkeit zum Seitenwechsel aus.

b) Amtsdauer

Die Amtsdauer bezieht sich nur auf die Ämter der Politischen Entscheider innerhalb des Erhebungszeitraums. Eine Ausnahme gilt nur für diejenigen Amtsträger, die ihr Amt bereits vor dem 17. Oktober 2002 innehatten und weiterhin bekleideten. Die Amtsdauer berechnet sich nach Monaten. Ein angebrochener Monat wird dabei nach § 47a Abs. 1 Satz 2 BeamtVG im Einklang mit § 4 Abs. 1 BBesG als ganzer

1207 *V. Alemann/Eckert*, APuZ 15-16/2006, S. 3 (3).
1208 *Uhl* (CSU), in: BT Plenarprotokoll 18/8, 435D.

Monat gewertet.[1209] Die Dauer des Übergangsgelds richtet sich nach der Amtsdauer und je länger der Politische Entscheider das Amt bekleidet, desto weiter kann er sein persönliches Netzwerk ausbauen und desto mehr Fachwissen erlangt er. Umgekehrt verliert Wissen aus einer vorherigen Tätigkeit an Aktualität.

c) Fremdbestimmtes Amtsende

Das Amtsende ist fremdbestimmt, wenn der Politische Entscheider entlassen oder in den einstweiligen Ruhestand versetzt wurde, ohne vorher das Amtsende mittels eines entsprechenden Antrags (§ 9 Abs. 2 Satz 2 BMinG oder § 4 Satz 1 ParlStG oder § 52 Abs. 3 BBG sowie § 33 Abs. 2 Satz 1 BBG) angestrebt zu haben, d.h. ohne selbst aktiv geworden zu sein. Sofern der Politische Entscheider sein bevorstehendes Amtsende zwar begrüßt, etwa infolge geänderter politischer Verhältnisse, aber entsprechende Tätigkeiten unterlässt, ist das Amtsende weiterhin fremdbestimmt. Die Art des Amtsendes entscheidet für beamtete Staatssekretäre über Anschlussbezüge und erklärt, ob der Politische Entscheider fremdbestimmt in einen neuen Beruf wechseln musste.

d) Anspruch Übergangsgeld

Nach Amtsende haben Politische Entscheider grundsätzlich einen befristeten Anspruch auf die Fortgewährung ihrer (ggf. verminderten) Amtsbezüge gem. § 14 Abs. 1 BMinG (ggfs. i.V.m. § 6 ParlStG) oder § 47a Abs. 1 Satz 1 BeamtVG.[1210] Diese Kategorie erfasst, ob der Politische Entscheider a.D. grundsätzlich einen Anspruch auf Übergangsgeld hat, da dieses gem. § 6d BMinG die Sperre kompensiert.[1211]

e) Dauer Übergangsgeld

Die Dauer der Gewährung ist regelmäßig an die vorangegangene Amtsdauer geknüpft, vgl. § 14 Abs. 2 Satz 1 BMinG (ggf. i.V.m. § 6 ParlStG) und § 47a Abs. 2 BeamtVG. Die Kategorie umfasst die drei-

1209 *Brinktrine/Rauscher*, in: Kugele, BeamtVG, § 47a Rn. 7.
1210 s.o. C.V.
1211 s.o. C.V.1., S. 177.

monatige Weitergewährung der Dienstbezüge gem. § 4 Abs. 1 BBesG. Sofern die Dauer künftiger Untersagung den zeitlichen Umfang des Übergangsgelds übersteigt, verlängert § 6d BMinG die Bezugsdauer.

f) Ruhegehalt, Unterhaltsbeitrag und Altersgeld

Parallel oder alternativ zu dem Anspruch auf Übergangsgeld kann den Politischen Entscheidern a.D. gem. § 15 Abs. 1 Satz 1 BMinG (ggf. i.V.m. § 6 ParlStG) oder gem. § 4 Abs. 1 Satz 1 BeamtVG nach ihrer Amtszeit ein Ruhegehalt zustehen. Sofern ein beamteter Staatssekretär vor der Ableistung einer Dienstzeit von fünf Jahren die Altersgrenze erreicht, könnte er einen Anspruch auf Unterhaltsbeitrag nach § 15 Abs. 1 oder Abs. 2 BeamtVG haben. Scheidet ein beamteter Staatssekretär auf eigenen Wunsch aus dem Amt, gewährt ihm § 1 Abs. 1 AltGG einen Anspruch auf Altersgeld, sofern keine zwingenden dienstlichen Gründe entgegenstehen und der Ausscheidende eine Nachversicherung unterlässt.[1212] Der Begriff „Anschlussbezüge" umfasst Ruhegehalt, Unterhaltsbeitrag und Altersgeld. Die Anschlussbezüge sind entgegen dem Übergangsgeld nicht befristet und vermitteln einen generellen Überblick über die finanzielle Situation der Ausgeschiedenen.

g) Neues Einkommen

Benennt die vorstehende Kategorie die Anschlussbezüge an das Amt, beleuchtet diese Ziffer neue Einkommen, die formell unabhängig von dem Amt sind. Unerheblich ist an dieser Stelle, ob das neue Einkommen im öffentlichen oder im privaten Sektor erzielt wird.[1213] Das neue Einkommen belegt parallel zu den Anschlussbezügen die finanzielle Situation der ausgeschiedenen Amtsinhaber. Die Höhe des neuen Einkommens bleibt indes unberücksichtigt. Letztlich wäre auch nach dem Erkenntnisgewinn aufgrund der Einkommenshöhe zu fragen: Beeinflusst die Höhe der Vergütung die Bereitschaft zur einseitigen Machtausübung und Netzwerknutzung? Die (höchst interessante) Frage, ab welcher Summe jemand eine bestimmte Handlung vornimmt oder unterlässt, muss im Rahmen dieser Arbeit offenbleiben.

1212 s.o. C.VI.3.

1213 Zur Unterscheidung s.u. D.IV.4.k) und D.IV.4.o).

h) Anrechnung

Oft treffen mehrere Einkommen aufeinander und werden nach gesetzlichen Vorgaben wechselseitig angerechnet. Neues Einkommen kann das Übergangsgeld oder die Anschlussbezüge reduzieren.[1214] Beamtete Staatssekretäre bekommen gem. § 4 Abs. 1 Satz 1 BeamtVG entweder Ruhegehalt oder Übergangsgeld, bei Regierungsmitgliedern und Parlamentarischen Staatsekretären ruhen die Ruhegehaltsbezüge gem. § 20 Abs. 1 BMinG bis zur Höhe des vom Staat zu zahlenden Übergangsgelds. Ein Doppelbezug von Übergangsgeld und Ruhegehalt scheidet aus. Zudem deckeln Höchstgrenzen die Verdienstmöglichkeiten von Beamten.[1215] Die Anrechnung verbindet die verschiedenen Einkommensarten, sodass eine Betrachtung der Einkommenssituation nicht gesondert auf einzelne Einkommen geschieht. Unberücksichtigt müssen Einkünfte bleiben, die nicht aus selbständiger oder abhängiger Tätigkeit stammen, wie Vermietung und Verpachtung, Kapitalerträge, sonstige Gewinne oder Erbschaften etc.

i) Zeit zwischen Amtsende und neuer Tätigkeit

Der Wert bezeichnet das arithmetische Mittel aller neuen Tätigkeiten, d.h. im privaten und im öffentlichen Sektor, innerhalb von drei Jahren, da hier die Maximalsperre liegen sollte.[1216] Bei verschiedenen Wechseln in die Privatwirtschaft zählt nur die zeitlich erste Anstellung. Indem die Zeit zwischen Amtsende und neuer Tätigkeit erfasst wird, können Überlegungen über die Dauer einer Karenzzeit angestellt werden.

j) Alter bei Amtsende

Die Erhebung erfasst das Alter des Politischen Entscheiders bei Amtsende und gibt dieses als arithmetischer Gesamtmittelwert wieder. Falls die Studie ein durchschnittliches Wechselalter nahe der gesetzlichen

1214 Vgl. *Zentgraf*, Finanzielle Status, in: v. Arnim, Bezahlung von Politikern, S. 99 (102 f.).

1215 s.o. C.VI.1. f.

1216 s.o. C.I.8.a).

Altersgrenze gem. § 51 BBG (ggf. i.V.m. § 15 Abs. 3 Satz 1 Nr. 1 BMinG) ergäbe, könnten all jene Befürchtungen einer exponentiellen Wechselkultur unter Verweis auf den Ruhestand beschwichtigt werden.

k) Wechsel in die Privatwirtschaft

Arbeitet ein Politischer Entscheider innerhalb von drei Jahren nach der Amtszeit in der Privatwirtschaft, gleich welche rechtliche Form dieser Verbindung zugrunde liegt, kommt es zu einem Wechsel im hiesigen Sinne. Auf dieser Stufe ist es unerheblich, ob die neue Tätigkeit unentgeltlich oder gemeinnützig ist. Ebenso werden die Gründung eines eigenen Unternehmens und die Ausübung eines freien Berufs erfasst. Zur Privatwirtschaft zählen Aktiengesellschaften, Gesellschaften mit beschränkter Haftung, offene Handelsgesellschaften, Kommanditgesellschaften und Partnerschaftsgesellschaften sowie sonstige Zusammenschlüsse von freien Berufen zu wirtschaftlichen Zwecken. Freie Berufe i.S.v. § 1 Abs. 2 PartGG werden zur Privatwirtschaft gezählt, da sie gem. § 8 Abs. 3 PartGG als GmbH oder nach der Rechtsprechung als Aktiengesellschaft tätig werden können.[1217] Stiftungen und eingetragene Vereine wirtschaften zwar nicht primär und durchlaufen ein öffentliches Anerkennungsverfahren, zählen aber zum Zwecke dieser Untersuchung zur Privatwirtschaft, sofern die satzungsgemäße Entscheidungskompetenz nicht Hoheitsträgern in ihre Funktion als Hoheitsträger übertragen wurde.

l) Wechsel in ein privates Ehrenamt

Eine Tätigkeit in der Privatwirtschaft kann auch im Hauptamt unentgeltlich ausgeübt werden. Parallel zu Art. 66 GG schadet eine – ggf. pauschalierte – Aufwandsentschädigung nicht, solange kein berufsähnlicher Charakter entsteht.[1218] Danach liegt zwar ein genereller Wechsel vor, der die Anzahl der Wechsler insgesamt erhöhen kann –

1217 BGHZ 161, 376 (384).

1218 *Busse*, in: Friauf/Höfling, BK GG IV, Art. 66 Rn. 7; *Epping*, in: v. Mangoldt/Klein/Starck, GG II, Art. 66 Rn. 6; *Schenke*, in: Bonner Kommentar, Art. 66 Rn. 23.

sofern kein anderweitiger Wechsel vorliegt[1219] –, jedoch modifiziert das Ehrenamt die Qualität des Übertritts, was im Rahmen der Güter- und Interessenabwägung ins Gewicht fällt.

m) Wechsel hin zu einer Unternehmensgründung

Gründet ein Politischer Entscheider nach seiner Amtszeit ein eigenes Unternehmen, wurde er nicht aus der Privatwirtschaft angeworben. Die Unternehmensgründung zählt somit gleichermaßen zu den Wechseln mit überschließenden Qualitätsmerkmalen. Der Betreffende kann trotzdem sein Fachwissen „versilbern" und sein vorhandenes Netzwerk instrumentalisieren.

n) Wechsel in einen freien Beruf

Freie Berufe dienen (auch) der Allgemeinheit nach § 1 Abs. 2 Satz 1 PartGG, sodass der Wechsel in einen solchen eine besondere Gewichtung rechtfertigt. Wechselt ein Politischer Entscheider a.D. in einen freien Beruf, kann dies parallel zu den vorstehenden Ziffern die Anzahl der Wechsel erhöhen.

o) Öffentlicher Sektor

Der öffentliche Sektor bildet das Pendant zum privaten Sektor. In einem ersten Schritt betrachten werden alle Bereiche des Bundes (einschließlich Sondervermögen), der Länder, Gemeinden und Gemeindeverbände (einschließlich deren Einrichtungen wie Krankenhäuser) betrachtet.[1220] Weiterhin bilden die Beschäftigten des öffentlichen Diensts und die Parlamentsabgeordneten den öffentlichen Sektor. Eine neue Beschäftigung im öffentlichen Dienst unterfällt weder der Anzeigepflicht des § 6a Abs. 1 Satz 1 BMinG noch dem Verbotsvorbehalt des

1219 Daher ergibt die unten vorgenommene Auswertung keine relativen Zahlen (d.h. wieviel Prozent von den Wechseln insgesamt ehrenamtlich waren). Denn für die statistische Rückbindung ist immer nur ein Wechsel pro Person möglich. Andernfalls käme es zu der faktisch nicht aufzuklärenden Frage, ob z.B. mehrere Vorträge mehrere Übertritte begründen. Dies gilt auch für die anderen besonderen Wechselkategorien.

1220 Vgl. Duden, Universal Wörterbuch, S. 1669 „staatlich".

§ 6b Abs. 1 Satz 1 BMinG. Die Abgeordnetentätigkeit indes gefährdet keine öffentlichen Interessen. Weitere Unterscheidungen, etwa zwischen vergüteten und ehrenamtlichen Tätigkeiten, sind damit überflüssig.

p) Fortsetzer

Insbesondere Beamte und Abgeordnete kehren nach ihrer Amtstätigkeit in ihr altes Berufsfeld zurück (Fortsetzer). Losgelöst vom Sektor der Tätigkeit ergibt sich grundsätzlich eine neutrale Wiederbeschäftigung. Denn in dem ursprünglichen Beruf wird das dort erlernte berufsbedingte Wissen und regelmäßig nicht das exklusive Amtswissen eingesetzt. Mithin steht die Stelle in keiner Verbindung mit dem politischen Amt, sodass der Politische Entscheider a.D. keinen unrechtmäßigen Vorteil aus seiner Amtszeit wird ziehen können. Alleine der gesteigerte Bekanntheitsgrad ist als „extralegaler Bonus“[1221] kein Indikator für eine Interessenkollision zwischen vorheriger Amts- und anschließender Berufstätigkeit. Teilweise können Amtsträger ihren vorherigen Beruf sogar als Nebentätigkeit ausüben, etwa Rechtsanwälte oder Abgeordnete.[1222]

q) Ruhestand

Manche Politischen Entscheider, etwa solche, die infolge der Altersgrenze aus dem Dienst geschieden sind, könnten es bei dem Ruhestand belassen. Der (alleinige) Eintritt in den Ruhestand begründet keine „Beschäftigung“ i.S.v. § 6a Abs. 1 Satz 1 BMinG.

r) Verstorben

Verstirbt ein Politischer Entscheider während der Amtszeit, erledigen sich alle weiteren Fragen. Diese betrübliche Kategorie verhindert statistische Verzerrungen.

1221 *Morlok/Krüper*, NVwZ 2003, S. 573 (574).
1222 Vgl. E.II.2.

s) Konnexität der Tätigkeitsbereiche

Die Kategorie spiegelt § 6b Abs. 2 Satz 2 Nr. 1 BMinG wider und speist sich aus den amtlichen Tätigkeiten sowie den Anschlussbeschäftigungen. Die Kategorie betrachtet dabei abstrakt die Tätigkeitsfelder. Inwiefern das neue Aufgabenfeld sich tatsächlich mit dem alten Aufgabenfeld deckt, hängt von der internen Betriebsorganisation des Arbeitgebers ab und bleibt regelmäßig im Dunkeln.

t) Ansehensverlust

Konsequenter Weise beleuchtet diese Kategorie den potentiellen Ansehensverlust der Regierungsarbeit i.S.v. § 6b Abs. 2 Satz 2 Nr. 2 BMinG. Übereinstimmend mit obigen Wertungen[1223] stellt das Kriterium überwiegend auf die Art der Tätigkeit ab. Der Vergütungshöhe kann wegen der überwiegend fehlenden Angaben und der bloßen Indizwirkung nur geringes Gewicht beigemessen werden. Gewichtiger ist die Art der Tätigkeit, z.B. wenn der Politische Entscheider gerade als „politischer Berater“ oder ähnliches eingestellt oder als Selbstständiger engagiert wurde. Die Erfassung in dieser Kategorie beruht auf einer Bewertung, da genaue Tätigkeitsinhalte der neuen Beschäftigung nie mit „Lobbytätigkeit“ angegeben wurden, doch reicht der Anschein einer intransparenten Politikbeeinflussung aus. Anhaltspunkte für die Ansehensgefährdung infolge der neuen Beschäftigung bietet die Liste der Seitenwechsler von Lobbycontrol.[1224]

V. Datenerhebung

Die Probleme bei der Datenerfassung und -analyse[1225] sowie die Verzerrungsmöglichkeiten mittels Statistik sind groß und haben ihr zum Teil erhebliche Kritik eingebracht.[1226] Den wissenschaftlichen Anspruch

1223 s.o. C.I.2.b)cc)(2), S. 48.

1224 https://lobbypedia.de/wiki/Seitenwechsler_in_Deutschland_im_%C3%9Cberblick (abgerufen am 12.09.2020).

1225 *Schnell/Hill/Esser*, Methoden der empirischen Sozialforschung, S. 139 ff., 403 f.

1226 Vgl. *Krämer*, So lügt man mit Statistik, S. 29 ff.; und der Ausspruch, „ich traue keiner Statistik, die ich nicht selbst gefälscht habe“, welcher bemerkenswerterweise

dieser Untersuchung soll nach Maßgabe der drei Hauptkriterien Objektivität[1227], Zuverlässigkeit und Validität gesichert werden.[1228]

1. Zuverlässigkeit

Das Fehlen von zufälligen, unsystematischen Fehlern umschreibt die Zuverlässigkeit (oder Reliabilität) einer Studie.[1229] Da Wiederholungen kaum möglich waren, schließlich war bereits die erste Beantwortung des Fragebogens von der Hilfsbereitschaft der Befragten abhängig, half als Paralleltest[1230] ein Abgleich mit Primär- und Sekundärquellen zuverlässige Ergebnisse zu produzieren.[1231] Die wirklichen Werte können mangels öffentlicher und geprüfter Angaben oft nur geschätzt werden.[1232] Dieser Schwachpunkt ist allen Befragungen gemein,[1233] sodass die Zuverlässigkeit alleine kein hinreichendes Gütekriterium ist.[1234] Z.B. erklärte ein Wechsler, er bekomme als Geschäftsführer einer Beratungsgesellschaft nur eine Aufwandsentschädigung.[1235] Dass seine Ehefrau und er laut Handelsregister die gewinnbeteiligten Gesellschafter sind, verschwieg er.

---

entweder Winston Churchill oder Joseph Goebbels zugesprochen wird, *Barke*, Veröffentlichungen des statistischen Landesamt Baden-Württemberg, 11/2004.

1227 s.o. D.IV.

1228 siehe hierzu *Himme*, Gütekriterien, in: Albers u.a., Methodik, S. 485 (485); *Schirmer*, Empirische Methoden, S. 70 ff.

1229 *Böhler*, Marktforschung, S. 111; *Himme*, Gütekriterien, in: Albers u.a., Methodik, S. 485 (486 f.).

1230 *Fisseni*, Diagnostik, S. 53 f.

1231 *Borchhardt/Göthlich*, Erkenntnisgewinn, in: Albers u.a., Methodik, S. 33 (45); *Schirmer*, Empirische Methoden, S. 63.

1232 Dieses Problem erkennend und offenlassend *Bamberger*, Nachamtliche Tätigkeitsbeschränkungen, S. 41 f.

1233 *Fisseni*, Diagnostik, S. 49 ff.; *Himme*, Gütekriterien, in: Albers u.a., Methodik, S. 485 (487).

1234 *Bryman*, Social Research Methods, S. 211 f.

1235 Politischer Entscheider 293, Primär- und Sekundärquellen.

2. Validität

Neben zufälligen Fehlern sind auch systematische Verstöße auszuschließen (Validität).[1236] Ein validitätsgefährdendes Thema in Form unterlassener Antworten der Befragten bleibt. Grundsätzlich ist zwischen *Unit-Nonresponse* und *Item-Nonresponse* zu unterscheiden. *Unit-Nonresponse* bezeichnet den kompletten Ausfall eines Befragten, *Item-Nonresponse* nur die Ablehnung einzelner Fragen.[1237] Die *Unit-Nonresponse* umfasst ausgefallene Antworten aufgrund der fehlgeschlagenen Kontaktaufnahme oder mangelnder Überzeugungsleistung. Zwar waren die ausgehenden E-Mails mit einer systematischen Abfrage des Übermittlungsstatus verbunden (Successful Mail Delivery Report), doch lässt sich daraus nicht folgern, ob der politische Entscheider die E-Mail tatsächlich zur Kenntnis genommen hat oder er eine Beantwortung aus inhaltlichen, zeitlichen oder subjektiven Gründen ablehnt. So könnten ihm die Fragen trotz der zugesicherten Anonymität zu privat gewesen sein oder ihm der „Duktus" des Anschreibens missfallen haben. Zudem bringen die Antworten den Probanden keinen Vorteil: Die Teilnahme an der Befragung war freiwillig und unentgeltlich. Umso mehr gebührt den Antwortenden mein Dank! Gleiches gilt für postalische Kontaktversuche. Manche Befragten haben ihre Ablehnung der Befragung offen bekundet – etwa, weil sie annahmen, die Befragung stelle sie unter Generalverdacht oder weil sie an Befragungen aus zeitlichen Gründen oder generell nicht teilnähmen,[1238] manche haben schlicht nicht geantwortet.[1239] Von 201 Politischen Entscheidern haben 57 auf die Anfrage reagiert.

Die *Item-Nonresponse* beschreibt die partiell ablehnenden Antworten – z.B. sind manche Politischer Entscheider auf die Frage nach dem Übergangsgeld schlicht nicht eingegangen.[1240] Ebenso kann eine *Item-Nonresponse* auf dem *Missing by Design* beruhen, d.h. der fragliche Wert

1236 *Balderjahn*, WiSt 32 (2003), S. 130 (130 f.).

1237 *Häder*, Empirische Sozialforschung, S. 178 f.

1238 Z.B. Politischer Entscheider 114, Primärquelle; Politischer Entscheider 262, Primärquelle.

1239 Z.B. Politischer Entscheider 120, der Grund der Nichtantwort ist unbekannt.

1240 Z.B. Politischer Entscheider 275, Primärquelle; Politischer Entscheider 272, Primärquelle.

wurde nicht von dem Forschungsdesign berücksichtigt.[1241] Das ist z.B. bei den Lebensdaten der Fall, doch werden diese ohne weiteres über Sekundärquellen erfasst. Insofern verzerrt weder ein *Missing by Design* noch letztlich eine *Item-Nonresponse* oder eine *Unit-Nonresponse* das Bild, da es sich jedes Mal um einen Fall des *Missing at Random* handelt, d.h. die fehlenden Daten sind an anderer Stelle abrufbar.[1242] Zu einem *Missing not at Random*,[1243] d.h. zur Nichtantwort bei zeitgleichem Ausfall der Sekundärquellen, was einen maßgeblichen Störfaktor bildet, kam es lediglich teilweise hinsichtlich des Bezugs von Übergangsgelds. Dementsprechend stellt die nachfolgende Auswertung auf den Anspruch und nicht auf tatsächlichen Bezug des Übergangsgelds ab.

Ein „Gschmäckle" bleibt freilich, denn mit der Annahme des *Missing at Random* könnte auf eine primäre Datenproduktion scheinbar gänzlich verzichtet werden. Unabhängig davon, ob sekundär alle Daten gewonnen werden könnten, sichert die direkte Befragung auf mehreren Wegen einen hohen wissenschaftlichen Standard: Mit dem Anschreiben – gleich ob per E-Mail oder Brief – erhielten die Befragten Kenntnis von der Erfassung ihrer personenbezogenen Daten.[1244] Obendrein haben so die Befragten die Möglichkeit, selbst zu Wort kommen. Das verhindert zum einen die Verkürzung der Ergebnisse und zum anderen geben die Befragten ob der Offenheit der Fragen bei gleichzeitiger Anonymität mehr von sich preis.[1245] Teilweise waren nachamtliche Tätigkeiten der Politischen Entscheider a.D. nicht öffentlich bekannt,[1246] teilweise wurden im Internet kursierende und gegenseitig übernommene Fehlinformationen (z.B. ein vermeintlicher Parlamentarischer Staatssekretär entpuppt sich als beamteter Staatssekretär) aufgedeckt.[1247] Darüber hinaus mag ein Hinweis über die Datenerfassung moralisch geboten sein.[1248] Mit dem Fragebogen nehmen die Politischen Entscheider das Forschungsprojekt und ihre Teilnahme daran zur Kenntnis. Endlich ist es

1241 *Göthlich*, Fehlende Daten, in: Albers u.a., Methodik, S. 119 (120).
1242 *Göthlich*, Fehlende Daten, in: Albers u.a., Methodik, S. 119 (121).
1243 Ebd.
1244 Vgl. *Noelle-Neumann/Petersen*, Alle, nicht jeder, S. 41.
1245 Vgl. *Behnke/Meuser*, Geschlechterforschung, S. 17 f., 38; vgl. *Kreiner*, Amt auf Zeit, S. 26.
1246 Vgl. z.B. Politischer Entscheider 256, Primärquelle: Vergütete Vortragstätigkeiten.
1247 Vgl. z.B. Politischer Entscheider 231, Primär- und Sekundärquellen.
1248 *Schnell/Hill/Esser*, Methoden der empirischen Sozialforschung, S. 409.

auch ein Gebot der Fairness, nach Möglichkeit allen Beteiligten die Chance zu geben, selbst Position zu beziehen.

3. Datenschutz

Über die bloße Mitteilung hinaus fordern manche Sozialwissenschaftler bereits vor der Geltung der DSGVO die positive Einwilligung aus datenschutzrechtlichen Gründen.[1249] Rechtlich war damals das Bundesdatenschutzgesetz gem. § 1 Abs. 2 Nr. 3 BDSG a. F. einschlägig. Das BDSG legte dieser Forschung ohne Mitwirkung der Betroffenen keine Steine in den Weg, da die Daten mittels öffentlich zugänglicher Quellen erhoben werden konnten; die Zulässigkeit ergab sich aus der Natur der Sache sowie der ratio des § 4 Abs. 2 Satz 2 BDSG a. F.[1250] Ferner sahen bereits damals Teile der Literatur die Einwilligung als entbehrlich an, wenn die Einholung der Zustimmung unmöglich war,[1251] z. B. wenn die Anschrift des Betroffenen fehlte. Darüber hinaus hätten Daten auch ohne die Mitwirkung der Untersuchten erhoben werden dürfen, wenn eine Direkterhebung unverhältnismäßig gewesen wäre. Infolge des unbestimmten Rechtsgriffs wäre bei einer vorzunehmenden Gesamtwürdigung neben den Kosten auch der Zeit- und Arbeitsaufwand im Verhältnis zu der Sensibilität der Daten zu berücksichtigen gewesen. Soweit öffentlich zugängliche Quellen ohne über die gesuchten Informationen verfügt haben, war eine Befragung des Betroffenen vielfach unverhältnismäßig.[1252]

4. Datenproduktion

Die primäre Datenproduktion in Form von E-Mails, Briefen und Telefonaten bleibt anonym, selbst wenn die bloße Quellenangabe wenig über ihren Inhalt verraten mag. Damit keine Informationen verloren gehen, dokumentieren Gesprächsprotokolle die Telefonate. Belegen Primär-

1249 *Döring*, Sozialpsychologie des Internet, S. 201.
1250 *Gola/Schomerus*, BDSG, § 4 Rn. 24.
1251 *Simitis*, in: ders., BDSG, § 4a Rn. 52 m.w.N.
1252 *Gola/Schomerus*, BDSG, § 4 Rn. 28.

quellen eine Aussage, erfolgt eine verschlüsselte Nennung in der Fußnote.[1253] Die Fußnote basiert auf einem Zahlenalgorithmus und der Angabe, ob es sich auf eine Primär- oder Sekundärquelle handelt oder ob beide Quellen zusammen die Aussage belegen. Zum Teil verhalf auch das sog. Schneeballverfahren[1254] zu weiteren Primärdaten: Der hergestellte Kontakt zu einem Politischen Entscheider ergab neben Antworten auf den Fragebogen ggf. weitere Kontaktdaten anderer Politischer Entscheider. Schließlich ist davon auszugehen, dass die Befragten sich zum Teil unter einander kennen, teilweise bestätigten sie das über ihre Internetauftritte.[1255]

Insgesamt haben 57 von 201 Politischen Entscheidern auf die Anfrage reagiert, sodass gut 28% Primärquellen vorlagen. Eine derartige Antwortquote ist zum einen keinesfalls unüblich,[1256] zum anderen für die vorliegende Forschung ausreichend, da hinreichende Sekundärquellen vorhanden sind. Gründe für die vermeintlich niedrige Reaktionsquote können in der Sensibilität des Themas, in anderweitiger Arbeitsbelastung der Befragten oder in der Formulierung des Anschreibens liegen. Als Datengrundlage der Sekundärerhebung diente biographische Literatur,[1257] insbesondere Munzingers Archiv[1258] und das Datenhandbuch des Deutschen Bundestags[1259].

Die nachfolgende Liste ist nach Regierungsmitgliedern (Reg.-Mit.), Parlamentarischen Staatssekretären (PSts) sowie beamteten Staatssekretären (Sts) unterteilt.

1253 Vgl. zur Vorgehensweise *Kreiner*, Amt auf Zeit, S. 42 f.

1254 *Bortz/Döring*, Forschungsmethode, S. 128; *Schnell/Hill/Esser*, Methoden der empirischen Sozialforschung, S. 292.

1255 http://www.gerd-andres.de/person/literaturtipp_carofiglio.htm (abgerufen am 12.09.2020).

1256 *Remmert*, Private Dienstleistungen, S. 125: 38% für NRW; *Schlette*, Verwaltung, S. 248: 38,3%.

1257 *Kempf/Merz*, in: dies., Kanzler 1998–2005, S. 134–383; *Kempf/Gloe*, in: Kempf/Merz/Gloe, Kanzler 2005–2013, S. 61–262; *Wolfrum*, Rot-Grün an der Macht, ab S. 501.

1258 https://www.munzinger.de/.

1259 https://www.bundestag.de/datenhandbuch.

Z.	Kategorie	Reg.-Mit.	PSts	Sts	Gesamt[1260]
1	Anzahl (nicht mehr im Amt, %)	45 (34, 76%)	71 (60, 85%)	85 (70, 82%)	201 (164, 82%)
2	Noch im Amt	11 (24%)	11 (15%)	15 (18%)	37 (18%)
3	Amtsdauer	55,7 Monate	60,1 Monate	49,7 Monate	55,0 Monate
4	Amtsende fremdbestimmt	25 (74%)	52 (87%)	48 (69%)	125 (76%)
5	Anspruch Übergangsgeld	32 (94%)	57 (95%)	13 (19%)	102 (51%)
6	Dauer Übergangsgeld	21,2 Monate	20,8 Monate	25,2 Monate	22,5 Monate
7	Anspruch Anschlussbezüge	26 (76%)	46 (77%)	54 (77%)	126 (77%)
8	Neues Einkommen	31 (91%)	47 (78%)	52 (74%)	130 (79%)
9	Anrechnung[1261]	30 (97%)	46 (98%)	43 (83%)	119 (92%)
10	Zeit zwischen Amt/Tätigkeit	4,9 Monate	6,3 Monate	5,8 Monate	5,4 Monate
11	Alter bei Amtsende	56,1 Jahre	54,4 Jahre	56,8 Jahre	55,8 Jahre
12	Wechsler	19 (56%)	23 (38%)	35 (50%)	77 (47%)
13	Wechsel ehrenamtlich / gemeinnützig[1262]	6	5	7	18
14	Wechsel Gründung	4	2	3	9
15	Wechsel freier Beruf	5	3	1	9
16	Öffentlicher Sektor	22 (65%)	35 (58%)	34 (49%)	91 (55%)
17	Fortsetzer	18 (53%)	26 (43%)	11 (16%)	55 (34%)
18	Ruhestand	2 (6%)	5 (8%)	14 (20%)	21 (13%)
19	Verstorben	0	2 (3%)	1 (1%)	3 (2%)
20	Konnexität Tätigkeit[1263]	12 (63%)	12 (20%)	19 (27%)	43 (56%)
21	Ansehensverlust	12 (63%)	13 (22%)	18 (26%)	43 (56%)

VI. Datenauswertung

Werden die noch im Amt befindlichen Politischen Entscheider außen vor, kam es in 77 von 164 Fällen (ca. 47%) zu einem Seitenwechsel. Dieser vollzog sich in durchschnittlich unter sechs Monaten, d.h. unter der Hälfte der Regelsperrandrohung. Dabei könnte in 43 von 77 Fällen (ca. 56%) eine Konnexität der Tätigkeitsbereiche vorliegen, in 43 Fällen (ca.

1260 Maßgebend ist grundsätzlich die Anzahl derer, die nicht mehr im Amt sind.
1261 Maßgebend ist hier die Anzahl der neuen Einkommensbezieher.
1262 s. zu statistischen Erhebungsschwierigkeiten bereits D.IV.4.l), S. 221 Fn. 1219.
1263 Maßgebend ist hier und beim Ansehensverlust die Anzahl der Wechsler.

56%) steht ein Ansehensverlust zu vermuten.[1264] Verheerend für die Demokratie?

1. Zeitlich begrenztes Amt

Beginnend mit der Amtszeit von 55,0 Monaten, d.h. ca. viereinhalb Jahre, kann von einem Lebenszeitberuf keine Rede sein. Daher scheidet auch eine unbegrenzte berufliche Beschränkung aus. Da in 125 von 164 Fällen (ca. 76%) das Amtsende fremdbestimmt war, musste die Mehrzahl der Politischen Entscheider zwangsläufig einer neuen Tätigkeit nachgehen. Immerhin waren die Betroffenen im Schnitt erst 55,8 Jahre alt und somit über 10 Jahre von der Regelaltersgrenze entfernt. Das Problem des vorzeitigen Ausscheidens könnte das Ruhegehalt lösen, steht es immerhin 126 von 164 Betroffenen (ca. 77%) zu. Doch bei einer Amtszeit von vier Jahren sind dies nach § 15 Abs. 3 Satz 2 BMinG lediglich 27,74% des Amtsgehalts. Für Beamte sieht es gem. § 14 Abs. 4 BeamtVG mit einem Mindestruhegehalt von 35% der ruhegehaltfähigen Dienstbezüge i.S.v. § 5 BeamtVG nur unwesentlich besser aus, sofern sie vor ihrer Tätigkeit als beamteter Staatssekretär keine langjährige Beamtenlaufbahn durchlaufen haben. Zeitweise erhöht § 14 Abs. 6 BeamtVG gegenüber in den einstweiligen Ruhestand versetzten Beamten das Ruhegehalt für bis zu drei Jahren auf 71,75% der ruhegehaltsfähigen Dienstbezüge. Das schafft den Ausgleich gegenüber § 47a BeamtVG, da Beamte mit Ruhegehalt keinen Anspruch auf Übergangsgeld haben. So hatten von den 164 Personen 102 (ca. 51%) einen Anspruch auf Übergangsgeld. Innerhalb der beamteten Staatssekretäre waren es nur 13 von 70 Beamten (ca. 19%). Das Übergangsgeld wurde im Durchschnitt nur 22,5 Monate gewährt. Somit waren die scheidenden Politischen Entscheider faktisch nach knapp zwei Jahren auf ein neues Einkommen angewiesen. Da die Dauer die Zeitspanne der maximalen Untersagung von 18 Monaten übersteigt, dürfte § 6d BMinG kaum faktisch relevant werden. 130 von 164 (ca. 79%) Personen erzielten unabhängig von ihrem vorherigen Amt neues

1264 Überscheidungen zwischen der Konnexität und dem Ansehensverlust sind möglich, aber nicht zwingend.

Einkommen, wobei das Einkommen in 119 Fällen (ca. 92%) einer Anrechnung gegenüber ihren Anschlussbezügen unterlag.

Als erstes Zwischenergebnis lässt sich damit formulieren, dass die Betroffenen nur für ca. vier Jahre im Amt waren und daher keine hinreichende Altersabsicherung aufgrund des Amts genießen. Das zeitlich begrenzte Übergangsgeld hilft über dieses Problem nur temporär hinweg. Die Betroffenen haben im Durchschnitt noch zehn Jahre, bis sie die Regelaltersgrenze erreichen. Daher sprechen sowohl finanzielle wie ideelle Aspekte für eine neue Beschäftigung.

2. Nach dem Amt

Der scheinbar geringe Abstand zwischen Amt und neuer Tätigkeit von unter sechs Monaten bedarf zweier Korrekturen. Zum einen sind Anschlusstätigkeiten im öffentlichen Dienst gem. § 6a Abs. 1 Satz 1 BMinG herauszurechnen (insgesamt 91 Fälle). Davon sind ebenfalls Mandatsträger umfasst (insgesamt 37 Fälle), da sie gleichermaßen weiterhin gemeinwohlgebunden beschäftigt sind und daher keine Beeinträchtigung öffentlicher Interessen zu erwarten steht.[1265] Berücksichtigt man dies, wächst der Abstand zwischen den Tätigkeiten auf ca. 8,5 Monate. Damit könnte der Wechsel von regelmäßig innerhalb der ersten neun Monate einen Hinweis auf die marktrelevante Aktualität von Fachwissen und Kontakten geben. Demnach wäre eine Regelsperrandrohung von 12 Monaten ausreichend. Zu bedenken ist jedoch, dass der frühe Wechsel nicht zwingend auf einer marktorientierten Notwendigkeit basieren muss, sondern den Motiven der Akteure geschuldet sein kann. Das Wechselinteresse kann etwa in einem ideellen Beschäftigungsinteresse seinen Grund finden. Dagegen spricht wiederum, dass das ideelle Interesse auch in einer ehrenamtlichen Position hätte gelebt werden können. Dies ist aber nur in 18 Fällen geschehen.

Die infolge der beiden Korrekturen bereinigte Wechselquote ist nicht valide festzustellen, da manche Politische Entscheider sowohl in die Wirtschaft als auch in den öffentlichen Sektor gewechselt sind. Drei der Wechsler kehrten nach ihrem Wechsel in das Amt eines Poli-

1265 s.u. E.II.5.

tischen Entscheiders zurück. Jeweils neun Wechsel führten in die Gründung einer eigenen Firma oder erfolgten in freie Berufe. Letztere vollzogen sich alle im rechtsberatenden Bereich und die Politischen Entscheider a.D. sind zeitgleich Fortsetzer im privaten Bereich.

Aus dem Datenmaterial folgt zum einen, dass das Wechselverhalten vielseitig und keinesfalls auf Lobbyengagements begrenzt ist. Zum anderen ist die Anzahl an „formell" schädlichen Seitenwechseln kleiner als der erste Blick vermuten lässt. Allerdings lassen sich nicht alle ehrenamtlichen Wechsel von der Gesamtzahl der Übertritte subtrahieren, da oft dieselbe Person sowohl ehrenamtlich als auch entgeltlich verschiedene Anschlusstätigkeiten ausgeübt hat.[1266] Die 77 Wechsler erzeugen im Ergebnis 43 Mal den Verdacht einer Konnexität der Fachbereiche und 43 Mal den Anschein einer ansehensgefährdenden Anschlusstätigkeit. Davon treffen in 23 Fällen beide Alternativen zu, sodass 40 im Einzelfall potentiell schädliche Fälle übrigbleiben, die sich hälftig auf beide Alternativen aufteilen. Die Gesamtzahl potentiell schädlicher Wechsel liegt demnach bei 63 Fällen. Potentiell schädlich meint, dass der erforderliche qualifizierte Bezug zwischen den Tätigkeiten in den meisten Fällen nur mit Hilfe von Nachfragen nachgewiesen werden kann. Ähnliches gilt für den Ansehensverlust: Die hier vorgenommenen Bewertungen basieren auf Berichten aus der freien Presse und den Veröffentlichungen von NGOs, deren Bewertung nicht zutreffen muss. Das Ergebnis ist folglich nicht, dass 63 Betroffene eine Sperre verdient hätten, sondern dass in diesen Fällen besonders genau nachgeforscht werden muss. Doch selbst wenn nur etwa die Hälfte eines der Regelbeispiele des § 6b Abs. 1 Satz 2 BMinG erfüllt, belegt dies nachdrücklich das Erfordernis der neuen Regelung.

1266 Z.B. Politischer Entscheider Nr. 99, Sekundärquelle; Politischer Entscheider Nr. 154, Sekundärquelle; Politischer Entscheider Nr. 156, Primär- und Sekundärquelle.

3. Einschätzung der Bundesregierung und der Europäischen Kommission

Die Auswertung zeigt im Vergleich zu dem von der Regierung im Zuge der Novelle angenommenen Wechselverhalten von zwei Übertritten pro Jahr[1267] eine deutliche höhere Anzahl an neuen Engagements:

Jahr	Reg.-Mit.	PSts	Sts	Gesamt
Summe	19	23	35	77
2004	0	0	2	2
2005	2	3	1	6
2006	3	4	7	14
2007	0	2	2	4
2008	1	2	5	8
2009	1	1	2	4
2010	1	2	6	9
2011	1	2	2	4
2012	1	1	1	3
2013	1	1	0	2
2014	6	3	5	14
2015	2	1	0	3
2016	0	1	2	3

Die Annahme von zwei Wechseln pro Jahr trifft, selbst wenn man nur die Adressaten der Anzeigepflicht des § 6a Abs. 1 Satz 1 BMinG betrachtet, nur für 2004, 2005, 2007 und 2012 zu.[1268] Im Schnitt ist daher – bezogenen auf Regierungsmitglieder und Parlamentarische Staatssekretäre – mindestens von drei Wechseln pro Jahr auszugehen.

Die Europäische Kommission geht indes von fünf Wechslern im ersten Jahr nach dem Amtsende aus, im zweiten von dreien und danach jeweils von einem.[1269] Daraus folgt ein jährlicher Durchschnitt von 2,2 Wechseln gegenüber 28 Kommissionsmitgliedern. Die Regierung nimmt jedoch nur zwei Wechsel bei ca. 50 Regierungsmitgliedern und

1267 BT-Drucks. 18/4630, S. 9.

1268 Die Übersicht bezieht sich auf den avisierten Tätigkeitsbeginn, nicht auf den Zeitpunkt der Anzeige. Letzterer ist anhand der öffentlich zugänglichen Informationen nicht immer zu bestimmen.

1269 Beschluss E/1850/2003 vom 21.10.2003, S. 4.

Parlamentarischen Staatssekretären (im Rahmen des Kabinetts Merkel III) an.

Die modellierte Verteilung korrespondiert mit dem obigen Ergebnis, da in den Wahljahren sowie in dem jeweiligen Folgejahr eine erhöhte Wechselaktivität bei Regierungsmitgliedern und beamteten Staatssekretären festzustellen ist. So bilden die Jahre 2006, 2009, 2013 und 2014 Hochpunkte in der Wechselkurve der Regierungsmitglieder. Beamtete Staatssekretäre sind regelmäßig leicht zeitversetzt von der Regierungsumbildung betroffen, etwa in 2006, 2010 und 2014. Das Neuorientierungsverhalten der Parlamentarischen Staatssekretäre liegt hingegen relativ konstant bei ca. zwei neuen Tätigkeiten in der Privatwirtschaft pro Jahr. Die Konstanz gründet auf dem regelmäßig weiterlaufenden Parlamentsmandat, sodass nicht zwangsläufig ein neuer Beruf gefunden werden muss. Die Einschätzung der Bundesregierung liegt folglich zu niedrig. Daher hätte die Regierung sich besser, entsprechend ihrer eigenen Aussagen, konsequent an der Europäischen Kommission orientiert.

4. Ergebnis

Der Drehtüreffekt existiert in der Realität, er betrifft alle ehemaligen Regierungsparteien, beide Geschlechter und ist altersunabhängig. Die empirische Erhebung bestätigt den Handlungsbedarf, unterstreicht aber, dass die Wechsel in Ehrenämter oder die fortgeführte Mandatsausübung nicht pauschal unter ein Verbot fallen dürfen. Ob dafür eine Ermessens-Rechtsfolge erforderlich ist oder ob eine interessengerechte Handhabung durch eine grundrechtskonforme Auslegung des Tatbestandsmerkmals der „Gefährdung öffentlicher Interessen" erreicht werden kann, ist der Einschätzungsprärogative des Gesetzgebers überlassen. Da die Wechselkonstellationen derartig verschieden sind und jede pauschale Bewertung verbieten, ist das (Nach-)Fragerecht umso erforderlicher, damit die Regierung und das Gremium die Sachlage zutreffend erfassen. Dem Gesetzgeber obliegt ferner einzuschätzen, wie lange exklusives Wissen und Kontakten der Politischen Entscheidern a.D. für den freien Markt interessant sind. Mit 12 Monaten wird die Annahme dem empirischen Ergebnis im Durchschnitt gerecht, ohne allerdings auf atypische Fälle reagieren zu können. Dies wäre mit Blick auf die Ermessens-Rechtsfolge nur konsequent gewesen.

E. Verfassungsrechtliche Würdigung der Novelle

Mit Inkrafttreten der Gesetzesnovelle erhoben sich erste kritische Stimmen hinsichtlich der Verfassungsmäßigkeit.[1270] Die nachfolgende Untersuchung bewertet die Novelle anhand der verfassungsrechtlichen Vorgaben.

I. Formelle Verfassungsmäßigkeit

1. Zuständigkeit

Nach der Gesetzesbegründung folgt die Bundeskompetenz aus Art. 73 Abs. 1 Nr. 8 GG.[1271] Die Kompetenznorm weist „die Rechtsverhältnisse der im Dienste des Bundes und der bundesunmittelbaren Körperschaften des öffentlichen Rechtes stehenden Personen“ dem Bund zu. Der Ausdruck „Dienst[...] des Bundes“ weicht von dem in Art. 33 Abs. 4, 5 GG genannten „öffentlichen Dienst“ ab und eröffnet einen weiterreichenden Anwendungsbereich.[1272] Die Entstehungsgeschichte bestätigt die weite Auslegung, da der Verfassungskonvent und der Parlamentarische Rat dem Bund das Recht zusprechen wollten, „sein Bundesdienstrecht“ umfassend zu regeln.[1273] Andererseits scheint der im Präsens formulierte Wortlaut den Kompetenztitel auf bestehende Rechtsverhältnisse zu begrenzen. Systematisch umfasst die Vorschrift hingegen nicht nur Aktive im öffentlichen Dienst, sondern auch Inte-

---

1270 *Scheffczyk*, ZRP 2015, S. 133 (134 f.); ebenso *Hahlen*, Innenausschuss-Drucks. 16(4)631 F, S. 11 f.

1271 s.a. BT-Drucks. 18/4630, S. 8.

1272 BVerfGE 62, 354 (366 f.); *Uhle*, in: Maunz/Dürig, GG, Art. 73 Rn. 181; in der Sache ebenso BVerfGE 61, 149 (202); *Rengeling*, Gesetzgebungszuständigkeit, in: Isensee/Kirchhof, HStR VI, § 135 Rn. 121.

1273 Bericht Verfassungsausschuss der Ministerkonferenz, in: Parlamentarischer Rat 2, S. 554; *v.Doemming/Füßlein/Matz*, JöR 1951, S. 1 (478 f.).

ressenten. Denn die Bewerbung ist ein notwendiger Zwischenschritt und unterfällt deckungsgleich zum weiten Ergebnis der genetischen Auslegung ebenfalls der Norm.[1274] Spiegelbildlich zu den Vorwirkungen basieren Nachwirkungen gleichermaßen auf Art. 73 Abs. 1 Nr. 8 GG.[1275] Darüber hinaus umfasst die weite Auslegung die Regelung des Rechtsschutzes für die im Dienst des Bundes stehenden Personen.[1276] Eine Gegenansicht leitet hingegen die Zuständigkeit aus Art. 74 Abs. 1 Nr. 1 GG ab.[1277]

Der weite Normbereich des Art. 73 Abs. 1 Nr. 8 GG umfasst personell sämtliche Politischen Entscheider und geht sachlich über die Regelung bestehender Dienstverhältnisse hinaus.[1278] Daher unterfällt auch die Karenzzeit als Erscheinungsform der partiell fortwirkenden Treuepflichten dem Anwendungsbereich.[1279] Ebenso unterliegt die Regelung des Rechtswegs gem. § 50 Abs. 1 Nr. 5 Var. 2, 3 VwGO unabhängig vom Erklärungsansatz dem Bund. Somit ist dieser insgesamt zuständig.[1280]

2. Verfahren

Die Bundesregierung hat von ihrem Initiativrecht gem. Art. 76 Abs. 1 GG Gebrauch gemacht und den Gesetzesentwurf am 13. Februar 2015 dem Bundesrat gem. Art. 76 Abs. 2 Satz 1 GG zugeleitet, sodass die

---

1274 *Degenhart,* in: Sachs, GG, Art. 73 Rn. 44; *Höfling/Engels,* in: Friauf/Höfling, BK GG IV, Art. 73 Abs. 1 Nr. 8 Rn. 5; a.A. *Pestalozza,* in: v. Mangoldt/Klein/Pestalozza, GG, Art. 73 Rn. 488, 492, 498: „natürliche Zuständigkeit des Bundes".

1275 BVerfGE 7, 120 (127); Art. 73 Rn. 44; *Uhle,* in: Maunz/Dürig, GG, Art. 73 Rn. 182.

1276 *Höfling/Engels,* in: Friauf/Höfling, BK GG IV, Art. 73 Abs. 1 Nr. 8 Rn. 5; *Uhle,* in: Maunz/Dürig, GG, Art. 73 Rn. 181, 184.

1277 *Grzeszick,* Innenausschuss-Drucks. 18(4)334 D, S. 3.

1278 Vgl. *Degenhart,* in: Sachs, GG, Art. 73 Rn. 43; *Heintzen,* in: v. Mangoldt/Klein/Starck, GG II, Art. 73 Rn. 85; *Uhle,* in: Maunz/Dürig, GG, Art. 73 Rn. 187.

1279 Gleiches gilt auch, wenn man anstatt auf die fortwirkenden Pflichten auf die Regelung von Inkompatibilitäten abstellt: *Pestalozza,* in: v. Mangoldt/Klein/Pestalozza, GG, Art. 73 Rn. 493.

1280 Im Ergebnis ebenso *Scheffczyk,* ZRP 2015, S. 133 (134); auf Grundlage des Gesetzentwurfs angenommen von *Grzeszick,* Innenausschuss-Drucks. 18(4)334 D, S. 3.

Frist des Abs. 2 Satz 2 zur Stellungnahme des Bundesrats am 27. März 2015 ablief.[1281] Die Länderkammer nahm am Tag des Fristablaufs zur Gesetzesinitiative der Regierung in Form der Empfehlung des Rechtsausschusses[1282] Stellung.[1283] innerhalb von sechs Wochen gem. Art. 76 Abs. 3 Satz 1 GG übersandte die Bundesregierung den Gesetzesentwurf samt Stellungnahme des Bundesrats und eigener Erwiderung am 15. April 2015 an den Bundestag.[1284] Dieser beriet sich am 23. April 2015 sowie in zweiter und dritter Lesung am 2. Juli 2015 und verabschiedete gem. Art. 76 Abs. 3 Satz 6 GG das auf Empfehlung des Innenausschusses vom 1. Juli 2015[1285] modifizierte Gesetz.[1286] Daraufhin leitete der Bundestag gem. Art. 77 Abs. 1 GG am 3. Juli 2015 das beschlossene Gesetz an den Bundesrat weiter,[1287] dem sein Innenausschuss am 6. Juli 2015 empfahl, einen Antrag gem. Art. 77 Abs. 2 GG nicht zu stellen.[1288] Dem folgte der Bundesrat in seiner Debatte am 10. Juli 2015,[1289] sodass das Gesetz gem. Art 78 GG zustande kam.

3. Form

Die nach den Vorschriften des Grundgesetzes zustande gekommenen Gesetze werden gem. Art. 82 Abs. 1 Satz 1 GG vom Bundespräsidenten ausgefertigt und im Bundesgesetzblatt verkündet. Die Gegenzeichnung und Ausfertigung geschah am 17. Juli 2015, das Gesetz wurde am 24. Juli 2015 im Bundesgesetzblatt ausgegeben und trat gem. Art. 4 des Änderungsgesetzes am darauffolgenden Tag in Kraft.[1290]

1281 BR-Drucks. 52/15, S. 1.
1282 BR-Drucks. 52/1/15.
1283 BR Plenarprotokoll (Sten. Ber.) 932, 134D.
1284 BT-Drucks. 18/4630.
1285 BT-Drucks. 18/5419.
1286 BT Plenarprotokoll (Sten. Ber.) 18/115, 11188A f.
1287 BR-Drucks. 306/15, S. 1.
1288 BR-Drucks. 306/1/15.
1289 BR Plenarprotokoll (Sten. Ber.) 935, 277B.
1290 Gesetz vom 17.07.2015 (BGBl. I S. 1322).

Somit sind die verfassungsrechtlichen Vorgaben zur Zuständigkeit, zum Verfahren und zur Form gewahrt, mithin ist das Gesetz formell verfassungsgemäß zustande gekommen.[1291]

II. Materielle Verfassungsmäßigkeit

1. Berufsfreiheit

Das Bundesverfassungsgericht hat in seinem „Apothekenurteil"[1292] die Grundrechtsdogmatik des Art. 12 GG und insbesondere das darin angelegte Verhältnismäßigkeitsprinzip durch die „Stufenlehre" konkretisiert.[1293] Ausgehend von einem einheitlichen Schutzbereich des Art. 12 Abs. 1 GG unterscheidet die Rechtsprechung zwischen verschiedenen Stufen der Beeinträchtigung: Berufsausübungs-, subjektiven und objektiven Berufswahlregeln.[1294] Je nach Stufe steigen die Anforderungen an die verfassungsrechtliche Rechtfertigung. Allerdings sind die Grenzen der Typsierungen und des damit verbundenen Maßstabs bei hoher Eingriffsintensität fließend.[1295] Zudem fehlt auf Rechtfertigungsebene ein klarer Maßstab für die typisierte Gewichtung der jeweiligen Rechtsgüter.[1296] Daher orientiert sich die nachfolgende Prüfung an der allgemeinen Grundrechtsdogmatik, insbesondere an dem Grundsatz der Verhältnismäßigkeit, unabhängig von etwaigen „Stufen".

1291 Im Ergebnis ebenso *Scheffczyk*, ZRP 2015, S. 133 (134).

1292 BVerfGE 7, 377 (passim).

1293 BVerfGE 7, 377 (passim); angewandt von BVerfGE 77, 84 (106); 102, 197 (214f.); dem folgend *Breuer*, Berufsregelung, in: Isensee/Kirchhof, HStR VIII, § 171 Rn. 47; *Jarass*, in: ders./Pieroth, GG, Art. 12 Rn. 33–36, 45–48; *Ruffert*, in: Epping/Hillgruber, GG, Art. 12 Rn. 101; kritisch gegenüber der Stufenlehre *Gusy*, JA 1992, S. 257 (263f.); *Manssen*, in: v. Mangoldt/Klein/Starck, GG I, Art. 12 Rn. 141; *Rupp*, AöR 92 (1967), S. 212 (237); *Scholz*, in: Maunz/Dürig, GG, Art. 12 Rn. 336; *Wieland*, in: Dreier, GG II, Art. 12 Rn. 97.

1294 BVerfGE 7, 377 (401); *Jarass*, in: ders./Pieroth, GG, Art. 12 Rn. 33–36; *Ruffert*, in: Epping/Hillgruber, GG, Art. 12 Rn. 93 ff.

1295 *Ipsen*, JuS 1990, S. 634 (635f.); *Langer*, JuS 1993, S. 203 (207f.); *Kingreen/Poscher*, Grundrechte, Rn. 981; in der Sache ebenso BVerfGE 77, 84 (106); 121, 317 (366f.); *Manssen*, in: v. Mangoldt/Klein/Starck, GG I, Art. 12 Rn. 141.

1296 *Gusy*, JA 1992, S. 257 (263f.); *Rupp*, AöR 92 (1967), S. 212 (237).

Die Gesetzesänderung könnte in zweifacher Weise in die Berufsfreiheit der ehemaligen Regierungsmitglieder und Parlamentarischen Staatssekretäre eingreifen; durch die Pflicht zur Anzeige der neuen Tätigkeit und durch deren Untersagung. Dabei beginnt die Untersuchung mit dem intensiveren Eingriff der Untersagung. Denn auch die Arbeitgeber, die den Politischen Entscheider a.D. einstellen wollen, könnten in ihren Grundrechten verletzt sein.

a) Untersagung

aa) Schutzbereich

Die ehemaligen Regierungsmitglieder unterfallen dem persönlichen Schutzbereich der Berufsfreiheit. Während der Amtszeit sind diese als Amtswalter ein integraler Teil der Staatsorganisation und somit grundrechtsgebunden, nicht berechtigt.[1297] Sie können sich nach ihrer Amtszeit auf ihre Grundrechte berufen, denn Amtsträger stehen außerhalb ihres Amts, d.h. in ihrem Privatbereich, dem Staat wie jeder andere Bürger gegenüber.[1298] Der außerhalb des Diensts handelnde Amtsträger agiert nicht als Hoheitsträger in seiner Funktion als Hoheitsträger. Er ist grundrechtsberechtigt und nicht gebunden.[1299] Die über die Amtszeit hinauswirkenden Pflichten – etwa die Amtsverschwiegenheit – begrenzen demnach nicht den Schutzbereich,[1300] vielmehr ist der Eingriff über den Amtsbezug zu rechtfertigen.[1301] Art. 12 Abs. 1 GG ist gem. Art. 19 Abs. 3 GG auf juristische Personen anwendbar, soweit sie

1297 BVerfGE 52, 303 (344 f.); *Gröschner*, Rechtsstaat, in: Isensee/Kirchhof, HStR II, § 23 Rn. 59; *Isensee*, Öffentlicher Dienst, in: Benda/Maihofer/Vogel, HVerfR, § 85 Rn. 81 f. Soweit das amtliche Verhältnis zwischen Dienstherrn und Amtsträger betroffen ist, hat Art. 33 Abs. 5 GG gegenüber Art. 12 Abs. 1 GG Vorrang, BVerfGK 12, 189 (198); 13, 242 (245); BVerfGE 130, 263 (291 f.); Art. 33 Abs. 2 GG als Ergänzung zu Art. 12 Abs. 1 GG für den Zugang ins Amt wertend BVerfGE 139, 19 (48).

1298 Ausdrücklich für Regierungsmitglieder *Morlok/Krüper*, NVwZ 2003, S. 573 (575); *Oldiges/Brinktrine*, in: Sachs, GG, Art. 66 Rn. 4a; allgemein für Amtsträger *Graf Vitzthum*, Anwendungsbereich, in: Merten/Papier, HGR II, § 48 Rn. 37; *Kahl*, ZBR 2001, S. 225 (232).

1299 *Graf Vitzthum*, Anwendungsbereich, in: Merten/Papier, HGR II, § 48 Rn. 39.

1300 BVerwGE 30, 29 (30).

1301 Vgl. *Isensee*, Öffentlicher Dienst, in: Benda/Maihofer/Vogel, HVerfR, § 85 Rn. 85.

eine Erwerbszwecken dienende Tätigkeit ausüben, die ihrem Wesen und ihrer Art nach in gleicher Weise einer juristischen wie einer natürlichen Person offen steht.[1302] Dritte können sich gleichermaßen auf Art. 12 Abs. 1 GG berufen, da die Berufsfreiheit auch die personelle Unternehmensführung umfasst.[1303] Dabei macht es keinen Unterscheid, ob der Dritte eine natürliche oder juristische Person ist, denn die Personalführung ist innerhalb eines als juristische Person verfassten Unternehmens genauso Teil der Erwerbstätigkeit wie bei einem Kaufmann mit Angestellten.

In sachlicher Hinsicht umfasst die Berufsfreiheit jede auf Erwerb gerichtete Tätigkeit, die auf Dauer angelegt ist und der Schaffung und Erhaltung einer Lebensgrundlage dient.[1304] Ebenso unterfallen Nebentätigkeiten von Staatsdienern dem Schutzbereich, da entgeltliche Nebentätigkeiten zur wirtschaftlichen Gesamtleistung beitragen.[1305] Der weite Anwendungsbereich der „sonstigen Beschäftigung" des § 6b Abs. 1 BMinG geht über den verfassungsrechtlichen Berufsbegriff hinaus und erfasst auch Ehrenämter und einmalige Tätigkeiten. Daher umschließt der größere sachliche Anwendungsbereich der Novelle nach dem Wortlaut („Erwerbstätigkeit") und dem Willen des Gesetzgebers[1306] alle von Art. 12 Abs. 1 GG geschützten Tätigkeiten. Untersagt die Regierung eine „Erwerbstätigkeit", ist daher der Schutzbereich der Berufsfreiheit eröffnet. Lediglich Ehrenämter unterfallen nicht dem Schutzbereich, sie dienen nicht der Sicherung einer Lebensgrundlage. Genauso scheiden einmalige Tätigkeiten – etwa ein vergüteter einmaliger Vortrag – aus, da sie nicht auf Dauer angelegt sind.

1302 BVerfGE 97, 228 (253); 102, 197 (213); 105, 252 (265).
1303 Vgl. BVerfGE 50, 290 (363).
1304 BVerfGE 102, 197 (202); 111, 10 (28); BVerfG, NVwZ 2009, S. 905 (905).
1305 BVerfGE 50, 290 (362); *Manssen*, in: v. Mangoldt/Klein/Starck, GG I, Art. 12 Rn. 38 f.
1306 BT-Drucks. 18/4630, S. 8.

bb) Eingriff

(1) Vorliegen eines Eingriffs

Nach dem klassischen Eingriffsbegriff greift zunächst jeder Rechtsakt, der final, unmittelbar und imperativ die Berufsausübung beschränkt,[1307] in die Berufsfreiheit ein.[1308] Darüber hinaus können auch Rechtsakte ohne imperativen Charakter oder Realakte einen Eingriff begründen.[1309] Zur Eindämmung eines ausufernden Schutzbereichs des Art. 12 Abs. 1 GG fordert das Bundesverfassungsgericht daher eine berufsregelnde Tendenz.[1310] Eine solche liegt vor, wenn die Maßnahme gerade subjektiv auf die Berufsregelung abzielt oder „infolge ihrer Gestaltung in einem engem Zusammenhang mit der Ausübung eines Berufs steht und daher – objektiv – eine berufsregelnde Tendenz deutlich erkennen [lässt]".[1311] In der Folge hat die Rechtsprechung entschieden, dass die staatliche Maßnahme auf eine Veränderung der Rahmenbedingungen abzielen muss, bloße Reflexe oder Begleiterscheinungen reichen nicht.[1312]

Gegenüber dem Amtsträger zielt die Untersagungsverfügung nach § 6b Abs. 1 Satz 1 BMinG darauf ab, die neue Tätigkeit zu unterbinden. Die Maßnahme wirkt ohne weitere Zwischenschritte gegen den Adressaten, ist für diesen verbindlich und nach dem VwVG vollstreckbar. Da somit ein klassischer Eingriff vorliegt, muss die berufsregelnde Tendenz nicht gesondert festgestellt werden.[1313]

1307 BVerfGE 105, 279 (300); *Epping*, Grundrechte, Rn. 392; *Scholz*, in: Maunz/Dürig, GG, Art. 12 Rn. 300.

1308 Mit anderen Worten gelten zunächst die allgemeinen Regeln über Grundrechtseingriffe, *Manssen*, in: v. Mangoldt/Klein/Starck, GG I, Art. 12 Rn. 73.

1309 BVerfGE 97, 228 (254); 98, 218 (258); 110, 226 (254); *Scholz*, in: Maunz/Dürig, GG, Art. 12 Rn. 300.

1310 BVerfGE 36, 47 (58); 61, 291 (308 f.); 110, 226 (254).

1311 BVerfGE 37, 1 (17); bestätigt durch BVerfGE 95, 267 (302); 97, 228 (253 f.); *Epping*, Grundrechte, Rn. 399 f.; *Schneider*, Berufsfreiheit, in: Marten/Papier, HGR V, § 113 Rn. 109 f.; kritisch *Manssen*, in: v. Mangoldt/Klein/Starck, GG I, Art. 12 Rn. 74 ff., insb. Rn. 75.

1312 BVerwGE 71, 183 (193 f.); *Sodan*, in: ders./Ziekow, VwGO, § 42 Rn. 396; in der Sache ebenso OVG Münster, NJW 1986, S. 2783 (2783).

1313 Vgl. BVerfGE 95, 267 (302); *Epping*, Grundrechte, Rn. 399.

Dritte können sich gegenüber dem Verbot auf ihr Recht zur personellen Unternehmensführung gemäß Art. 12 Abs. 1 Satz 2 GG berufen. Denn für den Fall, dass das Unternehmen für die Erwerbstätigkeit den betreffenden Politischen Entscheider a.D. zu einer bestimmten Zeit in einer bestimmten Position einstellen will,[1314] verhindert dies die an den Politiker gerichtete Verfügung. In dieser Konstellation wäre die Beschränkung des Arbeitgebers kein bloßer Reflex, sondern sie führt bei diesem zu einer Veränderung der Rahmenbedingungen. Denn das Unternehmen muss die Stelle entweder anderweitig besetzen, den Posten zeitweise unbesetzt lassen oder ihn ganz auflösen und die darin vorgesehenen Aufgaben anderen Bereichen zuweisen. Das kommt faktisch einem an den Arbeitsgeber adressierten Verbot, den Politiker zu beschäftigen, gleich.

(2) Eingriffsintensität

Die Berufsfreiheit garantiert allen Deutschen gem. Art. 12 Abs. 1 Satz 1 GG das Recht, ihren Beruf frei zu wählen. In Satz 2 folgt ein Gesetzesvorbehalt für Berufsausübungsregeln. Die damit einhergehende regelmäßig unterschiedliche Intensität des Eingriffs zwischen Berufswahl- und Berufsausübungsregelung schafft verschieden hohe Rechtfertigungsanforderungen.[1315] Die Berufswahlbeschränkung spaltet sich ihrerseits in objektive und subjektive Wahlregelungen auf. Objektive Berufswahlregelungen betreffen Kriterien, die dem Einfluss des Berufswilligen entzogen sind.[1316] Subjektive Merkmale hingegen knüpfen an individuelle Eigenschaften und Fähigkeiten des Betroffenen an.[1317] Die Berufsausübung umfasst die Modalitäten der beruflichen Tätigkeiten und somit die übrigen Eingriffe in die Berufsfreiheit.[1318]

Eine objektive Berufswahlregelung könnte darin liegen, dass die „öffentlich-rechtliche Sonderverbindung [...] jeden Treuepflichtigen [trifft], ohne daß er die Schranke kraft seiner Fähigkeiten heben könn-

1314 Vgl. hierzu die drei Fallgruppen unter C.I.5.b).
1315 *Kingreen/Poscher*, Grundrechte, Rn. 953.
1316 *Epping*, Grundrechte, Rn. 414; *Kingreen/Poscher*, Grundrechte, Rn. 954.
1317 *Epping*, Grundrechte, Rn. 413; *Kingreen/Poscher*, Grundrechte, Rn. 960.
1318 *Epping*, Grundrechte, Rn. 411; *Kingreen/Poscher*, Grundrechte, Rn. 963.

te"[1319]. Ehemalige Regierungsmitglieder oder ehemalige Parlamentarische Staatssekretäre hätten der Untersagungsmöglichkeit entgehen können, indem sie nach ihrer Amtszeit in den öffentlichen Dienst treten oder anders ausgerichtete private Tätigkeiten ausüben. Die Argumentation überzeugt indes nicht, da hier nur eine Vermeidung von Interessenkollisionen nahegelegt, d.h. der Tatbestand nicht erfüllt wird. Für die Frage, welche Art der Beeinträchtigung bei verwirklichtem Tatbestand vorliegt, bietet der Ansatz keine Lösung.

Für eine subjektive Berufswahlregelung könnte angeführt werden, dass nur an die Eigenschaft der Person als ehemaliger Amtsträger angeknüpft wird.[1320] Allerdings hebt die vorangegangene Regierungsmitgliedschaft den Einzelnen nicht in individualisierter Weise heraus. Vielmehr begründen die weiteren, objektiven Voraussetzungen nach § 6b Abs. 1 Satz 1 BMinG („Erwerbstätigkeit" oder „sonstige Beschäftigung" sowie „Beeinträchtigung öffentlicher Interessen") die Anwendbarkeit des Verbotsvorbehalts.[1321] Demnach bezieht sich das Verbot nicht auf individuelle Eigenschaften – etwa in Form der Unzuverlässigkeit –, mithin ist der Verbotsvorbehalt keine subjektive Berufswahlregelung.

Für das Vorliegen einer Berufsausübungsregelung spricht indes, dass „es [den Adressaten] vom Prinzip her unbenommen [bleibt], beruflich auch auf den Feldern ihres allgemeinen und besonderen [...] erworbenen Fachwissens tätig zu werden"[1322]. Insbesondere überzeugt das Argument, etwa zu einem späteren Datum oder innerhalb desselben Unternehmens in einem anderen Bereich tätig werden zu können. Denn das Verbot des § 6b As. 1 Satz 1 BMinG richtet sich nicht gegen

1319 Für Nebentätigkeiten von Ruhestandsbeamten *Günther*, DÖD 1989, S. 284 (289); in der Sache ebenso *Güdden*, Nebentätigkeit der Ruhestandsbeamten, S. 76, 87.

1320 *Günther*, DÖD 1989, S. 284 (289).

1321 Dementsprechend begründet § 11 Abs. 2 Nr. 1 SchfG in der Fassung 10.08.1998 eine subjektive Berufswahlregel für Bezirksschonsteinfeger. Denn Anknüpfungspunkt ist nicht das Amt des Bezirksschornsteinfegers, sondern dessen persönliche Unzuverlässigkeit, vgl. BVerwG, NVwZ-RR 2013, S. 357 (360).

1322 BVerwGE 84, 194 (198) zu der ähnlichen Vorschrift des § 20a SoldG; vgl. für § 105 BBG C.III.2.a)bb).

ein bestimmtes Berufsbild,[1323] sondern nur gegen die Bereiche eines jeden Berufsbildes, die eine Gefährdung öffentlicher Interessen vermuten lassen. Demnach liegt in einer Untersagung nach § 6b Abs. 1 Satz 1 BMinG eine Ausübungsregelung[1324] und der Gesetzesvorbehalt des Art. 12 Abs. 1 Satz 2 GG ist einschlägig.[1325]

Die Untersagungsverfügung entzieht dem Adressaten regelmäßig[1326] einen Teil seiner wirtschaftlichen Grundlage. Bei zeitlich gebundenen Tätigkeiten[1327] steigt die Intensität,[1328] da bereits die Berufsaufnahme verhindert werden könnte. Denn ein einstellungswilliges Unternehmen kann das Interesse an einem Arbeitnehmer verlieren, wenn die Einstellung auf dessen aktuellen Bekanntheit und dessen aktuellen Kontakten gründet. Selbst die lediglich partielle Untersagung für einen gewissen Bereich kann eine hohe Eingriffsintensität haben. Denn eine fachfremde Tätigkeit entspricht regelmäßig nicht den Erwartungen des Arbeitsmarkts.[1329] Die in § 6b Abs. 1 Satz 2 Nr. 1 BMinG statuierte Konnexität wird daher vermehrt vorliegen, insbesondere bei ministeriellen „Querschnittsressorts",[1330] sodass Konstella-

1323 Daher nehmen Rechtsprechung und Literatur um Rahmen von § 105 Abs. 2 BBG ebenfalls eine Berufsausübungsregelung an, BVerwGE 84, 194 (198); BVerwGE 91, S. 57 (60); BVerwG, NVwZ-RR 1990, S. 365 (365); 1990, S. 430 (430); *Baßlsperger*, ZBR 2012, S. 1 (2 f.); *Günther*, DÖD 1990, S. 129 (131 f.).

1324 So wie hier gegenüber dem Gesetzesentwurf *Bätge*, Innenausschuss-Drucks. 18(4)334 A, S. 5; *Schwarz*, Innenausschuss-Drucks. 18(4)334 C, S. 3; offengelassen von *Grzeszick*, Innenausschuss-Drucks. 18(4)334 D, S. 5; ebenfalls „Berufsausübungsregelung" *Bamberger*, Nachamtliche Tätigkeitsbeschränkungen, S. 222, 230 gegenüber seinem Regelungsentwurf; a.A. *Scheffczyk*, ZRP 2015, S. 133 (134): „Eingriff in die Wahl des Arbeitsplatzes"; offengelassen von *Grzeszick/Limanowski*, DÖV 2016, S. 313 (315).

1325 Die herrschende Meinung nimmt ohnehin einen einheitlichen Schutzbereich an, sodass der Gesetzesvorbehalt ebenso für Berufswahlbeschränkungen gilt BVerfGE 7, 377 (401); 92, 191 (191 f.); 95, 193 (214); *Kingreen/Poscher*, Grundrechte, Rn. 936; *Ruffert*, in: Epping/Hillgruber, GG, Art. 12 Rn. 18, 51.

1326 Etwas anderes gilt nur bei Ehrenämtern, aber diese sind bereits nicht von Art. 12 Abs. 1 GG erfasst.

1327 s.o. C.I.7.b).

1328 Vgl. *Bamberger*, Nachamtliche Tätigkeitsbeschränkungen, S. 253 f., 287 ff.; *Scheffczyk*, ZRP 2015, S. 133 (134 f.), der allerdings von einer Genehmigungspflicht ausgeht.

1329 s.o. C.III.2.a)aa)(3), S. 159 Fn. 869.

1330 *Bamberger*, Nachamtliche Tätigkeitsbeschränkungen, S. 287 f.; *Scheffczyk*, ZRP 2015, S. 133 (135).

tionen mit hoher Eingriffsintensität gegenüber den Adressaten denkbar sind.

Gegenüber Unternehmen ist zu unterscheiden, ob der ehemalige Politiker nur aufgrund seines allgemeinen Bekanntheitsgrads tätig werden soll, etwa um das Ansehen des Arbeitgebers generell aufzuwerten, oder ob das Unternehmern gerade diesen Politischen Entscheider benötigt.[1331] Im ersten Fall kann das Unternehmen einen anderen Politiker – insbesondere solche, die im Amt andere inhaltliche Bereiche als jene des Unternehmens bearbeitet haben – einstellen oder dem ursprünglichen Interessenten einen anderen Aufgabenbereich zuweisen. Etwaiger Mehraufwand begründet als bloßer Reflex keinen Eingriff. Im zweiten Fall kommt es dem Unternehmen gerade darauf an, eine bestimmte Person mit einer bestimmten Aufgabe zu betrauen. Verhindert die Untersagung dies, ist ebenfalls eine hohe Eingriffsintensität gegeben.

cc) Verfassungsrechtliche Rechtfertigung

(1) Schranke

Die Verfassung lässt gem. Art. 12 Abs. 1 Satz 2 GG Eingriffe in die Berufsausübung durch ein Gesetz oder auf Grund eines solchen zu. Formell ist dem einfachen Gesetzesvorbehalt durch die Novelle Genüge getan.

(2) Verhältnismäßigkeitsgrundsatz

(a) Legitimes Ziel

Nur wenn das Änderungsgesetz zum BMinG ein legitimes Ziel verfolgt, kommt eine Rechtfertigung des Eingriffs in Betracht.[1332] Ein legitimer Zweck wird etwa in der Sicherung der Leistungsfähigkeit und Integrität von spezialisierten Berufsgruppen – etwa Rechtsanwälte

1331 s.o. C.I.5.b).

1332 Allgemein BVerfGE 103, 1 (10); 117, 202 (234 f.); 121, 175 (193); *Merten*, Verhältnismäßigkeitsgrundsatz, in: ders./Papier, HGR III, § 68 Rn. 53.

oder Notare – gesehen, da ihre Dienste für die Allgemeinheit von besonderer Bedeutung sind.[1333]

Der Untersagungsvorbehalt schützt die Integrität und Funktionsfähigkeit der Bundesregierung sowie der Parlamentarischen Staatssekretäre, das Vertrauen der Allgemeinheit in die Integrität und Funktionsfähigkeit und verteidigt letztlich den einzelnen Amtsträger vor unberechtigter öffentlicher Herabwürdigung.[1334] Daher schließt § 6b Abs. 2 Satz 1 Nr. 2 BMinG bereits die potentielle Integritätsbeeinträchtigung infolge der neuen Tätigkeit aus. Die Norm soll gem. § 6b Abs. 2 Satz 1 Nr. 2 BMinG die Zweitverwertung von internem Amtswissen und die intransparente Kontakt- sowie Einflussnutzung verhindern. Die Berufung in ein Regierungsamt oder das Amt des Parlamentarischen Staatssekretärs setzt formell keine persönlichen Qualifikationen voraus,[1335] doch sind die Berufenen wegen ihrer geringen Zahl, der hohen Entscheidungskompetenz und der Vertraulichkeit ihrer Arbeit einer spezialisierten Berufsgruppe gleichzustellen, was Art. 66 GG für die Dauer der Amtszeit klar formuliert.[1336] Zudem sind die Schutzgüter abstrakt in der Verfassung angelegt, denn die inhaltliche Ausrichtung der Regierungsarbeit muss sich am Demokratieprinzip[1337] und Rechtsstaatsprinzip[1338] orientieren, letzteres schützt darüber hinaus die Funktionsfähigkeit und Ansehen der Regierung. Demnach sind das Vertrauen in eine integre Regierungsarbeit und ihre Funktionsfähigkeit ein überragend wichtiges Anliegen der Allgemeinheit,[1339] mithin verfolgt die Novelle legitime Zwecke.

1333 BVerfGE 87, 287 (321); 97, 12 (31).

1334 s.o. C.I.9.

1335 Vgl. *Franz*, ZBR 2008, S. 236 (236): „Kompetenz spielt keine Rolle".

1336 s.o. C.II.1., hierzu zählt insbesondere die Responsivität der Regierungsarbeit.

1337 s.o. C.II.2.a), S. 116.

1338 s.o. C.II.2.c), S. 123.

1339 *Grzeszick*, Innenausschuss-Drucks. 18(4)334 D, S. 5; vgl. *Bamberger*, Nachamtliche Tätigkeitsbeschränkungen, S. 293; wichtiges Gemeinschaftsgut: *Bätge*, Innenausschuss-Drucks. 18(4)334 A, S. 6; *Michael*, Innenausschuss-Drucks. 18(4)336 F, S. 1; *Schwarz*, Innenausschuss-Drucks. 18(4)334 C, S. 3; sozialwissenschaftlich sei das Vertrauen in die Politik ihr „wichtigster Rohstoff" *Leif*, Defizit, in: v. Arnim, Politische Klasse, S. 95 (98).

(b) Geeignetheit

Die Geeignetheit scheidet aus, wenn das eingesetzte Mittel die Zielerreichung nicht abstrakt fördert.[1340] Das ist erst der Fall, wenn das Gesetz offensichtlich ungeeignet ist,[1341] da dem Gesetzgeber eine weite Einschätzungsprärogative zukommt.[1342] Eine zu kurze Karenzzeit könnte zur Zielerreichung ungeeignet sein, denn ausgehend von dem Ziel, das Zweitverwerten von Fachwissen und Kontakten zu verhindern, ist deren Aktualität maßgeblich. Während der ersten Zeit nach dem Amt nimmt jedoch die Aktualität der Kontakte und des Fachwissens nur begrenzt ab.[1343] Zweckmäßig wäre unter dem Gesichtspunkt ein Verbotsvorbehalt von bis zu drei Jahren gewesen.[1344] Allerdings finden sich Gegenstimmen, die eine kürzere Sperre befürworten[1345] und die Empirie bestätigt ein Wechselverhalten im Durchschnitt binnen der ersten neun Monate.[1346] Daher ist die im Gesetz vorgesehene Untersagungsmöglichkeit zumindest nicht offensichtlich ungeeignet.

Ferner sind Zweifel an der Förderung der Zweckerreichung durch die Berufsuntersagung denkbar, wenn der Adressat sich über das Verbot hinwegsetzt, da er keine Sanktionen fürchten muss. Diese einzelfallbezogenen Befürchtungen lassen jedoch die abstrakte Konzeption unberührt. Höchstens bei einem strukturellen Vollzugsdefizit könnte dies anders zu beurteilen sein.[1347] Dafür sind aber keine Anhaltspunkte gegeben, sodass ein geeignetes Gesetz vorliegt.[1348] Ferner bleibt dem Staat die Möglichkeit, das Verbot über die Zwangsmaßnahmen der Verwaltungsvollstreckung, etwa durch ein Zwangsgeld, durchzusetzen.

1340 BVerfGE 67, 157 (175); 103, 293 (307); 116, 202 (224).

1341 BVerfGE 117, 163 (188 f.); 125, 260 (317 f.); 126, 112 (144).

1342 Vgl. BVerfGE 30, 250 (263 f.); *Merten*, Verhältnismäßigkeitsgrundsatz, in: ders./Papier, HGR III, § 68 Rn. 65.

1343 *Lange*, Innenausschuss-Drucks. 18(4)336 E, S. 5; *Müller*, Innenausschuss-Drucks. 18(4)334 B, S. 1 f.

1344 s.o. C.I.8.a).

1345 s.o. A.I.3, S. 6.

1346 s.o. D.V.4.

1347 BVerfG, NJW 2008, S. 2637 (2638).

1348 Vgl. *Schwarz*, Innenausschuss-Drucks. 18(4)334 C, S. 3.

(c) Erforderlichkeit

Die Beeinträchtigung ist erforderlich, „wenn ein anderes, gleich wirksames, aber die Berufsfreiheit weniger fühlbar einschränkendes Mittel fehlt".[1349] Das setzt voraus, dass die Alternative nicht deutlich höhere Aufwendungen des Staats notwendig macht.[1350] Hierbei hat der Gesetzgeber einen relativ weiten Gestaltungs- und Einschätzungsspielraum.[1351]

Einleitend ist mit der obigen Analyse festzuhalten, dass die vor der Novelle bestehenden Gesetze den Drehtüreffekt nicht oder nicht vollständig unterbinden.[1352] Ein milderes Mittel könnte daher eine Selbstverpflichtung der ehemaligen Regierungsmitglieder und Parlamentarischen Staatssekretäre sein, erst nach einer bestimmten Zeit in einen neuen Beruf zu wechseln. Auf diese Weise greift kein imperativer staatlicher Akt in die Grundrechte des Betroffenen ein. Doch selbst wenn der Betroffene sich an die Selbstverpflichtung hält, fehlt ihm die objektive Bestätigung seiner Integrität durch eine hoheitliche Stelle.[1353] Da aber der objektive Anschein einer Interessenkollision vermieden werden soll,[1354] ist eine Selbstverpflichtung nicht gleich effektiv. Ferner bleibt das faktische Problem, dass Einzelne ohne rechtliche Folgen von einer autonomen, gegenüber anderen unverbindlichen Verpflichtung absehen können.

Alternativ wäre an die Vereinbarung eines Ehrenkodex zu denken, doch ließe sich dieser mangels Vollstreckungsmöglichkeiten[1355] nur

1349 BVerfGE 75, 246 (269); nachfolgend BVerfGE 117, 163 (189); 121, 317 (354); 135, 90 (118); *Merten*, Verhältnismäßigkeitsgrundsatz, in: ders./Papier, HGR III, § 68 Rn. 66.

1350 BVerfGE 77, 84 (110); vgl. auch *Manssen*, in: v. Mangoldt/Klein/Starck, GG I, Art. 12 Rn. 137 f.

1351 BVerfGE 77, 84 (109); 192, 197 (218).

1352 s.o. C.II bis C.VIII.

1353 *Bätge*, Innenausschuss-Drucks. 18(4)334 A, S. 7 f.; *Grzeszick*, Innenausschuss-Drucks. 18(4)334 D, S. 5; *ders./Limanowski*, DÖV 2016, S. 313 (315); *Schwarz*, Innenausschuss-Drucks. 18(4)334 C, S. 4.

1354 BT-Drucks. 18/4630, S. 8; *Brandt* (CDU), in: BT Plenarprotokoll (Sten. Ber.) 18/100, 9581D stehen einer Selbstverpflichtung angesichts der angestrebten Transparenz kritisch gegenüber.

1355 Vgl. C.I.8.c).

schwer oder überhaupt nicht durchsetzen[1356] und ist somit weniger wirksam.

In Betracht kommt ferner ein Kontakt- und Verhandlungsverbot der scheidenden Normadressaten gegenüber ehemaligen Kollegen.[1357] Das überzeugt aus zwei Gründen nicht: Zum einen soll die Untersagung nicht nur die Einflussnahme auf die Politik, sondern auch den Wissensmitnahme aus der Politik in die Privatwirtschaft unterbinden.[1358] Zum anderen sind Konstellationen denkbar, in denen ein noch Aktiver seinen beabsichtigten Wechsel frühzeitig anzeigt. Da bereits während der Amtszeit eine Verbindung zu dem Unternehmen besteht, müsste zur Vermeidung des „bösen Scheins" die Kontaktsperre bereits vor dem Amtsende eingreifen. Das ist mit einer effektiven Regierungsarbeit unvereinbar.

Eine kürzere Karenzzeit, z.B. von bis zu sechs Monaten oder einem Jahr, könnte ein gleich wirksames, aber milderes Mittel darstellen. Fraglich bleibt, ob eine kürzere Sperrandrohung den gleichen Effekt erzielt. Denn je länger die Karenzzeit dauert, desto weniger relevant werden die im Amt erlangten Informationen. Ferner sind Prozesse, in denen der Betroffene direkt beteiligt war, eher in 12 bis 18 Monaten als innerhalb von sechs Monaten abgeschlossen.[1359] Daher ist mit der Einschätzungsprärogative des Gesetzgebers eine kürzere Karenzzeit als weniger effektiv anzusehen.

Zuletzt könnte daran gedacht werden, anstatt die neue Tätigkeit zu verbieten, ihr durch anderweitige Anreize die Attraktivität zu nehmen. Das könnte etwa durch höhere Übergangs- und Versorgungsbezüge versucht werden. Doch müssten die staatlichen Zuwendungen mit den privatwirtschaftlichen Gehältern konkurrieren, was diese Alternativ merklich teurer macht. Zudem ist selbst dann noch offen, ob Politiker a.D. nicht freiwillig in den privaten Sektor übertreten, weil sie die dortigen Aufgaben inhaltlich (und nicht nur monetär) mehr reizen.

1356 *Bäumel,* in: Innenausschuss-Drucks. 16/99, S. 22; *Klein,* in: Innenausschuss-Drucks. 16/99, S. 22; *dies.,* Innenausschuss-Drucks. 16(4)631 E, S. 8; in der Sache ebenso *Hahlen,* in: Innenausschuss-Drucks. 16/99, S. 11.

1357 *Bamberger,* Nachamtliche Tätigkeitsbeschränkungen, S. 314 f.; vgl. für das Soldatenrecht *Güdden,* Nebentätigkeit der Ruhestandsbeamten, S. 131 f.

1358 *Grzeszick,* Innenausschuss-Drucks. 18(4)334 D, S. 5.

1359 Vgl. *Lange,* Innenausschuss-Drucks. 18(4)336 E, S. 5.

Insgesamt sind zwar mildere Mittel denkbar, doch wirken sie alle nicht genauso effektiv wie eine temporäre Untersagung. Die Vorschrift ist somit zur Zweckerreichung erforderlich.[1360]

(d) Angemessenheit

Der Grundsatz der Verhältnismäßigkeit fordert zudem, dass die Schwere des Eingriffs nicht außer Verhältnis zu dem Gewicht der ihn rechtfertigenden Gründe steht.[1361] Je intensiver der Eingriff ist, desto wertvoller muss das Ziel des Eingriffs sein,[1362] sodass letztlich eine umfassende Güterabwägung angezeigt ist.[1363] Dabei kommt dem Gesetzgeber nicht nur hinsichtlich der Gesetzeswirkung, sondern auch bei der Beurteilung der Bedrohungslage ein weiter Einschätzungs- und Prognosespielraum zu.[1364]

(aa) Gewichtung der Schutzgüter

Ausgehend von den herausgearbeiteten Zielen der Novelle sind diese einleitend zu gewichten. Die demokratisch geforderte Gemeinwohlausrichtung der Regierungsarbeit folgt verfassungsdogmatisch aus Art. 20 Abs. 1 bis 3 GG.[1365] Sie hat demnach Verfassungsrang und gibt den inhaltlichen Rahmen der politischen Tätigkeit vor. Gegenüber der Funktionsfähigkeit der Regierung, welche über Art. 20 Abs. 3 GG ebenfalls verfassungsrechtlich verankert ist, besteht kein Vorrangverhältnis,[1366] denn mit „Funktionsfähigkeit" ist rechtsstaatliches Han-

---

1360 Im Ergebnis ebenso *Grzeszick/Limanowski*, DÖV 2016, S. 313 (315).

1361 BVerfGE 109, 279 (351); 115, 320 (345); 130, 372 (392); *Merten*, Verhältnismäßigkeitsgrundsatz, in: ders./Papier, HGR III, § 68 Rn. 71; *Sachs*, Grundrechte, S. 194 f.; *Stern*, Staatsrecht III/2, § 84 II 4 (S. 782–785).

1362 BVerfGE 44, 353 (373); 97, 228 (262 f.); *Merten*, Verhältnismäßigkeitsgrundsatz, in: ders./Papier, HGR III, § 68 Rn. 71 (S. 556 f.).

1363 BVerfGE 7, 377 (407 f.); 77, 84 (106); 121, 317 (366 f.); *Ipsen*, JuS 1990, S. 634 (637); *Kingreen/Poscher*, Grundrechte, Rn. 975, 984.

1364 BVerfGE 39, 210 (226); 102, 197 (218); 126, 112 (141).

1365 s.o. C.II.2.a).

1366 *Isensee*, Gemeinwohl, in: ders./Kirchhof, HStR IV, § 71 Rn. 147 f.; G. *Müller*, Legalitätsprinzip, in: Berchtold/Hofmeister, Die öffentliche Verwaltung, S. 15 (19):

deln unter der Bindung an Recht und Gesetz vorausgesetzt. Mit diesen beiden Zielen korrespondiert vorgelagert die präventive Vermeidung des „bösen Scheins". Im Rahmen der Novelle ist keine objektive Beeinträchtigung öffentlicher Interessen erforderlich, sondern die Besorgnis einer Beeinträchtigung genügt. Dieser präventive Ansatz fordert demnach mit Blick auf den Tatbestand eines Verbots gem. § 6b Abs. 1 Satz 1 BMinG nur eine objektivierte Besorgnis der Beeinträchtigung doch bleiben die Schutzgüter identisch.

Ferner schützt die Novelle das öffentliche Ansehen der Regierung und ihrer Mitglieder. Dies gründet jedoch nicht auf der Figur des exekutiven Kernbereichs, denn dieser schützt den Beratungsvorgang. Ob sich der Gesetzgeber der medialen Bewertung des Seitenwechsels anschließt,[1367] unterliegt seiner Einschätzungsprärogative, die ihrerseits durch seine Gemeinwohlbindung beschränkt ist. Zwar schützt mit Blick auf die Öffentlichkeitsarbeit der Regierung der exekutiven Kernbereich deren Funktionsfähigkeit und Ansehen,[1368] doch ist der Schutzzweck des unausforschbaren Kernbereichs ein anderer. Denn dort geht es nicht darum, inwiefern der Staat Meinungen aufnimmt, sondern darum, das interne Staatswissen anderen zugunsten der internen Willensbildung vorzuenthalten.[1369] Da im Zeitpunkt der Untersagung nach § 6b Abs. 1 Satz 1 BMinG das ehemalige Regierungsmitglied nicht mehr an der internen Willensbildung teilnimmt, kann über die Figur des Kernbereichs kein Eingriff gerechtfertigt werden.

Demgegenüber genießt das Ansehen der Regierung und die Redlichkeit ihrer Arbeit angesichts des erforderlichen Vertrauens der Bevölkerung in die Arbeit der demokratisch legitimierten Regierung einen hohen Schutz. Denn jenes Vertrauen ist eine Grundvoraussetzung der Demokratie.[1370] Ohne das Vertrauen der Bürger und deren

Beide Prinzipien wirken kumulativ, da das Rechtsstaatsgebot die Verwaltung an Recht und Gesetz bindet.

1367 Eine empirische Erhebung gegenüber dem schwierig messbaren Vertrauensverlust ist nicht ersichtlich.

1368 s.o. C.IV.1.

1369 s.o. C.IV.1.a).

1370 Daher kommt *Böckenförde*, Staat, Verfassung, Demokratie, S. 111 zu dem prägnanten und viel zitierten Schluss: „Der freiheitliche, säkularisierte Staat lebt von Voraussetzungen, die er selbst nicht garantieren kann."

freiwilliger Norm- und Regelungsakzeptanz muss der Staat jeden Vollzugsakt zwangsweise durchsetzen.[1371] Denn ob die Umstände, welche die Tatbestandsvoraussetzungen des § 6b Abs. 1 BMinG ausfüllen, vorliegen, bemisst sich aus der Sicht eines objektiven Dritten. D.h. die Novelle dient vornehmlich dem Ansehensschutz der Regierungsarbeit in der Bevölkerung und nur nachrangig dem Schutz einzelner Regierungsmitglieder vor negativer Presse.

Unter systematischen Gesichtspunkten sind Regierungsmitglieder stärker beschränkbar als Beamte, da bei jenen das Ansehen des staatlichen Handelns mehr leidet.[1372] Parlamentarische Staatssekretäre ähneln ihren verbeamteten Kollegen, sodass zumindest eine vergleichbare Beschränkung abstrakt angemessen scheint.[1373] Da den Beamten eine Sperre von bis zu fünf Jahren zur Ansehenssicherung droht, rechtfertigt der mögliche Vertrauensverlust für eine abstrakt angemessene Reglementierung gegenüber der Berufsfreiheit.

Demgegenüber steht die Berufsausübungsfreiheit des Art. 12 Abs. 1 GG. Wie die verfassungsrechtliche Berufsdefinition verdeutlicht, schützt Art. 12 Abs. 1 GG primär die „auf Erwerb gerichtete" Arbeitsleistung, um damit eine Lebensgrundlage zu schaffen oder zu sichern.[1374] Anders gewendet ist Art. 12 GG das „Hauptfreiheitsrecht des Wirtschaftslebens"[1375].

(bb) Konkrete Abwägung

Sofern die Funktionsfähigkeit betroffen ist, verleiht das Rechtsstaatsgebot gem. Art. 20 Abs. 3 GG dem Gesetzgeber einen weiten Spielraum, wie er die Arbeit seiner Organe schützt. Exemplarisch verleiht die gefahrenabwehrrechtliche Generalklausel dem Staat weitreichende Befugnisse, wenn das Schutzgut des Bestands und der Funktionsfähigkeit

---

1371 *Schenke,* Polizei- und Ordnungsrecht, Rn. 538; *Schoch,* in: ders., Besonderes Verwaltungsrecht, 1. Kap., Rn. 894; *Thiel,* Polizei- und Ordnungsrecht, § 11 Rn. 1 f.

1372 *Schmedes,* ZParl 2009, S. 543 (559 f.).

1373 s.u. E.II.6.a)cc)(1).

1374 BVerfGE 102, 197 (202); 111, 10 (28); BVerfG, NVwZ 2009, S. 905 (905).

1375 *Scholz,* in: Maunz/Dürig, GG, Art. 12 Rn. 4.

des Staats und seiner Einrichtungen[1376] gefährdet ist.[1377] Denn allgemein ist das Auswahlermessen der Behörde auf die „erforderlichen Maßnahmen“ begrenzt, welche sich aus den Umständen des Einzelfalls unter Berücksichtigung des Verhältnismäßigkeitsprinzips ergeben.[1378] Verfassungsrechtliche Anknüpfungspunkte sind neben den grundrechtlichen Schutzpflichten das Demokratie- und zum Teil das Rechtsstaatsgebot.[1379] Bezogen auf die Funktionsfähigkeit kommen mangels Bürgerbezugs jedoch nur die Strukturprinzipien in Betracht. Eine direkte Anwendung der Generalklausel scheitert jedoch hier an der fehlenden konkreten Gefahr.[1380] Demnach folgen aus der gefahrenabwehrrechtlichen Generalklausel keine Erkenntnisse für die Beurteilung der Verfassungsmäßigkeit eines Berufsverbots nach § 6b Abs. 1 Satz 1 BMinG.

(aaa) Beeinträchtigung der Attraktivität des Amts

Zunächst könnte die Berufsbeschränkung die Funktionsfähigkeit der Regierung auf lange Sicht vermindern. Denn wenn der Wechsel schwieriger wird, könnten sich Fachkräfte nicht mehr für die Politik

1376 Kritisch gegenüber dem Schutzgut *Pieroth/Schlink/Kniesel*, Polizei- und Ordnungsrecht, § 8 Rn. 41; *Schoch*, in: ders., Besonderes Verwaltungsrecht, 1. Kap., Rn. 263 ff.; befürwortend *Denninger*, Polizeiaufgaben, in: Lisken/Denninger, HdP, D Rn. 22; *Gusy*, Polizei- und Ordnungsrecht, Rn. 82; *Schenke*, Polizei- und Ordnungsrecht, Rn. 61.

1377 Auf die Generalklausel kann daher ein Berufsverbot gestützt werden, OVG Lüneburg, Beschluss vom 15.03.2011 – 8 ME 8/11 –, juris Rn. 33.

1378 BVerwGE 129, 142 (153); *Gusy*, Polizei- und Ordnungsrecht, Rn. 315; *Pieroth/Schlink/Kniesel*, Polizei- und Ordnungsrecht, § 7 Rn. 6 f.; *Schoch*, in: ders., Besonderes Verwaltungsrecht, 1. Kap., Rn. 319 f.

1379 *Drews u.a.*, Gefahrenabwehr, S. 2; *Gusy*, Polizei- und Ordnungsrecht, Rn. 72; *Schoch*, in: ders., Besonderes Verwaltungsrecht, 1. Kap., Rn. 68 ff.; zur historischen Herleitung *Boldt/Stolleis*, Geschichte, in: Lisken/Denninger, HdP, A Rn. 44 ff.

1380 Ansonsten ist die Funktionsfähigkeit der Regierung ein geschütztes Rechtsgut *Denninger*, Polizeiaufgaben, in: Lisken/Denninger, HdP, D Rn. 20; *Drews u.a.*, Gefahrenabwehr, S. 233; nach dem Rechtsträgerprinzip der Bund *Thiel*, Polizei- und Ordnungsrecht, § 8 Rn. 19; in der Sache ebenso *Pieroth/Schlink/Kniesel*, Polizei- und Ordnungsrecht, § 8 Rn. 34.

interessieren,[1381] wenn ihnen die Chance auf eine zeitnahe Rückkehr in den vorherigen Beruf verbaut wird. Denn oft könnte bei kongruenten Tätigkeitsfeldern das Regelbeispiel des § 6b Abs. 1 Satz 2 Nr. 2 BMinG erfüllt sein. Jedoch belegt die vorstehende Auswertung, dass nur wenige Betroffene eine Rückkehr in den alten Beruf anstreben: Von 94 Regierungsmitglieder und Parlamentarischen Staatssekretären setzten 44 ihre vorherige Tätigkeit fort, wobei 36 lediglich ihr Parlamentsmandat weiter wahrnahmen, das sie bereits während der Amtszeit innehatten. Daher gibt es nur acht außerparlamentarische Fortsetzer.[1382] Mit anderen Worten sind die Quereinsteiger die Ausnahme. Da mit einem Regierungsamt unabhängig von den Karriereaussichten zeitweise große Machtbefugnisse[1383] einhergehen und dieses darüber hinaus ein hohes soziales Ansehen vermittelt, ist ein Personalmangel nicht zu erwarten. Eine möglicherweise fehlende Attraktivität des Amts für Fachkräfte infolge einer Berufsbeschränkung steht einer solchen nicht entgegen.

(bbb) Transport politischer Themen in die Öffentlichkeit

Darüber hinaus können ehemalige Amtsträger politische Themen in die Gesellschaft tragen,[1384] was gegen ein Verbot gem. § 6b Abs. 1 Satz 1 BMinG sprechen könnte. Denn eine größere Akzeptanz von politischen Themen in der Bevölkerung kann die demokratische Responsivität und die Verwaltungseffizienz steigern.[1385] Nimmt die Öffentlichkeit die strategische Ausrichtung des Beschäftigungsgebers aufgrund der Aktivitäten des Regierungsmitglieds a.D. positiv wahr und war das Mitglied hiermit betraut, hat die Außendarstellung des neuen Arbeitgebers durch den Ex-Politiker eine berufsrechtliche Dimensi-

1381 *Kolbe/Hönigsberger/Osterberg,* Marktordnung, S. 78, welche die Idee ohne Begründung ebenfalls verwerfen.

1382 s.o. D.V.4, S. 229.

1383 s.o. B.II.1, S. 23 f.

1384 Vgl. *Morlok/Krüper,* NVwZ 2003, S. 573 (574).

1385 Als fiktives Beispiel dient ein Gesundheitsminister a.D., der für seinen aktuellen Arbeitgeber, einen Energiekonzern, medienwirksam erklärt, warum der Konzern mit Steuergelder von der aktuellen Bundesregierung zu subventionieren war.

on.[1386] Auf der anderen Seite vertritt der nun nicht mehr Gemeinwohlgebundene medial die Interessen des Unternehmens, was seiner vorherigen Amtszeit im Nachhinein den Anschein der Befangenheit verleihen kann, den § 6b Abs. 1 Satz 2 Nr. 2 BMinG gerade verhindern will. Denn der Betroffene kann internes Wissen von Konkurrenzunternehmen über sein Amt erlangt haben.[1387] In dieser Richtung vermag die Sicherung des exklusiven Regierungswissens zur Rechtfertigung einer Berufsbeschränkung beitragen.

Die Untersagung gegenüber dem Adressaten begrenzt die mögliche Außendarstellung des Unternehmens grundsätzlich nur reflexartig. Der Punkt tritt daher im Rahmen der rechtlichen Würdigung hinter den anderen Aspekten zurück. Gegenüber dem Ansehensschutz der Regierung hat ein lediglich denkbarer, seitens eines ehemaligen Politischen Entscheiders für seinen neuen Arbeitgeber initiierter, politischer Diskurs keinen Vorrang. Denn konkret kann der Untersagungsadressat jederzeit eine andere Tätigkeit als die untersagte aufnehmen oder der verbotenen zu einem späteren Zeitpunkt nachgehen, sodass der Schutz des Rechtsstaats überwiegt und eine Untersagung rechtfertigen könnte.

(ccc) Karenzdauer

Im Einzelfall ist stets die Karenzdauer zu berücksichtigen, denn sie steht im engen Zusammenhang mit der Dringlichkeit der Gefahr. Das Verbot ist nur so lange zulässig, wie das bedrohte Gemeinschaftsgut gefährdet ist. Wie die Prüfung der Erforderlichkeit zeigt, deckt der Prognosespielraum des Gesetzgebers die Einschätzung, dass die Integrität und Funktionsfähigkeit der Regierung bis zu 18 Monaten beeinträchtigt sein kann. Im Rahmen einer umfassenden Gesamtwürdigung sind neben der Gefährdung der Integrität, der Funktionsfähigkeit und des Ansehens der Regierung noch weitere Aspekte zu berücksichtigen, etwa zugunsten der Betreffenden deren Karrierechancen im vorheri-

1386 Zur berufsmäßigen Öffentlichkeitsarbeit, BAG, NZA 2012, S. 733 (734); die Selbstdarstellung des Unternehmens hingegen wird vorrangig über ihr informationelles Selbstbestimmungsrecht geschützt BVerfGE 106, 28 (43 f.).

1387 Vgl. C.II.1.b), S. 109.

gen Beruf. Wie sozialwissenschaftliche Forschungen[1388] und die hiesige empirische Erhebung[1389] zeigen, ergreifen ehemalige Regierungsmitglieder oder vormalige Parlamentarische Staatssekretäre selten die alte Tätigkeit erneut. Daher ist zum einen regelmäßig kein Rückkehrwille vorhanden. Zum anderen kann der Gesetzgeber aufgrund der Ermessensrechtsfolge im Einzelfall eine angemessene Lösung finden, sollte eine potentiell schädliche Rückkehr in die Privatwirtschaft anstehen.

(ddd) Untermaßverbot

Das Untermaßverbot verlangt vom Gesetzgeber ein Minimum an staatlicher Intervention,[1390] sodass die Novelle hinter dem geboten Maß an Reglementierung gegenüber den Politischen Entscheidern a.D. zurückbleiben könnte. Dabei ist dogmatisch umstritten, ob das Untermaßverbot nur eine Facette des Verhältnismäßigkeitsgrundsatzes[1391] oder Ausdruck der grundrechtlichen Schutzpflichten[1392] des Staats ist[1393] und eine Mindestanforderungen für deren Erfüllungvorgibt.[1394] Die Frage braucht vorliegend gegenüber der Verwirklichung von

1388 *Mayer/Naji*, RuP 36 (2000), S. 31 (38); für Abgeordnete *Edinger/Schwarz*, Nach dem Mandat, S. 28 f.; *Kreiner*, Amt auf Zeit, S. 48–52, 57–65, 129 f.

1389 Zur Auswertung siehe D.VI.

1390 *Merten*, Verhältnismäßigkeitsgrundsatz, in: ders./Papier, HGR III, § 68 Rn. 81; *Stern*, Grundrechte, in: Isensee/Kirchhof, HStR IX, § 185 Rn. 92; *Schulze-Fielitz*, in: Dreier, GG II, Art. 20 (Rechtsstaat), Rn. 198.

1391 *Kingreen/Poscher*, Grundrechte, Rn. 348–350; *Stern*, Staatsrecht III/2, § 82 II 2 (S. 620); als Teil der Erforderlichkeit verstehend *Merten*, Verhältnismäßigkeitsgrundsatz, in: ders./Papier, HGR III, § 68 Rn. 85.

1392 Kritisch mit Blick auf eine eigenständige Schutzpflicht gegenüber oder neben der grundrechtlichen Abwehrfunktion *Isensee*, Abwehrrecht und Schutzpflicht, in: ders./Kirchhof, HStR IX, § 191 Rn. 165 f.; nach dem jeweiligen Grundrecht differenzierend *Di Fabio*, in: Maunz/Dürig, GG, Art. 2 Abs. 2 Satz 1 Rn. 42 f.; allgemein bejahend *Callies*, Verhältnismäßigkeitsgrundsatz, in: Merten/Papier, HGR II, § 44 Rn. 4 m.w.N.

1393 *Klein*, JuS 2006, S. 960 (964); *Sommermann*, in: v. Mangoldt/Klein/Starck, GG II, Art. 20 Rn. 320; daher spricht *Merten*, Verhältnismäßigkeitsgrundsatz, in: ders./Papier, HGR III, § 68 Rn. 82 von der „Gegenläufigkeit der Prinzipien".

1394 BVerfGE 109, 190 (247); 121, 317 (356); BVerfG, NVwZ 2015, S. 582 (587); *Klein*, JuS 2006, S. 960 (960).

Strukturprinzipien nicht entschieden werden, da ein Verfassungsbruch durch Unterlassen nur bei evidenten Fällen in Betracht kommt.[1395] Denn der Gesetzgeber verfügt diesbezüglich über einen weiten Einschätzungs-, Wertungs- und Gestaltungsspielraum.[1396] Die Integrität, die Funktionsfähigkeit und das Ansehen der Regierung sind Ausprägungen des Demokratie- und Rechtsstaatsgebots, sodass nur evidente Verstöße die Verfassung verletzen.

Bedenken hinsichtlich unzureichender Reglementierungen ergeben sich in zwei Richtungen. Erstens schreibt die Ermessensnorm des § 6b Abs. 1 Satz 1 BMinG keine zwingende Mindestpause vor und zweitens ist die Sperrmöglichkeit auf 18 Monate begrenzt. Ein zeitlicher Mindestabstand wäre nur angemessen, wenn eine „Mindestbeeinträchtigung" öffentlicher Interessen in jedem Fall vorläge. Für eine Anschlusstätigkeit im öffentlichen Dienst hat der Gesetzgeber das a priori ausgeschlossen. Doch auch Tätigkeiten außerhalb des öffentlichen Diensts, etwa fachfremde Ehrenämter, ein Amt bei einer Religionsgemeinschaft[1397] oder die fortgesetzte Abgeordnetentätigkeit[1398], gefährden das öffentliche Interesse nicht. Daher ist eine Karenzzeit nicht in jedem Fall angezeigt, das gesetzgeberische Unterlassen ist nicht offensichtlich fehlsam. Die Maximalsperre von 18 Monaten basiert auf der Einschätzung des Gesetzgebers, dass danach das Fachwissen und die Kontakte veraltet sind, da der Betroffene sich anderen Aufgaben zuwenden musste. Nun ist die Karenzdauer weiterhin Kritik ausgesetzt und nach zutreffender Ansicht wären bis zu drei Jahre zweckmäßig gewesen.[1399] Zweckmäßigkeit und Verfassungsmäßigkeit sind jedoch vor dem Hintergrund der Einschätzungsprärogative des Gesetzgebers zweierlei. Da Einzelne bereits sechs bis zwölf Monate als ausreichend betrachten,[1400] bewegt sich die Einschätzung der Bundesregierung

1395 BVerfGE 77, 381 (405); 88, 203 (262 f.); *Merten*, Verhältnismäßigkeitsgrundsatz, in: ders./Papier, HGR III, § 68 Rn. 86; *Sommermann*, in: v. Mangoldt/Klein/Starck, GG II, Art. 20 Rn. 320; vgl. *Calliess*, Rechtsstaat, S. 461 f.

1396 BVerfGE 110, 141 (159); 111, 10 (38 f.); 121, 317 (356 f.); vgl. *Calliess*, Rechtsstaat, S. 462.

1397 Vgl. Politischer Entscheider Nr. 216, der nach seiner Amtszeit Pastor in einer 300-Seelen-Gemeinde wurde.

1398 s.u. E.II.5.

1399 s.o. C.I.8.a).

1400 s.o. A.I.3, S. 6.

nicht am unteren Rand. Die Wirksamkeit der Regelung als „evident“ unzureichend zu brandmarken, kommt demnach nicht in Betracht. Folglich entspricht die Karenzdauer dem Untermaßgebot.

(eee) Karenzentschädigung

Mit Blick auf die wirtschaftliche Komponente des Art. 12 Abs. 1 GG könnte eine Untersagung verfassungswidrig sein, sofern der Betroffene seine Lebensgrundlage nicht mehr unterhalten kann. Denn die Berufsausübungsregelung hindert den Betroffenen zwar nicht am Vertragsschluss mit dem neuen Arbeitgeber, aber am Tätigwerden für eben diesen. Daher ist dem Betroffenen die konkrete Leistung mit der Untersagung rechtlich unmöglich,[1401] sodass gem. § 275 Abs. 1 BGB die Leistungspflicht entfällt und mit § 326 Abs. 1 BGB kein Anspruch auf die Gegenleistungspflicht besteht. Ein Nachholen der Leistung scheidet aufgrund des Fixschuldcharakters der Dienstleistung aus.[1402] Somit beschneidet das vorrübergehende Berufsverbot das Grundrecht in seiner Primärfunktion. Das Übergangsgeld gem. § 14 Abs. 1 BMinG (i.V.m. § 6 ParlStG) federt finanzielle Einbußen während der Versagung ab. Nötigenfalls verlängert § 6d BMinG die Kompensation bis zum Ende der Untersagung. Zudem könnten die Betroffenen einem anderen Beruf nachgehen, der nicht das öffentliche Interesse beeinträchtigt,[1403] doch entspricht ein derartiger Verzicht auf die bevorzugte Beschäftigung weder ihrem Persönlichkeitsrecht, noch besteht die Möglichkeit, fachbezogene Berufserfahrung zu sammeln.[1404]

1401 Allgemein *Grüneberg*, in: Palandt, BGB, § 275 Rn. 16; bei einer Untersagung der späteren Dienstleistung (Erfüllung) vor Vertragsschluss: *Stadtler*, in: Jauernig, BGB, § 275 Rn. 15; *Lorenz*, in: Bamberger u.a., BGB, § 275 Rn. 27 f.; im Falle einer Beschränkung nach Vertragsschluss *Ernst*, in: MüKo BGB, § 275 Rn. 43; *Huber*, Leistungsstörungen II, S. 707; a.A. *Scheffczyk*, ZRP 2015, S. 133 (134), der aber von einem Genehmigungsvorbehalt ausgeht.

1402 *Preis*, in: Erfurter Kommentar Arbeitsrecht, § 611a BGB, Rn. 675; *Weidenkaff*, in: Palandt, BGB, § 611 Rn. 34.

1403 *Grzeszick*, Innenausschuss-Drucks. 18(4)334 D, S. 6.

1404 Eine inhaltlich gleiche Tätigkeit bei einem anderen Unternehmen dürfte ebenfalls § 6b Abs. 1 Satz 2 Nr. 1 BMinG unterfallen.

Mit Blick auf drittbetroffene Unternehmen ist die Karenzentschädigung gegenüber dem Adressaten, dem Politiker a.D., unbeachtlich. Denn das Unternehmen kann weiterhin seinem Geschäft nachgehen und unterliegt nicht den fortwirkenden Treuepflichten, die mit der Versorgung korrespondieren. Spiegelbildlich ist die Eingriffsintensität gegenüber den Nichtadressaten geringer, da sie flexibler reagieren können.

Die finanzielle Ausgleichsmöglichkeit findet ihre Grenzen jedoch dort, wo der Staat andere abmildernde Maßnahmen nicht in Erwägung zieht, sondern sich die Verfassungsmäßigkeit seines Handelns „erkauft".[1405] Vorrangig ist der Staat gehalten, unverhältnismäßige Eingriffe durch Übergangsregelungen, Ausnahme- und Befreiungsvorschriften sowie durch den Einsatz sonstiger administrativer und technischer Vorkehrungen zu vermeiden. Das gilt wiederum nicht, wenn Maßnahmen, die im öffentlichen Interesse ergehen, ohne Ausgleichsansprüche der Betroffenen zu unbilligen Härtefällen führen.[1406] Härtefälle stellen sich als atypische Sachverhalte dar, die Einzelne des Kollektivs stärker belasten als vom Gesetzgeber zugrunde gelegt.[1407] Denn Kompensationsregeln sind auf Einzelfälle ausgelegt.[1408] Dabei kommt dem Gesetzgeber in Besoldungs- und Versorgungsfragen ein weiter Spielraum „politischen Ermessens" zu.[1409]

Bereits vor der Novelle gewährte § 14 Abs. 1 BMinG einen Anspruch auf Übergangsgeld von bis zu 24 Monaten. Eine „Versorgungslücke" ist daher nur denkbar, wenn kein Anspruch auf Ruhegehalt besteht oder dieser ruht und die vorherige Amtszeit kürzer als die Sperrfrist war.[1410] Mit § 6d BMinG hat das Parlament die „Versorgungslücke" geschlossen. Da die Erweiterung nur greift, wenn eine Untersagung nach § 6b Abs. 1 BMinG vorliegt und diese nur konkretisiert über einen Verwaltungsakt ergeht, ist der Einzelfallcharakter gewahrt. Der Gesetzgeber hat zudem mit der flexiblen Rechtsfolge des § 6b Abs. 1 Satz 1 BMinG („soweit") die administrativen, gleich effektiven

1405 BVerfGE 79, 174 (192); 100, 226 (244).
1406 BVerfGE 83, 201 (213); 100, 226 (244); 103, 172 (192 f.).
1407 BVerwGE 115, 32 (42).
1408 BVerfGE 81, 242 (263).
1409 BVerfGE 103, 310 (319 f.).
1410 Vgl. *Bamberger*, Nachamtliche Tätigkeitsbeschränkungen, S. 296.

Möglichkeiten ausgeschöpft. Weitergehende technische Vorkehrungen sind vorliegend nicht denkbar. Mit anderen Worten ist der Eingriff regelmäßig in finanzieller Hinsicht verhältnismäßig, etwa wenn § 14 Abs. 1 BMinG eingreift. Da Regierungsmitgliedern durchschnittlich für 21,2 Monate und Parlamentarischen Staatssekretäre durchschnittlich für 20,8 Monate einen Anspruch auf Übergangsgeld hatten,[1411] der Untersagungsvorbehalt jedoch auf 18 Monate begrenzt ist, scheidet einerseits eine Verlängerung grundsätzlich faktisch aus. Andererseits betrug die Zeit zwischen dem Amt und der neuen Beschäftigung bei Regierungsmitgliedern durchschnittlich nur 4,9 Monate, bei Parlamentarischen Staatssekretären durchschnittlich nur 6,3 Monate,[1412] sodass beide Segmente ohnehin kaum auf die staatliche Unterstützung angewiesen waren. Die geringfügigen Kompensationskosten muss sich eine Demokratie um ihrer selbst willen leisten.[1413] Es entspricht auch der Gesamtsystematik.[1414] Daher ist das Übergangsgeld ein zulässiges Mittel zur Sicherung der Verhältnismäßigkeit des Eingriffs in Art. 12 Abs. 1 GG.[1415]

(fff) Amtsdauer

Nach der Wertung des Art. 69 Abs. 2 GG enden die Regierungsämter mit dem Zusammentritt eines neuen Bundestages.[1416] Folglich bildet das Regierungsamt regelmäßig nur eine Zwischenstation in der Berufslaufbahn. Die Tatsache der Endlichkeit des vorherigen Berufs muss die Beschränkung berücksichtigen. Denn Amtsdauer und Untersagungsdauer korrespondieren über den Zeitraum der möglichen Netzwerkbildung und Informationssammlung.[1417] Die wirtschaftliche Verwertung von Kontakten und internem Fachwissen begründet die Be-

1411 s.o. D.V.4, S. 229.
1412 s.o. D.V.4, S. 229.
1413 *Kolbe/Hönigsberger/Osterberg*, Marktordnung, S. 77 f.
1414 s.o. C.V.1.
1415 *Bätge*, Innenausschuss-Drucks. 18(4)334 A, S. 8 f.; *Grzeszick*, Innenausschuss-Drucks. 18(4)334 D, S. 6.
1416 Die politisch personelle Diskontinuität ist verfassungsgewohnheitsrechtlich anerkannt laut *Kersten*, in: Maunz/Dürig, GG, Art. 76 Rn. 116.
1417 Vgl. *Meyer*, Innenausschuss-Drucks. 16(4)631 C, S. 2 f.

sorgnis einer Gefährdung öffentlicher Interessen. Letztere ist ihrerseits Tatbestandsmerkmal der Untersagungsermächtigung.

Die Mehrheit der Betroffenen ist ohne eigenes Zutun aus dem Amt geschieden.[1418] Bei einer kurzen Amtszeit nimmt das Regierungsmitglieder oder der Parlamentarische Staatssekretär regelmäßig an weniger politischen Aktionen (etwa Gesetzesentwürfe, Kabinettssitzungen, allgemeine Ressortleitung) teil,[1419] erwirbt weniger Fachwissen und knüpft weniger Kontakte in der Bundesregierung und der Verwaltungsspitze. Dabei verbietet sich eine pauschale Betrachtung, da Art und Umfang der politischen Einbindung wenig über die Sensibilität des Wissens oder die Tiefe und Spannbreite des Netzwerkes aussagen. Nach obiger Analyse wäre eine maximale Karenzzeit von bis zu drei Jahren angesichts eines Ausscheidens vor Erreichen der Regelaltersgrenze zweckmäßig gewesen.[1420] Daher ist die Sperrandrohung von maximal 18 Monaten gegenüber Art. 12 Abs. 1 GG erst recht verfassungsmäßig.[1421] Dabei kann § 6b Abs. 1 Satz 1 BMinG dank seiner flexiblen Gestaltung bei kurzen Amtsperioden die Tätigkeit untersagen, soweit eine Interessensgefährdung zu besorgen ist.

dd) Zwischenergebnis

Insgesamt greift die Untersagungsmöglichkeit des § 6b Abs. 1 Satz 1 BMinG mit seinen flexiblen Einzelfallentscheidungen angemessen[1422] und somit verhältnismäßig in Art. 12 Abs. 1 GG ein.[1423]

1418 Dies war bei 77 von 94 Personen (82%) der Fall, s.o. D.V.4.

1419 Vgl. zum politischen Aktionsradius der Ministerialverwaltung *Schnapp*, APuZ B 5/2001, S. 14 (15–20).

1420 s.o. C.I.8.a).

1421 Im Ergebnis ebenso *Bätge*, Innenausschuss-Drucks. 18(4)334 A, S. 9.

1422 *Bätge*, Innenausschuss-Drucks. 18(4)334 A, S. 7; *Grzeszick/Limanowski*, DÖV 2016, S. 313 (316).

1423 Ebenso die Einschätzung der Bundesregierung, in: BT-Drucks. 18/4630, S. 11; *Bätge*, Innenausschuss-Drucks. 18(4)334 A, S. 8; *Grzeszick*, Innenausschuss-Drucks. 18(4)334 D, S. 5; *Schwarz*, Innenausschuss-Drucks. 18(4)334 C, S. 4.

b) Anzeigepflicht

Neben dem direkten Verbot könnte die Anzeigepflicht den Schutzbereich des Art. 12 Abs. 1 GG tangieren, sodass ein Konkurrenzverhältnis mit dem Recht auf informationelle Selbstbestimmung gem. Art. 2 Abs. 1 i.V.m. Art. 1 Abs. 1 GG entstünde.[1424] Ferner könnte die Anzeigepflicht bereits ein faktisches Berufsverbot begründen, wenn ein Betroffener aus Angst vor Restriktionen sein Vorhaben unterließe.

aa) Abgrenzung zur informationellen Selbstbestimmung

Vor berufsbezogenen Informationspflichten schützt Art. 12 Abs. 1 GG, wenn sie zur Offenbarung von Betriebs- und Geschäftsgeheimnissen führen. Das ist der Fall, wenn die erhobenen Daten „wirtschaftliches Substrat" aufweisen und nicht lediglich einen personalen Gehalt haben.[1425] Betriebs- und Geschäftsgeheimnisse sind Tatsachen, die in Zusammenhang mit einem wirtschaftlichen Betrieb stehen, nur einem eng begrenzten Personenkreis bekannt sind, nach dem Willen des Unternehmens geheim bleiben sollen und für die Geheimhaltung ein berechtigtes wirtschaftliches Interesse besteht.[1426]

Unternehmen werben regelmäßig von sich aus mit der neuen Verstärkung aus der Politik und legen den grundsätzlichen Tätigkeitsbereich offen, sodass ein Geschäftsgeheimnis nicht vorliegt. Etwas Anderes könnte aus konkretisierenden Nachfragen an den Betroffenen folgen, etwa über konkrete Aufgaben oder Vergütungen. Angaben über den Tätigkeitsbereich müssen sich naturgemäß auf dessen Abstraktion beschränken, da das Alltagsgeschäft oft unvorhersehbare Aufgaben stellt. Das Gehalt eines einzelnen Mitarbeiters begründet hingegen kein schützenswertes Wirtschaftsinteresse, da sich darüber keine betriebswirtschaftlichen Kalkulationen über Umsätze und Gewinnmög-

---

1424 Vgl. *Bamberger,* Nachamtliche Tätigkeitsbeschränkungen, S. 225 f.

1425 *Breuer,* Berufsregelung, in: Isensee/Kirchhof, HStR VIII, § 171 Rn. 38; *Ossenbühl/Cornils,* Nebentätigkeit, S. 36; weitreichender *Bamberger,* Nachamtliche Tätigkeitsbeschränkungen, S. 226 f.

1426 *Breuer,* NVwZ 1986, S. 171 (172); *Hahn,* Offenbarungspflichten, S. 172 f.; *Schröder,* URP 1985, S. 394 (396).

lichkeiten ableiten lassen.[1427] Daher sind keine Betriebs- oder Geschäftsgeheimnisse von der Anzeigepflicht betroffen und die Informationspflicht des § 6a BMinG greift nicht in den Schutzbereich des Art. 12 Abs. 1 GG ein.[1428]

bb) Faktische Karenzzeit

Die Berufsfreiheit schützt nicht nur vor finalen staatlichen Eingriffen, sondern auch vor faktischen Beeinträchtigungen.[1429] Die Belastung kann zum Teil zeitlich weiterreichen als ein Berufsverbot, das nur „soweit" auszusprechen ist, wie das öffentliche Interesse es gebietet. Die Anzeigepflicht dauert aber in jedem Fall 18 Monate. Da diese den Adressaten beschwert, kann er bereits gegen die aus § 6a Abs. 1 Satz 1 BMinG erwachsene Anzeigepflicht klagen.[1430] Da aber selbst eine Maximalsperre nach § 6b Abs. 1 BMinG grundsätzlich verfassungsgemäß ist und bloß faktische Belastungen durch die mit der Anzeigepflicht verbundenen Untersagungsmöglichkeiten i.S.v. § 6a Abs. 1 Satz 1 BMinG den Betroffenen nicht stärker belasten als der zielgerichtete Ausspruch nach § 6b Abs. 1 Satz 1 BMinG, bestehen auch infolge einer faktischen Karenzzeit keine verfassungsrechtlichen Bedenken.

c) Ergebnis

Der Eingriff des § 6b Abs. 1 BMinG in Art. 12 Abs. 1 GG ist – unter Wahrung der Verhältnismäßigkeit im Einzelfall – verfassungsrechtlich gerechtfertigt.[1431]

1427 Vgl. BAG vom 26.02.1987, AP BetrVG 1972 § 79 Nr. 2; *Werner,* in: Rolfs u.a., Arbeitsrecht, § 79 BetrVG, Rn. 3.

1428 In der Sache ebenso für das Beamtenrecht *Ossenbühl/Cornils,* Nebentätigkeit, S. 37; a.A. *Bamberger,* Nachamtliche Tätigkeitsbeschränkungen, S. 226 f.: „Idealkonkurrenz".

1429 *Hofmann,* in: Schmidt-Bleibtreu/Hofmann/Henneke, GG, Art. 12 Rn. 61; *Scholz,* in: Maunz/Dürig, GG, Art. 12 Rn. 300.

1430 s.o. C.I.5.a)aa).

1431 Ebenso *Grzeszick/Limanowski,* DÖV 2016, S. 313 (316) und *Scheffczyk,* ZRP 2015, S. 133 (135), letztere fordert eine „strikte grundrechtsfreundliche Auslegung und Anwendung"; gegenüber dem Gesetzesentwurf *Bätge,* Innenausschuss-Drucks. 18(4)334 A, S. 11; *Grzeszick,* Innenausschuss-Drucks. 18(4)334 D, S. 6 f.; zweifelnd jedoch *Oldiges/Brinktrine,* in: Sachs, GG, Art. 66 Rn. 4a.

2. Meinungsfreiheit

Das Berufsverbot könnte je nach Bereich der neuen Tätigkeit gegen die Meinungsfreiheit gem. Art. 5 Abs. 1 Satz 1 Var. 1 GG, etwa bei Vorträgen oder Veröffentlichungen, verstoßen.

a) Verhältnis zur Berufsfreiheit

Mit Blick auf das Verhältnis zwischen Meinungs- und Berufsfreiheit stufte die frühere Rechtsprechung bei Kommunikation in einem kommerziellen Zusammenhang die Berufsfreiheit als *lex specialis* gegenüber der Meinungsfreiheit ein.[1432] Mit der vorzugswürdigen Auffassung der Literatur, dass auch Werbung eine wertende Stellungnahme enthalte und wirtschaftliche Kommunikation nicht abstrakt schlechter gestellt werden dürfe, ist indes von einer Idealkonkurrenz zwischen beiden Grundrechten auszugehen.[1433] Diese Idealkonkurrenz zweier Grundrechte, wonach durch denselben Lebenssachverhalt der Schutzbereich verschiedener Grundrechte eröffnet ist, wird dahingehend gelöst, dass auf die Gefahrenlage abgestellt, um deren Bekämpfung es im Einzelfall schwerpunktmäßig geht.[1434] Für die Fälle, in denen keine Konkurrenz besteht – sei es, weil nur ein Grundrecht einschlägig oder die Schranken der jeweiligen Grundrechte nicht divergieren – stellt sich die Konkurrenzfrage indes nicht.[1435]

1432 BVerfGE 40, 371 (382); 60, 215 (229 ff.); 94, 372 (389); BVerfG, NJW 2001, S. 2788 (2789).

1433 *Grabenwarter*, in: Maunz/Dürig, GG, Art. 5 Abs. 1, Abs. 2 Rn. 64; *Manssen*, in: v. Mangoldt/Klein/Starck, GG I, Art. 12 Rn. 281; *Schemmer*, in: Epping/Hillgruber, GG, Art. 5 Rn. 96; *Stern/Becker*, Grundrechte, Art. 12 Rn. 107.

1434 *Berg*, Grundrechtskonkurrenzen, in: Marten/Papier, HGR III, § 71 Rn. 43; *Ipsen*, Staatsrecht II, Rn. 523 f.; *Stern*, Staatsrecht III/2, § 92 III 2 (S. 1385 f.); in der Sache ebenso *Dreier*, in: ders., GG I, Vorb. Rn. 160: „keine abstrakte Rangordnung der Grundrechte"; zur „Verstärkungslehre" des BVerfG, s. BVerfGE 36, 321 (330); 82, 236 (258); 104, 337 (345 f.); in der Sache ebenso BVerfGE 69, 315 (342 f.); 73, 206 (248 f.); a.A. *Stern/Becker*, Grundrechte, Einl. Rn. 182: Das stärkste Grundrecht setzt sich durch.

1435 *Dreier*, in: ders., GG I, Vorb. Rn. 155.

b) Schutzbereich und Eingriff

Das zugunsten der ehemaligen Regierungsmitglieder streitende Grundrecht der Meinungsfreiheit umfasst auch kontroverse[1436], unpolitische[1437] oder kommerzielle[1438] Meinungen. Dies gilt ebenso für vergütete Meinungsäußerungen,[1439] denn der Grund der Meinungsäußerung ist unerheblich.[1440]

Der Wortlaut des § 6b Abs. 1 Satz 1 BMinG rückt die Beschränkung von „Erwerbstätigkeiten" in den Vordergrund, sodass der Schwerpunkt des Eingriffs auf Art. 12 Abs. 1 GG liegt. Der verfassungsrechtliche Berufsbegriff verlangt eine kommerzielle und eine temporäre Komponente. Insbesondere die zeitliche Ausprägung der Untersagung und des Berufs erheben die Berufsfreiheit zum spezielleren Gesetz. Daher scheiden andere Bestimmungen gegenüber entgeltlichen Tätigkeiten als Prüfungsmaßstab aus. Denn sofern die rein wirtschaftliche Verwertung betroffen ist, ist die Sicherung der Lebensgrundlage i.S.v. Art. 12 Abs. 1 GG spezieller.[1441] Demnach kommt Art. 5 Abs. 1 GG nur zum Tragen, soweit der Adressat einer Untersagung unentgeltlich oder nur einmalig (insofern ist eine Prognoseentscheidung zu treffen) – etwa im Rahmen eines Vortrags – tätig wird.

c) Schrankenvorbehalt

Eingriffe in die Meinungsfreiheit sind gem. Art. 5 Abs. 2 Var. 1 GG nur aufgrund allgemeiner Gesetze zulässig. Allgemeine Gesetze dürfen sich nicht gegen eine Meinung als solche richten oder die Äußerung der Meinung als solche verbieten, sondern müssen dem Schutz eines ohne Rücksicht auf eine bestimmte Meinung zu schützenden Rechts-

1436 BVerfGE 33, 1 (14 f.); 61, 1 (7).

1437 BGHZ 132, 13 (21); 181, 328 (330).

1438 BVerfGE 40, 371 (382); 71, 162 (175).

1439 *Grabenwarter*, in: Maunz/Dürig, GG, Art. 5 Abs. 1, Abs. 2 Rn. 63 ff.; *Schemmer*, in: Epping/Hillgruber, GG, Art. 5 Rn. 4; distanziert *Bethge*, in: Sachs, GG, Art. 5 Rn. 25a, 44; *Degenhart*, in: Bonner Kommentar, Art. 5 I, II, Rn. 142–144.

1440 BVerfGE 33, 1 (14 f.); 61, 1 (7).

1441 Mit Blick auf Art. 14 Abs. 1 GG BVerfGE 31, 229 (239); 49, 382 (392).

gut dienen,[1442] d.h. die „Allgemeinheit des Gesetzes“ verbietet die Diskriminierung eines Standpunkts.[1443] Das Gesetz muss dem Schutz eines „schlechthin, ohne Rücksicht auf eine bestimmte Meinung, zu schützenden Rechtsguts dienen“[1444].

Sofern ein Tätigkeitsverbot nach § 6b Abs. 1 BMinG im Ergebnis eine Meinungsäußerung beeinträchtigt, richtet sich das Verbot nicht gegen den Inhalt der Äußerung, sondern gegen den Anschein oder die Tatsache, der vortragende Ex-Politiker habe seine Amtsführung an Sonderinteressen ausgerichtet oder er gebe Regierungsinterna weiter. Die Integrität, die Funktionsfähigkeit und das Ansehen der Regierung überwiegen im Falle der Besorgnis einer Beeinträchtigung öffentlicher Interessen das Interesse des Adressaten an einer entsprechenden Meinungsäußerung. Demnach wahrt die Novelle den Schrankenvorbehalt des Art. 5 Abs. 2 GG und verstößt nicht gegen die Meinungsfreiheit.

3. Kunst- und Wissenschaftsfreiheit

Eine Untersagung nach § 6b Abs. 1 Satz 1 BMinG könnte gegen die Kunstfreiheit gem. Art. 5 Abs. 3 Satz 1 Alt. 1 GG oder die Wissenschaftsfreiheit gem. Art. 5 Abs. 3 Satz 1 Alt. 2 GG verstoßen.

a) Verhältnis zur Berufsfreiheit

Mit Blick auf die Rechtfertigung eines Eingriffs ist Art. 5 Abs. 3 GG, anders als Art. 12 Abs. 1 Satz 2 GG, schrankenlos garantiert ist.[1445] Die Frage der Grundrechtskonkurrenz lösen Rechtsprechung und Literatur zum Teil – wie zuvor dargestellt – über den „Schwerpunkt des Ein-

1442 BVerfGE 7, 198 (209 f.); 117, 244 (260); 124, 300 (321 f.); *Schemmer*, in: Epping/Hillgruber, GG, Art. 5 Rn. 99; Einzelheiten sind hierbei umstritten, insb. mit Blick auf § 130 Abs. 4 StGB: *Bethge*, in: Sachs, GG, Art. 5 Rn. 142 f; *Masing*, JZ 2012, 585 (589); *Schulze-Fielitz*, in: Dreier, GG I, Art. 5 Rn. 136–146; a.A. *Häberle*, Wesensgehaltsgarantie, S. 32; *Scheuner*, Pressefreiheit, VVDStRL 22 (1965), S. 1 (80 f.): Das geschützte Rechtsgut muss material höherwertig sein als die Meinungsfreiheit.

1443 BVerfGE 124, 300 (324).

1444 BVerfGE 7, 198 (209 f.); 117, 244 (260); 124, 300 (322).

1445 *Scholz*, in: Maunz/Dürig, GG, Art. 12 Rn. 184.

griffs", ggf. mit verstärkender Wirkung des nicht einschlägigen Grundrechts, zum Teil über das Spezialitätsverhältnis.[1446] Maßgeblich ist danach, ob ein Grundrecht alle Tatbestandsmerkmale eines anderen Grundrechts inklusive mindestens ein weiteres Merkmal umfasst. Wann das wiederum der Fall ist, hängt von der Auslegung der Vorschrift im Einzelfall ab.[1447]

Soweit die ehemaligen Politiker ihre neuen künstlerischen oder wissenschaftlichen Tätigkeiten unentgeltlich ausüben, unterfallen sie nur dem Schutzbereich des Art. 5 Abs. 3 GG.[1448] Ansonsten herrscht zwischen den Grundrechten Idealkonkurrenz.[1449] Mit Blick auf letzteres liegt der Schwerpunkt des Eingriffs durch eine Untersagung nach § 6b Abs. 1 BMinG – wie bereits ausgeführt – in der Berufsfreiheit. Etwas anderes gilt höchstens dann, wenn die freie wissenschaftliche oder künstlerische Betätigung ohne kommerzielle Nutzung praktisch nicht mehr möglich wäre.[1450] Demnach sind Beschränkungen von unentgeltlichen oder einmaligen Engagements am Maßstab des Art. 5 Abs. 3 GG zu messen.

b) Eingriff und verfassungsimmanente Schranken

Nach Art. 5 Abs. 3 GG vermag nur kollidierendes Verfassungsrecht Eingriffe in den Gewährleistungsbereich zu rechtfertigen.[1451] Ein solcher Eingriff liegt in einem denkbaren Verbot von künstlerischen oder wissenschaftlichen Tätigkeiten. Die mit der Novelle geschützten

1446 BVerfGE 38, 61 (79); 78, 179 (196 f.); 85, 219 (223); *Kingreen/Poscher*, Grundrechte, Rn. 393; *Starck*, in: v. Mangoldt/Klein/ders., GG I, Art. 1 Rn. 289.

1447 *Bamberger*, Nachamtliche Tätigkeitsbeschränkungen, S. 227 f.; *Berg*, Grundrechtskonkurrenzen, in: Merten/Papier, HGR III, § 71 Rn. 43.

1448 Vgl. *Manssen*, in: v. Mangoldt/Klein/Starck, GG I, Art. 12 Rn. 283; *Scholz*, in: Maunz/Dürig, GG, Art. 12 Rn. 181 f.; vgl. BVerfGE 85, 360 (382);

1449 *Berg*, Grundrechtskonkurrenzen, in: Marten/Papier, HGR III, § 71 Rn. 52; vgl. BVerfGE 71, 162 (175); 85, 248 (263 f.); hingegen nehmen *Häberle*, AöR 110 (1985), S. 329 (351) und *Kempen*, in: Epping/Hillgruber, GG, Art. 5 Rn. 201 auch bei entgetlichen Tätigkeiten ein Spezialitätsverhältnis zugunsten von Art. 5 Abs. 3 GG an.

1450 BVerfGE 31, 229 (240).

1451 BVerfGE 47, 327 (369 f.), 57, 70 (99); *von der Decken*, in: Schmidt-Bleibtreu/-Hofmann/Henneke, GG, Art. 5 Rn. 51; *Starck*, in: v. Mangoldt/Klein/Starck, GG I, Art. 5 Rn. 450.

Rechtsgüter sind durch das Demokratie- und das Rechtsstaatsprinzip verfassungsrechtlich abgesichert.

c) Verhältnismäßige Anwendung im Einzelfall

Der Ausgleich zwischen verschiedenen Verfassungsgütern ist im Wege der praktischen Konkordanz zu suchen. Die angezeigte Abgrenzung der Verfassungsgüter kann daher nur im Einzelfall durch Abwägung vorgenommen werden.[1452] Wenn die Bundesregierung beschließt, gegen unentgeltliche Tätigkeiten im Schutzbereich des Art. 5 Abs. 3 GG Verbote zu verhängen, muss sie berücksichtigen, dass unentgeltliche Tätigkeiten öffentlich nicht den Anschein einer „gekauften" Amtsführung erwecken. Fälle, in denen ein Betroffener als freischaffender Wissenschaftler oder Künstler aktiv wurde, sind weder bekannt, noch dürfte eine Beeinträchtigung öffentlicher Interessen durch die wissenschaftliche oder künstlerische Anschlusstätigkeit zu erwarten sein.

d) Ergebnis

Ein abstrakter Verstoß gegen Art. 5 Abs. 3 GG gegenüber für die Ausübung der Wissenschaft oder Kunst zwingend erforderlichen kommerziellen Tätigkeiten oder gegenüber einmaligen oder unentgeltlichen Tätigkeiten ist nicht gegeben. Kunst und Wissenschaft beeinträchtigten öffentliche Interessen grundsätzlich nicht. Andernfalls kann die Regierung die Wertung der Grundrechte auf Rechtsfolgenseite bei der Ermessensausübung berücksichtigen.[1453]

4. Allgemeines Persönlichkeitsrecht und Beschäftigungsrecht

Das Recht auf informationelle Selbstbestimmung könnte die Novelle in zweierlei Hinsicht betreffen. Zum einen verpflichtet § 6a Abs. 1

1452 BVerfGE 39, 334 (347); 47, 285 (367 f.); *von der Decken*, in: Schmidt-Bleibtreu/Hofmann/Henneke, GG, Art. 5 Rn. 51.

1453 Der aufgezeichnete Argumentationsgang lässt sich auch gegenüber anderen grundrechtlich geprägten Tätigkeiten ausmachen, etwa für Ämter bei Religionsgemeinschaften gem. Art. 4 GG oder in Verbänden gem. Art. 9 GG.

BMinG die adressierten Politiker, neue Tätigkeit anzuzeigen, zum anderen kann aufgrund der Untersagung der Eindruck entstehen, der Betroffene „versilbere" sein exklusives Fachwissen und nehme zum eigenen Vorteil[1454] mittels seiner Kontakte Einfluss auf die aktuelle Regierungsarbeit.

a) Anzeigepflicht

aa) Schutzbereich

Angesichts unterschiedlicher Gefährdungslagen ist zwischen verschiedenen Schutzgütern zu unterscheiden.[1455] Wegen des möglichen Wandelns der Gefährdungslage ist der Schutzbereich des allgemeinen Persönlichkeitsrechts keinesfalls abschließend, sondern die inhaltlichen Ausprägungen sind anhand des Einzelfalls zu bestimmen.[1456] Gleichwohl besteht trotz unterschiedlicher Terminologie[1457] insofern Einigkeit, dass das allgemeine Persönlichkeitsrecht in drei Bereiche untergliedert werden kann: den Schutz des Kernbereichs privater Lebensgestaltung, mit andere Worten die Intimsphäre, den Schutz des engeren persönlichen Lebensbereichs, das ist die Privatsphäre und die Selbstdarstellung in der Öffentlichkeit, d.h. die Sozialsphäre.[1458] Die Intimsphäre umfasst einen Bereich, in dem der Bürger „unbeobachtet sich selbst überlassen ist"[1459], sodass er „frei von der öffentlichen Beobachtung und damit der von ihr erzwungenen Selbstkontrolle"[1460] ist. Die Privatsphäre fordert für den Einzelnen einen Raum, „in dem er unbe-

1454 Der Vorteil kann zwar auch bei einem privaten Dritten liegen, etwa einem Unternehmen, doch entstünde der Eindruck, der Politiker habe sein Netzwerk an das Unternehmen „verkauft".

1455 BVerfGE 54, 148 (154); *Kube*, Persönlichkeitsrecht, in: Isensee/Kirchhof, HStR VII, § 148 Rn. 36; *Murswiek/Rixen*, in: Sachs, GG, Art. 2 Rn. 68–75a.

1456 BVerfGE 54, 148 (153 f.); 119, 1 (24); *Epping*, Grundrechte, Rn. 628 f.; *Kube*, Persönlichkeitsrecht, in: Isensee/Kirchhof, HStR VII, § 148 Rn. 35; in der Sache ebenso BVerfGE 35, 202 (220).

1457 *Epping*, Grundrechte, Rn. 629 Fn. 15 m.w.N.; grundsätzlich kritisch *Dreier*, in: ders., GG I, Art. 3 Rn. 93; *Starck*, in: v. Mangoldt/Klein/Starck, GG I, Art. 2 Rn. 16 m.w.N.

1458 BVerfGE 35, 202 (220); 54, 148 (155); *Epping*, Grundrechte, Rn. 629; *Jarass*, in: ders./Pieroth, GG, Art. 2 Rn. 39 f., 47.

1459 BVerfG, NJW 1995, S. 1477 (1477); in der Sache ebenso BVerfGE 27, 1 (6).

1460 BVerfGE 11, 361 (383); in der Sache ebenso BVerfGE 120, 180 (199).

obachtet sich selbst überlassen ist oder mit Personen seines besonderen Vertrauens ohne Rücksicht auf gesellschaftliche Verhaltenserwartungen und ohne Furcht vor staatlichen Sanktionen verkehren kann“[1461]. Dagegen schützt die Sozialsphäre die öffentliche Wahrnehmung des Einzelnen, denn jeder soll selbst darüber befinden dürfen, wie er sich gegenüber Dritten oder der Öffentlichkeit darstellen will, was seinen sozialen Geltungsanspruch ausmachen soll und ob und inwieweit Dritte über sein Persönlichkeitsrecht verfügen können, indem sie diese zum Gegenstand öffentlicher Erörterung machen“[1462].

Regierungsmitglieder sind gem. § 6a Abs. 1 Satz 1, 2 BMinG verpflichtet, Anschlussbeschäftigungen an das Amt anzuzeigen. Demnach schränkt das Gesetz die Befugnis des Einzelnen ein, selbst darüber zu entscheiden, ob er seinen Beruf mitteilen möchte. Gleiches gilt für konkretisierende Nachfragen hinsichtlich des genauen Inhalts der Tätigkeit und im Hinblick auf die Höhe der Vergütung. Innerhalb der Arbeitswelt bewegt sich der Bürger grundsätzlich in der Öffentlichkeit und nicht in einem besonderen Vertrauensraum oder im Kernbereich seiner privaten Lebensgestaltung. Unternehmen beschäftigen ehemalige Regierungsmitglieder regelmäßig aufgrund ihres Bekanntheitsgrades und ihrer Kontakte, sodass der „Auftritt nach außen“ fester Bestandteil der Arbeitnehmerpflichten ist. Da weder die Anzeigepflicht noch das mit der Anzeigepflicht einhergehende Fragerecht der Regierung darauf gerichtet ist, zu erforschen, was der Betroffene außerhalb der beabsichtigten Tätigkeit macht, betrifft die Anzeigepflicht und das Fragerecht die Sozialsphäre.

bb) Eingriff

In das Recht greift der Staat ein, wenn er vom Einzelnen die Bekanntgabe persönlicher Daten verlangt.[1463] Kein Eingriff liegt hingegen vor, wenn Daten ungezielt und allein technikbedingt miterfasst, aber unmittelbar nach der Erfassung technisch anonym, spurenlos und ohne

1461 BVerfGE 27,1 (6); 90, 255 (260); BVerfGK 15, 577 (581).

1462 BVerfGE 63, 131 (142); unter Verweis auf BVerfGE 35, 202 (220); 54, 148 (155 f.).

1463 BVerfGE 78, 77 (84); *Kingreen/Poscher*, Grundrechte, Rn. 457.

Möglichkeit zu Individualisierung gelöscht werden.[1464] Die von dem Gesetz initiierte und ggf. von der Bundesregierung ergänzte Nachfrage verpflichtet die Betroffenen, ihren Arbeitsstatus offenzulegen. Die Regierung erfasst diese Daten nicht als technisches Nebenprodukt; sie werden individuell abgefragt und eine automatische Löschung sieht das Gesetz nicht vor. Somit liegt ein Eingriff in das Recht auf informationelle Selbstbestimmung vor.

cc) Verfassungsrechtliche Rechtfertigung

Den normativen Rechtfertigungsansatz bildet die Schranke des Art. 2 Abs. 1 GG.[1465] Das Bundesverfassungsgericht hat die Anforderungen gegenüber dem Menschenwürdegehalt des allgemeinen Persönlichkeitsrechts konkretisiert, wonach der Grundrechtsträger Einschränkungen nur im überwiegenden Allgemeininteresse hinnehmen muss; der Eingriff darf nicht weitergehen, als es zum Schutz öffentlicher Interessen unerlässlich ist.[1466] Im Rahmen der Rechtfertigung hilft die „Sphärentheorie" den Maßstab der Verhältnismäßigkeitsprüfung näher zu konkretisieren.[1467] Danach besteht ein Gefälle von der maßgeblich von Art. 1 Abs. 1 GG geprägten Intimsphäre, über die Privatsphäre hin zur der sich Art. 2 Abs. 1 GG annähernden Sozialsphäre.[1468] Systematisch parallel zu Art. 12 Abs. 1 Satz 2 GG steigen mit der Eingriffsintensität unabhängig von der einschlägigen Sphäre die Rechtfertigungsvoraussetzungen.[1469]

Die Informationspflicht ermöglicht die aus guten Gründen (s.o.) gebotene Entscheidung über ein Berufsverbot nach § 6b Abs. 1 BMinG

1464 BVerfGE 107, 299 (328); 115, 320 (343); 120, 378 (399).

1465 BVerfGE 65, 1 (44); in der Sache ebenso BVerfGE 89, 69 (84); zu den rechtsstaatlichen Anforderungen des Gesetzesvorbehalts gegenüber dem Fragerecht gem. § 6a Abs. 1 BMinG s.u. E.II.8.

1466 BVerfGE 65, 1 (44); 84, 239 (279 f.); 85, 219 (224).

1467 BVerfGE 119, 1 (130); *Kube*, Persönlichkeitsrecht, in: Isensee/Kirchhof, HStR VII, § 148 Rn. 86 f.

1468 Vgl. die Abstufungen in BVerfGE 44, 353 (372 f.); 119, 1 (29 f.); *Epping*, Grundrechte, Rn. 648 f.; *Kingreen/Poscher*, Grundrechte, Rn. 446.

1469 *Dreier*, in: ders., GG I, Art. 2 Rn. 93; *Kube*, Persönlichkeitsrecht, in: Isensee/Kirchhof, HStR VII, § 148 Rn. 87; in der Sache ebenso bereits BVerfGE 17, 306 (314).

und ist deswegen für den Schutz öffentlicher Interessen unerlässlich.[1470] Dagegen beschwert der Eingriff in die Sozialsphäre den Antragsteller nur geringfügig. Denn dieser hat sich selbst in die mit der Tätigkeit verbundene Öffentlichkeit begeben.[1471]

b) Untersagungsverfügung

Das Persönlichkeitsrecht schützt in der Konsequenz ebenso vor sozialer Abstempelung.[1472] Mit der Untersagung kann medial der Makel einer partikular-motivierten Amtsführung oder die Beeinflussung aktiver Kollegen zugunsten des späteren Arbeitgebers einhergehen.[1473] Daher kann die gem. § 6b Abs. 4 BMinG zu veröffentlichende Entscheidung ebenfalls eine Gefahr für das Recht auf selbstbestimmte öffentliche Wahrnehmung begründen.

Erneut basiert die Beschränkung auf der Wahrung von Integrität, Funktionsfähigkeit und Ansehen der Bundesregierung und dient damit überwiegenden Allgemeininteressen. Die flexible Rechtsfolge und die zeitliche Höchstgrenze ermöglichen passgenaue Eingriffe. Die Regierung ist zur (sachlichen) Begründung verpflichtet, sodass eine transparente Entscheidung vorliegt. Das Risiko, zu Recht mit dem „Gschmäckle“ einer unzulässigen Anschlusstätigkeit belegt zu werden, nimmt der Betroffene mit seiner Entscheidung für eine neue Beschäftigung in Kauf. Oder mit den Worten des Abgeordneten *Dr. Lehr (CDU)* des Parlamentarischen Rat: Wer ein solches Amt annehme, müsse [das] Opfer bringen.[1474] Zudem belastet nicht das staatliche Verbot den Adressaten in seiner Selbstdarstellung nach außen, sondern die sich anschließende öffentliche Kritik. Medien und Presse sind jedoch gem. Art. 5 Abs. 1 Satz 1, 2 GG grundrechtsberechtigt, nicht ge-

1470 s.o. C.I.9.

1471 Regelmäßig wirbt das Unternehmen öffentlich mit seiner Neueinstellung, vgl. die Pressemitteilung der Deutschen Bank vom 12.11.2013: „Caio Koch-Weser spricht in Lateinamerika über Klimawandel und verantwortungsbewusstes Investieren“; vgl. *Wewer*, VuM 2015, S. 325 (331 f.).

1472 BVerfGE 65, 1 (48); 84, 192 (195 f.); *Di Fabio*, in: Maunz/Dürig, GG, Art. 2 Abs. 1 Satz 1 Rn. 175, 185.

1473 Vgl. *Leyendecker*, Süddeutsche online vom 07.01.2014, Kritik an Pofalla aus eigenen Reihen: „Du hast deine Wähler betrogen“.

1474 *Lehr*, in: v. Doemming/Füßlein/Matz, JöR 1951, S. 1 (441).

bunden.[1475] Die Beeinträchtigung des Rechts auf Selbstdarstellung durch die Untersagung ist ebenfalls verfassungsrechtlich gerechtfertigt.

c) Beschäftigungsrecht

Das Interesse, nach dem Amt wie auch immer geartet tätig zu werden, ist groß.[1476] Die Möglichkeit, überhaupt einer Beschäftigung nachzugehen, ist verfassungsrechtlich über Art. 2 Abs. 1 GG verbürgt[1477] und verdichtet sich über Art. 2 Abs. 1 i.V.m. Art. 1 Abs. 1 GG zu einem (Weiter-)Beschäftigungsanspruch gegenüber dem jeweiligen Arbeitgeber.[1478] Sofern der Grundrechtsträger die Tätigkeit gegen Entgelt und auf Dauer ausübt, bildet Art. 12 Abs. 1 GG als speziellere Vorschrift den alleinigen Maßstab. Daher kommt Art. 2 Abs. 1 GG nur gegenüber ehrenamtlichen und einmaligen Tätigkeiten eine eigenständige Bedeutung zu.[1479] Wenn jedoch der Eingriff in die schutzintensivere Berufsfreiheit gerechtfertigt ist, trifft das erst recht für das allgemeinere Grundrecht zu.

5. Freies Mandat

Die Untersagung muss auch im Hinblick auf Parlamentsmandate gem. Art. 38 Abs. 1 GG verfassungsmäßig sein,[1480] da Regierungsmitglieder häufig und Parlamentarische Staatssekretäre grundsätzlich Abgeord-

1475 Das gilt nach allgemeiner Meinung auch für staatliche Rundfunkanstalten, statt vieler *Starck*, in: v. Mangoldt/Klein/Starck, GG I, Art. 5 Rn. 188.

1476 s.o. D.VI: Von 164 Politischen Entscheidern a.D. wechselten 77 in die Privatwirtschaft, 91 waren oder sind im öffentlichen Sektor tätig.

1477 Sofern ein Rechtsbindungswille vorliegt, folgt die Anwendbarkeit aus der allgemeinen Vertragsfreiheit, BVerfGE 68, 193 (223 f.); 77, 84 (118); 95, 173 (188); in der Sache ebenso *Scholz*, in: Maunz/Dürig, GG, Art. 12 Rn. 122 f.

1478 Grundlegend BAG, NJW 1956, S. 359 (360); 1985, S. 2968 (2969); *Gamillscheg*, Weiterbeschäftigung, in: Hanau/Heither/Kühling, FS Dieterich, S. 185 (193); *Schmidt*, in: Erfurter Kommentar Arbeitsrecht, Art. 2 GG, Rn. 78. Der Inhalt des Anspruchs richtet sich nach dem jeweiligen Arbeitsvertrag.

1479 In der Sache ebenso *Grzeszick/Limanowski*, DÖV 2016, S. 313 (315).

1480 Bedenken bei *Hahlen*, Innenausschuss-Drucks. 16(4)631 F, S. 11 f.

nete sind und zum Teil über die Amtszeit hinaus bleiben.[1481] Zunächst begrenzt der Wortlaut des § 6a Abs. 1 BMinG die Freistellung von der Anzeigepflicht auf den „öffentlichen Dienst". Zwar nehmen Abgeordnete ein öffentliches Amt wahr, wie sich aus Art. 48 Abs. 2 Satz 1 GG ergibt. Doch der Begriff des „öffentlichen Diensts" i.S.v. §§ 6a, 6b BMinG ist nach seinem Regelungszusammenhang auszulegen:[1482] Der Wortlaut des § 6a Abs. 1 Satz 1 BMinG nennt nur den „öffentlichen Dienst" und kennt keine Differenzierung wie sie Art. 33 Abs. 3 Satz 1 GG zwischen „öffentlichen Ämtern" und dem „öffentlichen Dienst" vornimmt. Die Systematik zu §§ 60, 62, 106 ff. BBG verdeutlicht, dass eine Anzeigepflicht nach § 6a BMinG für Beamte nicht besteht, da deren beruflicher Werdegang ohnehin aktenkundig ist oder zumindest jederzeit vom Dienstherrn erfragt werden kann. Dass Abgeordnete aufgrund ihres Mandats nicht Teil des öffentlichen Diensts sind, bestätigt weiterhin § 5 Abs. 1 Satz 1 (i.V.m. § 8) AbgG, wonach ein vorheriges Beamtenverhältnis oder eine vorherige Anstellung im öffentlichen Dienst für die Zeit des Mandats ruht. Denn Abgeordnete sind auf der einen Seite nach Art. 38 Abs. 1 Satz 2 GG gerade nicht der Weisungsbefugnis des Dienstherrn unterworfen,[1483] auf der anderen Seite können sie als Parlamentsmitglied und somit als Kontrolleur der Exekutive, nicht zeitgleich sind in „eigener Sache" kontrollieren.[1484] Die hierarchische Verwaltungsstruktur ist auf sie nicht übertragbar.[1485] Darüber hinaus gebietet bereits § 44a Abs. 4 Satz 1 AbgG, Tätigkeiten vor Übernahme des Mandats, die auf für die Ausübung des Mandats bedeutsame Interessenverknüpfungen hinweisen können, nach Maßgabe der Verhaltensregeln (§ 44b AbgG) anzuzeigen. Schutzweck des § 44a Abs. 4 Satz 1 AbgG ist indes weder die Sicherung des Ansehens noch die Sicherung der Funktionsfähigkeit der Regierung, sondern die Frei-

1481 s.o. D.V.4.: Von den 26 Parlamentarischen Staatssekretären, die ihre frühere Tätigkeit fortsetzten, beschränkten sich 20 auf die weitere Mandatsausübung.

1482 Vgl. BVerfGE 48, 64 (84); 58, 177 (192); *Klein*, in: Maunz/Dürig, GG, Art. 137 Rn. 53.

1483 BVerfGE 76, 256 (341); 80, 188 (219 f.).

1484 BVerfGE 18, 172 (183); 38, 326 (328 f.); 98, 145 (160).

1485 Vgl. die vom Vorsitzenden der CDU/CSU-Bundestagsfraktion Volker Kauder entfachte Debatte um die Parteidisziplin bei Abstimmungen, *Müller-Neuhof/Sirleschtov*, in: Der Tagesspiegel vom 11.08.2015, Wie weit darf Volker Kauder gehen?.

heit des Mandats und demnach die Funktionsfähigkeit des Parlaments.[1486] Nach alledem umfasst der öffentliche Dienst i.S.v. §§ 6a, 6b BMinG keine Abgeordneten.

Zwar überschneiden sich Amtsbereich und anschließende parlamentarische Ausschusstätigkeit regelmäßig, sodass § 6b Abs. 1 Satz 2 Nr. 1 BMinG eingreifen müsste. Allerdings gefährdet die Parlamentstätigkeit nicht das sprachlich weitergefasste öffentliche Interesse:[1487] Denn das öffentliche Interesse ist gerade auf den pluralistischen Diskurs[1488] gerichtet, innerhalb dessen Einzelne als Teil des Kollektivs Sonderinteressen vertreten.[1489] Daher scheidet eine Karenzzeit nach § 6b Abs. 1 BMinG für Regierungsmitglieder und Parlamentarische Staatssekretäre aus, die nach ihrem Amt weiterhin ihr Abgeordnetenmandat wahrnehmen.[1490]

6. Gleichheitssatz

Neben Beeinträchtigungen von Freiheitsrechten sind auch mehrere Verstöße gegen den Gleichheitssatz denkbar. Die hiesige These, dass Regierungsmitglieder und *sämtliche* Staatssekretäre gleich zu behandeln sind, da alle Beteiligten über das interne Fachwissen der Staatsleitung und Kontakte innerhalb derselben verfügen, steht hier auf dem Prüfstand.

1486 BVerfGE 118, 277 (353 f.); BVerwG, AfP 2015, S. 184 (187).

1487 Vgl. *Häberle*, Öffentliches Interesse, S. 32 ff.; zur Gemeinwohlbindung der Abgeordneten *Hartmann*, AöR 134 (2009), S. 1 (7 f.) m.w.N.

1488 Vgl. *Badura*, Staatsrecht, E Rn. 28; *Hesse*, Verfassungsrecht, Rn. 599; *Tsatsos*, Unvereinbarkeiten, in: Schneider/Zeh, Parlamentsrecht, § 23 Rn. 32.

1489 *Anderheiden*, Gemeinwohl, S. 53 f., 513 f.; siehe auch *Butzer*, in: Epping/Hillgruber, GG, Art. 38 Rn. 76.

1490 In der Sache ebenso *Meyer*, in: Innenausschuss-Drucks. 16/99, S. 20: „Zum einen ist das freie Mandat zu unbestimmt, zum anderen das Mandat kein Kriterium, um die nachwirkenden Pflichten der Minister zu bestimmen".

a) Regierungsmitglieder und Parlamentarische Staatssekretäre gegenüber beamteten Staatssekretären

aa) Ungleichbehandlung

Wesentlich Gleiches ist gem. Art. 3 Abs. 1 GG gleich zu behandeln, es sei denn, eine Abweichung wäre sachlich gerechtfertigt.[1491] Der Gleichheitssatz ist anwendbar, wenn derselbe Normgeber Regierungsmitglieder und Parlamentarische Staatssekretäre auf der einen und beamtete Staatssekretäre auf der anderen Seite ungleich behandelt. Die Ungleichbehandlung kann rechtlicher[1492] oder tatsächlicher[1493] Natur sein. Dem weiten Anwendungsbereich denkbarer Ungleichbehandlungen setzt die Forderung von „wesentlich gleichen" Sachverhalten Grenzen, die ihrerseits den Rechtfertigungsmaßstab festlegt.[1494]

(1) Anzeigepflicht

Regierungsmitglieder und Parlamentarische Staatssekretäre unterliegen der Anzeigepflicht des § 6a Abs. 1 Satz 1, 2 BMinG, beamtete Staatssekretäre der des § 105 Abs. 1 Satz 1 BBG. Das Beamtenrecht fordert im Vergleich zum Ministerrecht nur eine beschränkte Anzeigepflicht, sofern ein Zusammenhang zwischen alter und neuer Tätigkeit besteht und dadurch dienstliche Interessen beeinträchtigt werden können. Andererseits ist der zeitliche Anwendungsbereich der Beamtennorm mit fünf Jahren länger. Darüber hinaus kennt das Ministerrecht mit § 6a Abs. 2 Satz 3 BMinG einen „kleinen Verbotsvorbehalt" im Rahmen der Anzeigepflicht. Somit liegt eine rechtliche Ungleichbehandlung vor.

1491 BVerfGE 103, 242 (258); 110, 141 (167); 123, 186 (225); 126, 400 (416); 131, 239 (255); 133, 377 (407).

1492 *Epping*, Grundrechte, Rn. 778 f.; *Ipsen*, Staatsrecht II, Rn. 799; *Kischel*, in: Epping/Hillgruber, GG, Art. 3 Rn. 15.

1493 BVerfGE 96, 1 (8); *Kischel*, in: Epping/Hillgruber, GG, Art. 3 Rn. 100.

1494 BVerfGE 101, 275 (290 f.); *Ipsen*, Staatsrecht II, Rn. 801 ff.; vgl. BVerfGE 133, 1 (21).

(2) Verbotsvorbehalt

Die zeitlich kürzere Anzeigepflicht des BMinG setzt sich im Verbotsvorbehalt des § 6b Abs. 1 BMinG fort. Spiegelbildlich übernimmt § 105 Abs. 2 Satz 1 BBG die fünf Jahre des § 105 Abs. 1 BBG. Neben der zeitlichen Reichweite ist der Normbefehl des Beamtenrechts strenger: Nach dem Bundesbeamtengesetz ist die Genehmigung (gebunden) zu untersagen, das Ministerrecht sieht hingegen eine Ermessensentscheidung vor. Ferner erhebt § 105 Abs. 2 Satz 2 BBG die durchgehende Untersagung zur Regel, während § 6b Abs. 1 BMinG ein Verbot nur zulässt, soweit eine Beeinträchtigung öffentlicher Interessen zu besorgen ist. Damit ist das Regel-Ausnahme-Verhältnis zwischen den Normen umgekehrt.

(3) Entscheidungsfindung

Die Entscheidungsfindung ist in beiden Regelungswerken unterschiedlich ausgestaltet, da der Bundesregierung gem. § 6b Abs. 3 BMinG ein beratendes Gremium zur Seite steht, der vorgesetzten Dienststelle jedoch nicht.[1495] Ferner ist die Entscheidung der Regierung gem. § 6b Abs. 4 BMinG öffentlich, beamtenrechtliche Personalentscheidungen und vor allem deren Gründe sind gem. § 106 Abs. 1 Satz 2 BBG vertraulich.[1496] Bevor ein beamteter Staatssekretär in den einstweiligen Ruhestand versetzt wird, ist hingegen die Stellungnahme des Bundeskanzlers gem. § 19 Satz 1 GO BReg einzuholen.

bb) Wesentlich Gleiches

Das Bundesverfassungsgericht fragt im Rahmen von Art. 3 Abs. 1 GG nach der wesentlichen Vergleichbarkeit der beiden Gruppen.[1497] Die Vergleichbarkeit bedarf zunächst eines Bezugspunkts (tertium comparationis), unter den als Oberbegriff (genus proximum) die verschiedenen Personen(gruppen) oder Situationen fallen. Der Oberbegriff hat

1495 Der Bundespersonalausschuss gem. §§ 119–124 BBG hat andere Aufgaben, vgl. nur *Battis*, BBG, § 119 Rn. 5–10.

1496 *Battis*, BBG, § 106 Rn. 8; *Lemhöfer*, in: Plog/Wiedow, BBG, § 106 Rn. 22.

1497 BVerfGE 126, 400 (416); 131, 239 (255); 133, 377 (407).

dabei mit Blick auf die jeweilige Vergleichsgruppe eine Abschluss- und Ausschlussfunktion.[1498] Die Personen oder Situationen werden in der Folge ungleich behandelt, wenn aufgrund eines Unterscheidungsmerkmals (differentia specifica) unterschiedliche Regelungen getroffen werden.[1499] Da der Normtext keine Vorgaben macht, wie der Oberbegriff und die Vergleichsgruppen zu bilden sind, ist die Gleichheitsprüfung eine Wertungsfrage.[1500]

Die Bestimmung der Vergleichsgruppen folgt zum Teil aus dem adressierenden Gesetz selbst, darüber hinaus muss bewertet werden, wer mit dem adressierten Personenkreis vergleichbar ist. Wenn die Novelle Regierungsmitglieder und Parlamentarische Staatssekretäre in die Pflicht nimmt, rücken die beamteten Staatssekretäre aufgrund partieller Gemeinsamkeiten in den Blickpunkt. Je nachdem, ob und inwiefern die Gemeinsamkeiten zwischen Adressaten und beamteten Staatssekretären zutreffen, folgt daraus der Rechtfertigungsmaßstab. Je mehr sich die Vergleichsgruppen ähneln, desto strenger ist der Maßstab gegenüber den herausgearbeiteten Ungleichbehandlungen.

(1) Gubernatives Amt

Alle Politischen Entscheider bekleiden ein staatliches Amt. Mit Blick auf die Ab- und Ausschlussfunktion des Oberbegriffs stellt das Amt nur eine notwendige, aber keine hinreichende Bedingung dar. Ausgehend von dem Regelungszweck, den Wissenstransfer in die Privatwirtschaft zu reglementieren, sind beide Staatssekretärstypen betroffen, denn beide nehmen gem. § 22 Abs. 1, 2 Satz 2 BMinG an den vertraulichen Kabinettssitzungen teil. Gegenüber der Kontaktnutzung und Beeinflussung der aktiven Regierung sitzen die Politischen Entscheider nicht nur bei den Kabinettssitzungen an einem Tisch, sondern die

1498 *Kingreen/Poscher*, Grundrechte, Rn. 520, 523; a.A. *Kischel*, in: Epping/Hillgruber, GG, Art. 3 Rn. 18: „Äpfel und Birnen“ seien als Obst vergleichbar. Unter Berücksichtigung der Ausschlussfunktion wäre als Oberbegriff „in der nördlichen gemäßigten Klimazone wachsendes Kernobst“ zutreffend. Denn unter „Obst“ wären auch Pfirsiche als Steinobst erfasst.

1499 *Krieger*, in: Schmidt-Bleibtreu/Hofmann/Henneke, GG, Art. 3 Rn. 21; *Kingreen/Poscher*, Grundrechte, Rn. 523.

1500 *Krieger*, in: Schmidt-Bleibtreu/Hofmann/Henneke, GG, Art. 3 Rn. 22; in der Sache ebenso *Kirchhof*, in: Maunz/Dürig, GG, Art. 3 Abs. 1 Rn. 100.

Staatssekretäre agieren gem. § 14 Abs. 2 Satz 2 GO BReg als Vertreter der Minister. Daher haben Staatssekretär und Regierungsmitglied regelmäßig direkten Kontakt und können eine persönliche Bindung aufbauen, die über die Amtszeit hinausreicht. Als Vertreter des Ministers in der Verwaltung vollziehen beamtete Staatssekretäre die politischen Ziele der Staatsleitung, sodass ihr Handeln stets wert- und interessenbezogen, mithin politisch ist.[1501] Die Verfassungsorgane der Exekutive, die zur Staatsleitung berufen sind, werden unter dem Begriff Gubernative zusammengefasst.[1502] In Anlehnung daran – schließlich sind Staatssekretäre kein von der Verfassung vorgesehenes Organ – ist der Oberbegriff um das Adjektiv „gubernatives" (Amt) zu erweitern.

(2) Verwaltungsamt

Unterscheidungsmerkmal ist das Verwaltungsamt und die formelle Beamtenstellung ein verfassungsrechtliches Differenzierungskriterium.[1503] Denn Regierungsmitglieder und Parlamentarische Staatssekretäre sind keine Beamten.[1504] Beamte unterliegen weitergehenden – mit Ausnahme der politischen Beamten – auch politischen Neutralitätspflichten als Regierungsmitglieder. Als Amtsinhaber füllen Regierungsmitglieder hingegen eine festgelegte Funktion aus, die als Politiker nicht politisch neutral, aber klar separiert wahrgenommen wird.[1505] Die Begründung der unterschiedlichen gubernativen und den übrigen exekutiven Status folgt weniger aus dem Status des Amts eige-

1501 *Balzer*, Berufsbeamtentum, S. 109 f.; *Sontheimer/Bleek/Gawrich*, Politisches System, S. 314; zusammenfassend *Battis*, BBG, § 60 Rn. 7 ff.

1502 In der Sache ebenso *Kirchhof*, in: Maunz/Dürig, GG, Art. 83 Rn. 45; *Oldiges/Brinktrine*, in: Sachs, GG, Art. 62 Rn. 18; siehe zur Abgrenzung zur Staatsleitung *Schröder*, Regie ung und Verwaltung, in: Isensee/Kirchhof, HStR V, § 106 Rn. 4–9.

1503 Zum Begriff des Verwaltungsamts siehe *Schröder*, Regierung und Verwaltung, in: Isensee/Kirchhof, HStR V, § 106 Rn. 35.

1504 *Badura*, Amt, in: Murswiek/Storost/Wolff, FS Quaritsch, S. 295 (295 f.); *Bamberger*, Nachamtliche Tätigkeitsbeschränkungen, S. 96 f.,179; *Epping*, in: ders./Hillgruber, GG, Art. 62 Rn. 13; *Leisner*, AöR, 93 (1968), S. 161 (165).

1505 BT-Drucks. 1/3551, S. 6; vgl. *Hennis*, Amtsgedanke, in: Hesse/Reicke/Scheuner, FS Smend, S. 51 (54 f.); *Köttgen*, Anvertrautes Amt, in: Hesse/Reicke/Scheuner, FS Smend, S. 118 (123).

ner Art von Regierungsmitgliedern,[1506] denn dieses folgt unter anderem erst aus der Unanwendbarkeit des Art. 137 Abs. 1 GG, sondern vielmehr aus der Vermeidung von Widersprüchen. Denn Regierungsmitglieder müssen ihre Politik im Bundestag erläutern und verteidigen können, wobei der Abgeordnetenstatus zumindest nützlich ist.[1507] Gerade dieser Status mit der Folge des freien Mandats gem. Art. 38 Abs. 1 Satz 2 GG ist den weisungsgebundenen Beamten verwehrt. Zudem unterliegen Regierungsmitglieder der politischen Diskontinuität, welche für Beamte aufgrund des Lebenszeitprinzips grundsätzlich nicht gilt.

Vor diesem Hintergrund ist das Urteil des Bundesverfassungsgerichts vom 30. September 1987 zu lesen, in dem es auf die Verschiedenheit der Ämter von Regierungsmitgliedern und Beamten zu sprechen kommt. Zwar vereine der exekutive Tätigkeitsbereich die Betroffenen, doch sei aufgrund der „politischen Leitung allenfalls [die] Spitze" des Beamtenkorps vergleichbar. Die fehlende parlamentarische Verantwortung spreche jedoch gegen eine Vergleichbarkeit mit dem Regierungsamt. Darüber sieht das Bundesverfassungsgericht allerdings für Parlamentarische Staatssekretäre ohne nähere Begründung hinweg.[1508] Zusammenfassend unterscheidet die Verfassung formell zwischen Beamten und Regierungsmitgliedern. Das findet seine wesentlichste Ausprägung in der parlamentarischen Verantwortlichkeit der Regierung und im Lebenszeitprinzip der Beamten.

cc) Rechtfertigung

Der Rechtfertigungsmaßstab ist im Zuge der Rechtsprechung des Bundesverfassungsgerichts einem dynamischen Wandel unterworfen.[1509] Allgemein lässt sich als Prüfungsmaßstab formulieren, je intensiver die Ungleichbehandlung, desto höher die Rechtfertigungsanforderun-

---

1506 So aber *Masing*, in: Dreier, GG II², Art. 137 Rn. 9; ohne Begründung *Unruh*, in: v. Mangoldt/Klein/Starck, GG III, Art. 137 Rn. 18.

1507 *Versteyl*, in: v. Münch/Kunig, GG II, Art. 137 Rn. 27.

1508 BVerwGE 76, 256 (344 f.).

1509 BVerfGE 133, 377 (407); Zusammenfassungen bei *Britz*, NJW 2014, S. 346 (347 f.); *Epping*, Grundrechte, Rn. 795–799; *Kischel*, in: Epping/Hillgruber, GG, Art. 3 Rn. 28; *Krieger*, in: Schmidt-Bleibtreu/Hofmann/Henneke, GG, Art. 3 Rn. 29–33.

gen.[1510] Die Intensität beurteilt sich unter anderem nach den Unterschieden der Vergleichsgruppen. Je größer die Unterschiede zwischen den Gruppen, desto eher ist die Ungleichbehandlung gerechtfertigt.[1511]

(1) Unterschied der Vergleichsgruppen

Die formelle Sonderstellung der Regierung gem. Art. 62 GG konkretisiert sich über das eigenständige Ministerrecht. Danach haben die Regierungsmitglieder zwar eine Rechtsstellung eigener Art, jedoch kommen teilweise Regelungen des Beamtenrechts zu sinngemäßer Anwendung, etwa über § 11 Abs. 4, § 13 Abs. 2 BMinG.[1512] Die Termini in Besoldungs-, Vergütungs- und Versorgungsfragen überschneiden sich erheblich:[1513] Ausdrücklich nimmt etwa § 11 Abs. 1 BMinG Bezug auf die beamtenrechtlichen Besoldungsgruppen und § 12 Abs. 6, § 13 Abs. 2 BMinG erklären das Beamtenrecht sinngemäß für anwendbar. Gleiches bestätigt das Steuerrecht gem. § 2 Abs. 1 Nr. 1 bis 4 EStG über § 14 Abs. 6, § 20 Abs. 2a Satz 1 BMinG. Zudem stehen Regierungsmitglieder staatshaftungsrechtlich wie Beamte da[1514] und handeln mitunter verwaltungsrechtlich.[1515] Den einzigen markanten Unterschied bildet das Disziplinarrecht, da es nur gegenüber Beamten Anwendung findet. Verstoßen Beamten gegen die nachamtlichen Regeln, kann ihnen im Extremfall ihr Ruhegehalt aberkannt werden. Den ehemaligen Regierungsmitgliedern droht eine derartige Sanktion nicht.

Die Empirie belegt zudem, dass beamtete Staatssekretäre grundsätzlich nicht die Regelaltersgrenze erreichen, sondern vorzeitig in den einstweiligen Ruhestand versetzt werden.[1516] Auch die sehr wenigen

1510 BVerfGE 107, 27 (46); 117, 272 (300 f.); 122, 39 (52 f.); *Kirchhof*, in: Maunz/Dürig, GG, Art. 3 Abs. 1, Rn. 264.

1511 BVerfGE 112, 50 (67); 117, 272 (300 f.); 122, 39 (53).

1512 Zusammenfassend *Weckerling-Wilhelm*, in: Umbach/Clemens, GG II, Art. 62 Rn. 12; s.a. *Schilde*, Untersagung, S. 7 und *Schröder*, Regierung und Verwaltung, in: Isensee/Kirchhof, HStR V, § 106 Rn. 32 f.: „Grenzverflüssigung".

1513 BT-Drucks. 6/1935, S. 3; *Badura*, Amt, in: Murswiek/Storost/Wolff, FS Quaritsch, S. 295 (295 f.); *Schneider*, in: Alternativkommentar II, Art. 62 Rn. 17.

1514 BGHZ 42, 176 (178); *Leisner*, AöR, 93 (1968), S. 161 (170); *Ossenbühl/Cornils*, Staatshaftungsrecht, S. 15.

1515 s.o. C.VII.2., S. 186.

1516 Das durchschnittliche Alter bei Amtsende betrug 56,8 Jahre, vgl. D.V.4.

Untersagungen i.S.v. § 105 Abs. 2 BBG verdeutlichen, dass auf die nachamtlichen Berufschancen von beamteten Staatssekretären ähnlich Rücksicht genommen wird.[1517]

(2) Intensität der Ungleichbehandlung

Weiterhin steigt die Intensität und damit die Rechtfertigungsanforderungen erstens, je mehr das Differenzierungskriterium der Ungleichbehandlung personen- und je weniger es situationsbezogen ist, zweitens, je mehr das Differenzierungskriterium einem verbotenen Kriterium des Art. 3 Abs. 3 GG ähnelt, drittens, je weniger der Betroffene das Differenzierungskriterium beeinflussen kann und viertens, je mehr die Ungleichbehandlung die Grundrechtsausübung erschwert.[1518]

Die Ungleichbehandlung zwischen beamteten Staatssekretären und anderen Teilen der Politischen Entscheider ist statusbezogen, da die jeweiligen Beschränkungen an das vorangegangene Amt anknüpfen. Eingriffe in den formellen Status betreffen den Adressaten in seiner persönlichen Rechtsstellung.[1519]

Vor Ungleichbehandlungen aufgrund der „politischen Anschauung" schützt Art. 3 Abs. 3 GG. Regelmäßig werden beamtete Staatssekretäre in den einstweiligen Ruhestand versetzt, weil ihre politische Ansicht nicht mehr mit der Regierungspolitik übereinstimmen. Zwar kann die Ungleichbehandlung zwischen „normalen" und politischen Beamten gerechtfertigt sein, doch gilt ebenfalls ein hoher Rechtfertigungsmaßstab. Dort rechtfertigt das erforderliche Vertrauensverhältnis der politischen Beamten zur politischen Führung die unterschiedliche Behandlung.[1520]

Darüber hinaus beschränkt ein Berufsverbot nach § 6b Abs. 1 Satz 1 BMinG die Berufsfreiheit, sodass unter dem Gesichtspunkt der Grundrechtserschwerung ebenfalls ein hoher Rechtfertigungsmaßstab

---

1517 s.o. C.III.2.a)dd).

1518 BVerfGE 133, 377 (407 f.); *Britz*, NJW 2014, S. 346 (347); *Kingreen/Poscher*, Grundrechte, Rn. 530.

1519 BVerwG, NVwZ 1997, S. 581 (582); *Sodan*, in: ders./Ziekow, VwGO, § 42 Rn. 142 ff.; vgl. *Stelkens*, in: ders./Bonk/Sachs, VwVfG, § 35 Rn. 200.

1520 BVerfGE 7, 155 (171); BVerfG, NVwZ 1994, S. 477 (477): Die „politische Überzeugung [muss] notwendig eine entscheidende Rolle spielen".

anzusetzen ist. Zusammenfassend erhöhen neben der großen Schnittmenge von Regierungsmitgliedern, Parlamentarischen und beamteten Staatssekretären die Personenbezogenheit, die Annäherung an ein verbotenes Kriterium und die Grundrechtsrelevanz der Ungleichbehandlung die Rechtfertigungsanforderungen.

(3) Verhältnismäßigkeit

Aufgrund der vorstehend festgestellten hohen Intensität der Ungleichbehandlung ist eine umfassende Verhältnismäßigkeitsprüfung erforderlich.[1521] Das freiheitsrechtliche Prüfungsschema der Verhältnismäßigkeit lässt sich nur in modifizierter Form auf Ungleichbehandlungen übertragen:[1522] Die Ungleichbehandlung muss ein legitimes Differenzierungsziel verfolgen und die Differenzierungskriterien müssen gegenüber dem Ziel geeignet, erforderlich und angemessen sein.[1523]

Dieses Ziel besteht darin, den bestehenden Unterschieden Rechnung zu tragen.[1524] Das Differenzierungsziel ist die statusgerechte Behandlung von Regierungsmitgliedern und Parlamentarischen Staatssekretären einerseits sowie von beamteten Staatssekretären andererseits.[1525] Dies folgt in materieller Hinsicht zum einen aus der fehlenden parlamentarischen Verantwortung[1526] (und demgegenüber aus der fehlenden Disziplinarverantwortung, vgl. § 8 BMinG) und aus dem Lebenszeitprinzip der Beamten gegenüber der parlamentarischen Diskontinuität. Fraglich ist, ob die Regelungsziele der Novelle von denen des § 105 BBG derart abweichen, dass sie eine Ungleichbehandlung rechtfertigen.

1521 Vgl. BVerfGE 88, 87 (96); 105, 73 (110); 133, 377 (407 f.); *Paehlke-Gärtner*, in: Umbach/Clemens, GG I, Art. 3 Rn. 133, 138; *Kingreen/Poscher*, Grundrechte, Rn. 527.

1522 Grundlegend *Stein*, in: Alternativkommentar GG I, Art. 3 Rn. 33–42; ferner *Boysen*, in: v. Münch/Kunig, GG I, Art. 3 Rn. 16 f.; vgl. auch *Nußberger*, in: Sachs, GG, Art. 3 Rn. 33 f.

1523 BVerfGE 113, 167 (232–260); *Kischel*, in: Epping/Hillgruber, GG, Art. 3 Rn. 34; *Stein*, in: Alternativkommentar GG I, Art. 3 Rn. 35 f.; in der Sache ebenso BVerfGE 88, 87 (96); 101, 275 (290 f.); 124, 199 (219 f.).

1524 BVerfGE 82, 126 (146 ff.); 85, 191 (207 ff.); 132, 72 (82 f.).

1525 Vgl. *Battis*, Innenausschuss-Drucks. 16(4)631 B, S. 1.

1526 BVerwGE 76, 256 (344 f.); *Klein*, DVBl. 1965, S. 862 (863); *Kröger*, Ministerverantwortlichkeit, S. 109.

(a) Anzeigepflicht

Bezogen auf die Anzeigepflicht des § 6a Abs. 1, 2 BMinG ergibt sich folgendes Bild: Die wörtliche Auslegung der Vorschrift führt zu einem weiten Anwendungsbereich der Anzeigepflicht, dem die Tatbestanderfordernisse des § 105 Abs. 1 BBG für das Beamtenrecht entgegenstehen. Allerdings begrenzt die innere Systematik des § 6a Abs. 1 BMinG die Mitteilungspflicht, indem stets ein beruflicher Bezug zu fordern ist; reine Freizeitaktivitäten begründen keine Anzeigepflicht.[1527] Ein überschießender Rest bleibt freilich, z.B. „sonstige Beschäftigungen" ohne die Besorgnis einer Beeinträchtigung dienstlicher Interessen. Das kompensiert[1528] die externe Systematik zum Ministerrecht, denn dem engeren Anwendungsbereich des Beamtenrechts folgt eine zeitlich umfangreichere Verbotsmöglichkeit.[1529] Demnach müssen Beamte weniger anzeigen, aber eine weitergehende Beschränkung befürchten. Die Sperrandrohung ist aber eine Frage der Ungleichbehandlung im Rahmen des Verbotsvorbehalts.[1530] Die Minister müssen zwar mehr anzeigen und unterliegen dem Vorbehalt des § 6a Abs. 2 Satz 3 BMinG, erfahren aber eine Privilegierung über den „weicheren" § 6b Abs. 1 BMinG. Die Anzeigepflicht ist gemessen an Art. 3 Abs. 1 GG verfassungskonform.

(b) Verbotsvorbehalt

Der Gesetzgeber hat wegen des Ziels der statusgerechten Reglementierung mit § 105 Abs. 2 BBG und § 6b Abs. 1 BMinG bereits formell zwischen beiden Amtsträgern unterschieden.[1531] Materiell unterliegen Regierungsmitglieder und ihre Parlamentarischen Staatssekretäre der demokratischen Diskontinuität. Beamtete Staatssekretäre sind regelmäßig gem. § 11 BBG auf Lebenszeit verbeamtet. Die fehlende parlamen-

---

1527 s.u. E.II.8.

1528 Zu dem gleichen Ergebnis kommt die Überprüfung anhand des Rechtsstaatsgebots unter E.II.8., S. 299.

1529 Vgl. *Grzeszick*, Innenausschuss-Drucks. 18(4)334 D, S. 12.

1530 Dazu sogleich E.II.6.a)cc)(3)(b).

1531 Vgl. *Bätge*, Innenausschuss-Drucks. 18(4)334 A, S. 4.

tarische Kontrolle rechtfertigt jedoch im nachamtlichen Bereich die Ungleichbehandlung nicht. Denn Regierungsmitglieder a.D. und Parlamentarische Staatssekretäre a.D. müssen sich nicht mehr vor dem Parlament verantworten.[1532] Das folgt aus dem eindeutigen Wortlaut des Art. 43 Abs. 1 GG, der dem Parlament ein Zitierrecht nur gegenüber amtierenden Regierungsmitgliedern zubilligt.[1533] Das Lebenszeitprinzip bildet einen weiteren Differenzierungsgrund, der aber faktisch kaum ins Gewicht fällt, da die beamteten Staatssekretäre grundsätzlich nicht die Altersgrenze erreichen. Allerdings stehen sie mit der Versetzung in den einstweiligen Ruhestand weiterhin in einem Sonderstatusverhältnis[1534] gegenüber dem Staat, zwar verlieren die ehemaligen Regierungsmitglieder und Parlamentarischen Staatssekretäre ihre Bindungen überwiegend,[1535] doch wirken andere Pflichten – etwa § 6 BMinG, § 353b Abs. 1 StGB – über die Amtszeit fort. Differenzierungsgrund ist demnach die Unterscheidung zwischen politischer Diskontinuität und Lebenszeitprinzip. Denn Regierungsmitglieder a.D. sind möglicherweise auf eine schnellere Tätigkeitsaufnahme angewiesen.

Das Differenzierungskriterium muss für die Zielerreichung geeignet sein.[1536] Die Geeignetheit ist im Rahmen der Verbotsmöglichkeit zweifelhaft, weil das Ziel des Berufsverbots in § 105 Abs. 2 BBG sich mit dem der Untersagung nach § 6b Abs. 1 Satz 1 BMinG deckt. Inhaltlich fördert die eigenständige Behandlung der Beamten die gleichen Ziele wie die Novelle. Da kein Fall bekannt ist, in dem ein beamteter Staatssekretär ein Berufsverbot von mehr als 18 Monaten erfahren hat,[1537] fördert die zeitliche Ungleichbehandlung die Abgrenzung nicht.

Die Ungleichbehandlung ist gegenüber den unterschiedlichen Status erforderlich, wenn keine geringeren Ungleichbehandlungen denk-

1532 Zur Regierungsverantwortlichkeit s.o. C.II.2.d), S. 125.

1533 *Klein*, in: Maunz/Dürig, GG, Art. 43 Rn. 60; *Magiera*, in: Sachs, GG, Art. 43 Rn. 4.

1534 *Stelkens*, in: ders./Bonk/Sachs, VwVfG, § 35 Rn. 198 f.; *v. Kielmansegg*, JA 2012, S. 881–887.

1535 Etwa gilt Art. 66 GG nur für die Amtsdauer, s.o. C.II.1.

1536 BVerfGE 113, 167 (234); *Epping*, Grundrechte, Rn. 807.

1537 s.o. C.III.2.a)dd), S. 164.

bar sind, die den jeweiligen Unterscheidungsmerkmalen gerecht werden.[1538] Hier droht ein Zirkelschluss, denn je weniger ausgeprägt die Ungleichbehandlung ist, desto weniger klar ist die Trennung zwischen den Segmenten. Daher ist eine Entsprechungsprüfung angezeigt.[1539] Die Entsprechungsprüfung fragt, ob entsprechende sachliche Gründe die Ungleichbehandlung unter Berücksichtigung der wesentlichen Gleichheit aufwiegen können.[1540]

Konkret binden die Politischen Entscheider die Nebentätigkeitsverbote gem. § 5 Abs. 1 BMinG[1541] und §§ 97 ff. BBG[1542], die Amtsverschwiegenheit gem. § 6 Abs. 1 BMinG und § 67 BBG[1543] sowie die Kontrolle von nachamtlichen Tätigkeiten gem. § 105 BBG und neuerdings § 6a–6d BMinG. Diese überwiegend parallel fortwirkenden Verpflichtungen begründen mehr eine Gemeinsamkeit als einen Trennungsgrund. Als Konsequenz ist das Versorgungsrecht über § 11 Abs. 1 BMinG nahezu identisch ausgestaltet. Zwar variiert die Versorgung im Detail, etwa bekommen Beamte mit Ruhegehaltsanspruch kein Übergangsgeld, während Regierungsmitglieder und Parlamentarische Staatssekretäre Übergangsgeld beziehen können,[1544] da ihr Anspruch auf Ruhegehalt gem. § 15 Abs. 3 Nr. 1 BMinG bis zum Erreichen der Regelaltersgrenzen von Beamten ruht. Doch darüber hinaus sind die Anrechnungsvorschriften konzeptionell angeglichen.[1545] Beamtete Staatssekretäre stehen als Vertreter des Ministers bezogen auf den potentiellen Ansehensverlust auf gleicher Stufe wie Parlamentarische Staatssekretäre. Gleiches gilt für das erworbene Fachwissen und die Möglichkeit der Kontaktnutzung. Dennoch unterliegen die Beamten einer längeren Karenzandrohung, woran auch der zusätzliche „kleine Verbotsvorbehalt" nichts ändert. Insgesamt fehlen dem Beam-

---

1538 BVerfGE 113, 167 (252); *Epping*, Grundrechte, Rn. 808.

1539 *Heun*, in: Dreier, GG I, Art. 3 Rn. 27 f., 31; *Huster*, in: Friauf/Höfling, BK GG I, Art. 3 Rn. 89 f.; *Kischel*, AöR 124 (1999), S. 174 (191 f.).

1540 BVerfGE 101, 275 (291); *Huster*, in: Friauf/Höfling, BK GG I, Art. 3 Rn. 89; *Kischel*, in: Epping/Hillgruber, GG, Art. 3 Rn. 37 f.; in der Sache ebenso BVerfGE 113, 167 (260); *Epping*, Grundrechte, Rn. 809 f.

1541 s.o. C.III.1.a) f.

1542 s.o. C.III.1.c).

1543 s.o. C.IV.1. f.

1544 s.o. C.V.

1545 s.o. C.VI.

tenrecht Vorfeld- und Unterstützungsmaßnahmen. Mit anderen Worten reglementiert der Gesetzgeber die beamteten Staatssekretäre stärker und starrer, obwohl von ihnen verglichen mit den Adressaten des § 6b Abs. 1 BMinG, kein höheres Gefährdungspotential ausgeht. Demnach liegt mit Blick auf Art. 3 Abs. 1 GG eine verfassungswidrige Ungleichbehandlung vor.

Da die Ungleichbehandlung mit Blick auf das Differenzierungsziel weder geeignet noch angemessen ist, stellt sich die Frage der Rechtsfolge. Grundsätzlich erklärt das Bundesverfassungsgericht gem. §§ 78, 95 Abs. 3 BVerfGG einen verfassungswidrigen Rechtsakt für nichtig. Eine Norm ist jedoch mit dem Grundgesetz vereinbar, wenn sie verfassungskonform ausgelegt werden kann.[1546] Die Grenzen verfassungskonformer Auslegung ergeben sich zunächst aus dem ordnungsgemäßen Gebrauch der anerkannten Auslegungsmethoden. Demnach ist eine Auslegung der Norm geboten, die durch den Wortlaut des Gesetzes gedeckt ist und die prinzipielle Zielsetzung des Gesetzgebers wahrt. Die Deutung darf nicht dazu führen, dass das gesetzgeberische Ziel in einem wesentlichen Punkt verfehlt oder verfälscht wird.[1547] Lassen der Wortlaut, die Entstehungsgeschichte, der Gesamtzusammenhang der einschlägigen Regelungen und deren Sinn und Zweck mehrere Deutungen zu, von denen eine zu einem verfassungsgemäßen Ergebnis führt, so ist diese geboten.[1548]

Mit § 105 Abs. 2 Satz 2 Hs. 1 BBG sind Berufsverbote grundsätzlich bis zum Ende der Anzeigepflicht auszusprechen. Ausnahmsweise ist gem. § 105 Abs. 2 Satz 2 Hs. 2 BBG eine kürzere Untersagung zu verhängen, wenn die Voraussetzungen nur für einen kürzeren Zeitraum vorliegen. Folglich ist eine zeitlich geringere Karenzzeit von maximal 18 Monaten unter Berücksichtigung des gesetzlichen Wortlauts denkbar. Eine Auslegung in die andere Richtung, etwa dahingehend, dass die Karenzzeit des § 6b BMinG auf z.B. 60 Monate erhöht wird, widerspricht dem rechtsstaatlichen Gesetzesvorbehalt gegenüber be-

---

1546 BVerfGE 78, 20 (24); bestätigt durch BVerfGE 119, 247 (274); 128, 326 (400); *Bethge*, in: Maunz/Schmidt-Bleibtreu/Klein/Bethge, BVerfGG, § 78 Rn. 95; *Graßhof*, in: Umbach/Clemens/Dollinger, BVerfGG, § 78 Rn. 9.

1547 BVerfGE 86, 288 (320); 119, 247 (274); 128, 326 (400).

1548 BVerfGE 83, 130 (144); 83, 201 (214 f.); 88, 145 (166); *Sachs*, in: ders., GG, Einf. Rn. 52 ff.; *Stern*, Staatsrecht I, § 4 III 8 d.

lastenden Staatsakten. Darüber hinaus ist das Beamtenrecht nur mit gesetzlicher Grundlage auf das Ministerrecht übertragbar, d.h. eine derartige Auslegung wäre mit dem Willen des Gesetzgebers nicht zu vereinbaren.[1549] Im Ergebnis gebietet die verfassungskonforme Auslegung das Tätigkeitsverbot nach § 105 Abs. 2 BBG gegenüber beamteten Staatssekretären auf 18 Monate zu begrenzen.

(c) Entscheidungsfindung

Sowohl der beamtenrechtliche als auch der ministerrechtliche Verbotsvorbehalt bezweckt den Ansehensschutz der jeweiligen Institution in der Öffentlichkeit. Allerdings ist nur gegenüber Regierungsmitgliedern und Parlamentarischen Staatsekretären die Stellungnahme des Gremiums erforderlich. Die Unterscheidung basiert einerseits auf dem Bestreben, der besonderen politischen Sensibilität von nachamtlichen Tätigkeiten der ehemaligen Gubernative gerecht zu werden. Andererseits erfährt die Entscheidung durch die Mitwirkung des Gremiums, d.h. einer von der Regierung entfernten Stelle,[1550] eine größere Akzeptanz in der Bevölkerung. Wenn jedoch der Ansehensverlust bei beamteten Staatssekretären genauso gegeben ist, muss für die angestrebte Akzeptanz in beiden Fällen ein beratendes Gremium aktiv werden. Auf Rechtsfolgeseite ist zu fragen, ob die Ungleichbehandlung zur Normverwerfung führt, oder eine verfassungskonforme Auslegung denkbar ist. Eine Norm ist nur für verfassungswidrig zu erklären, wenn keine nach anerkannten Auslegungsgrundsätzen zulässige und mit der Verfassung zu vereinbarende Auslegung möglich ist.

Wie § 19 Satz 1 GO BReg belegt, ist der unergiebige Wortlaut des § 54 Abs. 1 Nr. 1 BBG keine Grenze für die Einbeziehung Dritter. Daher ist nicht ersichtlich, warum der Wortlaut des § 105 Abs. 2 BBG abschließend sein sollte. Die teleologische Auslegung spricht für eine Aufgabenerweiterung des Bundespersonalausschusses gegenüber Berufsverboten von beamteten Staatssekretären, da hier gleichermaßen

1549 BT-Drucks. 1/3551, S. 7.

1550 Zur Kritik der fehlenden Distanz des Gremiums gegenüber der Regierung s.o. C.I.3.b).

die mit der Gremiumsbeteiligung erhoffte gesteigerte Akzeptanz in der Bevölkerung gewollt ist. Die Grenze des gesetzgeberischen Willens ist ebenso gewahrt, denn § 119 Abs. 1 Satz 2 BBG lässt eine Aufgabenerweiterung durch die Bundesregierung hinsichtlich des derzeit im Rahmen von § 105 BBG nicht einbezogenen Bundespersonalausschusses zu.[1551] Da § 6b Abs. 3, 4 BMinG eine derartige Öffnungsklausel nicht vorsieht, ist demnach eine erweiternde Auslegung des § 119 Abs. 1 Satz 2 BBG im Zusammenhang mit Beschränkungen gem. § 105 Abs. 2 BBG gegenüber beamteten Staatssekretären vorzunehmen. Im Übrigen entspricht eine Einbeziehung des Bundespersonalausschusses, dessen Vorsitzender gem. § 120 Abs. 2 Satz 1 BBG der Präsident des Bundesrechnungshofs ist, der hier vertretenen Auffassung, dass *de lege ferenda* der Bundesrechnungshof die Empfehlung im Sinne von § 6b Abs. 3 Satz 1 BMinG abgeben sollte.[1552]

(d) Zwischenergebnis

Der Unterscheidungsgrund wiegt somit grundsätzlich nicht sämtliche Unterschiede zwischen den beiden Vergleichsgruppen auf, mithin ist die Ungleichbehandlung überwiegend nicht gerechtfertigt. Einzig die Ungleichbehandlung im Rahmen der Anzeigepflicht ist gegenüber beiden Vergleichsgruppen gerechtfertigt. Im Übrigen ist eine verfassungskonforme Auslegung möglich und geboten. Missachtet der Minister als Dienstherr des beamteten Staatssekretärs die verfassungsrechtlich gebotenen Einschränkungen des § 105 BBG, ist der belastende Rechtsakt – hier die Untersagungsverfügung – aufzuheben.[1553]

b) Vergleich mit anderen politischen Beamten

Abschließend ist im Zusammenhang mit Art. 3 Abs. 1 GG zu klären, ob über die Gleichbehandlung von beamteten Staatssekretäre a.D. mit ehemaligen Regierungsmitgliedern und ehemaligen Parlamentari-

1551 Vgl. BT-Drucks. 16/7076, S. 128.
1552 s.o. C.I.3.b)cc).
1553 Vgl. *Boysen*, in: v. Münch/Kunig, GG I, Art. 3 Rn. 113; *Jarass*, in: ders./Pieroth, GG, Art. 3 Rn. 43; *Sachs*, in: Stern, Staatsrecht IV/2, § 120 III 2 (S. 1590).

schen Staatssekretären hinaus auch eine Gleichbehandlung von allen politischen Beamten a.D. mit den Politischen Entscheidern a.D. zu fordern ist.[1554] Denn die gebotene, weniger belastende Auslegung des § 105 Abs. 2 BBG gegenüber Staatssekretären könnten deswegen widersprüchlich sein, weil bei ihnen der potentielle Ansehensverlust größer ist als bei „sonstigen Beamten" i.S.v. § 54 Abs. 1 Nr. 2 BBG ab Besoldungsgruppe B 3.

Zum einen ist jedoch der mediale Druck gegenüber beamteten Staatssekretären gerade aufgrund des potentiell höheren Ansehensschadens und der größeren Einflussmöglichkeiten[1555] intensiver als der auf andere Beamte. Darüber hinaus ist die Verweildauer eines beamteten Staatssekretärs in seinem Amt regelmäßig kürzer,[1556] da Staatssekretäre zum Teil politisch außerhalb des Beamtentums rekrutiert werden.[1557] In der Folge sind Staatssekretäre stärker als andere politische Beamte persönlich und finanziell auf eine neue Tätigkeit angewiesen.[1558] Da § 35 Abs. 4 GGO eine Sonderbehandlung des Staatssekretärs an anderer Stelle ausdrücklich vorschreibt und der Betroffene über seine Teilnahme an Kabinettssitzungen eine herausragende Position – nicht wegen der Kabinettssitzung an sich, sondern wegen der Nähe zum Minister – gegenüber anderen Kollegen einnimmt, ist die Ausnahmebehandlung gerechtfertigt.

Zusammenfassend ähneln die beamteten Staatssekretäre den Adressaten der Novelle derart stark, dass eine Gleichbehandlung verfassungsrechtlich geboten ist. Dies führt aber weder zur Nichtigkeit noch zur Unanwendbarkeit der Norm. Vielmehr lässt die verfassungskonforme Auslegung eine verfassungsgemäße Anwendung der Vorschrift

---

1554 *Bamberger*, Nachamtliche Tätigkeitsbeschränkungen, S. 198.

1555 *Meyer*, Innenausschuss-Drucks. 16(4)631 C, S. 2.; vgl. zu den staatsleitenden Kompetenzen B.II.1.

1556 Die Amtsdauer betrug durchschnittlich 49,7 Monate, d.h. weniger als die für die Ernennung auf Lebenszeit avisierte Grenze des § 9 Abs. 2 BBG (fünf Jahre). Die beamteten Staatssekretäre waren im Durchschnitt bei ihrem Amtsende 56,8 Jahre alt, vgl. D.V.4.

1557 Daher hatten 13 der 70 nicht mehr im Amt befindlichen Staatssekretäre mangels Ruhegehalt einen Anspruch auf Übergangsgeld, vgl. D.V.4.

1558 Politische Entscheiderin Nr. 167, Primärquelle, berichtet sogar, dass wegen der ungewissen Zukunftsperspektiven Berufungen in das Amt des beamteten Staatssekretärs durchaus abgelehnt würden.

zu. Die Sonderbehandlung der beamteten Staatssekretäre gegenüber den sonstigen politischen Beamten ist an anderer Stelle gesetzlich festgelegt und aufgrund der besonderen Stellung der ministeriellen Vertreter angemessen.

c) Bundeskanzler und Bundesminister

Das Gleichheitssatz gem. Art. 3 Abs. 1 GG verbietet nicht nur die Ungleichbehandlung von wesentlich Gleichem, sondern nach herrschender Meinung auch die Gleichbehandlung von wesentlich Ungleichen,[1559] denn ansonsten käme es zu einer Ungleichbehandlung mit anderen Vergleichsgruppen.[1560] Anders formuliert dürften Kanzler und Minister durch das Gesetz nicht ungleichmäßig belastet werden, sofern sie wesentlich gleich sind.

Erstere haben gem. Art. 64 Abs. 1 GG die Personalhoheit über ihr Kabinett. Die Minister unterliegen somit nur formell einer parlamentarischen Verantwortlichkeit, etwa in Form des Zitierrechts des Bundestags nach Art. 43 Abs. 1 GG.[1561] Das entstehende Über- und Unterordnungsverhältnis zwischen Kanzler und Ministern ist der hierarchischen Verwaltung angenähert, denn nur der Vorgesetze kann den Beamten sanktionieren. Diese Idee findet sich bereits in der Reichsverfassung von 1871, wonach die (verbeamteten) Minister nur Vertreter des Reichskanzlers waren. Mit der Bundesregierung als Kollegium, dem Bundeskanzler und den Bundesministern statuiert Art. 62 GG drei Organe.[1562]

Für eine wesentliche Gleichheit spricht das Kabinettsprinzip des Art. 65 Satz 3 GG. Bei Meinungsverschiedenheiten zwischen den Ministern entscheidet die Bundesregierung als Gremium, d.h. gem.

1559 BVerfGE 49, 148 (165); 98, 365 (385); 110, 141 (167); *Epping*, Grundrechte, Rn. 787; *Pietzcker*, Gleichheitssatz, in: Marten/Papier, HGR V, § 125 Rn. 16 Fn. 30 m.w.N.; *Kingreen/Poscher*, Grundrechte, Rn. 525 f. sehen hierin nur ein Formulierungsproblem.

1560 *Pietzcker*, Gleichheitssatz, in: Marten/Papier, HGR V, § 125 Rn. 16 mit Beispielen.

1561 *Herzog*, in: Maunz/Dürig, GG, Art. 65 Rn. 65 f.; *Wuttke*, Verantwortlichkeit, S. 48 m.w.N.

1562 *Hermes*, in: Dreier, GG II, Art. 62 Rn. 11; *Schröder*, in: v. Mangoldt/Klein/Starck, GG II, Art. 62 Rn. 8.

Art. 62 GG Kanzler und Minister.[1563] Ebenso beschließt sie sich eine Geschäftsordnung nach Art. 65 Satz 4 GG. Die genannten externen Rechte und Pflichten der Bundesregierung behandeln sie als einheitliches Kollegium.[1564] Gemessen an dem Ziel der Untersagung gem. § 6b Abs. 1 BMinG verfügen beide Segmente durch die Regierungsarbeit grundsätzlich über das gleiche Fachwissen und über die gleichen Kontakte. Die Frage, wer über interessantere Kompetenzen, Kontakte und Kenntnisse verfügt, lässt sich pauschal nicht beantworten. Zwar ist zunächst dem Kanzler ein Vorsprung an Einfluss zuzuschreiben, doch ist dies für die Wirtschaft gegenüber einem Wirtschaftsminister mit seiner Befreiungsmöglichkeit nach § 8 GWB oder etwaigen Freihandelsabkommen nicht zwingend der Fall. Selbst eine unterstellte Ungleichheit, etwa in Folge der divergierenden parlamentarischen Verantwortlichkeit, ändert sich im Ergebnis nichts. Zwar könnte der Ansehensverlust bei einem Wechsel des ehemaligen Kanzlers größer sein als bei Ministern oder die Kontakte des Kanzlers zu anderen Regierungschefs für die Wirtschaft interessanter sein, doch quantitative Unterschiede kann die aktuelle Regierung im Einzelfall bei der Ausübung ihres Entschließungs- und Auswahlermessens nach § 6b Abs. 1 BMinG berücksichtigen. Die Norm ist daher unter Berücksichtigung von Art. 3 Abs. 1 GG verfassungskonform anwendbar.

d) Regierungsmitglieder und Parlamentarische Staatsekretäre

Eine Gleichbehandlung von wesentlich Ungleichem könnte auch in der gemeinsamen Erfassung in §§ 6a, 6b BMinG von Regierungsmitgliedern und Parlamentarischen Staatssekretären liegen. Leitgedanke des Art. 62 GG ist eine Bundesregierung ohne Parlamentarische Staatssekretäre.[1565] Formell gleichen § 5 Abs. 2, §§ 6, 7 ParlStG aber die Status der Regierungsmitglieder und Parlamentarischen Staatssekretären überwiegend an. Dies wird für beide Vergleichsgruppen deutlich in der hoheitlichen Amtsbestellung gem. § 2 Abs. 2 BMinG und § 2

1563 Einfach-rechtlich konkretisieren §§ 15–31 GO BReg die gemeinsame Stellung von Bundeskanzler und Bundesministern.

1564 *Oldiges*, Bundesregierung als Kollegium, S. 420–429.

1565 BT-Drucks. 5/1402, S. 3.

ParlStG und in dem kongruenten Amtseid nach Art. 64 Abs. 2 i.V.m. Art. 56 GG und § 3 ParlStG.

Erhebliche Unterschiede folgen jedoch aus der politischen Lenkungsmacht und der korrespondierenden Verantwortlichkeit. Das Zitierungsrecht des Bundestags gem. Art. 43 Abs. 1 GG bezieht sich nur auf Minister, was einfach-rechtlich § 14 Abs. 1 GO BReg mit der ministeriellen Vertretung durch Minister bestätigt. Folge der geringeren Verantwortlichkeit sind geringe Kompetenzen,[1566] sodass Art. 80 Abs. 1 Satz 1 GG sich nicht an Staatssekretäre richtet.[1567] Die nur mittelbare parlamentarische Verantwortung wiegt die Bindung der Parlamentarischen Staatssekretäre an die politischen Leitlinien des Kanzlers auf.[1568] Mit anderen Worten sind die Qualität der Staatsleitung und die parlamentarische Verantwortung der Vergleichsgruppen verschieden.

Vom Regelungszweck der Karenzzeit betrachtet, die einen intransparenten Transfer des staatsleitenden Fachwissens in die Wirtschaft vermeiden will, kommt es auf die genannten Unterschiede nicht an.[1569] Entscheidend sind die Einbindung in die Regierungsarbeit (etwa Teilnahme an nicht öffentlichen Kabinettssitzungen oder die Vertretung des Ministers im Parlament) und das Vertrauen des Ministers. Sie verschaffen den Parlamentarischen Staatssekretären Zugang zu regierungsinternen Wissensquellen und ermöglichen ihnen, die eigenen Ansichten gegenüber dem Minister darzulegen, mithin ihn faktisch zu beeinflussen. Im Vergleich zwischen Parlamentarischen Staatssekretären und Regierungsmitgliedern ist eine gleichgeartete Gefährdungslage gegeben, welche die gleichlaufenden Rechtsfolgen rechtfertigt.

e) Abgeordnete und Regierungsmitglieder

Ferner könnte eine Gleichbehandlung von wesentlich Ungleichem durch § 50 Abs. 1 Nr. 5 Alt. 2 VwGO erfolgen, indem die Vorschrift den Rechtsweg für Abgeordnete und die Adressaten der Novelle auf das Bundesverwaltungsgericht im ersten und letzten Rechtszug be-

1566 Vgl. *Echtler*, Beamteter Staatssekretär, S. 197 f.
1567 *Sannwald*, in: Schmidt-Bleibtreu/Hofmann/Henneke, GG, Art. 80 Rn. 93.
1568 *Klein*, DVBl. 1965, S. 862 (864).
1569 Im Ergebnis ebenso *Traupel*, Ämtertrennung, S. 261.

grenzt. Wenn sich Mandatsträger und Amtsträger wesentlich unterscheiden, muss der Gesetzgeber in seinem Ermessen eine Gruppe mit einem umfangreicheren Rechtsweg bedenken oder eine gänzlich andere Regelung schaffen.[1570] Anders formuliert könnten sich die Kläger i.S.v. § 50 Abs. 1 Nr. 5 VwGO derart ähneln, dass eine unterschiedliche instanzielle Zuständigkeit die Kläger auf verfassungswidrige Weise ungleich behandelt.

Inwiefern Regierungsamt und Mandat sich ähneln, ist erneut wertend zu bestimmen. Das Grundgesetz lässt Überschneidungen zwischen Gubernative und Legislative zu, sofern die Verfassung keine klaren Grenzen wie in Art. 56a, 137 GG zieht. Grundsätzlich sind daher Regierungsamt und Bundestagsmandat vereinbar.[1571] Die hohe verfassungsrechtliche Bedeutung einer gemeinwohlorientierten Legislative rechtfertigt die Kompetenzverlagerung für Klagen im Rahmen von § 44a AbgG.[1572] Damit Abgeordnete und Regierungsmitglieder sich in diesem Punkt wesentlich gleichen, muss die Funktionsfähigkeit und Integrität der Regierung einen ebenso hohen verfassungsrechtlichen Stellenwert einnehmen wie der durch § 44a AbgG[1573] verfolgten Schutz der Integrität des Parlamentshandelns.

Die Schutzgüter der Integrität, der Funktionsfähigkeit und des Ansehens der Regierung genießen Verfassungsrang.[1574] Daher legitimiert das Grundgesetz selbst die Rechtswegzuweisung. Als Kontrollüberlegung dient die parallele Partizipation an der Staatsleitung von Parlament und Regierung.[1575] Folglich gründen beide Rechtswegbegrenzungen in § 50 Abs. 1 Nr. 5 VwGO auf denselben verfassungsrechtlichen Erwägungen und sind in diesem Aspekt wesentlich gleich. Im Ergebnis verstößt § 50 Abs. 1 Nr. 5 Alt. 2 VwGO nicht gegen Art. 3 Abs. 1 GG.

1570 Vgl. BVerfGE 117, 163 (200); 121, 317 (373); 129; 49 (76 f.); *Graßhof*, in: Umbach/Clemens/Dollinger, BVerfGG, § 78 Rn. 57 f.

1571 Diese Praxis bestätigen die 16 Regierungsmitglieder, die über ihr Amt hinaus ihr Mandat weiter wahrnahmen, s.o. D.V.4.

1572 *Kühn*, Verhaltensregeln, S. 295 f.; in die gleiche Richtung auch *Ziekow*, in: Sodan/Ziekow, VwGO, § 50 Rn. 16.

1573 s.o. C.III.1.d)aa).

1574 s.o. E.II.1.a)cc)(2)(a).

1575 Vgl. B.II.1.

f) Ergebnis

Sämtliche Bedenken gegenüber Art. 3 Abs. 1 GG sind unbegründet oder lassen sich im Wege der verfassungskonformen Auslegung ausräumen. Letztere bereinigt Zweifel hinsichtlich der Ungleichbehandlungen von nachamtlichen Berufsverboten gegenüber beamteten Staatssekretären. Da diese mit Regierungsmitgliedern und Parlamentarischen Staatssekretären vergleichbar sind, ist die Ermessensausübung im Rahmen von § 105 Abs. 2 BBG auf eine Sperre von maximal 18 Monaten begrenzt und der Bundespersonalausschuss muss zu den Wechselabsichten der beamteten Staatssekretäre Stellung nehmen.

7. Art. 66 GG als abschließende Regelung?

Falls Art. 66 GG den Pflichtenkreis von Regierungsmitgliedern abschließend bestimmt, verstößt eine überschießende Regelung gegen das Grundgesetz. Ob eine Norm abschließend ist, ist durch Auslegung zu ermitteln.[1576] Sprachlich ist der Anwendungsbereich auf die Zeit während des Amts begrenzt. Demnach trifft die Norm bewusst keine Aussage für den Zeitraum, den die Novelle erfasst. Neben der zeitlichen Dimension könnte jedoch die „Eingriffsdimension“ abschließend sein: Die Regierungsmitglieder sollten nur die Beschränkungen des Art. 66 GG hinnehmen müssen und keine weiteren. Da der Wortlaut, Systematik[1577] und Entstehungsgeschichte[1578] hierzu unergiebig sind, ist auf den Zweck der Norm abzustellen. Da das von Art. 66 GG verfolgte Ziel, Integrität, die Funktionsfähigkeit und das Ansehen der Regierung zu schützen, auch gegenüber ehemaligen Regierungsmitgliedern relevant ist, steht die Vorschrift einer Erweiterung nicht entgegen.[1579]

1576 *Müller/Christensen*, Juristische Methodik, S. 261–263.
1577 s.o. C.II.1.
1578 s.o. C.II.1.
1579 *Busse*, in: Friauf/Höfling, BK GG IV, Art. 66 Rn. 6; *Hermes*, in: Dreier, GG II, Art. 66 Rn. 9; *Oldiges/Brinktrine*, in: Sachs, GG, Art. 66 Rn. 4.

8. Gesetzesvorbehalt und Fragerecht

In erweiternder Auslegung der Auskunftspflicht nach § 6a Abs. 1 BMinG sind (Nach-)Fragen der Bundesregierung möglich, sofern dieses Fragerecht dem rechtsstaatlichen Vorbehalt des Gesetzes genügt. Ausgangspunkt bildet der Parlamentsvorbehalt gegenüber Grundrechtseingriffen.[1580] Vorliegt greifen etwaige Nachfragen, wie bereits dargelegt, in das Recht auf informationelle Selbstbestimmung des Betroffen ein. Dafür muss der parlamentarische Gesetzgeber die Eingriffsvoraussetzungen klar umschreiben,[1581] sodass Gegenstand, Inhalt, Zweck und Ausmaß der Ermächtigungen hinreichend bestimmbar sind.[1582] Der Grundrechtsträger muss die Rechtslage erkennen und sein Verhalten daran ausrichten können.[1583]

Die Neuerung des § 6a Abs. 1, 2 BMinG erfüllt als Parlamentsgesetz die formellen Anforderungen des Gesetzesvorbehalts. Zweifel könnten aber hinsichtlich des Gebots der Normklarheit bestehen, da § 6a Abs. 1 BMinG weder Zweck noch Umfang der Anzeigepflicht direkt bestimmt. Gegenstand der Nachfrage sind Informationen über die nachamtlichen Tätigkeiten der Adressaten, die eine Untersagung nach § 6b Abs. 1 BMinG begründen können. Inhaltlich dürfen die Nachfragen dementsprechend nur auf Informationen abzielen, die für die Subsumtion unter die Untersagungsvoraussetzungen erforderlich sind. Durch die Auslegung des Wortlauts ergibt sich der Zweck, neue „Erwerbstätigkeiten oder sonstige Beschäftigungen" zu erfassen. Das Ziel verdeutlicht die Systematik zur Entscheidung nach § 6b Abs. 1 BMinG. Daher kann das Ausmaß der Anzeigepflicht oder des Fragerechts nicht weitergehen, als Informationen für die Untersagung relevant sind; etwa der Inhalt der neuen Tätigkeit oder potentielle Ansehensschädi-

1580 BVerfGE 88, 103 (116); 95, 267 (307); 116, 24 (58); *Kingreen/Poscher*, Grundrechte, Rn. 312 ff.

1581 Speziell für das Recht auf informationelle Selbstbestimmung BVerfGE 65, 1 (46); BVerwG, JZ 1991, S. 471 (474); *Vogelgesang*, Informationelle Selbstbestimmung, S. 71 f.

1582 BVerfGE 84, 133 (150); 100, 313 (359 f., 372); 110, 33 (53); *Schulze-Fielitz*, in: Dreier, GG II, Art. 20 (Rechtsstaat), Rn. 136; *Sobota*, Rechtsstaat, S. 137 f.; speziell für das allgemeine Persönlichkeitsrecht BVerfGE 92, 191 (198); *Di Fabio*, in: Maunz/Dürig, GG, Art. 2 Rn. 182.

1583 BVerfGE 83, 130 (145); 108, 186 (235); 110, 33 (53).

gungen. Da mit einer unangemessen hohen Vergütung aus Sicht des sachlich denkenden Bürgers ebenso ein Ansehensverlust der Regierung einhergehen kann, kann ebenso die Vergütungshöhe der neuen Tätigkeit erfragt werden. Die Anzeigepflicht und das Nachfragerecht sind somit hinreichend bestimmbar.

Im Einklang mit § 5 Abs. 3 BMinG könnte eine Bagatellgrenze gegenüber dem weitreichenden Wortlaut erforderlich sein. Auf die Spitze getrieben: Auch das Rauchen einer Zigarette könnte eine „sonstige Beschäftigung" darstellen[1584] und der Anwendungsbereich ausufern. Gegenstand der Nachfrage sind Informationen über die nachamtliche Tätigkeit des Adressaten, die ein Berufsverbot nach § 6b Abs. 1 BMinG begründen können. Das Rauchen von Zigaretten stellt grundsätzlich keine Erwerbstätigkeit oder vergleichbare Beschäftigung dar.[1585] Anders gewendet limitiert die genaue Bestimmung des Zwecks und Umfangs der Pflicht den Anwendungsbereich auf ein angemessenes Verhältnis. § 6a Abs. 1 BMinG und das daraus folgende Fragerecht verstoßen somit nicht gegen das Rechtsstaatsprinzip aus Art. 20 Abs. 3 GG in Form des Gesetzesvorbehalts.

9. Bestimmtheit des Verbotsvorbehalts

Ähnliche Fragen wirft die Ermächtigungsgrundlage des § 6b Abs. 1 Satz 1 BMinG mit seiner Vielzahl an unbestimmten Rechtsbegriffen auf.[1586] Neben dem skizzierten Maßstab für die Vorhersehbarkeit hoheitlichen Handelns aus Sicht des Bürgers braucht die Regierung für ihre Entscheidung belastbare Kriterien, die eine hinreichende gerichtliche Kontrolle ermöglichen.[1587] Ob die Norm dem Bestimmtheitsgebot genügt, hängt von ihrer Bedeutung und Eingriffsintensität[1588] so-

1584 Vgl. *Thieme*, DVBl. 2000, S. 146 (147).

1585 Es sei denn, das Rauchen geschieht auf einem Pferd sitzend zu Werbezwecken der Tabakindustrie.

1586 s.o. C.I.5.c).

1587 BVerfGE 63, 312 (323); 78, 214 (226); 110, 33 (54 f.); *Grzeszick*, Innenausschuss-Drucks. 18(4)334 D, S. 7.

1588 BVerfGE 93, 213 (238); 109, 133 (188); 110, 33 (55).

wie von der sachlichen Eigenart des Regelungsgegenstands ab.[1589] Je bedeutender die Norm ist und je intensiver sie in Bürgerrechte eingreift und je eindeutiger, abgrenzbarer sowie vorhersehbarer der Regelungsgegenstand ist, desto höher muss das Maß der gebotenen inhaltlichen Bestimmtheit der Vorschrift sein.[1590]

Der Untersagungsvorbehalt ermöglicht finale Eingriffe in die Berufsfreiheit und ist damit besonders grundrechtsintensiv. Die Bedeutung der Beschränkung ist gemessen an den Schutzgütern besonders hoch. Die Betroffenen genießen regelmäßig über ihre Amtszeit hinaus mediale Aufmerksamkeit und müssen sich grundsätzlich[1591] einen neuen Beruf suchen, sodass die Eigenart des Regelungsgegenstands und die der damit verbundenen Adressaten eine hohe Bestimmtheit erfordern. Insgesamt folgen aus dem vorstehenden Maßstab hohe Bestimmtheitsanforderungen.

Der Verbotsvorbehalt des § 6b Abs. 1 BMinG operiert mit den unbestimmten Rechtsbegriffen der „sonstigen Beschäftigung“, der „Beeinträchtigung des öffentlichen Interesses“ und dem „Vertrauen der Allgemeinheit in die Integrität der Bundesregierung“ sowie der „schweren Beeinträchtigung“. Der Inhalt der „sonstigen Beschäftigung“ lässt sich durch Auslegung hinreichend klar ermitteln.[1592] Die Lehre hat den Begriff des „öffentlichen Interesses“ ausführlich untersucht.[1593] Die „Integrität der Bundesregierung“ leidet kausalitätsunabhängig durch den Anschein, während oder nach der Amtszeit gegen das Gemeinwohl gehandelt zu haben. Der Thematik haben sich die neuere Literatur[1594] und dieses Werk[1595] gewidmet, sodass auch hier eine hinreichende Begriffsklärung vorliegt. Die „schwere Beeinträchti-

1589 BVerfGE 93, 213 (238); 102, 254 (337); 102, 347 (361).

1590 BVerfGE 93, 213 (238); 109, 133 (188); 110, 33 (55); *Grzeszick*, in: Maunz/Dürig, GG, Art. 20 VII Rn. 60; *Sobota*, Rechtsstaat, S. 134 f.; *Stern*, Staatsrecht I, § 20 IV 4 (S. 818 f.).

1591 Ausnahmen sind die „Fortsetzer“, s.o. D.IV.4.p).

1592 s.o. C.I.2., S. 44 f.

1593 *Häberle*, Öffentliches Interesse, S. 596; *Thärichen*, Öffentliches Interesse, S. 46–49; *Untersteller*, Öffentliches Interesse, S. 10 f.; *Viotto*, Öffentliches Interesse, S. 15–47.

1594 *Bamberger*, Nachamtliche Tätigkeitsbeschränkungen, S. 69–74; *Sommermann*, in: v. Mangoldt/Klein/Starck, GG II, Art. 20 Rn. 307.

1595 s.o. B.IV.2.

gung“ bereitet hingegen Schwierigkeiten, da sie abstrakt kaum greifbar ist. Dennoch gibt diese Untersuchung dem Rechtsanwender anhand systematischer Auslegung einen Maßstab an die Hand,[1596] sodass auch hier ein Verstoß gegen das Rechtsstaatsgebot ausscheidet. Die Ermächtigungsgrundlage ist somit hinreichend bestimmbar und genügt den Anforderungen des rechtsstaatlichen Gesetzesvorbehalts.[1597]

10. Begrenzung des Instanzenzugs

Der instanziell auf das Bundesverwaltungsgericht begrenzte Instanzenzug gem. § 50 Abs. 1 Nr. 5 VwGO könnte gegen Art. 19 Abs. 4 GG und gegen Art. 95 Abs. 1 GG verstoßen, indem sie die Konzeption des Bundesverwaltungsgerichts als Revisionsgericht aushöhlt. Ein Verstoß gegen Art. 19 Abs. 4 GG scheidet aus, da die Vorschrift den Zugang zu Gericht gewährt, aber keinen Instanzenzug zusichert.[1598] Ebenso wenig schreibt Art. 95 Abs. 1 GG einen zwingenden Instanzenzug vor.[1599] Vielmehr ist eine Begrenzung auf das Bundesverwaltungsgericht einschließlich der Funktion als Tatgericht gegenüber Art. 95 Abs. 1 GG gerechtfertigt, wenn sachliche Gründe für die Verkürzung sprechen.[1600] Ein solcher liegt unter anderem vor, wenn Verwaltungsakte oberster Bundesbehörden oder vergleichbarer Hoheitsträger angegriffen werden, die von überregionaler oder allgemeiner grundsätzlicher Bedeutung sind oder einer raschen endgültigen Klärung bedürfen.[1601] Da die Beurteilung, ob eine der genannten Fallgruppen vorliegt, mit politischen Wertungen verbunden ist, ist dem Gesetzgeber ein weiter Einschätzungsspielraum zuzugestehen.[1602] Die Grenze des Einschätzungsspiel-

1596 s.o. C.I.2.b)cc)(2), S. 50.

1597 *Grzeszick/Limanowski*, DÖV 2016, S. 313 (317), die rechtspolitisch eine engere Fassung für zweckmäßig halten; ebenso zurückhaltend *Michael*, Innenausschuss-Drucks. 18(4)336 F, S. 3: „wohl verfassungsmäßig“; zweifelnd *Scheffczyk*, ZRP 2015, S. 133 (134).

1598 BVerfGE 65, 76 (90); 87, 48 (61); 92, 365 (410).

1599 BVerfGE 8, 174 (177); BVerwGE 120, 87 (93 f.); *Schulze-Fielitz*, in: Dreier, GG III, Art. 95 Rn. 20; *Wickel*, NVwZ 2001, S. 16 (19).

1600 BVerfGE 8, 174 (181); 92, 365 (410); BVerwGE 120, 87 (93 f.); 131, 274 (280).

1601 BVerfGE 8, 174 (180 f.); 92, 365 (410); BVerwGE 131, 274 (280).

1602 BVerwGE 131, 274 (281).

raums gegenüber der Zuständigkeitsbestimmung ist für den Normgeber erst erreicht, wenn sie „offensichtlich fehlsam oder evident unsachlich“[1603] sind.

Dagegen richtet sich der Bundesrat mit seiner Stellungnahme vom 27. März 2015,[1604] denn eine Überhäufung mit tatrichterlichen Aufgaben stelle die Funktion eines Bundesgerichts als „höchstes Rechtsmittelgericht“[1605] in Frage.[1606] Die Bundesregierung begründet die Verkürzung des Instanzenzugs mit der Sachnähe zu den anderen von § 50 Abs. 1 Nr. 5 VwGO erfassten Fälle, da synchron zu den Entscheidungen nach § 44a AbgG in beiden Fällen Mitglieder eines Verfassungsorgans betroffen seien und eine einheitliche Behandlung erfolgen solle.[1607] Daran kritisiert der Bundesrat, die Bundesregierung habe die beschworene „Sachnähe“ nicht näher konkretisiert. Selbst wenn eine solche Nähe vorläge, fehle bereits der Variante des § 44a AbgG eine hinreichende Begründung.[1608] Die Kritik an der Begrenzung im Zusammenhang mit § 44a AbgG mag zutreffen,[1609] dennoch wendet das Bundesverwaltungsgericht § 50 Abs. 1 Nr. 5 VwGO ohne Zweifel gegenüber dessen Verfassungsmäßigkeit an.[1610] Andernfalls hätte das Gericht das Verfahren aussetzen und ein Normkontrollverfahren nach Art. 100 Abs. 1 GG einleiten müssen. Daher ist unabhängig von der Begründung der bun-

1603 BVerwGE 131, 274 (281 f.) unter Bezug auf eine Bedarfsbewertung durch den Gesetzgeber in BVerfG, NVwZ 1998, S. 1060 (1060).

1604 BT-Drucks. 18/4630, S. 14 f.

1605 BVerfGE 8, 174 (177); 92, 365 (410); *Schulze-Fielitz*, in: Dreier, GG III, Art. 95 Rn. 19.

1606 BT-Drucks. 18/4630, S. 14; auch der Präsident des BVerwG *Rennert*, NWVBl. 2015, S. 41 (44) sieht das in Art. 96 GG normiert Regel-Ausnahme-Verhältnis zwischen Rechtsmittel- und Tatgericht gefährdet.

1607 BT-Drucks. 18/4630, S. 12, 16; s.a. *Özdemir* (SPD), in: BT Plenarprotokoll (Sten. Ber.) 18/100, 9578C.

1608 BT-Drucks. 18/4630, S. 14 unter Verweis auf BT-Drucks. 15/5671, S. 4.

1609 Die Kommentarliteratur liefert ebenfalls keine vertiefende Begründung, vgl. *Berstermann*, in: Posser/Wolff, VwGO, § 50 Rn. 9; *Bier*, in: Schoch/Schneider/Bier, VwGO, § 50 Rn. 16; *W.-R. Schenke*, in: Kopp/Schenke, VwGO, § 50 Rn. 8a; zweifelnd *Kraft*, in: Eyermann, VwGO, § 50 Rn. 15a; *Ziekow*, in: Sodan/Ziekow, VwGO, § 50 Rn. 16 spekuliert mangels amtlicher Begründung, die Sonderzuweisung solle der „politischen Bedeutung“ Rechnung tragen; referierend in § 50 Rn. 16a.

1610 BVerwGE 135, 77 (80).

desverwaltungsgerichtlichen Zuständigkeit im Rahmen von § 44a AbgG nach einem sachlichen Grund zu fragen.

Die Bundesregierung handelt bei Erlass der Untersagungsverfügung als Behörde. Zwar sind die obersten Bundesbehörden grundsätzlich die jeweiligen Ministerien,[1611] doch ist die Bundesregierung ein vergleichbarer Hoheitsträger. Ein überregionaler Bezug kommt der Entscheidung gegenüber einer Einzelperson indes nicht notwendig zu,[1612] vielmehr müsste sich die Maßnahme auf größere Teile des Bundesgebiets beziehen.[1613] Daran ändert auch das Verbot bei einem bundesweit operierenden Unternehmen tätig zu werden nichts, da das Unternehmen andere Personen für die entsprechende Stelle einstellen kann. Das Verbot ist konzeptionell nur auf den Rechtskreis des Betroffenen ausgerichtet. Die Personalpolitik des Unternehmers ist gem. § 105 Satz 1 GewO dessen innere Angelegenheit und weist somit keinen überregionalen Bezug auf. Eine besondere Eilbedürftigkeit ist nicht zu erkennen: Die Klage des Adressaten hat zunächst gem. § 80 Abs. 1 Satz 1 VwGO aufschiebende Wirkung. Verknüpft die Bundesregierung ihre Untersagung mit der Anordnung der sofortigen Vollziehung, kann der Betroffene einen Antrag auf Wiederherstellung der aufschiebenden Wirkung nach § 80 Abs. 5 Satz 1 Alt. 2 VwGO stellen.

Es bleibt die Alternative der allgemeinen grundsätzlichen Bedeutung. Dies bejaht die Bundesregierung, da „Ziel dieser Entscheidungen [...] die Sicherstellung der staatlichen Integrität und Loyalität, mithin die Bewahrung bedeutender Güter eines demokratischen Rechtsstaats [ist]. Diese Umstände rechtfertigen – auch im Interesse einer einheitlichen Rechtsprechung auf diesem Gebiet – eine Konzentration des Rechtsschutzes beim BVerwG“[1614]. Die „einheitliche Rechtsprechung“ ist kein Kriterium des dargestellten Maßstabs, schließlich sorgen die Rechtsmittelgerichte ebenfalls für konsistente Entscheidungen. Ebenfalls unerheblich ist nach obigen Kriterien die Anzahl der zu erwartenden Fälle.[1615] Letztlich spitzt sich die Entscheidung in der Gewichtung der Schutzgüter

1611 Darüber hinaus der Bundesrechnungshof und das Bundeskanzleramt, Übersichten bei *Bogumil/Jann*, Verwaltung, S. 92; *Püttner*, Verwaltungslehre, § 8 Rn. 66.

1612 A.A. *Grzeszick*, Innenausschuss-Drucks. 18(4)334 D, S. 10.

1613 BVerwGE 131, 274 (282 f.).

1614 BT-Drucks. 18/4630, S. 16.

1615 A.A. BT-Drucks. 18/4630, S. 16.

in Form der „staatlichen Integrität und Loyalität“ zu. Die medialen Wogen seit 2014 infolge der Wechsel von Bahr, Niebel und Pofalla verdeutlichen das allgemeine Interesse. Dass Gerichtsentscheidungen über die Integrität von Parlamentariern gegenüber diesen eine allgemeine Bedeutung haben, bestreitet weder das Bundesverwaltungsgericht noch der Bundesrat.[1616] Die Überlegung lässt sich erst recht auf die Bundesminister und ihre noch konzentriertere Teilhabe an der Staatsleitung übertragen.[1617] Der Anwendungsbereich des § 6b Abs. 1 Satz 1 BMinG bezieht sich zwar auf Fälle nach dem Ende der Amtszeit, doch bietet die nachgelagerte Korruption und der intransparente Einfluss auf die aktuelle Regierungsarbeit einen hinreichenden Bezug zur jeweils aktuellen Regierung. Ebenso leidet deren generelles Ansehen, wenn vormalige Minister das öffentliche Interessen gefährden. Somit ist die Beurteilung des Gesetzgebers nicht „offensichtlich fehlsam“ oder „evident unsachlich“, sodass sich die Legislative innerhalb ihres Einschätzungsspielraums bewegt.[1618] Ein Verstoß gegen Art. 95 Abs. 1 GG scheidet somit aus.

III. Ergebnis

Das Gesetz zur Änderung des Bundesministergesetzes und des Gesetzes über die Rechtsverhältnisse der Parlamentarischen Staatssekretäre ist mit dem Grundgesetz vereinbar.[1619] Zwar sind Eingriffe in Freiheitsrechte denkbar, doch sind solche bei verhältnismäßiger Ausübung im Einzelfall verfassungsgemäß. Ebenso ist ein auf § 6a Abs. 1 BMinG gestützte (Nach-)Fragerecht mit dem Vorbehalt des Gesetzes vereinbar.

1616 BVerwGE 135, 77 (80); BT-Drucks. 18/4630, S. 16.

1617 Fraglich bleibt, warum § 50 Abs. 1 Nr. 5 VwGO keine Zuständigkeit des Bundesverwaltungsgerichts in anderen Streitfällen des BMinG begründet, etwa wenn ein Minister eine Feststellungsklage im Rahmen von § 5 Abs. 1 BMinG erhebt.

1618 Im Ergebnis ebenso *W.-R. Schenke*, in: Kopp/Schenke, VwGO, § 50 Rn. 8a; zweifelnd *Kraft*, in: Eyermann, VwGO, § 50 Rn. 15a; ohne Wertung dargestellt bei *Bier*, in: Schoch/Schneider/Bier, VwGO, § 50 Rn. 16; *Ziekow*, in: Sodan/Ziekow, VwGO, § 50 Rn. 16a.

1619 So auch die Einschätzungen von *Bätge*, Innenausschuss-Drucks. 18(4)334 A, S. 11; *Grzeszick*, Innenausschuss-Drucks. 18(4)334 D, S. 12 f.; ebenso bereits *Meyer*, Innenausschuss-Drucks. 16(4)631 C, S. 1.

Der Gleichheitssatz hingegeben gebietet gegenüber beamteten Staatssekretären mit Blick auf § 105 Abs. 2 BBG eine verfassungskonforme Rechtsanwendung.

F. Gesamtergebnis

1. Das Phänomen des Seitenwechsels ist von anderen Phänomenen (Ämterpatronage oder Inklusiver Verwaltung) abzugrenzen; diese erfassen die Thematik des Seitenwechsels nur begrenzt.[1620]
2. Der Anwendungsbereich des Gesetzes zur Änderung des Bundesministergesetzes und des Gesetzes über die Rechtsverhältnisse der Parlamentarischen Staatssekretäre vom 17.07.2015 (Novelle) ist weit auszulegen, um Umgehungen entgegenzuwirken. Demnach sind Ehrenämter wie Positionen in kleineren Unternehmen gleichermaßen erfasst. Aufgrund der Gemeinwohlbindung des Staats unterfällt der öffentliche Dienst nicht dem Anwendungsbereich der Novelle.[1621]
3. Damit die Untersagungsbehörde eine rechtmäßige Entscheidung treffen kann, sind ihr neue Beschäftigungen und deren Inhalt vor dem jeweiligen Tätigkeitsbeginn anzuzeigen. Sofern die Informationen nicht ausreichen, ist die Regierung ermächtigt, zur Konkretisierung Nachfragen zu stellen. Dies folgt aus der genetischen Auslegung[1622] von § 6a BMinG und einem Vergleich mit dem Beamtenrecht.[1623] Derartige Nachfragen sind erforderlich, weil ansonsten die Gubernative nicht zwingend hinreichende Kenntnis von den Umständen des Wechsels hat. Ohne das Fragerecht kann die Regierung weder unter die Voraussetzungen des Verbotsvorbehalts gem. § 6b Abs. 1 Satz 1 BMinG noch unter die der Regelbeispiele gem. § 6b Abs. 1 Satz 2 BMinG subsumieren oder eine ermessensfehlerfreie Rechtsfolge setzen.[1624]

1620 s.o. A.III.
1621 s.o. C.I.1.b) und C.I.2.b).
1622 s.o. C.I.1.e), S. 41 f.
1623 s.o. 144C.III.1.c)cc)(2), S. 145.
1624 Zusammenfassend s.o. C.I.1.e).

4. Die Regierung kann, sofern ein Regierungsmitglied oder parlamentarischer Staatssekretär eine Anschlusstätigkeit nicht rechtzeitig gem. § 6a Abs. 2 Satz 2 BMinG anzeigt, die Anschlusstätigkeit gem. § 6a Abs. 2 Satz 3 BMinG vorläufig untersagen. Ein von Gesetzes wegen wirkendes Verbot sieht der „kleine Verbotsvorbehalt" nicht vor. Auf die Voraussetzungen des § 6b Abs. 1 BMinG kommt es hierfür nicht an, jedoch darf trotz vorläufiger Untersagung die maximale Untersagungsdauer von 18 Monaten nicht überschritten werden.[1625]
5. Der Frage, ob und wie hoch die Anschlusstätigkeit vergütet wird, kommt im Unterschied zu den einschlägigen beamtenrechtlichen Regelungen grundsätzlich nur eine Indizwirkung zu. Die Frage der Vergütung thematisiert die Novelle nicht. Eine etwaige unangemessene Vergütung kann die Regierung im Rahmen der Ermessensausübung berücksichtigen.[1626]
6. Ob und inwiefern Tatsachen die Besorgnis einer Beeinträchtigung öffentlicher Interessen begründen, ist aus Sicht des sachlich denkenden Bürgers zu beurteilen. Mit Blick auf das Regelbeispiel gem. § 6b Abs. 1 Satz 2 Nr. 1 BMinG ist ein konkreter Bezug zwischen dem vorherigen Amtsbereich und dem neuen Tätigkeitsfeld erforderlich.[1627] Als Folge des großen Ansehensverlusts bei Regierungsmitgliedern und des damit einhergehenden Vertrauensverlusts i.S.v. § 6b Abs. 1 Satz 2 Nr. 2 BMinG sind geringe Anforderungen an das Vorliegen einer Beeinträchtigung öffentlicher Interesse zu stellen.[1628] Der bloße Anschein des unredlichen Verhaltens ist den genannten Zielen abträglich, sodass „Gegenmaßnahmen" (etwa zwischengeschaltete Vertreter oder etwaige Kompensationen) unerheblich sind.[1629] Eine direkte Berufsbeschränkung von Gesetzes wegen nach dem Amt ist gem. § 6b Abs. 1 BMinG mit Blick auf die

1625 s.o. C.I.1.f).

1626 s.o. C.I.2.b)aa).

1627 s.o. C.I.2.b)cc)(1); zum „konkreten Bezug" im Beamtenrecht s.o. C.III.1.c)aa) und C.III.1.c)bb)(1), S. 133 f.

1628 s.o. C.I.2.b)cc)(1), S. 48; zum „Ansehensverlust" im Rahmen von Art. 66 GG s.o. C.II.1, S. 101; für das Beamtenrecht s.o. C.III.1.c)bb)(3), S. 136 f.

1629 Vgl. hierzu C.III.1.c)bb)(3).

Tatbestandsvoraussetzung einer Besorgnis der Beeinträchtigung öffentlicher Interessen nicht gegeben.[1630]

7. Für die Beratung der Bundesregierung (des Ausschusses) gem. § 6b Abs. 3 BMinG wäre aufgrund der geringen Anforderungen an die Mitglieder des Gremiums i.S.v. § 6c BMinG und deren Abhängigkeit von der Regierung die Zuständigkeit des Bundesrechnungshofs zweckmäßiger. Verfassungsrechtliche Bedenken hiergegen bestünden nicht.[1631] Zudem sollte mit Blick auf das angestrebte Verständnis gegenüber der Entscheidung in der Öffentlichkeit die Begründung des beratenden Gremiums veröffentlicht werden.[1632]
8. Hinsichtlich der Entscheidung durch die Regierung sind in zwei Richtungen Probleme denkbar: Zum einen könnten die Nachfolger im Amt den beruflichen Fortgang ihrer Vorgänger beschränken wollen, zum anderen könnte bei einer gleichbleibenden politischen Lage eine „Persilschein-Politik" einsetzen. Demnach ist *de lege ferenda* eine Kompetenzverlagerung auf einen Ausschuss des Bundestags zweckmäßiger gewesen.[1633]
9. Die Adressaten der Anzeigepflicht nach § 6a BMinG können sich gegen diese mittels Feststellungsklage oder gegen Nachfragen mittels Anfechtungsklage wehren. Dritten hingegen räumt die Norm keine Klagebefugnis ein. Hinsichtlich der Untersagung nach § 6b BMinG sind Dritte nur klagebefugt, soweit sie geltend machen können, in ihrem Recht aus Art. 12 Abs. 1 GG beeinträchtigt zu sein. Die unbestimmten Rechtsbegriffe im Rahmen der Berufsbeschränkungen unterliegen der vollen gerichtlichen Kontrolle.[1634]
10. Die Novelle hat zum Teil berechtigte Kritik erfahren. Zweckmäßig wäre eine Untersagungsmöglichkeit von bis zu drei Jahren. Verschweigt ein wechselndes Regierungsmitglied a.D. sein Vorhaben, stehen dem Staat keine Sanktionsmaßnahmen zur Verfügung. Kommt die Regierung aus Sicht des ehemaligen Politikers zu einer

1630 s.o. C.I.2.b)cc).
1631 s.o. C.I.3.b).
1632 s.o. C.I.2.c), S. 54.
1633 s.o. C.I.4.b).
1634 s.o. C.I.5.

belastenden Entscheidung und setzt der Betroffene sich darüber hinweg, stehen ebenfalls keine Sanktionsinstrumente bereit. Lediglich die Verbotsverfügung kann mit den Mitteln des Verwaltungszwangs durchgesetzt werden. Einzig auf den öffentlichen Druck zu vertrauen, ist nicht zweckmäßig, da die ehemaligen Amtsträger beruflich nicht mehr von der Gunst der Öffentlichkeit abhängig sind.[1635]

11. Die Novelle schützt die Integrität (das ist die inhaltliche Ausrichtung der Amtsführung am Gemeinwohl), die Funktionsfähigkeit und das Ansehen der Regierung. Die Integrität des Regierungshandels bezweckt ein Wechselspiel zwischen politischen Entscheidungen und Vorstellungen in der Bevölkerung, sog. Responsivität.[1636] Denn die Beschränkungen unterbinden den Transfer von exklusivem Staatswissen in die Wirtschaft und den Einfluss nicht gemeinwohlgebundener Akteure auf die Regierung. Dabei kommt der Funktionsfähigkeit ein höherer Stellenwert als dem Ansehensschutz zu. Ferner sichern die Beschränkungen die Qualität der Amtshandlung der ausscheidenden sowie der aktiven Amtsträger: Die Novelle soll zugunsten der Amtshandlungen von ausscheidenden Amtsträgern wirken, indem sie Anreize nimmt, sich noch im Amt zugunsten einer späteren Anstellung zu positionieren. Mit Blick auf bereits ausgeschiedenen Amtsträger soll die Novelle die Netzwerknutzung zu früheren Kollegen und somit intransparenten privatwirtschaftlichen Einfluss unterbinden.[1637] Eine Karenzzeit ist demnach nur soweit und solange zulässig, wie sie der Erreichung der vorstehenden Ziele dient. Maßgeblich für die Karenzdauer sind daher die Aktualität des exklusiven Wissens und der politische Einfluss des Netzwerks.
12. Die Nutzung politischer Netzwerke ist für Unternehmen interessanter als der Gewinn an exklusivem Fachwissen.[1638] Der Drehtüreffekt zugunsten des Staats von ehemaligen Wirtschaftlichen Ent-

1635 s.o. C.I.8.
1636 Zur Responsivität s.o. B.III und C.II.2.a).
1637 s.o. C.I.9.
1638 s.o. B.II.4.

scheidern, die in ein öffentliches Amt gewechselt sind, ist quantitativ irrelevant.[1639]

13. Die Wertungen des Art. 66 GG sind auf die Novelle nur bedingt übertragbar: Die Fokussierung auf das Regierungsamt, um eine Arbeitsüberlastung zu vermeiden, ist im nachamtlichen Bereich kein belastbares Argument.[1640] Gleiches gilt für die Vermeidung von Machtkonzentration, da das vorherige Amt geendet hat.[1641] Über die Amtsdauer hinaus ist Art. 66 GG nicht anwendbar.[1642]
14. Hingegen sind die Wertungen des Art. 66 GG über § 5 Abs. 1 BMinG auf §§ 99, 100 BBG aufgrund der gleichen Ziele übertragbar.[1643]
15. Die beamtenrechtlichen Berufsbeschränkungen streiten nur für den jeweils vorangegangenen Dienstherrn. Die Bundesregierung ist verfassungsrechtlich aufgrund der Ressorthoheit gem. Art. 65 Satz 2 GG nicht Dienstherr gegenüber den einzelnen Ministern. Die Kabinettszuständigkeit nach Art. 65 Satz 3 GG bezieht sich nur auf politische Konflikte zugunsten eines einheitlichen Regierungshandelns. Gleiches gilt für die Ausnahme des Bundestags gem. Art. 66 a.E. GG, da sie sich nur auf aktive Regierungsmitglieder bezieht. Das öffentliche Interesse geht weiter als das dienstliche Interesse des jeweiligen Dienstherrn.[1644]
16. Die Wertungen der §§ 99, 100 BBG sind grundsätzlich mit denen des § 105 BBG kongruent, jedenfalls dienen sie als Auslegungshilfe.[1645] Jene Wertungen lassen sich auf die Novelle übertragen, da § 105 BBG das Amtsende und die erstarkenden Grundrechte berücksichtigt.[1646] Auf Rechtsfolgenseite bleibt die Novelle mit der Ermessensentscheidung hinter den gebundenen beamtenrechtli-

1639 s.o. B.IV.4.
1640 s.o. C.II.1.
1641 s.o. C.II.1.b).
1642 s.o. C.II.1.c).
1643 s.o. C.III.1.a) und C.III.1.c).
1644 s.o. C.I.4.a) und C.III.1.c)bb)(1).
1645 s.o. C.III.2.a)bb).
1646 s.o. C.III.2.a)ee).

chen Entscheidungen des § 100 Abs. 4, § 105 Abs. 2 Satz 1 BBG zurück.[1647]

17. Aufgrund der hohen Wertigkeit der geschützten Güter kann die Untersagung nach §§ 6a, 6b BMinG grundsätzlich mit der Anordnung der sofortigen Vollziehung verbunden werden. Andernfalls liefe die Untersagungsmöglichkeit von bis zu 18 Monaten nach dem Amtsende aufgrund der aufschiebenden Wirkung von Klagen nach § 80 Abs. 1 Satz 1 VwGO und der zum Teil erheblichen verwaltungsgerichtlichen Verfahrensdauer regelmäßig leer.[1648]
18. Gegenüber beamteten Staatssekretären bestehen mit Blick auf § 105 BBG zwei konzeptionelle Mängel: erstens der des *Freikaufens*, der gemessen an dem Normzweck des Ansehensschutzes besonders abträglich ist. Denn hierzu kommt es nur, wenn sich das Freikaufen für Staatssekretär und Unternehmen rechnet. Das Problem stellt sich gegenüber Regierungsmitgliedern infolge des weiten Anwendungsspielraums nicht, da keine Umgehungstatbestände denkbar sind. Zweitens greift die Sanktionsmöglichkeit des § 12 Abs. 1 BDG nicht gegenüber Altersgeldbeziehenden. Darüber hinaus leidet § 105 BBG an einem Vollzugsdefizit, sodass die faktische Wirkung viel geringer ist, als die Sperrandrohung von fünf Jahren vermuten lässt. Wegen der möglichen gleichen Interessenslage von Kontrollierenden und Kontrollierten im Rahmen der Regierungsverantwortlichkeit ist für § 6b Abs. 1 Satz 1 BMinG ebenfalls ein Vollzugsdefizit zu erwarten.[1649]
19. Die Verschwiegenheitspflichten der Politischen Entscheider, damit sind Regierungsmitglieder, Parlamentarische und Beamtete Staatsekretäre gemeint, setzen tatbestandlich einen konkreten Amtsbezug voraus und vermögen den Seitenwechsel nicht zu reglementieren. Dies unterscheidet die Verschwiegenheitspflichten von dem präventiven Ansatz der Novelle, in deren Rahmen bereits die Besorgnis einer Gefährdung öffentlicher Interessen ausreicht.[1650]

1647 Vgl. C.I.2.d) und C.III.2.a)bb).

1648 Vgl. C.III.2.a)cc).

1649 s.o. C.III.2.a)dd).

1650 s.o. C.IV.3.

20. Das Übergangsgeld ist nicht zur Rechtfertigung eines Berufsverbots gedacht, sondern für zur Erleichterung des Übergangs in einen neuen Beruf. Dennoch erweitert § 6d BMinG das Übergangsgeld für die Dauer der Untersagung nach § 6b Abs. 1 Satz 1 BMinG, sofern es nicht ohnehin für die Dauer gewährt wird. Diese Erweiterung wäre nicht erforderlich, wenn es keine Verbotsmöglichkeit gäbe. Daher ist eine Sperre ohne finanzielle Absicherung ausgeschlossen. Ein solcher Ausgleich ist wegen des Wechselspiels zwischen nachwirkenden Rechten und Pflichten auch geboten.[1651]
21. Die Befangenheitsvorschriften des § 20 VwVfG erfassen den Drehtüreffekt nicht oder nur zum Teil. Lediglich § 21 Abs. 1 VwVfG ermöglicht im Fall von gubernativem Verwaltungshandeln eine Berufsbeschränkung, sodass das allgemeine Verwaltungsrecht das Phänomen des Seitenwechsels nicht umfassend behandelt.[1652]
22. Das Straf- und Disziplinarrecht hat aufgrund seiner *ultima-ratio*-Funktion engere Voraussetzungen und wirkt repressiv. Da die Novelle präventiv der Besorgnis einer Beeinträchtigung öffentlicher Interessen entgegentreten will, ist das Straf- und Disziplinarrecht mit Blick auf das Phänomen des Seitenwechsels unergiebig.[1653]
23. Zivilrechtliche Berufsbeschränkungen lassen sich nicht auf die Politischen Entscheider übertragen.[1654]
24. Die empirische Erhebung zeigt, dass das Phänomen des Drehtüreffekts real existiert. Während der Gesetzgeber in der Gesetzesbegründung der Novelle von einem deutlich Wechselverhalten von zwei Anzeigen pro Jahr ausgeht, bestätigen die Fallzahlen eine Wechselhäufigkeit von drei Anzeigen pro Jahr, was die angenommene Quote um 50% übersteigt.[1655] Diese höhere Anzahl ist über den weiten Anwendungsbereich des § 6a Abs. 1 Satz 1 BMinG, der alle „sonstigen Beschäftigungen" außerhalb des öffentlichen Diensts umfasst, zu erklären. Die Vielzahl an Wechseln folgt zum

1651 s.o. C.V und C.VI.; vgl. für das Beamtenrecht C.III.1.c)aa) und C.III.2.a)aa)(1).
1652 s.o. C.VII.4.
1653 s.o. C.VIII.4.
1654 s.o. C.IX.4.
1655 Zur Einschätzung der Bundesregierung hinsichtlich der Anzahl künftiger Wechsel s.o. D.VI.3.

Teil zur finanziellen Absicherung der Betroffenen, damit sie sich nicht auf einen geringeren Lebensstandard zurückziehen müssen. Daneben sind auch andere Gründe für den Übertritt zu identifizieren (Beschäftigungsinteressen oder ideelle Interessen). Als positive Folge bleibt ein konstanter Austausch zwischen Politik und Wirtschaft. Dieser sollte sich als Ergebnis dieser empirischen Erhebung aber transparent vollziehen, da ohne nähere Kenntnis ca. drei Viertel aller Wechsel die Besorgnis der Beeinträchtigung öffentlicher Interessen begründen können.[1656]

25. Das Gesetz zur Änderung des Bundesministergesetzes und des Gesetzes über die Rechtsverhältnisse der Parlamentarischen Staatssekretäre ist verfassungsgemäß.[1657]
26. Die Verfassungsstrukturprinzipien rechtfertigen über die Gemeinwohlbindung Grundrechtseingriffe während der Amtszeit sowie das Demokratie- und das Rechtsstaatsprinzip über das Amt hinaus, sofern die Bundesregierung die unbestimmten Rechtsbegriffe sowie die Ermessensausübung verfassungsgemäß handhabt.[1658]
27. Die Grundrechte der Politischen Entscheider a.D. stärken deren Betätigungsfreiheit abseits von Art. 12 Abs. 1 GG, sofern die Arbeit in den Schutzbereich eines weiteren Grundrechts fällt.[1659] Die Novelle verstößt zudem weder gegen das allgemeine Persönlichkeitsrecht gem. Art. 2 Abs. 1 i.V.m. Art. 1 Abs. 1 GG noch gegen das freie Mandat gem. Art. 38 Abs. 1 Satz 2 GG, letzteres im Fall von Regierungsmitgliedern mit fortbestehendem Bundestagsmandat und Parlamentarischen Staatssekretären.[1660]
28. Mit Blick auf das Gleichbehandlungsgebot des Art. 3 Abs. 1 GG ist § 105 Abs. 2 BBG verfassungskonform auszulegen, sodass der Staat beamtete Staatssekretäre einerseits sowie Regierungsmitglieder und Parlamentarische Staatssekretäre andererseits gleich behandeln muss. Demnach ist von der Untersagungsmöglichkeit des § 105 Abs. 2 BBG nur in einem Umfang von bis zu 18 Monaten

1656 Zur Auswertung allgemein s.o. D.VI

1657 Zur Verfassungsmäßigkeit der Novelle generell s.o. E.

1658 s.o. E.II.1.a)cc)(2)(a).

1659 Vgl. E.II.2 und E.II.3.

1660 s.o. E.II.4 und E.II.5.

Gebrauch zu machen und vor der Entscheidung des Dienstherrn ist die Empfehlung des Bundespersonalausschusses einzuholen.[1661] Darüber hinaus liegen keine Verstöße gegen Art. 3 Abs. 1 GG vor.[1662]

29. Die Auslegung der Anzeigepflicht nach § 6a BMinG hin zu einem Fragerecht entspricht den rechtsstaatlichen Bestimmtheitsanforderungen, sodass etwaige Informationsanfragen der Regierung dem Vorbehalt des Gesetzes entsprechen.[1663]

30. Der Instanzenzug ist für die Adressaten einer Berufsuntersagung auf das Bundesverwaltungsgericht begrenzt, ohne dass systematische Erwägungen dies erfordern. Allerdings ist die Begrenzung unter Berücksichtigung der Einschätzungsprärogative des Gesetzgebers nicht offensichtlich verfehlt. Ein Verfassungsverstoß scheidet insofern aus.[1664]

1661 s.o. E.II.6.a)cc)(3)(d).
1662 s.o. E.II.6.b) bis E.II.6.e).
1663 s.o. E.II.8.
1664 s.o. E.II.10.

Anlagen

Anlage 1: Commission Decision: Establishing the ad hoc ethical committee – C(2003) 3750 final

Article 1 Purpose
The ad hoc ethical committee foreseen by the Code of Conduct for Commissioners, hereinafter referred to as ‚the Committee', is hereby established.

Article 2 Remit

(1) The task of the Committee shall be to advise the Commission, on request, on wether a Commissioner's intention to engage in an occupation related to the acitivties forming part of the Commissioner's portfolio during his or her full term of office is compatible with the third subparagraph of Article 213(2) of the Treaty.

(2) The Commission shall set the time limit within which the opinion shall be given.

Article 3 Co-operation with the Committee
The Commissioner concerned shall co-operate fully with the Committee, in particular providing all the relevant additional information requested.

Article 4 Composition

(1) The Committee shall consist of three members selected for their competence, experience and professional qualities.

(2) Appointment as a member shall require, in particular, independence, an impeccable record of professional behaviour as well as a sound knowlege of the existing legal framework and the working methods of the Commission.

Article 5 Appointment
The Commission, on proposal of the president, shall appoint the members of the Committee.

Article 6 Term of office
Members of the Committee shall be appointed for a term of three years, renewable once. A member who resigns before completion of the term of office shall be replace fort he remainder of the term in accordance with the procedure laid down in Article 5.

Article 7 Chair
The committee shall elect a chairperson from among its members.

Article 8 Deliberations
(1) The Committee shall be convened by the chairperson, further to the request for an opinion by the Commission.
(2) The Committee's deliberations shall be confidential.

Article 9 Opinions
Where an opinion is not adopted unanimously, it shall include any dissenting point of view.

Article 10 Reimbursement of expenses
The Commission, in accordance with the relevant adminstrative rules, shall reimburse travel and subsistence expenses for the Committee's meetings.

Anlage 2:

[Anrede...],

ich wende mich an Sie im Rahmen meiner juristischen Dissertation, betreut durch Prof. Dr. Hartmann, Universität Osnabrück. Dabei untersuche ich die nachamtliche Tätigkeit von politischen Entscheidungsträgern, in Ihrem Fall von [Amtsbezeichnung]. Selbstverständlich sind im Internet und anderen Medien verschiedenste Informationen zu Ihrer Person auffindbar. Bitte verstehen Sie dies dahingehend, dass das Internet anfällig für Falschinformationen ist und ich im Sinne einer guten wissenschaftlichen Praxis fehlerfrei arbeiten möchte. Mit dieser E-Mail bitte ich Sie, zusätzlich selbst auf folgende Punkte einzugehen:

1. In welchem Zeitraum waren Sie [Amtsbezeichnung]?
2. Für welchen Aufgabenbereich waren Sie als [Amtsbezeichnung] inhaltlich zuständig?
3. Sind Sie freiwillig aus dem Amt geschieden oder auf Anordnung der vorgesetzten Stelle?
4. Wann haben Sie nach Ihrer Amtszeit neue Tätigkeiten aufgenommen, die vorher mit dem Amt unvereinbar waren (innerhalb der ersten 5 Jahre nach Ende der Amtszeit)?
5. Welche Positionen haben Sie nach Ihrer Amtszeit besetzt?
6. Mit welchen Aufgaben waren Sie nach Ihrer Amtszeit inhaltlich betraut?
7. Waren die nachamtlichen Tätigkeiten ehrenamtlich oder wurden sie vergütet?
8. Über welchen Zeitraum haben Sie Übergangsgeld bezogen und welche Einkommen wurden auf das Übergangsgeld angerechnet?
9. Liegen die nachamtlichen Tätigkeiten im privaten oder im öffentlichen Sektor?

Ich versichere Ihnen, dass Ihre Daten

- nur von mir verwendet werden und nicht an Dritte weitergegeben werden (es sei denn die Dissertation erfordert dies, z.B. um den Gutachtern gegenüber meine Quellen darzulegen),
- nur im Rahmen meiner Dissertation verwendet werden und
- in der Dissertation anonymisiert verwendet werden.

Für die Beantwortung meiner Fragen bedanke ich mich bereits jetzt! Sollten Sie Rückfragen haben, zögern Sie bitte nicht, mich jederzeit unter dieser E-Mail-Adresse zu kontaktieren.

Mit freundlichen Grüßen

Literaturverzeichnis

Aaken, Anne von, Genügt das deutsche Recht den Anforderungen der VN-Konvention gegen Korruption? Eine rechtsvergleichende Studie zur politischen Korruption unter besonderer Berücksichtigung der Rechtslage in Deutschland, in: Zeitschrift für ausländisches öffentliches Recht und Völkerrecht 2005, S. 407–446

–, Regulierung durch Transparenz: Verhaltensregeln für Parlamentarier und ihre Realfolgen, in: Der Staat 2010 (49), S. 369–403

Achterberg, Norbert/Püttner, Günther/Würtenberger, Thomas (Hrsg.), Besonderes Verwaltungsrecht. Ein Lehr- und Handbuch, Band II: Kommunal-, Haushalts-, Abgaben-, Ordnungs-, Sozial-, Dienstrecht, 2. Aufl., Heidelberg 2000

Alemann, Ulrich von/*Eckert,* Florian, Lobbyismus als Schattenpolitik, in: Aus Politik und Zeitgeschichte 16–16/2006, S. 3–10

Altmeppen, Holger/*Roth,* Günter, Gesetz betreffend die Gesellschaften mit beschränkter Haftung. Kommentar, 8. Aufl., München 2015

Anderheiden, Michael, Gemeinwohl in der Republik und Union, Tübingen 2006

Anger, Heike, Kritik an Steinbrück wird heftiger, Handelsblatt vom 05./06./07.10.2014, S. 14

Armin, Hans Herbert von, Gemeinwohl und Gruppeninteressen, Die Durchsetzungsschwäche allgemeiner Interessen in der pluralistischen Demokratie – Ein Beitrag zu verfassungsrechtlichen Grundfragen der Wirtschaftsordnung, Frankfurt am Main 1977

–, Ämterpatronage durch politische Parteien. Ein Verfassungsrechtliche und staatspolitischer Diskussionsbeitrag, Wiesbaden 1980

–, Fetter Bauch regiert nicht gern. Die politische Klasse – selbstbezogen und abgehoben, München 1997

–, Vom schönen Schein der Demokratie, Politik ohne Verantwortung – am Volk vorbei, München 2000

–, Wer kümmert sich um das Gemeinwohl? Auflösung der politischen Verantwortung im Parteienstaat, in: Zeitschrift für Rechtspolitik 2002, S. 223–232

–, Die Besoldung von Politikern. Der Zusammenhang mit ihrer Rekrutierung und der Leistungs- und Handlungsfähigkeit der Politik, in: Zeitschrift für Rechtspolitik 2003, S. 235–241

–, Herrschaft der Lobby? – Zur Notwendigkeit und zum Missbrauch des Einflusses der Wirtschaft auf die Politik, in: Rubin Ritter/David Feldmann (Hrsg.), Lobbying zwischen Eigeninteresse und Verantwortung, Baden-Baden 2005, S. 17–28

–, Der gekaufte Abgeordnete – Nebeneinkünfte und Korruptionsproblematik, in: Neue Zeitschrift für Verwaltungsrecht 2006, S. 249–254

–, Diätenreform – Privilegienabbau und Wahlrechtsreform als Voraussetzung einer Diätenerhöhung, in: Neue Juristische Wochenschrift 2006, S. 1714–1716

–, Nach-amtliche Karenzzeiten für Politiker?, in: Zeitschrift für Rechtspolitik 2006, S. 44–47

–, Nebeneinkünfte von Bundestagsabgeordneten. Die Rechtslage nach dem Urteil des Bundesverfassungsgerichts vom 4. Juli 2007, in: Die Öffentliche Verwaltung 2007, S. 897–907

–, Bezahlung von Politikern, Art, Höhe und Verfahren, in: ders. (Hrsg.), Die Bezahlung und Versorgung von Politikern und Managern. Beiträge auf der 15. Speyerer Demokratietagung vom 24. bis 25. Oktober 2013 an der Deutschen Universität für Verwaltungswissenschaften Speyer, Berlin 2014, S. 31–56

–/Heiny, Regina/Ittner, Stefan, Korruption – Begriff, Bekämpfungs—und Forschungslücken, FÖV Discussion papers 33, 2. Auflage, Speyer 2006

Atteslander, Peter, Methoden der empirischen Sozialforschung, 11. Aufl., Berlin 2006

Bachof, Otto, Verfassungswidrige Verfassungsnormen? Tübingen 1951

Badura, Peter, Das politische Amt des Ministers, in: Dietrich Murswiek/Ulrich Storost/Heinrich Wolff (Hrsg.), Staat – Souveränität – Verfassung, Festschrift für Helmut Quaritsch zum 70. Geburtstag, Berlin 2000, S. 295–305

–, Die Anzeigepflicht für eine schriftstellerische oder wissenschaftliche Nebentätigkeit von Beamten, in: Zeitschrift für Beamtenrecht 2000, S. 109–115

–, Staatsrecht. Systematische Erläuterung des Grundgesetzes für die Bundesrepublik Deutschland, 7. Aufl., München 2018

Baer, Susanne, Rechtssoziologie. Eine Einführung in die interdisziplinäre Rechtsforschung, 3. Aufl., Baden-Baden 2017

Balderjahn, Ingo, Validität. Konzept und Methoden, in: Wirtschaftswissenschaftliches Studium 32 (2003), S. 130–135

Baltes, Joachim, Die Neutralität des Berufsbeamten. Exemplarische Bestimmung eines hergebrachten Grundsatzes des Berufsbeamtentums, Würzburg 1973

Balzer, Ralph, Republikprinzip und Berufsbeamtentum, Berlin 2009

Bamberger, Heinz Georg/Roth, Herbert/Hau, Wolfgang/Poseck, Roman (Hrsg.), Beck'scher Online-Kommentar BGB, 55. Edition, München 01.08.2020

Bamberger, Matthias, Nachamtliche Tätigkeitsbeschränkungen für politische Amtsträger. Eine verfassungsrechtliche, rechtspolitische und rechtssoziologische Untersuchung zu den Möglichkeiten und Grenzen einer Regulierung von politischen Beamten, Regierungsmitgliedern und parlamentarischen Staatssekretären, Berlin 2014

Bannas, Günter, Regierung einigt sich auf Karenzzeit, Frankfurter Allgemeine Zeitung vom 07.10.2014, URL: http://www.faz.net/aktuell/politik/inland/wechsel-in-die-wirtschaft-regierung-einigt-sich-auf-karenzzeit-13194836.html, abgerufen am 12.09.2020

Barke, Werner, Churchill: »Ich glaube nur der Statistik, die ich selbst gefälscht habe…«, in: Veröffentlichungen des statistischen Landesamt Baden-Württemberg, 11/2004, URL: http://www.statistik.baden-wuerttemberg.de/Veroeffentl/Monatshefte/essay.asp?xYear=2004&xMonth=11&eNr=11, abgerufen am 09.05.2018

Bartscher, Bruno, Der Verwaltungsvertrag in der Behördenpraxis. Rechtstatsächliche Untersuchung zum öffentlich-rechtlichen Vertrag in der Praxis der Verwaltungsbehörden, Konstanz 1997

Baßlsperger, Maximilian, Nebentätigkeiten von Beamten: Rechtsprobleme – Lösungsansätze, in: Zeitschrift für Beamtenrecht 2004, S. 369–384

–, Berufsausübung nach Beendigung des Beamtenverhältnisses. Beschränkung von Tätigkeiten nach § 105 BBG und § 41 BeamtStG, in: Zeitschrift für Beamtenrecht 2012, S. 1–12

Battis, Ulrich, Neue Rechtsprechung des Bundesverfassungsgerichts zum Beamtenrecht, in: Zeitschrift für Beamtenrecht 1982, S. 166–172

–, Entwicklung des Beamtenrechts im Jahre 1996, in: Neue Juristische Wochenschrift 1997, S. 1482–1488

–, Begrenzung und Kontrolle von Nebentätigkeiten, in: Ingeborg Franke/Rudolf Summer/Hans-Dietrich Weiß (Hrsg.), Öffentliches Dienstrecht im Wandel – Festschrift für Walther Fürst, Präsident des Bundesverwaltungsgerichts a.D. zum 90. Geburtstag am 10. Februar 2002, Berlin 2002, S. 45–55

–, Bundesbeamtengesetz. Kommentar, 5. Aufl., München 2017

–, Bamberger, Matthias. Nachamtliche Tätigkeitsbeschränkungen für politische Amtsträger, in: Deutsches Verwaltungsblatt 2015, S. 832 f.

–/*Kersten,* Jens, Demokratieprinzip und Mitbestimmung im öffentlichen Dienst, in: Die Öffentliche Verwaltung 1996, S. 584–583

Bauer, Jobst-Hubertus/*Medem*, Andreas von, Rechtliche und taktische Hinweise zu Wettbewerbsverboten mit Vorständen und Geschäftsführern, in: Gesellschafts- und Wirtschaftsrecht 2011, S. 435–438

Bauer, Jobst-Hubertus/*Diller,* Martin, Wettbewerbsverbote. Rechtliche und taktische Hinweise für Arbeitgeber, Arbeitnehmer und vertretungsberechtigte Organmitglieder, 6. Aufl., München 2012

Baumbach, Adolf/*Hueck*, Alfred, Gesetz betreffend die Gesellschaften mit beschränkter Haftung. Kommentar, 22. Aufl., München 2019

Bauschke, Hans-Joachim/*Weber*, Achim, Bundesdisziplinargesetz. Kommentar, Stuttgart 2003

Bliesener, Thomas, Situative, opfer- und sozialraumorientierte Kriminalprävention, in: ders./Friedrich Lösel/Gustav Köhnken, Lehrbuch Rechtspsychologie, Göttingen 2014, S. 126–137

Beaucamp, Guy, Zum Analogieverbot im öffentlichen Recht, in: Archiv des öffentlichen Rechts 134 (2009), S. 83–105

–, Ermessens- und Beurteilungsfehler im Vergleich, in: Juristische Arbeitsblätter 2012, S. 193–197

Becker, Sven/*Dahlkamp*, Jürgen/*Latsch*, Gunther/*Mayr*, Walter/*Schmitt*, Jörg, Die Kasachstan-Connection – ehemalige deutsche Politiker im Dienste des Despoten, Der Spiegel vom 13.06.2015 (25/2015), S. 20–29

Behnke, Cornelia/*Meuser*, Michael, Geschlechterforschung und qualitative Methoden, Opladen 1999

Bender, Rolf, Verfahrensrechtliche Rechtstatsachenforschung der Praktikerforschungsgruppe Stuttgart, in: Wolfgang Heinz (Hrsg.), Rechtstatsachenforschung heute, Konstanz 1986, S. 133–138

Benz, Arthur, Verhandlungssysteme und Mehrebenenverflechtung im kooperativen Staat, in: Wolfgang Seibel/ders. (Hrsg.), Regierungssystem und Verwaltungspolitik, Beiträge zu Ehren von Thomas Ellwein, Opladen 1995, S. 83–102

Berg, Wilfried, Politisierung der Verwaltung: Instrument der Steuerung oder Fehlsteuerung?, in: Hans Herbert von Arnim/Helmut Klages, Probleme der Steuerung und Fehlsteuerung in der Bundesrepublik Deutschland. Vorträge und Diskussionsbeiträge der 54. Staatswissenschaftlichen Fortbildungstagung 1986 der Hochschule für Verwaltungswissenschaften Speyer, Berlin 1986, S. 141–168

–, Grundrechtskonkurrenzen, in: Detlef Merten/Hans-Jürgen Papier (Hrsg.), Handbuch der Grundrechte in Deutschland und Europa, Band III: Grundrechte in Deutschland: Allgemeine Lehren II, Heidelberg u.a., 2009, § 71

Bernauer, Thomas/*Jahn*, Detlef/*Kuhn*, Patrick/*Walter*, Stefanie, Einführung in die Politikwissenschaft, 4. Aufl., Baden-Baden 2018

Beyer, Hartmut, Die Unvereinbarkeit von Ämtern innerhalb der Bundesregierung. Ein Problem der Regierungsbildung, Rheinstetten 1976

Beyme, Klaus von, Die politische Klasse im Parteienstaat, Frankfurt am Main 1993

Bierfelder, Wilhelm (Hrsg.), Handwörterbuch des öffentlichen Dienstes. Das Personalwesen, Berlin 1976

Bischoff, Friedrich/*Bischoff*; Michael, Parlament und Ministerialverwaltung, in: Hans-Peter Schneider/Wolfgang Zeh (Hrsg.), Parlamentsrecht und Parlamentspraxis in der Bundesrepublik Deutschland – Ein Handbuch, Berlin 1989, § 54

Böckenförde, Ernst-Wolfgang, Die Organisationsgewalt im Bereich der Regierung. Eine Untersuchung zum Staatsrecht der Bundesrepublik Deutschland, Berlin 1964

–, Recht, Staat, Freiheit. Studien zur Rechtsphilosophie, Staatstheorie und Verfassungsgeschichte, Frankfurt am Main 1991

–, Demokratie als Verfassungsprinzip, in: Josef Isensee/Paul Kirchhof (Hrsg.), Handbuch des Staatsrechts, Band II: Verfassungsstaat, 3. Aufl., Heidelberg 2004, § 24

–, Demokratische Willensbildung und Repräsentation, in: Josef Isensee/Paul Kirchhof (Hrsg.), Handbuch des Staatsrechts, Band III: Demokratie – Bundesorgane, 3. Aufl., Heidelberg 2005, § 34

Bogdandy, Armin von, Konstitutionalisierung des europäischen öffentlichen Rechts, in: Juristenzeitung 2005, S. 529–540

Bogumil, Jörg/*Jann,* Werner, Verwaltung und Verwaltungswissenschaft in Deutschland. Einführung in die Verwaltungswissenschaft, 3. Aufl., Wiesbaden 2020

Böhler, Heymo, Marktforschung, Stuttgart 2004

Boldt, Hans/*Stolleis,* Michael, Geschichte der Polizei in Deutschland, in: Hans Lisken/Erhard Denninger, Handbuch des Polizeirechts. Gefahrenabwehr, Strafverfolgung, Rechtsschutz, 5. Aufl., München 2012, A S. 1–34

Böll, Sven, Pofalla schmeißt „einen Verantwortlichen nach dem anderen raus", in: Spiegel online vom 29.04.2016, URL: http://www.spiegel.de/wirtschaft/unternehmen/deutsche-bahn-ronald-pofalla-schmeisst-einen-nach-dem-anderen-raus-a-1090019.html, abgerufen am 12.09.2020

Booms, Hans (Hrsg.), Die Kabinettsprotokolle der Bundesregierung. Band V: 1952, Boppard am Rhein 1989

Borchardt, Andreas/*Göthlich,* Stephan E., Erkenntnisgewinn durch Fallstudien, in: Sönke Albers/Daniel Klapper/Udo Konradt/Achim Walter/Joachim Wolf, (Hrsg.), Methodik der empirischen Forschung, 3. Aufl., Wiesbaden 2009, S. 33–48

Borchert, Jens/*Golsch,* Lutz, Die politische Klasse in westlichen Demokratien: Rekrutierung, Karriereinteressen und institutioneller Wandel, in: Politische Vierteljahresschrift 36 (1995), S. 609–629

Borchert, Jens/*Stolz,* Klaus, Die Bekämpfung der Unsicherheit: Politikerkarrieren und Karrierepolitik in der Bundesrepublik Deutschland, in: Politische Vierteljahresschrift 44 (2003), S. 148–173

Bortz, Jürgen/*Döring,* Nicola, Forschungsmethoden und Evaluation für Human- und Sozialwissenschaftler, 4. Aufl., Heidelberg 2006

Breuer, Rüdiger, Schutz von Betriebs- und Geschäftsgeheimnissen im Umweltrecht, in: Neue Zeitschrift für Verwaltungsrecht 1986, S. 171–178

–, Staatliche Berufsregelung und Wirtschaftslenkung, in: Josef Isensee/Paul Kirchhof (Hrsg.), Handbuch des Staatsrechts der Bundesrepublik Deutschland, Band VIII: Grundrechte: Wirtschaft, Verfahren, Gleichheit, 3. Aufl., Heidelberg u.a., 2010, § 171

Britz, Gabriele, Der allgemeine Gleichheitssatz in der Rechtsprechung des BVerfG. Anforderungen an die Rechtfertigung von Ungleichbehandlungen durch Gesetz, in: Neue Juristische Wochenschrift 2014, S. 346–351

Brönstrup, Carsten, Warum es Bahn-Chef Grube plötzlich so eilig hat. Die Personalie Ronald Pofalla, in: Der Tagesspiegel vom 06.01.2014, URL: http://www.tagesspiegel.de/politik/die-personalie-ronald-pofalla-warum-es-bahn-chef-grube-ploetzlich-so-eilig-hat/9290108.html, abgerufen am 12.09.2020

Bryman, Alan, Social Research Methods, 4. Aufl., Oxford 2012,

Büchmann, Georg (Begr.), Geflügelte Worte. Der klassische Zitatenschatz, Erstausgabe 1864, Frankfurt am Main/Berlin 1993

Bull, Hans Peter/*Mehde,* Veith, Allgemeines Verwaltungsrecht mit Verwaltungslehre, 9. Aufl., Heidelberg 2015

Bundesanzeiger-Verlag online, Weiterbeschäftigung nach Ausscheiden aus dem Amt, vom 24.03.2015, in: Gesetze aktuelle 3/2015, URL: http://www.bundesanzeiger-verlag.de/nc/spezial-gesetze/feed/detail/artikel/weiterbeschaeftigung-nach-ausscheiden-aus-dem-amt-14921.html, abgerufen am 12.09.2020

Bundesministerium der Justiz, Handbuch der Rechtsförmlichkeit. Empfehlungen zur Gestaltung von Gesetzen und Rechtsverordnungen, 3. Aufl., Köln 2008

Burgi, Martin, Funktionale Privatisierung und Verwaltungshilfe – Staatsaufgabendogmatik – Phänomenologie – Verfassungsrecht, Tübingen 1999

–, Privat vorbereitete Verwaltungsentscheidungen und staatliche Strukturschaffungspflichten. Verwaltungsrecht im Kooperationsspektrum zwischen Staat und Gesellschaft, in: Die Verwaltung 33 (2000), S. 183–206

–, Compliance im Staat – Staat und Compliance, in: Corporate Compliance Zeitschrift 2010, S. 41–45

–, Verwaltungsorganisationsrecht, in: Dirk Ehlers/Hermann Pünder (Hrsg.), Allgemeines Verwaltungsrecht, 15. Aufl., Berlin/Boston 2016, § 7 – § 10

–/*Ruhland,* Bettina, Regionale Selbstverwaltung durch die Landschaftsverbände in Nordrhein-Westfalen im Spiegel von Rechtsprechung und Rechtsliteratur. Dokumentation der verfassungs-, europa- und verwaltungsrechtlichen Grundlagen, Frankfurt am Main 2003

Busch-Janser, Florian, Staat und Lobbyismus – Eine Untersuchung der Legitimation und der Instrumente unternehmerischer Einflussnahme, Berlin/München 2004

Busse, Volker, Der Kernbereich exekutiver Eigenverantwortung im Spannungsfeld der staatlichen Gewalten, in: Die Öffentliche Verwaltung 1989, S. 45–54

–, Bundesministergesetz. Kommentar, 3. Aufl., Baden-Baden 2018

–, Geschäftsordnung Bundesregierung. Kommentar, 3. Aufl., Baden-Baden 2018

–, Parlamentarische Staatssekretäre-Gesetz. Kommentar, 2. Aufl., Baden-Baden 2014

Bydlinski, Franz/*Bydlinski,* Peter, Juristische Methodenlehre und Rechtsbegriff, 3. Aufl., Wien u.a., 2018

Calliess, Christian, Rechtsstaat und Umweltstaat. Zugleich ein Beitrag zur Grundrechtsdogmatik im Rahmen mehrpoliger Verfassungsrechtsverhältnisse, Tübingen 2001

–, in: Detlef Merten/Hans-Jürgen Papier (Hrsg.), Handbuch der Grundrechte in Deutschland und Europa, Band II: Allgemeine Lehren I, Heidelberg u.a., 2006, § 44

Cancik, Pascale, Wahlrecht und Parlamentsrecht als Gelingensbedingungen repräsentativer Demokratie, in: Veröffentlichungen der Vereinigung der Deutschen Staatsrechtslehrer VVDStRL 72 (2013), S. 268–322

–, Der „Kernbereich exekutiver Eigenverantwortung" – zur Relativität eines suggestiven Topos, in: Zeitschrift für Parlamentsfragen 2014, S. 885–907

Churchill, Gilbert A./*Iacobucci,* Dawn, Marketing Research. Methodological Foundations, 9. Aufl., Mason (Ohio) 2005

Claussen, Hans Rudolf/*Janzen,* Werner, Bundesdisziplinarordnung. Handkommentar unter Berücksichtigung des materiellen Disziplinarrechts, 8. Aufl., Köln u.a., 1996

Claussen, Hans Rudolf/*Ostendorf,* Heribert, Korruption im öffentlichen Dienst, 2. Aufl., Köln u.a., 2002

Coelln, Christian von, Die eingeschränkte Polizeifestigkeit nicht-öffentlicher Versammlungen, in: Neue Zeitschrift für Verwaltungsrecht 2001, S. 1234–1239

Dagtoglou, Prodomos, Der Private in der Verwaltung als Fachmann und Interessenvertreter - Die Rechtsproblematik, Heidelberg 1964

–, Befangenheit und Funktionshäufung in der Verwaltung, in: Karl Doehring (Hrsg.), Festgabe für Ernst Forsthoff zum 65. Geburtstag, München 1967, S. 65–103

–, Rechtsgutachten, in: ders./Roman Herzog/Kurt Sontheimer, Studienkommission für die Reform des öffentlichen Dienstrechts, Band 6: Verfassungspolitische Probleme einer Reform des öffentlichen Dienstrechts, Baden-Baden 1973, S. 13–160

Dallmann, Michael/*Busse,* Philipp, Verarbeitung von öffentlich zugänglichen personenbezogenen Daten. Datenschutzrechtliche Voraussetzungen und Grenzen, in: Zeitschrift für Datenschutz 2019, S. 394–399

Decker, Frank, Konstitutionelles versus parteidemokratisches Parlamentarismusverständnis? Bemerkungen zu einer überholten Dichotomie, in: Stefan Brink/Heinrich Amadeus Wolff (Hrsg.), Gemeinwohl und Verantwortung, Festschrift für Hans Herbert von Arnim zum 65. Geburtstag, Berlin 2004, S. 533–554

Degenhart, Christoph, Kontrolle der Verwaltung durch Rechnungshöfe, in: Veröffentlichungen der Vereinigung der Deutschen Staatsrechtslehrer 1995 (55), S. 190–227

Denninger, Erhard, Polizeiaufgaben, in: Hans Lisken/Denninger, Handbuch des Polizeirechts. Gefahrenabwehr, Strafverfolgung, Rechtsschutz, 5. Aufl., München 2012, D S. 188–283

Depenheuer, Otto, Das öffentliche Amt, in: Josef Isensee/Paul Kirchhof (Hrsg.), Handbuch des Staatsrechts der Bundesrepublik Deutschland, Band III: Das Handeln des Staates, 3. Aufl., Heidelberg u.a., 2006, § 36

Derlien, Hans-Ulrich, Implementationsprobleme: Bürokratische Ineffizienz oder politische Programmfehler?, in: Verwaltungsarchiv 1984 (75), S. 256–271

Detterbeck, Steffen, Innere Ordnung der Bundesregierung, in: Josef Isensee/Paul Kirchhof (Hrsg.), Handbuch des Staatsrechts der Bundesrepublik Deutschland, Band III: Das Handeln des Staates, 3. Aufl., Heidelberg u.a., 2006, § 66

–, Allgemeines Verwaltungsrecht mit Verwaltungsprozessrecht, 18. Aufl., München 2020

Deutscher Bundestag, Datenhandbuch, URL: https://www.bundestag.de/datenhandbuch, abgerufen am 12.09.2020

–/Bundesarchiv, Der Parlamentarische Rat 1948–1949, Akten und Protokolle
- Band 2: Der Verfassungskonvent auf Herrenchiemsee, Boppard am Rhein 1981
- Band 13,1: Ausschuss für Organisation des Bundes / Ausschuss für Verfassungsgerichtshof und Rechtspflege, München 2002
- Band 13,2: Ausschuss für Organisation des Bundes / Ausschuss für Verfassungsgerichtshof und Rechtspflege, München 2002
- Band 14,1: Hauptausschuss, München 2009
- Band 14,2: Hauptausschuss, München 2009

Deutsche Wirtschafts Nachrichten, Deutsche Bahn: Pofalla verschafft politischen Freuden Top-Posten, vom 13.05.2016, URL: http://deutsche-wirtschafts-nachrichten.de/2016/05/13/deutsche-bahn-pofalla-verschafft-politischen-freuden-top-posten/, abgerufen am 12.09.2020

Die Welt, Clement übernimmt Aufsichtsratsposten bei RWE, vom 13.02.2006, URL: http://www.welt.de/wirtschaft/article197948/Clement-uebernimmt-Aufsichtsratsposten-bei-RWE.html, abgerufen am 12.09.2020

Dittrich, Norbert, Bundeshaushaltsordnung mit Schwerpunkt Zuwendungsrecht, 59. Ergänzungslieferung, Heidelberg und München Juli 2020

Doemming, Klaus-Berto von/*Füßlein,* Rudolf Werner/*Matz,* Werner, Das Grundgesetz der Bundesrepublik Deutschland, in: Jahrbuch des öffentlichen Rechts – Neue Folge 1 (1951), S. 1–926

Döhler, Marian, Wie Ministerien (versuchen,) Bundesbehörden (zu) steuern – Eine politische Kosten-Nutzen-Analyse, in: Verwaltungsarchiv 102 (2011), S. 110–133

Doll, Nikolaus, Wie Bahnchef Grube Pofalla als Vorstand durchsetzte, in: Welt online vom 27.07.2015, URL: https://www.welt.de/wirtschaft/article144516776/Wie-Bahnchef-Grube-Pofalla-als-Vorstand-durchsetzte.html, abgerufen am 12.09.2020

Dolzer, Rudolf/Vogel, Klaus/Graßhof, Karin (Hrsg.), Bonner Kommentar zum Grundgesetz, 206. Ergänzungslieferung, Heidelberg August 2020

Döring, Nicola, Sozialpsychologie des Internet. Die Bedeutung des Internet für Kommunikationsprozesse, Identitäten, soziale Bindungen und Gruppen, 2. Aufl., Göttingen u.a., 2003

Dreier, Horst, Hierarchische Verwaltung im demokratischen Staat, Tübingen 1991

–, Zur „Eigenständigkeit" der Verwaltung, in: Die Verwaltung 25 (1992), S. 137–157

– (Hrsg.), Grundgesetz. Kommentar
  - Band I: Art. 1–19, 3. Aufl. Tübingen 2013
  - Band II: Art. 20–82, 3. Aufl., Tübingen 2015
  - Band III: Art. 83–146, 2. Aufl., Tübingen 2008
  - Band III: Art. 83–146, 3. Aufl., Tübingen 2018

Drews, Bill/*Wacke,* Gerhard/*Vogel,* Klaus/*Martens,* Wolfgang, Gefahrenabwehrrecht. Allgemeines Polizeirecht (Ordnungsrecht des Bundes und der Länder, 4. Aufl., Köln u.a., 1986.

Dudenredaktion, Duden. Das große Wörterbuch der deutschen Sprache, Dudenverlag
  - Band 6: Lein – Peko, 3. Aufl., Mannheim u.a., 1999
  - Band 9: Tach – Vida, 3. Aufl., Mannheim u.a., 1999

–, Duden: Das Herkunftswörterbuch – Etymologie der deutschen Sprache, 3. Aufl., Mannheim u.a., 2001

–, Duden: Deutsches Universal-Wörterbuch, 8. Aufl., Mannheim u.a., 2015

Ebenroth, Carsten Thomas/Boujong, Karlheinz/Joost, Detlev/Strohn, Lutz (Hrsg.), Handelsgesetzbuch, Band 1: §§ 1–342e, 4. Aufl., München 2020

Echtler, Ulrich, Einfluß und Macht in der Politik. Der beamtete Staatssekretär, München 1973

Ederer, Günter, Wie transparent muss Lobbying sein? Ein Plädoyer für die Transparenz, in: Rubin Ritter/David Feldmann (Hrsg.), Lobbying zwischen Eigeninteresse und Verantwortung, Baden-Baden 2005, S. 133–143

Edinger, Michael/*Schwarz,* Bertram, Leben nach dem Mandat – Eine Studie zu ehemaligen Abgeordneten, Jena 2009

Ehlers, Dirk, Verwaltung in Privatrechtsform, Berlin 1984

–, Das Verwaltungsverfahrensgesetz im Spiegel der Rechtsprechung, in: Die Verwaltung 31 (1998), S. 53–80

–, Die Staatsgewalt in Ketten, in: Heiko Faber/Götz Frank, Demokratie in Staat und Wirtschaft. Festschrift für Ekkehart Stein zum 70. Geburtstag am 24.9.2002, Tübingen 2002, S. 125–142

–, Verwaltung und Verwaltungsrecht im demokratischen und sozialen Rechtsstaat, in: ders./Hermann Pünder (Hrsg.), Allgemeines Verwaltungsrecht, 15. Aufl., Berlin/Boston 2016, § 1 – § 6

Eichenberger, Kurt, Gesetzgebung im Rechtsstaat, in: Veröffentlichungen der Vereinigung der Deutschen Staatsrechtslehrer 1982 (40), S. 7–39

Ellwein, Thomas, Das Regierungssystem der Bundesrepublik Deutschland, 5. Aufl., Opladen 1983

Emde, Ernst Thomas, Die demokratische Legitimation der funktionalen Selbstverwaltung – Eine verfassungsrechtliche Studie anhand der Kammern, der Sozialversicherungsträger und der Bundesanstalt für Arbeit, Berlin 1991

Enders, Ulrich/Reiser, Konrad (Hrsg.), Die Kabinettsprotokolle der Bundesregierung

- Band I: 1949, Boppard am Rhein 1982
- Band II: 1950, Boppard am Rhein 1984

Engelbert, Anke/*Kutschka,* Martin, Staatliche Öffentlichkeitsarbeit und Demokratieprinzip, in: Neue Juristische Wochenschrift 1993, S. 1233–1237

Engelken, Klaas, Anmerkungen zum Urteil des BVerwG v. 21.6.2007 – 2 C 3.06, in: Deutsches Verwaltungsblatt 2008, S. 117–120

Epp, Ursula, Die Abgeordnetenbestechung - § 108e StGB, Wiesbaden 1997

Epping, Volker, Die Trennung von Amt und Mandat. Die parlamentarische Grundposition von Bündnis 90/Die Grünen und die Regierungsbeteiligung: Schlägt die Wirklichkeit den Anspruch?, in: Die öffentliche Verwaltung 1999, S. 529–540

–, Grundrechte, 8. Aufl., Heidelberg u.a., 2019

–/Hillgruber, Christian (Hrsg.), Grundgesetz. Kommentar, 43. Edition, München 15.05.2020

Eschenburg, Hans-Peter, Das Nebentätigkeitsrecht der Bundes- und Landesbeamten in der Verfassung der Bundesrepublik Deutschland – unter Berücksichtigung des für Richter und Hochschullehrer geltenden Sonderrechts, Dissertation Hamburg 1969

Eschenburg, Theodor, Ämterpatronage, Stuttgart 1961

Eyermann, Erich (Begr.), Verwaltungsgerichtsordnung. Kommentar, 15. Aufl., München 2019

Fabricius, Dirk/*Zurwonne,* Lara, Rinderwahnsinn, in: Ad Legendum 2012, S. 201–207

Falckenstein, Roland von, Rechtstatsachenforschung – Geschichte, Begriff, Arbeitsweise, in: Aristide Chiotellis/Wolfgang Fikentscher, Rechtstatsachenforschung. Methodische Probleme und Beispiele aus dem Schuld- und Wirtschaftsrecht, Köln 1985, S. 77–88

Fehling, Michael, Verwaltung zwischen Unparteilichkeit und Gestaltungsaufgabe, Tübingen 2001, zugleich Habilitationsschrift Tübingen 2000

–, Das Verhältnis von Recht und außerrechtlichen Maßstäben, in: Hans-Heinrich Trute/Thomas Gross/Hans Christian Röhl/Christoph Möllers (Hrsg.), Allgemeines Verwaltungsrecht – zur Tragfähigkeit eines Konzepts, Tübingen 2008, S. 461–488

–/Kastner, Berthold/Störmer, Rainer (Hrsg.), Verwaltungsrecht – VwVfG | VwGO | Nebengesetzes. Kommentar, 4. Aufl., Baden-Baden 2016

Feldkamp, Michael F., Einleitung, in: Thomas Hertfelder/Jürgen C. Heß, Streiten um das Staatsfragment. Theodor Heuss und Thomas Dehler berichten von der Entstehung der Grundgesetzes, Stuttgart 1999, S. 13–42

Fieder, Matthias, Bestechlich, faul und trotzdem fleißig!? Stereotypen in populären Amtsdarstellungen, in: Thomas Schindler/Carsten Sobik (Hrsg.), Das Amt. Alltag, Verwaltung, Öffentlichkeit, Marburg 2010, S. 101–113

Fischer, Thomas, Strafgesetzbuch mit Nebengesetzen. Kommentar, 67. Aufl., München 2020

Fisseni, Hermann-Josef, Lehrbuch der psychologischen Diagnostik – Mit Hinweisen zur Intervention, 3. Aufl., Göttingen u.a., 2004

Flick, Uwe, Triangulation. Eine Einführung, 3. Aufl., Wiesbaden 2011

Focus Money online, Kein hinreichender Korruptionsverdacht – Ermittlungen gegen von Klaeden und Zetsche einstellt, vom 10.02.2015, URL: http://www.focus.de/finanzen/news/kein-hinreichender-korruptionsverdacht-ermittlungen-gegen-von-klaeden-und-zetsche-eingestellt_id_4465538.html, abgerufen am 12.09.2020

Frankfurter Allgemeine Zeitung online, Wer kostet was im Redner-Zirkus, vom 22.01.2014, URL: http://www.faz.net/aktuell/wirtschaft/vortraege-von-prominenten-wer-kostet-was-im-redner-zirkus-11618898/franz-alt-11618850.html, abgerufen am 12.09.2020

–, Gesetzentwurf. Bis zu 18 Monate Wartezeit für Politiker-Wechsel in die Wirtschaft, vom 20.12.2014, URL: http://www.faz.net/aktuell/wirtschaft/gesetzentwurf-bis-zu-18-monate-wartezeit-fuer-politiker-wechsel-in-die-wirtschaft-13332871.html, abgerufen am 12.09.2020

–, Politik-Aussteigern droht monatelange Zwangspause. Wechsel in die Wirtschaft, vom 03.07.2015, URL: http://www.faz.net/aktuell/politik/inland/job-wechsel-gesetz-regelt-karenzzeit-fuer-politiker-13682323.html, abgerufen am 12.09.2020

Frankfurter Rundschau, Friedrich kommt davon – Edathy-Affäre, vom 08.09.2014, URL: http://www.fr-online.de/politik/edathy-affaere-friedrich-kommt--davon-,1472596,28345670.html, abgerufen am 12.09.2020

Frenzel, Eike Michael, Das öffentlich-rechtliche Amtsverhältnis und das Recht des öffentlichen Dienstes – Abschied vom Prinzipiellen, in: Zeitschrift für Beamtenrecht 2008, S. 243–253

Friauf, Karl Heinrich/Höfling, Wolfram (Hrsg.), Berliner Kommentar zum Grundgesetz

- Band I: Art. 1–12a, Berlin Juni 2020
- Band II: Art. 13–22, Berlin Juni 2020
- Band IV: vor Art. 62–91e, Berlin Juni 2020

Fricke, Walter, Probleme der Ämterpatronage – Ein Beitrag zum Verhältnis des Beamtentums zu den politischen Parteien, Interessenverbänden und Kirchen, Dissertation Münster 1973

Frotscher, Werner, Regierung als Rechtsbegriff, Berlin 1975

–/Pieroth, Bodo, Verfassungsgeschichte, 17. Aufl., München 2019

Fürst, Walther/Franke, Ingeborg/Weiß, Hans-Dietrich (Hrsg.), Gesamtkommentar öffentliches Dienstrecht, Ergänzungslieferung 10/20 August 2020 Berlin

Gamillscheg, Franz, Zur Weiterbeschäftigung während der Kündigung, in: Peter Hanau/Friedrich Heither/Jürgen Kühling (Hrsg.), Richterliches Arbeitsrecht. Festschrift für Thomas Dieterich zum 65. Geburtstag, S. 185–200

Gärditz, Klaus Ferdinand, Wissenschaftliche Nebentätigkeiten im Beamtenrecht – Zugleich eine kritische Bestandsaufnahme der Entwicklung des Nebentätigkeitsrechts im Lichte der Rechtsprechung, in: Zeitschrift für Beamtenrecht 2009, S. 145–155

Gathmann, Florian, Politiker in die Wirtschaft: Wie die Koalition Seitenwechsel regeln will, in: Spiegel online vom 03.02.2014, URL: http://www.spiegel.de/politik/deutschland/karenzzeit-gesetz-wie-die-koalition-seitenwechsel-regeln-will-a-1016462.html, abgerufen am 12.09.2020

Gehre, Horst (Begr.)/*Koslowski,* Günter, Steuerberatungsgesetz mit Durchführungsverordnungen, 7. Aufl., München 2015

Geis, Max-Emmanuel, Die Nebentätigkeit der Hochschullehrerinnen und Hochschullehrer. Erweiterter Sonderdruck der Kommentierung zu § 52 HRG, Heidelberg 2004

Gillmann, Barbara, Augen zu und durch – Grüne in der Wirtschaft, in: Handelsblatt vom 12.06.2008, URL: http://www.handelsblatt.com/politik/deutschland/gruene-in-der-wirtschaft-augen-zu-und-durch/2970794-all.html, zuletzt abgerufen am 12.09.2020

Gneist, Rudolf von, Der Rechtsstaat und die Verwaltungsgerichte in Deutschland, 3. Aufl., fotomechanischer Nachdruck der 2. Aufl. 1879, Darmstadt 1958

Goette, Wulf/Habersack, Matthias (Hrsg.), Münchener Kommentar zum Aktiengesetz, Band 2: §§ 76–117, MitbestG, DrittelbG, 5. Aufl., München 2019

Gola, Peter/*Schomerus,* Rudolf, BDSG. Kommentar zum Bundesdatenschutzgesetz, 12. Aufl., München 2015

Göthlich, Stephan E., Zum Umgang mit fehlenden Daten in großzahligen empirischen Erhebungen, in: Sönke Albers/Daniel Klapper/Udo Konradt/Achim Walter/Joachim Wolf, (Hrsg.), Methodik der empirischen Forschung, 3. Aufl., Wiesbaden 2009, S. 119–135

Grabitz, Eberhard/Hilf, Meinhard/Nettesheim, Martin (Hrsg.), Das Recht der Europäischen Union, 70. Ergänzungslieferung, München Mai 2020

Grimm, Dieter, Gemeinwohl in der Rechtsprechung des Bundesverfassungsgerichts, in: Herfried Münkler/Karsten Fischer (Hrsg.), Gemeinwohl und Gemeinsinn im Recht. Konkretisierung und Realisierung öffentlicher Interessen, Band III, Berlin 2002, S. 125–139

Grimm, Jacob/*Grimm,* Wilhelm, Deutsches Wörterbuch
- Band 7: N. O. P. Q, Leipzig 1889
- Band 8: R – Schiefe, Leipzig 1893
- Band 11,3: Un – Uzvogel, Leipzig 1936

Groeben, Hans von der/Schwarze, Jürgen/Hatja, Armin (Hrsg.), Europäisches Unionsrecht. Vertrag über die Europäische Union, Vertrag über die Arbeitsweise der Europäischen Union, Charta der Grundrechte der Europäischen Union, 7. Aufl., Baden-Baden 2015

Gröpl, Christoph (Hrsg.), Bundeshaushaltsordnung, Landeshaushaltsordnung (BHO/LHO). Staatliches Haushaltsrecht – Kommentar, 2. Aufl., München 2019

Gröschner, Rolf, Freiheit und Ordnung in der Republik des Grundgesetzes, in: Juristenzeitung 1996, S. 637–646

–, Die Republik, in: Josef Isensee/Paul Kirchhof (Hrsg.), Handbuch des Staatsrechts der Bundesrepublik, Band II: Verfassungsstaat, 3. Aufl., Heidelberg u.a., 2004, § 23

Güdden, Ulrich, „Nebentätigkeit" der Ruhestandsbeamten, Mainz 1989

Günther, Hellmuth, Nebenamt, in: Zeitschrift für Beamtenrecht 1986, S. 97–115

–, Unterbinden von Nebenbeschäftigung bei Kollision mit dienstlichen Interessen, in: Der öffentliche Dienst 1988, S. 78–95

–, Nebentätigkeitsrecht in der Praxis – Eine Untersuchung zu Interessenkollisionen an Hand von Berichten über das Bundesgesundheitsamt, in: Zeitschrift für Beamtenrecht 1989, S. 164–172

–, Beschränkung der Tätigkeit von Versorgungsberechtigten, in: Der Öffentliche Dienst 1990, S. 129–138

–, Nebentätigkeit im Konzept des RBG-Gesetzgebers, in: Der öffentliche Dienst 2003, S. 183–199

Gusy, Christoph, Die Freiheit von Berufswahl und Berufsausübung, in: Juristische Arbeitsblätter 1992, S. 257–265

–, Richterrecht und Grundgesetz, in: Die Öffentliche Verwaltung 1992, S. 461–470

–, Polizei- und Ordnungsrecht, 10. Aufl., Tübingen 2017

Häberle, Peter, Exzessive Glaubenswerbung in Sonderstatusverhältnissen – BVerwGE 30, 29, in: Juristische Schulung 1969, S. 265–272

–, Die Wesensgehaltsgarantie des Art. 19 Abs. 2 Grundgesetz. Zugleich ein Beitrag zum institutionellen Verständnis der Grundrechte und zur Lehre vom Gesetzesvorbehalt, 3. Aufl., Heidelberg 1983

–, Die Freiheit der Wissenschaften im Verfassungsstaat, in: Archiv des öffenlichen Rechts 110 (1985), S. 575–619

–, Öffentliches Interesse als juristisches Problem, 2. Aufl., Berlin 2006

Häder, Michael, Empirische Sozialforschung, 3. Aufl., Wiesbaden 2015

Hahn, Werner, Offenbarungspflichten im Umweltschutzrecht, Köln u.a., 1984

Hammer, Wolfgang, Interessenkollisionen im Verwaltungsverfahren, insbesondere der Amtskonflikt, Pfaffenweiler 1989

Hartmann, Bernd J., Die abgesenkte Besoldung in den neuen Ländern und das Alimentationsprinzip, in: Neue Justiz 2001, S. 455–458

–, Eigeninteresse und Gemeinwohl bei Wahlen und Abstimmungen, in: Archiv des öffentlichen Rechts 134 (2009), S. 1–34

–, Öffentliches Haftungsrecht. Ökonomisierung – Europäisierung – Dogmatisierung, Tübingen 2013

–, Inklusive Verwaltung. Der vorübergehende Seitenwechsel aus der Privatwirtschaft in den Staatsdienst, Paderborn 2014

–, Wenn Lobbyisten doch nur in der Lobby blieben, in: Zeitschrift für Rechtspolitik 2015, S. 1

–, Handeln Lobbyisten verfassungswidrig? Einblicke in das Politik-Biotop Berlin, in: Neue Osnabrücker Zeitung vom 19.01.2016, S. 16

Hasskarl, Horst, Die Begrenzung exekutiver Rechtssetzungsbefugnis unter besonderer Berücksichtigung der Bundesgesetzgebung. Ein Beitrag zu Art. 80 Abs. 1 Satz 2 GG, Saarbrücken 1969, zugleich Dissertation Saarlouis 1969

Haueisen, Fritz, Die Bedeutung der Interessenkollision im Verwaltungsrecht, in: Deutsches Verwaltungsblatt 1950, S. 774–777

Hauser, Norbert, Rechtsqualität von Prüfungsankündigungen des Bundesrechnungshofs, in: Die Öffentliche Verwaltung 2004, S. 786–790

Hefty, Julia, Die Parlamentarischen Staatssekretäre im Bund. Eine Entwicklungsgeschichte seit 1967, Düsseldorf 2005

Heidbüchel, Volker, Das Aufsichtsratsmitglied als Vorstandsvertreter. Voraussetzungen und Risiken der Bestellung eines „Interimsvorstands", in: Wertpapier-Mitteilungen 2004, S. 1317–1324

Heidenreich, Klaus, Testen und Messen, in: Erwin Roth/Heinz Holling (Hrsg.), Sozialwissenschaftliche Methoden, Lehr- und Handbuch für Forschung und Praxis, 5. Aufl., München/Wien 1999, S. 342–618

Heimburg, Sibylle von, Verwaltungsaufgaben und Private – Funktionen und Typen der Beteiligung Privater an öffentlichen Aufgaben unter besonderer Berücksichtigung des Baurechts, Berlin 1982

Hempel, Carl G./*Oppenheim*, Paul, Studies in the logics of explanation, in: Carl G. Hempel, Beiträge zur logischen Analyse des Wahrscheinlichkeitsbegriffs, Dissertation Berlin 1934, S. 135–175

Hennis, Wilhelm, Amtsgedanke und Demokratiebegriff, in: Konrad Hesse/Siegfried Reicke/Ulrich Scheuner (Hrsg.), Staatsverfassung und Kirchenordnungen. Festgabe für Rudolf Smend zum 80. Geburtstag, Tübingen 1962, S. 51–70

Henssler, Martin/Strohn, Lutz (Hrsg.), Gesellschaftsrecht. Kommentar, 4. Aufl., München 2019

Herbertz, Achim, Verhaltensregeln für Mitglieder des Deutschen Bundestages, Dissertation Jena 1998

Herold, Nico, Die beamtenrechtliche Zulässigkeit des „Whistleblowing", in: Zeitschrift für Beamtenrecht 2013, S. 8–14

Herzog, Dietrich, Politische Karriere. Selektion und Professionalisierung politischer Führungsgruppen, Opladen 1975

–, Brauchen wir eine Politische Klasse?, in: Aus Politik und Zeitgeschichte B 50/1991, S. 3–13

Hessdörfer, Ludwig, Der Rechtsstaat, Sein Wesen und Wege zu seiner Verwirklichung, Stuttgart 1961

Hesse, Konrad, Grundzüge des Verfassungsrechts der Bundesrepublik Deutschland, 20. Aufl., Heidelberg 1995

Hettinger, Michael, Das Strafrecht als Büttel? - Fragmentarische Bemerkungen zum Entwurf eines Korruptionsbekämpfungsgesetzes des Bundesrats vom 3.11.1995, in: Neue Juristische Wochenschrift 1996, S. 2263–2273

Heußner, Hermann, Politik ohne Geld: Die Pflicht der Bürger zur Kontrolle der Politiker, in: Hans Herbert von Arnim (Hrsg.), Die Bezahlung und Versorgung von Politikern und Managern. Beiträge auf der 15. Speyerer Demokratietagung vom 24. bis 25. Oktober 2013 an der Deutschen Universität für Verwaltungswissenschaften Speyer, Berlin 2014, S. 73–93

Hiller, Petra, Korruption und Netzwerke – Konfusionen im Schema von Organisation und Gesellschaft, in: Zeitschrift für Rechtssoziologie 2005, S. 57–77

Hilp, Ulrich, „Den bösen Schein vermeiden" – zu Ethos und Recht des Amtes in Kirche und Staat, Berlin 2004

Himme, Alexander, Gütekriterien der Messung: Reliabilität, Validität und Generalisierbarkeit, in: Sönke Albers/Daniel Klapper/Udo Konradt/Achim Walter/Joachim Wolf, (Hrsg.), Methodik der empirischen Forschung, 3. Aufl., Wiesbaden 2009, S. 485–500

Hoeven, Elisa, Der Wechsel von Amtsträgern in die Privatwirtschaft. Gedanken zur Vorteilsannahme nach § 331 StGB am Beispiel Eckart von Klaedens, in: Neue Zeitschrift für Strafrecht 2013, S. 617–621

Hoffmann, Birgit, Das Verhältnis von Gesetz und Recht. Eine verfassungsrechtliche und verfassungstheoretische Untersuchung zur Art. 20 Abs. 3 GG, Berlin 2003, zugleich Dissertation Dresden 2002

Hoffmann-Riem, Wolfgang, Sozialwissenschaftlich orientierte Rechtsanwendung in öffentlich-rechtlichen Übungs- und Prüfungsarbeiten – Vorüberlegungen und praktische Hinweise, in: ders. (Hrsg.), Sozialwissenschaften im Öffentlichen Recht – Fälle und Lösungen in Ausbildung und Prüfung, Neuwied/Darmstadt 1981, S. 3–66

Hölters, Wolfgang (Hrsg.), Aktiengesetz. Kommentar, 3. Aufl., München 2017

Holtmann, Everhard, Sechs Monate reichen, Das Parlament vom 20.01.2014, S. 2

Holzer, Johannes, Altersgeld für Bundesbeamte, in: Die Öffentliche Verwaltung 2013, S. 890–896

Horn, Norbert, Einführung in die Rechtswissenschaft und Rechtsphilosophie, 4. Aufl., Heidelberg u.a., 2007

Huber, Ernst Rudolf, Deutsche Verfassungsgeschichte seit 1789,
- Band II, Der Kampf um Einheit und Freiheit 1830–1850, Stuttgart u.a., 1960
- Band VI, Die Weimarer Reichsverfassung, Stuttgart u.a., 1981
- Band VII, Ausbau, Schutz und Untergang der Weimarer Republik, Stuttgart u.a., 1984

Huber, Ulrich, Leistungsstörungen, Band II: Die Folgen des Schuldnerverzugs – Die Erfüllungsverweigerung und die vom Schuldner zu vertretende Unmöglichkeit, Tübingen 1999

Hufen, Friedhelm/*Siegel,* Thorsten, Fehler im Verwaltungsverfahren, 6. Aufl., Baden-Baden 2018

Hüffer, Uwe (Begr.)/*Koch,* Jens, Aktiengesetz – Kommentar, 14. Aufl., München 2020

Hulverscheidt, Claus, Der böse Bube – Weil Finanzminister Steinbrück nicht zu packen ist, hat sich der HRE-Untersuchungsausschuss auf Staatssekretär Jörg Asmussen eingeschossen, in: Süddeutsche online vom 17.05.2010, URL: http://www.sueddeutsche.de/geld/joerg-asmussen-der-boese-bube-1.174386, abgerufen am 12.09.2020

–, Eine Frage des Charakters. Politikerwechsel in die Wirtschaft, in: Süddeutsche online vom 08.01.2014, URL: http://www.sueddeutsche.de/wirtschaft/politikerwechsel-in-die-wirtschaft-eine-frage-des-charakters-1.1857685, abgerufen am 12.09.2020

Humborg, Christian, Spielregeln des Lobbying – Wo beginnt die Korruption, in: Rubin Ritter/David Feldmann (Hrsg.), Lobbying zwischen Eigeninteresse und Verantwortung, Baden-Baden 2005, S. 115–131

–, Nebeneinnahmen von Politikern und Korruption, in: Hans Herbert von Arnim (Hrsg.), Die Bezahlung und Versorgung von Politikern und Managern. Beiträge auf der 15. Speyerer Demokratietagung vom 24. bis 25. Oktober 2013 an der Deutschen Universität für Verwaltungswissenschaften Speyer, Berlin 2014, S. 65–72

Hunold, Wolf, Rechtsprechung zum nachvertraglichen Wettbewerbsverbot, in: Neue Zeitschrift für Arbeitsrecht 2007, S. 617–625

Inacker, Michael, Bitte etwas weniger Doppelmoral. Steinbrücks Nebeneinkünfte, Handelsblatt vom 05./06./07.10.2014, S. 11

Ipsen, Jörn, „Stufentheorie" und Übermaßverbot – Zur Dogmatik des Art. 12 GG, in: Juristische Schulung 1990, S. 634–638

–, Allgemeines Verwaltungsrecht, 10. Aufl., München 2017

–, Qualitätskriterien für Politiker und Führungskräfte der Wirtschaft und der Stellenwert des Geldes, in: Hans Herbert von Arnim (Hrsg.), Die Bezahlung und Versorgung von Politikern und Managern. Beiträge auf der 15. Speyerer Demokratietagung vom 24. bis 25. Oktober 2013 an der Deutschen Universität für Verwaltungswissenschaften Speyer, Berlin 2014, S. 57–64

–, Staatsrecht II. Grundrecht, 22. Aufl., München 2019

Isensee, Josef, Öffentlicher Dienst, in: Ernst Benda/Werner Maihofer/Hans-Jochen Vogel, Handbuch des Verfassungsrecht, Berlin 1994, § 32

–, Das Amt als Medium des Gemeinwohls in der freiheitlichen Demokratie, in: Gunnar Folke Schuppert/Friedrich Neidhardt (Hrsg.), Gemeinwohl – Auf der Suche nach Substanz, Berlin 2002, S. 241–270

–, Konkretisierung des Gemeinwohls in der freiheitlichen Demokratie, in: Hans Herbert von Arnim/Karl-Peter Sommermann (Hrsg.), Gemeinwohlgefährdung und Gemeinwohlsicherung – Vorträge und Diskussionsbeiträge auf der 71. Staatswissenschaftlichen Fortbildungstagung vom 12. bis 14. März 2003 an der Deutschen Hochschule für Verwaltungswissenschaften Speyer, Berlin 2004, S. 94–117

–, Staat und Verfassung, in: ders./Paul Kirchhof (Hrsg.), Handbuch des Staatsrechts der Bundesrepublik, Band II: Verfassungsstaat, 3. Aufl., Heidelberg u.a., 2004, § 15

–, Gemeinwohl im Verfassungsstaat, in: ders./Paul Kirchhof (Hrsg.), Handbuch des Staatsrechts der Bundesrepublik Deutschland, Band IV: Aufgaben des Staates, 3. Aufl., Heidelberg u.a., 2006, § 71

–, Gemeinwohl und öffentliches Amt – Vordemokratische Fundamente des Verfassungsstaates, Wiesbaden 2014

Jansen, Christoph, Nebentätigkeit im Beamtenrecht, Würzburg 1983

Jarass, Hans D./*Pieroth,* Bodo, Grundgesetz für die Bundesrepublik Deutschland. Kommentar, 16. Aufl., München 2020

Jestaedt, Matthias, Demokratieprinzip und Kondominialverwaltung – Entscheidungsteilhabe Privater an der öffentlichen Verwaltung auf dem Prüfstand des Verfassungsprinzips Demokratie, Berlin 1993

–, Das Geheimnis im Staat der Öffentlichkeit – Was darf der Verfassungsstaat verbergen, in: Archiv des öffentlichen Rechts 126 (2001), S. 204–243

Joecks, Wolfgang/Miebach, Klaus (Hrsg.), Münchener Kommentar zum Strafgesetzbuch, Band V: §§ 263–358, 3. Aufl., München 2019

Kabalak, Alihan/*Priddat,* Birger P./*Rhomberg,* Markus, Medien, Politik, Ökonomie. Medien als Schnittstelle politischer und ökonomischer Strukturren oder: Eine akteurs- und institutionstheoretische Einordnung der Massenmedien, in Birger P. Priddat (Hrsg.), Politische Ökonomie. Neue Schnittstellendynamik zwischen Wirtschaft, Gesellschaft und Politik, Wiesbaden 2009

Kahl, Wolfgang, Art. 2 Abs. 1 GG im Beamtenrecht – eine grundrechtsdogmatische Untersuchung unter besonderer Berücksichtigung des Nebentätigkeitsrechts, in: Zeitschrift für Beamtenrecht 2001, S. 225–233

Kammholz, Kasten, Peinliche Post. Malu Dreyer schickt Brief voller Fehler an Merkel, in: Die Welt online vom 02.10.2013, URL: http://www.welt.de/politik/deutschland/article120569122/Malu-Dreyer-schickt-Brief-voller-Fehler-an-Merkel.html, abgerufen am 12.09.2020

Käßner, Anne, Nebentätigkeiten und Nebeneinkünfte der Mitglieder des Deutschen Bundestages. Eine Untersuchung möglicher Regelungsinstrumente unter vergleichender Berücksichtigung der Besonderheiten der drei Staatsgewalten, Berlin 2010

Kaufmann, Arthur, Problemgeschichte der Rechtsphilosophie, in: ders./Winfried Hassemer/Ulfrid Neumann (Hrsg.), Einführung in Rechtsphilosophie und Rechtstheorie der Gegenwart, 8. Aufl., Heidelberg u.a., 2011, S. 26–147

Kaya, Maria/*Himme,* Alexander, Möglichkeiten der Stichprobenbildung, in: Sönke Albers/Daniel Klapper/Udo Konradt/Achim Walter/Joachim Wolf, (Hrsg.), Methodik der empirischen Forschung, 3. Aufl., Wiesbaden 2009, S. 79–88

Kazele, Norbert, Interessenkollisionen und Befangenheit im Verwaltungsrecht, Berlin 1990

Keese, Helmut, Regierungsmitglieder als Vertreter der öffentlichen Hand in den Aufsichtsorganen wirtschaftlicher Unternehmen, München 1969

Keller, Reiner, Diskursanalyse, in: Ronald Hitzler/Anne Honer (Hrsg.), Sozialwissenschaftliche Hermeneutik, Opladen 1997, S. 309–334

Keller, Reiner, Diskursforschung. Eine Einführung für SozialwissenschaftlerInnen, 4. Aufl., Wiesbaden 2011

Kempf, Uwe/Merz, Hans-Georg (Hrsg.), Kanzler und Minister 1998–2005. Biographisches Lexikon der deutschen Bundesregierung, Wiesbaden 2008

-/-/Gloe, Markus (Hrsg.), Kanzler und Minister 2005–2013, Biografisches Lexikon der deutschen Bundesregierung, Wiesbaden 2015

Kempkens, Sebastian/*Medick,* Veit, Peinliche Post-Posse: Malu Dreyer verschickt fehlerhaften Brief an Merkel, in: Spiegel online vom 02.10.2013, URL: http://www.spiegel.de/politik/deutschland/peinlicher-brief-malu-dreyer-schickt-brief-voller-fehler-an-merkel-a-925729.html, abgerufen am 12.09.2020

Kielmansegg, Peter Graf, Das Sonderstatusverhältnis, in: Juristische Arbeitsblätter 2012, S. 881–887

Kindhäuser, Urs/Neumann, Ulfried/Paeffgen, Hans-Ullrich (Hrsg.), Strafgesetzbuch. Kommentar, 5. Aufl., Baden-Baden 2017

Kingreen, Thorsten/*Poscher,* Ralf, Grundrechte. Staatsrecht II, 35. Aufl., Heidelberg u.a., 2019

Kirchhof, Josef, Die Bedeutung der Unbefangenheit für die Verwaltungsentscheidung, in: VerwaltungsArchiv 66 (1975), S. 371–386

Kirsch, Gut, Neue Politische Ökonomie, 5. Aufl., Stuttgart 2004

Kischel, Uwe, Systembindung des Gesetzgebers und Gleichheitssatz, in: Archiv des öffentlichen Rechts 124 (1999), S. 174–211

Klein, Annika, Korruption und Korruptionsskandale in der Weimarer Republik, Göttingen 2014

Klein, Ansgar, Politische Eliten in der Demokratie – Zugänge zur Diskussion über die „Politische Klasse, in: Thomas Leif/Hans-Josef Legrand/Ansgar Klein (Hrsg.), Die politische Klasse in Deutschland – Eliten auf dem Prüfstand, Bonn/Berlin 1992, S. 16–34

Klein, Eckart, Die verfassungsrechtliche Problematik des ministerialfreien Raumes – Ein Beitrag zur Dogmatik der weisungsfreien Verwaltungsstellen, Berlin 1974

Klein, Heidi/*Höntzsch,* Tillmann, Fliegender Wechsel – die Drehtür kreist, Lobby Control Studie vom 15.11.2007, URL: https://www.lobbycontrol.de/download/drehtuer-studie.pdf, abgerufen am 12.09.2020

Klein, Oliver, Das Untermaßverbot – über die Justiziabilität grundrechtlicher Schutzpflichterfüllung, in: Juristische Schulung 2006, S. 960–964

Klingemann, Hans-Dieter/*Stöss,* Richard/*Weßels,* Bernhard, Politische Klasse und politische Institutionen, in: dies. (Hrsg.), Politische Klasse und politische Institutionen. Probleme und Perspektiven der Elitenforschung – Dietrich Herzog zum 60. Geburtstag, Opladen/Wiesbaden 1991, S. 9–36

Kloepfer, Michael, Politische Klasse und Ämterpatronage, in: Hans Herbert von Arnim (Hrsg.), Politische Klasse und Verfassung – Beiträge auf der 4. Speyerer Demokratietagung vom 26. bis 27. Oktober 2000 an der Deutschen Universität für Verwaltungswissenschaften Speyer, Berlin 2001, S. 107–121

Klueß, Achim, Geringwertige Vermögensdelikte – Keine zwangsläufige Entlassung, in: Neue Zeitschrift für Arbeitsrecht 2009, S. 337–343

Kluge, Friedrich, Etymologisches Wörterbuch der deutschen Sprache, 28. Aufl., Berlin 2011

Knack, Hans Joachim/*Hennke,* Hans-Günter, Verwaltungsverfahrensgesetz. Kommentar, 11. Aufl., Köln 2020

Kniesel, Michael, Versammlungs- und Demonstrationsfreiheit. Entwicklung des Versammlungsrechts seit 1996, in: Neue Juristische Wochenschrift, S. 2857–2866

Koenig, Christian/*Steiner,* Ulrike, Die Vereinbarkeit nachvertraglicher Wettbewerbsverbote mit der Arbeitnehmerfreizügigkeit des EG-Vertrags, in: Neue Juristische Wochenschrift 2002, S. 3583–3588

Kolbe, Andreas/*Hönigsberger,* Herbert/*Osterberg,* Sven, Marktordnung für Lobbyisten. Wie Politik den Lobbyeinfluss regulieren kann, OBS-Arbeitsheft 70, Frankfurt am Main 2011

Kolbe, Sebastian, Mitbestimmung und Demokratieprinzip, Tübingen 2013

Kölble, Josef, Die Ministerialverwaltung im parlamentarisch-demokratischen Regierungssystem des Grundgesetzes, in: Die Öffentliche Verwaltung 1969, S. 25–38

König, Johann-Günther, Die Lobbyisten – Wer regiert wirklich?, Düsseldorf 2007

König, Klaus, Moderne öffentliche Verwaltung. Studium der Verwaltungswissenschaften, Berlin 2008

Konow, Karl-Otto, Grenzen der schriftstellerischen Betätigung der Beamten, in: Zeitschrift für Beamtenrecht 1972, S. 47–50

Kopp, Ferdinand, Befangenheit öffentlicher Amtsträger gemäß § 20 Abs. 1 Nr. 5 VwVfG bei gleichzeitiger Wahrnehmung eines Aufsichtsratsmandats?, in: Wirtschaft und Verwaltung 1983, S. 226–250

–/Ramsauer, Ulrich (Hrsg.), Verwaltungsverfahrensgesetz. Kommentar, 21. Aufl., München 2020

Kopp, Ferdinand (Begr.)/Schenke, Wolf-Rüdiger (Hrsg.), Verwaltungsgerichtsordnung, 26. Aufl., München 2020

Kosfeld, Claus Peter, Auf die Plätze, fertig – peng! Sitzungsalltag. Das Parlament steht vor wichtigen Reformen. Heftiger Streit über Pofallas Seitenwechsel, in: Das Parlament vom 20.01.2014, S. 1

Kösling, Karl-Georg, § 21 VwVfG und der Rechtsschutz der Betroffenen, in: Neue Zeitschrift für Verwaltungsrecht 1994, S. 455–458

Köttgen, Arnold, Abgeordnete und Minister als Statusinhaber, in: Otto Bachof/Martin Drath/Otto Gönnenwein/Ernst Walz (Hrsg.), Gedächtnisschrift für Walter Jellinek, 12. Juli 1885–9. Juni 1955, München 1955, S. 195–220

–, Das anvertraute öffentliche Amt, in: Konrad Hesse/Siegfried Reicke/Ulrich Scheuner (Hrsg.), Staatsverfassung und Kirchenordnungen – Festgabe für Rudolf Smend zum 80. Geburtstag, Tübingen 1962, S. 118–149

Kramer, Ernst A., Juristische Methodenlehre, 4. Aufl., Bern 2013

Krämer, Walter, So lügt man mit Statistik, 2. Aufl., München 2011

Krause, Peter, Freies Mandat und Kontrolle der Abgeordnetentätigkeit – zu Notwendigkeiten und Möglichkeiten der Disziplinierung des Mandatsmißbrauchs, in: Die Öffentliche Verwaltung 1974, S. 325–337

Krebs, Walter, Verwaltungsorganisation, in: Josef Isensee/Paul Kirchhof (Hrsg.), Handbuch des Staatsrechts der Bundesrepublik Deutschland, Band V: Rechtsquellen, Organisation, Finanzen, 3. Aufl., Heidelberg u.a., 2007, § 108

Kreiner, Maria, Amt auf Zeit. Eine Verbleibsstudie über ehemalige Bundestagsabgeordnete, Baden-Baden 2006

Krekeler, Wilhelm, Der befangene Richter, in: Neue Juristische Wochenschrift 1981, S. 1633–1638

Kremer, Eduard, Politische Beamte und einstweiliger Ruhestand – eine historisch-aktuelle Rückbesinnung, in: Der Öffentliche Dienst 1998, S. 269–271

Krienke, Nikolaus, Interessenskonflikte der Regierungsmitglieder des Bundes und der Länder, Frankfurt am Main 2003

Kröger, Klaus, Die Ministerverantwortlichkeit in der Verfassungsordnung der Bundesrepublik Deutschland, Frankfurt am Main 1972

Kröger, Michael, Der Fall Pofalla: Grubes entgleiste Personalie, in: Spiegel online vom 07.01.2014, URL: http://www.spiegel.de/wirtschaft/unternehmen/deutsche-bahn-pofalla-muss-um-seinen-vorstandsposten-bangen-a-942302.html, abgerufen am 12.09.2020

Kromrey, Helmut/*Roose,* Jochen/*Strübing,* Jörg, Empirische Sozialforschung, 13. Aufl., Konstanz/München 2016

Kropff, Bruno, Politische und administrative Einflußnahme auf Unternehmen des industriellen Bundesvermögens, in: Peter Eichhorn (Hrsg.), Auftrag und Führung öffentlicher Unternehmen. Vorträge und Diskussionsbeträge von der 45. Staatswissenschaftlichen Fortbildungstagung 1977 der Hochschule für Verwaltungswissenschaften Speyer, Berlin 1977, S. 79–87

Krüger, Ralf, Zum Tatbestand der Verletzung eines Dienstgeheimnisses, in: Neue Zeitschrift für Strafrecht 1990, S. 283

Kube, Hanno, Persönlichkeitsrecht, in: Josef Isensee/Paul Kirchhof (Hrsg.), Handbuch des Staatsrechts, Band VII: Freiheitsrechte, 3. Aufl., Heidelberg 2009, § 148

Kugele, Dieter (Hrsg.), BBesG. Kommentar zum Bundesbesoldungsgesetz, Münster 2011

– (Hrsg.), BBG. Kommentar zum Bundesbeamtengesetz, Münster 2011

– (Hrsg.), BeamtVG. Kommentar zum Beamtenversorgungsgesetz, Münster 2011

Kühn, Matthias K., Verhaltensregeln für Bundestagsabgeordnete, Berlin 2011

Kunig, Philip, Das Rechtsstaatsprinzip. Überlegungen zu einer Bedeutung für das Verfassungsrecht der Bundesrepublik Deutschland, Tübingen 1986

Kunz, Karl-Ludwig/*Mona,* Martino, Rechtsphilosophie, Rechtstheorie, Rechtssoziologie – Eine Einführung in die theoretischen Grundlagen der Rechtswissenschaft, 2. Aufl., Bern u.a., 2015

Lang, Heinrich, Gesetzgebung in eigener Sache. Eine rechtstheoretische und rechtssystematische Untersuchung zum Spannungsverhältnis von Distanzgebot und Eigennutz, Tübingen 2007

Langer, Stefan, Strukturfragen der Berufsfreiheit, in: Juristische Schulung 1993, S. 203–210

Larenz, Karl/*Canaris,* Claus-Wilhelm, Methodenlehre der Rechtswissenschaft, 3. Aufl., Heidelberg u.a., 1995

Laufhütte, Heinrich/Rissing-van Saan, Ruth/Tiedemann, Klaus (Hrsg.), Strafgesetzbuch. Leipziger Kommentar

- Band 1: Einleitung; §§ 1 bis 31, 12. Aufl., Berlin 2007
- Band 13: §§ 331–358, 12. Aufl., Berlin 2009

Lecheler, Helmut, Der Begriff des „öffentlichen Dienstes" im Beamten-Nebentätigkeitsrecht, in: Zeitschrift für Beamtenrecht 1985, S. 97–101

–, Der öffentliche Dienst, in: Josef Isensee/Paul Kirchhof (Hrsg.), Handbuch des Staatsrechts der Bundesrepublik Deutschland, Band V: Rechtsquellen, Organisation, Finanzen, 3. Aufl., Heidelberg u.a., 2007, § 110

Legal Tribune Online, Schuldspruch gegen Ex-Innenminister rechtskräftig, vom 17.03.2015, URL: http://www.lto.de/recht/nachrichten/n/bgh-urteil-2str281-14-thueringen-innenminister-bestechung-vorteilsnahme/, abgerufen am 12.09.2020

Leif, Thomas, Das demokratische Defizit – Was fördert und was hindert die Entwicklung von Demokratie-Kompetenz?, in: Hans Herbert von Arnim (Hrsg.), Politische Klasse und Verfassung – Beiträge auf der 4. Speyerer Demokratietagung vom 26. bis 27. Oktober 2000 an der Deutschen Universität für Verwaltungswissenschaften Speyer, Berlin 2001, S 95–106

–, Anatomie des Lobbyismus – Einführung in eine unbekannte Sphäre der Macht, in: dies. (Hrsg.), Die stille Macht, Wiesbaden 2003, S. 7–32

–, Lobbyismus als Vertrauensvernichtung und Imageverletzung des Parlaments, in: Forschungsjournal Neue Sozial Bewegungen 22 (1/2009), S. 13–22

–/*Speth,* Rudolf, Die fünfte Gewalt – Anatomie des Lobbyismus in Deutschland, in: dies. (Hrsg.), Die fünfte Gewalt. Lobbyismus in Deutschland, Bonn 2006, S. 10–36

Leisner, Walter, Öffentliches Amt und Berufsfreiheit, in: Archiv des öffentlichen Rechts 93 (1968), S. 161–199

Lenz, Christoph/*Hansel,* Ronald, Bundesverfassungsgerichtsgesetz. Handkommentar, 3. Aufl., Baden-Baden 2020

Ley, Christian, Ministerbefangenheit als Verfassungsproblem, Berlin 2006

Lindemann, Helmut, Gustav Heinemann. Ein Leben für die Demokratie, München 1978

Lösche, Peter, Demokratie braucht Lobbying, in: Thomas Leif/Rudolf Speth (Hrsg.), Die fünfte Gewalt. Lobbyismus in Deutschland, Bonn 2006, S. 53–68

–, Verbände und Lobbyismus in Deutschland, Stuttgart 2007

–, Lobbyismus – Gefährdung oder Stärkung der parlamentarischen Demokratie?, in: Gerhard Göhler/Katrin Grothe/Cornelia Schmalz-Jacobsen/Christian Walther (Hrsg.), Public Affairs – Die neue Welt des Lobbyismus, Frankfurt am Main 2012, S. 9–18

Loidolt, Sophie, Einführung in die Rechtsphänomologie, Tübingen 2010

Lorse, Jürgen, Die fachliche Meinungs- und Publikationsfreiheit des Beamten – wie viel Kritik ist erlaubt?, in: Bayerische Verwaltungsblätter 2002, S. 417–423 u. S. 451–456

Maassen, Hermann, *Hucko,* Elmar, Thomas Dehler, der erste Bundesminister der Justiz, Köln 1977

Mangoldt, Hermann von (Begr.)/Klein, Friedrich (fort.)/*Pestalozza, Christian*, Das Bonner Grundgesetz. Kommentar, Band 8, 3. Aufl., München 1996

Mangoldt, Hermann von (Begr.)/Klein, Friedrich (fort.)/Starck, Christian (Hrsg.), Grundgesetz. Kommentar
- Band I: Art. 1–19, 7. Aufl., München 2018
- Band II: Art. 20–82, 7. Aufl., München 2018
- Band III: Art. 83–146, 7. Aufl., München 2018

Marré, Heiner, Befangenheit im Verwaltungsverfahren, Dissertation Münster 1959

Masing, Johannes, Meinungsfreiheit und Schutz der verfassungsrechtlichen Ordnung, in: Juristenzeitung 2012, S. 585–592

Maunz, Theodor (Begr.)/Schmidt Bleibtreu, Bruno/Klein, Franz/Bethge, Herbert (Hrsg.), Bundesverfassungsgerichtsgesetz. Kommentar, 59. Ergänzungslieferung, München April 2020

Maunz, Theodor/Dürig, Günter (Begr.), Grundgesetz. Kommentar, 90. Ergänzungslieferung, München Februar 2020

Maurer, Hartmut, Rechtstatsachenforschung im Bereich des Verwaltungsrechts, in: Wolfgang Heinz (Hrsg.), Rechtstatsachenforschung heute, Konstanz 1986, S. 125–131

Mayer, Klaus/Naji, Natalie, Die Lobbyingaktivitäten der deutschen Wirtschaft, in: Recht und Politik 36 (2000), S. 31–43

Medick, Veit, Ex-Minister Steinbrück: Parlamentsschwänzer mit Spitzenverdienst, in: Spiegel online 17.08.2010, URL: http://www.spiegel.de/politik/deutschland/ex-minister-steinbrueck-parlamentsschwaenzer-mit-spitzenverdienst-a-712225.html, abgerufen am 12.09.2020

Meessen, Karl Matthias, Beraterverträge und freies Mandat, in: Horst Ehmke/Joseph H. Kaiser/Wilhelm A. Kewenig/Karl ders./Wolfgang Rüfner (Hrsg.), Festschrift für Ulrich Scheuner zum 70. Geburtstag, Berlin 1973, S. 431–453

Menzenbach, Steffi, Die Parlamentarischen. Parlamentraische Staatssekretärinnen und Staatssekretäre im Bund und in den Ländern: Rechtsgrundlagen, Status, Funktion, Berlin 2015

Merten, Detlev, Verhältnismäßigkeitsgrundsatz, in: ders./Hans-Jürgen Papier (Hrsg.), Handbuch der Grundrechte in Deutschland und Europa, Band III: Grundrechte in Deutschland: Allgemeine Lehren II, Heidelberg u.a., 2009, § 68

–, Grundrechtsverzicht, in: ders./Hans-Jürgen Papier (Hrsg.), Handbuch der Grundrechte in Deutschland und Europa, Band III: Grundrechte in Deutschland: Allgemeine Lehren II, Heidelberg u.a., 2009, § 73

Meyer, Hans, Politische Klasse und demokratischer Rechtsstaat, in: Hans Herbert von Arnim (Hrsg.), Politische Klasse und Verfassung – Beiträge auf der 4. Speyerer Demokratietagung vom 26. bis 27. Oktober 2000 an der Deutschen Universität für Verwaltungswissenschaften Speyer, Berlin 2001, S. 13–35

Meyn, Karl-Ulrich, Kontrolle als Verfassungsprinzip. Problemstudie zu einer legitimationsorientierten Theorie der politischen Kontrolle in der Verfassungsordnung des Grundgesetzes, Baden-Baden 1982

Michalski, Lutz/Heidinger, Andreas/Leible, Stefan/Schmidt, Jessica (Hrsg.), Kommentar zum Gesetz betreffend die Gesellschaften mit beschränkter Haftung, Band 2: §§ 35–85 GmbHG, §§ 1–4 EGGmbHG, 3. Aufl., München 2017

Mirbach, Horst, Der Umfang der Auskunftspflicht des Beamten bei genehmigungsfreien Nebentätigkeiten, in: Zeitschrift für Beamtenrecht 1995, S. 64–67

Morlok, Martin/*Krüper,* Julian, Ministertätigkeit im Spannungsfeld von Privatinteresse und Gemeinwohl: Ein Beitrag zur Auslegung des Art. 66 GG, in: Neue Zeitschrift für Verwaltungsrecht 2003, S. 573–576

Mosca, Gaetano, Die herrschende Klasse. Grundlagen der politischen Wissenschaft, München 1950

Müller, Friedrich/*Christensen,* Ralph, Juristische Methodik. Band I: Grundlegung für die Arbeitsmethoden der Rechtspraxis, 11. Aufl., Berlin 2013

Müller, Georg, Funktionen des Legalitätsprinzips in der Verwaltung, in: Dorothée Berchtold/Albert Hofmeister (Hrsg.), Die öffentliche Verwaltung im Spannungsverhältnis zwischen Legalität und Funktionsfähigkeit: Schnittstellen Verwaltungsrecht und -management, Bern 1995, S. 15–24

Müller-Eising, Claudia, Paradigmenwechsel im deutschen Disziplinarrecht. Das neue Bundesdisziplinargesetz, in: Neue Juristische Wochenschrift 2001, S. 3587–3592

Müller-Glöge, Rudi/Preis, Ulrich/Schmidt, Ingrid (Hrsg.), Erfurter Kommentar zum Arbeitsrecht, 20. Aufl., München 2020

Müller-Neuhof, Jost, BGH-Urteil. Wowereit verliert vor Gericht gegen Bild, in: Der Tagesspiegel vom 27.09.2016, URL: http://www.tagesspiegel.de/politik/bgh-urteil-wowereit-verliert-vor-gericht-gegen-bild/14609670.html, abgerufen am 12.09.2020

–/*Sirleschtov,* Antje, Wie weit darf Volker Kauder gehen? Abweichler in der Unionsfraktion, in: Der Tagesspiegel vom 11.08.2015, URL: http://www.tagesspiegel.de/politik/abweichler-in-der-unionsfraktion-wie-weit-darf-volker-kauder-gehen/12170040.html, abgerufen am 12.09.2020

Münch, Ingo von, Rechtskultur, in: Neue Juristische Wochenschrift 1993, S. 1673–1678

–, Minister und Abgeordneter in einer Person: die andauernde Verhöhnung der Gewaltenteilung, in: Neue Juristische Wochenschrift 1998, S. 34 f.

–/Kunig, Philip (Hrsg.), Grundgesetz. Kommentar
- Band I: Präambel, Art. 1–69, 6. Aufl., München 2012
- Band II: Art. 70–146, 6. Aufl., München 2012
- Band II: Art. 20–69, 5. Aufl., München 2001

N-TV, Vortrag statt Sitzung – Steinbrück & Co. Kassieren kräftig ab, Bilderserie – Mediathek, URL: http://www.n-tv.de/mediathek/bilderserien/politik/Steinbrueck-und-Co-kassieren-kraeftig-ab-article1295956.html, abgerufen am 12.09.2020

Nass, Matthias, Türöffner und Welterklärer. Die Außenminister der Konzerne: Wie ehemalige Spitzenbeamte für deutsche Unternehmen Politik machen, in: Die Zeit online vom 23.03.2012, URL: http://www.zeit.de/2013/12/Lobbyismus-Spitzenbeamte-Konzerne?commentstart=1#comments, abgerufen am 12.09.2020

Nebendahl, Mathias, Inkompatibilität zwischen Ministeramt und Aufsichtsratsmandat, in: Die öffentliche Verwaltung 1988, S. 961–965

Neue Osnabrücker Zeitung, Gespräch mit Elmar Brok, CDU-Europaabgeordneter, vom 08.01.2014, URL: http://www.presseportal.de/pm/58964/2634602, abgerufen am 12.09.2020

Neumann, Manfred, Parlamentarische Staatssekretäre in der Bundesverwaltung, in: Zeitschrift für Rechtspolitik 2002, S. 203–206

Niederhafner, Stefan/*Speth,* Rodolf, Die Ministerialbürokratie in Deutschland – Vom Kellner zum Koch?, in: Forschungsjournal neue soziale Bewegungen 3/2004, S. 23–35

Noelle-Neumann, Elisabeth/*Petersen,* Thomas, Alle, nicht jeder. Einführung in die Methoden der Demoskopie. 4. Aufl., Berlin u.a., 2005

Nordkurier, Ex-Energieminister wirbt jetzt für Wind und Sonne – Kritik an Schlotmann, vom 19.08.2014, URL: http://www.nordkurier.de/mecklenburg-vorpommern/ex-energierminister-wirbt-jetzt-fuer-wind-und-sonne-199152508.html, abgerufen am 12.09.2020

Oberreuter, Heinrich, Entmachtung des Bundestags durch Vorentscheider auf höchster politischer Ebene?, in: Hermann Hill (Hrsg.), Zustand und Perspektiven der Gesetzgebung, Vorträge und Diskussionsbeiträge der 56. Staatswissenschaftlichen Fortbildungstagung 1988 der Hochschule für Verwaltungswissenschaften Speyer, Berlin 1989, S. 121–139

OECD, Post-Public Employment – Good Practices for Preventing Conflict of Interest, ohne Ort 2010

Ohle, Maria-Elena, Der Drehtüreffekt – der lohnende Wechsel von der Politik in die Wirtschaft, München 2010

Oldiges, Martin, Die Bundesregierung als Kollegium. Eine Studie zur Regierungsorganisation nach dem Grundgesetz, Hamburg 1983

Ossenbühl, Fritz, Die Rechtsquellen, in: Josef Isensee/Paul Kirchhof (Hrsg.), Handbuch des Staatsrechts der Bundesrepublik Deutschland, Band V: Rechtsquellen, Organisation, Finanzen, 3. Aufl., Heidelberg u.a., 2007, § 100

–/*Cornils,* Matthias, Nebentätigkeit und Grundrechtsschutz, Köln 1999

–/–, Staatshaftungsrecht, 6. Aufl., München 2014

Palandt, Otto (Begr.), Bürgerliches Gesetzbuch mit Nebengesetzen. Kurzkommentar, 79. Aufl., München 2020

Papier, Hans-Jürgen, Versagung der Nebentätigkeitsgenehmigung aus arbeitsmarkpolitischen Gründen, in: Die Öffentliche Verwaltung 1984, S. 536–541

Pareto, Vilfredo, Allgemeine Soziologie. Ausgewählt, eingeleitet und übersetzt von Carl Brinkmann, Tübingen 1955

Peine, Franz-Joseph, Systemgerechtigkeit. Die Selbstbindung des Gesetzgebers als Maßstab der Normenkontrolle, Baden-Baden 1985

Piechaczek, Oliver, Lobbyismus im Deutschen Bundestag, Tübingen 2014

Pieroth, Bodo, Rückwirkung und Übergangsrecht. Verfassungsrechtliche Maßstäbe für intertemporale Gesetzgebung, Berlin 1981

–/*Schlink,* Bernhard/*Kniesel,* Michael, fortgeführt von *Kingreen,* Thorsten/*Poscher,* Ralf, Polizei- und Ordnungsrecht mit Versammlungsrecht, 9. Aufl., München 2016

Pieroth, Bodo/Silberkuhl, Peter (Hrsg.), Die Verfassungsbeschwerde. Einführung – Verfahren – Grundrechte, Münster 2008

Pietzcker, Jost, Der allgemeine Gleichheitssatz, in: Detlef Merten/Hans-Jürgen Papier (Hrsg.), Handbuch der Grundrechte in Deutschland und Europa, Band V: Grundrechte in Deutschland: Einzelgrundrechte II, Heidelberg u.a., 2013, § 125

Piratenpartei, Wir stellen das mal in Frage – Wahlprogramm zur Bundestagswahl 2013, URL: https://www.piratenpartei.de/wp-content/uploads/2013/06/PP-Bund-BTW13v1.pdf, abgerufen am 12.09.2020

Pitzen, Stefan, Der Vorbehalt der Verfassung, Baden-Baden 2013

Plog, Ernst/Wiedow, Alexander (Hrsg.), Beamtenversorgungsgesetz, 389. Ergänzungslieferung, Köln August 2020

– (Hrsg.), Bundesbeamtengesetz (alt), 389. Ergänzungslieferung, Köln August 2020

– (Hrsg.), Bundesbeamtengesetz, 389. Ergänzungslieferung, Köln August 2020

Pohl, Dirk, Drittzuwendungen an Bundestagsabgeordnete, in: Zeitschrift für Parlamentsrecht 1995 (26), S. 385–394

Posser, Herbert/Wolff, Heinrich Amadeus (Hrsg.), Verwaltungsgerichtsordnung. Kommentar, 54. Edition, München 01.07.2020

Priddat, Birger P./*Speth,* Rudolf, Das neue Lobbying von Unternehmen: Public Affairs als Netzwerkeinfluss, in: Birger P. Priddat (Hrsg.), Politik unter Einfluss – Netzwerke, Öffentlichkeiten, Beratungen, Lobby, Wiesbaden 2009, S. 167–217

Prinz, Ulrich/Winkeljohann, Norbert (Hrsg.), Beck'sches Handbuch der GmbH, 5. Aufl., München 2014

Püttner, Günter, Verwaltungslehre, 4. Aufl., München 2007

Rausch, Heinz, Bundestag und Bundesregierung – Eine Institutionenkunde. 4. Aufl., München 1976

Rehbinder, Manfred, Rechtssoziologie, 8. Aufl., München 2014

Reich, Andreas/*Preißler,* Ulrike, Bundesbesoldungsgesetz. Kommentar, München 2014

Remmert, Barbara, Private Dienstleistung in staatlichen Verwaltungsverfahren, Tübingen 2003

Rengeling, Hans-Werner, Gesetzgebungszuständigkeit, in: Josef Isensee/Paul Kirchhof (Hrsg.), Handbuch des Staatsrechts der Bundesrepublik Deutschland, Band VI: Bundesstaat, 3. Aufl., Heidelberg u.a., 2008, § 135

Rennert, Klaus, Wo steht die Verwaltungsgerichtsbarkeit, in: Nordrhein-Westfälische Verwaltungsblätter 2015, S. 41–45

Richards, Lyn, Handling Qualitative Data – a practical guide, London 2005

Riedl, Hubertus, Die Exekutive als Mitte des politischen Systems, München 2013

Riesenhuber, Felix, Großzahlige empirische Forschung, in: Sönke Albers/Daniel Klapper/Udo Konradt/Achim Walter/Joachim Wolf, (Hrsg.), Methodik der empirischen Forschung, 3. Aufl., Wiesbaden 2009, S. 1–16

Robbers, Gerhard, Gerechtigkeit als Rechtsprinzip. Über den Begriff der Gerechtigkeit in der Rechtsprechung des Bundesverfassungsgerichts, Baden-Baden 1980

Rolfs, Christian/Giesen, Richard/Kreikebohm, Ralf/Udsching, Peter (Hrsg.), Arbeitsrecht. Beck'scher Online-Kommentar, 47. Edition, München 01.03.2018

Roll, Hans-Achim, Verhaltensregeln, in: Hans-Peter Schneider/Wolfgang Zeh (Hrsg.), Parlamentsrecht und Parlamentspraxis in der Bundesrepublik Deutschland – Ein Handbuch, Berlin 1989, § 19

Rosenthal, Klein, Die Reichsregierung. Eine staatsrechtliche und politische Studie, Jena 1911

Roßmann, Robert, Abklingen für den neuen Job. Karenzzeit für Politiker, in: Süddeutsche online vom 03.02.2014, URL: http://www.sueddeutsche.de/politik/karenzzeit-fuer-politiker-abklingen-fuer-den-neuen-job-1.2332461, abgerufen am 12.09.2020

–, Karenzzeit für Politiker – Zwangspause für Seitenwechsler, Süddeutsche online vom 23.12.2014, URL: http://www.sueddeutsche.de/politik/karenzzeiten-zwangspause-fuer-seitenwechsler-1.2278753, abgerufen am 12.09.2020

Rowedder, Heinz/Schmidt-Leithoff, Christian (Hrsg.), Gesetz betreffend die Gesellschaften mit beschränkter Haftung – Kommentar, 6. Aufl., München 2017

Ruffert, Matthias, Verwaltungsakt, in: Dirk Ehlers/Hermann Pünder (Hrsg.), Allgemeines Verwaltungsrecht, 15. Aufl., Berlin/Boston 2016, § 21 – § 27

Rupp, Hans Heinrich, Bundesverfassungsgericht und Berufsfreiheit, in: Archiv des öffentlichen Rechts 92 (1967), S. 212–242

Sachs, Michael, Verfassungsrecht II. Grundrechte, 3. Aufl., Berlin u.a., 2017.

– (Hrsg.), Grundgesetz. Kommentar, 8. Aufl., München 2018

Säcker, Franz Jürgen, Behördenvertreter in Aufsichtsräten, in: Heinz Eyrich/Walter Odersky/Franz Jürgen Säcker (Hrsg.), Festschrift für Kurt Rebmann zum 65. Geburtstag, München 1989, S. 781–805

Säcker, Hans Jürgen/Rixecker, Roland (Hrsg.), Münchener Kommentar zum Bürgerlichen Gesetzbuch, 8. Auflage, München 2020

Scheerbarth, Walter/*Höffken,* Heinz/*Bauschke,* Hans-Joachim/*Schmidt,* Lutz, Beamtenrecht, 6. Aufl., Siegburg 1992

Scheffczyk, Fabian, „Karenzzeit" für Bundesminister und Parlamentarische Staatssekretäre, in: Zeitschrift für Rechtspolitik 2015, S. 133–136

Scherer, Joachim, Datenschutz und Datenzugang – Zum Recht des Bürgers auf behördliche Informationen in der Bundesrepublik und in den USA, in: Juristenzeitung 1979, S. 389–394

Scherzberg, Arno, Die Öffentlichkeit der Verwaltung, Baden-Baden 2000

Scheuing, Dieter H., Der Amtskonflikt als Ausschlußgrund im Verwaltungsverfahrensrecht, in: Neue Zeitschrift für Verwaltungsrecht 1982, S. 487–492

Scheuner, Ulrich, Pressefreiheit, in: Veröffentlichungen der Vereinigung der Deutschen Staatsrechtslehrer 22 (1965), S. 1–91

Schick, Walter, Ruhestandsbeamte und private Nebeneinkünfte. Verfassungsrechtliche Überlegungen anläßlich eines Gesetzentwurfs des Bundesrats, Verantwortung und Leistung, Düsseldorf 1984

Schirmer, Dominique, Empirische Methoden der Sozialforschung, Paderborn 2009

Schlaich, Klaus, Neutralität als verfassungsrechtliches Prinzip: Vornehmlich im Kulturverfassungs- und Staatskirchenrecht, Tübingen 1972

Schlauch, Rezzo, Regieren die Lobbys? – Interessenvertretung aus Politikersicht, in: Rubin Ritter/David Feldmann (Hrsg.), Lobbying zwischen Eigeninteresse und Verantwortung, Baden-Baden 2005, S. 29–37

Schlette, Volker, Die Verwaltung als Vertragspartner. Empirie und Dogmatik verwaltungsrechtlicher Vereinbarungen zwischen Behörde und Bürger, Tübingen 2000

Schmedes, Hans-Jörg, Mehr Transparenz wagen? Zur Diskussion um ein gesetzliches Lobbyregister beim Deutschen Bundestag, in: Zeitschrift für Parlamentsfragen 2009, S. 543–560

Schmidt, Karten (Hrsg.), Münchener Kommentar zum Handelsgesetzbuch, Band 1: §§ 1–104a, 4. Aufl., München 2016

Schmidt-Aßmann, Eberhard, Der Rechtsstaat, in: Josef Isensee/Paul Kirchhof (Hrsg.), Handbuch des Staatsrechts, Band II: Verfassungsstaat, 3. Aufl., Heidelberg 2004, § 26

–, Verwaltungsverfahren, in: Josef Isensee/Paul Kirchhof (Hrsg.), Handbuch des Staatsrechts der Bundesrepublik Deutschland, Band V: Rechtsquellen, Organisation, Finanzen, 3. Aufl., Heidelberg u.a., 2007, § 109

Schmidt-Bleibtreu, Bruno/Hofmann, Hans/Henneke, Hans-Günther (Hrsg.), Kommentar zum Grundgesetz, 14. Aufl., Köln 2018

Schmidt-Hieber, Werner, Ämterpatronage in Verwaltung und Justiz, in: Hans Herbert von Armin, Korruption – Netzwerke in Politik, Ämtern und Wirtschaft, München 2003, S. 84–95

Schmidt-Preuß, Matthias, Kollidierende Privatinteressen im Verwaltungsrecht – Das subjektive öffentliche Recht im multipolaren Verwaltungsverhältnis, Berlin 1992

Schnapp, Friedrich E., Amtsrecht und Beamtenrecht. Eine Untersuchung über die normative Strukturen des staatlichen Innenbereichs, Berlin 1977

Schnapp, Kai-Uwe, Politisches Einflusspotenzial von Regierungsbürokratien in OECD-Ländern, in: Aus Politik und Zeitgeschichte B 5/2001, S. 14–24

Schneider, Hans-Peter (Hrsg.), Das Grundgesetz. Dokumentation seiner Entstehung, Band 10: Artikel 30 bis 37: (sowie gestrichener Artikel 40 „innerdeutsche Vereinbarung der Länder"), Frankfurt am Main 1996

Schenke, Wolf-Rüdiger, Polizei- und Ordnungsrecht, 10. Aufl., Heidelberg u.a. 2018

Schnell, Rainer/*Hill,* Paul/*Esser,* Elke, Methoden der empirischen Sozialforschung, 10. Aufl., München 2013

Schnellenbach, Helmut/*Bodanowitz,* Jan, Beamtenrecht in der Praxis, 9. Aufl., München 2017

Schoch, Friedrich, Grundlagen des Polizei- und Ordnungsrechts, in: ders. (Hrsg.), Besonderes Verwaltungsrecht, München 2018, Kapitel 1, S. 12–300

–/Schneider, Jens-Peter/Bier, Wolfgang (Hrsg.), Verwaltungsgerichtsordnung. Kommentar, 38. Ergänzungslieferung, München Januar 2020

Scholz, Franz, Kommentar zum GmbH-Gesetz, Band 3: §§ 53–85, 11. Aufl., Köln 2015

Schönke, Adolf/*Schröder,* Horst, Strafgesetzbuch. Kommentar, 30. Aufl., München 2019

Schrapper, Ludger, Wider den Anschein der Käuflichkeit – Zum beamtenrechtlichen Verbot der Vorteilsannahme und seiner Geltung für Träger von Staatsämtern, in: Der Öffentliche Dienst 2012, S. 49–55

Schröder, Heinrich Josef, Gesetzgebung und Verbände – Ein Beitrag zur Institutionalisierung der Verbandsbeteiligung an der Gesetzgebung, Berlin 1976

Schröder, Meinhard, Der Schutz von Betriebs- und Geschäftsgeheimnissen im Umweltrecht, in: Umwelt- und Planungsrecht 1985, S. 394–403

–, Aufgaben der Bundesregierung, in: Josef Isensee/Paul Kirchhof (Hrsg.), Handbuch des Staatsrechts der Bundesrepublik Deutschland, Band III: Das Handeln des Staates, 3. Aufl., Heidelberg u.a., 2006, § 64

–, Die Bereiche der Regierung und der Verwaltung, in: Josef Isensee/Paul Kirchhof (Hrsg.), Handbuch des Staatsrechts der Bundesrepublik Deutschland, Band V: Rechtsquellen, Organisation, Finanzen, 3. Aufl., Heidelberg u.a., 2007, § 106

Schrödter, Wolfgang, Die Wissenschaftsfreiheit des Beamten. Dargestellt am Recht der wissenschaftlichen Nebentätigkeit, Berlin 1974

Schulte, Dietrich, Die Gemeinwohlaufgabe von Rechnungshöfen. Finanzkontrolle von Regierung und Verwaltung, Frankfurt am Main 2014

Schulte, Martin/Kloos, Joachim (Hrsg.), Handbuch Öffentliches Wirtschaftsrecht, München 2016

Schulze-Fielitz, Helmuth, Kooperatives Recht im Spannungsfeld von Rechtsstaatsprinzip und Verfahrensökonomie, in: Deutsches Verwaltungsblatt 1994, S. 657–667

Semler, Johannes, Karenzvereinbarung/Wettbewerbsverbot/Auskunftspflicht/Freistellungsrecht/Treuepflicht des Geschäftsführers/Schadensersatzpflicht, in: Entscheidungen zum Wirtschaftsrecht 1985, § 35 GmbhG 1/85, S. 299 f.

Simitis, Spiros/Hornung, Gerrit, Spiecker, Indra (Hrsg.), Datenschutzrecht. DSGVO mit BDSG, Baden-Baden 2019

Sobota, Katharina, Das Prinzip Rechtsstaat. Verfassungs- und verwaltungsrechtliche Aspekte, Tübingen 1997

Sodan, Helge/Ziekow, Jan (Hrsg.), Verwaltungsgerichtsordnung. Kommentar, 5. Aufl., Baden-Baden 2018

Sontheimer, Kurt/*Bleek,* Wilhelm/*Gawrich,* Andrea, Grundzüge des politischen Systems Deutschland, 2. Aufl., München 2007

Speth, Rudolf, Wie viel Lobbying verträgt die Demokratie?, in: Rubin Ritter/David Feldmann (Hrsg.), Lobbying zwischen Eigeninteresse und Verantwortung, Baden-Baden 2005, S. 39–54

–, Weg und Entwicklungen der Interessenpolitik, in: Thomas Leif/ders. (Hrsg.), Die fünfte Gewalt. Lobbyismus in Deutschland, Bonn 2006, S. 38–52

Spiegel online, Steinbrück stoppt Ex-Staatssekretär, vom 10.04.2006, URL: http://www.spiegel.de/spiegel/print/d-46581504.html, abgerufen am 12.09.2020

–, Jobwechsel: Pofalla beginnt im Januar 2015 bei der Bahn, vom 14.06.2014, URL: http://www.spiegel.de/wirtschaft/unternehmen/deutsche-bahn-pofalla-beginnt-im-januar-2015-a-975251.html, abgerufen am 12.09.2020

–, Karenzzeit-Gesetz vorgelegt: Koalition verordnet Politikern Zwangspause vor Wechsel in die Wirtschaft, vom 20.12.2014, URL: http://www.spiegel.de/politik/deutschland/karenzzeit-fuer-politiker-koalition-legt-gesetz-vor-a-1009583.html, abgerufen am 12.09.2020

Spindler, Gerald/Stilz, Eberhard (Hrsg.), Kommentar zum Aktiengesetz, Band 1: §§ 1–149, 3. Aufl., München 2015

Spreezeitung, Seitenwechsel im Turbo-Gang, vom 12.05.2014, URL: http://www.spreezeitung.de/15448/seitenwechsel-im-turbo-gang-vom-gesundheits ministerium-zur-versicherungslobby/, abgerufen am 12.09.2020

Stein, Ekkehart, Die Wirtschaftsaufsicht, Tübingen 1967

Stein, Katrin, Die Verantwortlichkeit politischer Akteure, Tübingen 2009

Steinberg, Rudolf, Parlament und organisierte Interessen, in: Hans-Peter Schneider/Wolfgang Zeh (Hrsg.), Parlamentsrecht und Parlamentspraxis in der Bundesrepublik Deutschland – Ein Handbuch, Berlin 1989

Steinkemper, Bärbel, Klassische und politische Bürokraten in der Ministerialverwaltung der Bundesrepublik Deutschland – Eine Darstellung sozialstruktureller Merkmale unter dem Aspekt politische Funktionen der Verwaltung, Köln 1974

Steinkemper, Hans Günter, Amtsträger im Grenzbereich zwischen Regierung und Verwaltung. Ein Beitrag zur Problematik der Institution des politischen Beamten in der Bundesexekutive, Frankfurt am Main 1980

Stelkens, Paul/Bonk, Heinz Joachim/Sachs, Michael (Hrsg.), Verwaltungsverfahrensgesetz. Kommentar, 9. Aufl., München 2018

Stern, Klaus, Das Staatsrecht der Bundesrepublik Deutschland,
- Band I: Grundbegriffe und Grundlagen des Staatsrechts, Strukturprinzipien der Verfassung, 2. Aufl., München 1984
- Band II: Staatsorgane, Staatsfunktionen, Finanz- und Haushaltsverfassung, Notstandsverfassung, München 1980
- Band III/2: Allgemeine Lehren der Grundrechte, München 1994
- Band IV: Die einzelnen Grundrechte – Der Schutz und die Freiheit des Individuums, München 2006
- Band IV/2: Die einzelnen Grundrechte – Freiheit der politischen Betätigung – Kultur – Schule und Bildung – Kunst und Wissenschaft – Religion, Kirchen, Religions- und Weltanschauungsgemeinschaften – Gleichheitssatz- Rechtsschutz und Staatshaftung, München 2011

–, Idee und Elemente eines Systems der Grundrechte, in: Josef Isensee/Paul Kirchhof (Hrsg.), Handbuch des Staatsrechts der Bundesrepublik Deutschland, Band IX: Allgemeine Grundrechtslehren, 3. Aufl., Heidelberg u.a., 2011, § 135

–/Becker, Florian (Hrsg.), Grundrechte-Kommentar, 3. Aufl., Köln 2019

Strauch, Manfred, Stand der Lobby-Diskussion in Europa – ein Standesrecht für Lobbyisten?, in: ders. (Hrsg.), Lobbying – Wirtschaft und Politik im Wechselspiel, Frankfurt am Main/Wiesbaden 1993, S. 91–146

Strößenreuther, Martin, Die behördeninterne Kontrolle, Berlin 1991, zugleich Dissertation Erlangen-Nürnberg 1989

Sturm, Gerd, Die Inkompatibilität. Eine Studie zum Problem der Unvereinbarkeit im geltenden deutschen Staatsrecht, München 1967

Stürner, Rolf (Hrsg.), Jauernig. Bürgerliches Gesetzbuch mit Nebengesetzen. Kommentar, 17. Aufl., München 2018

Suermann, Hans-Georg, Der Beamte in der Demokratie, in: Zeitschrift für Beamtenrecht 1965, S. 1–4

Summer, Rudolf, Rechtes Augenmaß – rechtes Verfassungsmaß – eine Studie zum neuen Nebentätigkeitsrecht, in: Zeitschrift für Beamtenrecht 1988, S. 1–11

–, Die hergebrachten Grundsätze des Berufsbeamtentums – ein Torso, in: Zeitschrift für Beamtenrecht 1992, S. 1–6

–/*Rometsch,* Gerd, Alimentationsprinzip gestern und heute, in: Zeitschrift für Beamtenrecht 1981, S. 1–20

Suttner, Bernhard G., Politische Korruption in Deutschland – ein verschwiegenes Fundamentalproblem?, in: Hans Herbert von Arnim (Hrsg.), Defizite in der Korruptionsbekämpfung und der Korruptionsforschung. Beiträge auf der 9. Speyerer Demokratietagung vom 26. und 27. Oktober 2006 an der Deutschen Hochschule für Verwaltungswissenschaften Speyer, Berlin 2009, S. 69–79

Taz.de, Pofalla wird Generalbevollmächtigter. Wechsel zur Deutschen Bahn bestätigt, vom 18.06.2014, URL: http://www.taz.de/!5039757/, abgerufen am 12.09.2020

Thärichen, Holger, Öffentliche Interesse im Abfallrecht. Zum Rechtsbegriff der „überwiegenden öffentlichen Interessen" im Kreislaufwirtschaft- und Abfallgesetz, Berlin 2004

Thews, Michael, Der „Eigentümer-Mieter" im baurechtlichen Nachbarstreit, in: Neue Zeitschrift für Verwaltungsrecht 1995, S. 224–230

Thiel, Markus, Polizei- und Ordnungsrecht, 3. Aufl., Baden-Baden 2016

Thieme, Werner, Der öffentliche Dienst in der Verfassungsordnung des Grundgesetzes, Göttingen 1961

–, Empfiehlt es sich, das Beamtenrecht unter Berücksichtigung der Wandlungen von Staat und Gesellschaft neu zu ordnen?, in: Ständige Deputation des Deutschen Juristentages, Verhandlungen des achtundvierzigsten Deutschen Juristentages in Mainz, München 1970

–, Rechtsgutachten, in: Ernst Forsthoff/Ingo von Münch/Walter Schick/ders./Carl Hermann Ule/Franz Mayer, Studienkommission zur Reform des öffentlichen Dienstrechts, Band 5: Verfassungsrechtliche Grenzen einer Reform des öffentlichen Dienstrechts, Baden-Baden 1973, S. 303–440

–, Die Pflicht zur Ablieferung der Nebentätigkeitsvergütung, in: Hans Schneider/Volkmar Götz (Hrsg.), Im Dienst an Recht und Staat. Festschrift für Werner Weber zum 70. Geburtstag, Berlin 1974, S. 625–639

–, Nebentätigkeit und Grundrechtsschutz – Buchbesprechung, in: Deutsches Verwaltungsblatt 2000, S. 146 f.

–, Die Doppelalimentation, in: Deutsches Verwaltungsblatt 2001, S. 1025–1031

–, Einheit des öffentlichen Dienstes und Alimentationsprinzip, in: Siegfried Magiera/Karl-Peter Sommermann/Jacques Ziller (Hrsg.), Verwaltungswissenschaft und Verwaltungspraxis in nationaler und transnationaler Perspektive. Festschrift für Heinrich Siedentopf zum 70. Geburtstag, Berlin 2008, S. 705 -717

Thüringer Allgemeine, Ex-Innenminister Köckert lässt Urteil anfechten, vom 09.01.2014, URL: http://www.thueringer-allgemeine.de/web/zgt/leben/detail/-/specific/Ex-Innenminister-Koeckert-laesst-Urteil-anfechten-1841216920, abgerufen am 12.09.2020

Tomuschat, Christian, Verfassungsgewohnheitsrecht? Eine Untersuchung zum Staatsrecht der Bundesrepublik Deutschland, Heidelberg 1972

Towfigh, Emanuel V./*Petersen*, Niels, Ökonomische Methoden im Recht, 2. Aufl., Tübingen 2017

Transparency International – Deutschland e.V. (Hrsg.), Korruption in Deutschland – Strafverfolgung der Korruption, Möglichkeiten und Grenzen. Eine Tagung der Friedrich-Ebert-Stiftung und Transparency International – Deutschland e.V. am 8. und 9. Dezember 2004 in Berlin, URL: https://www.transparency.de/fileadmin/pdfs/Themen/Justiz/04-12-08_Dokumentation_StrafverfolgungKorruption2004.pdf, abgerufen am 12.09.2020

Trupel, Tobias, Ämtertrennung und Ämterverbindung zwischen staatlichen Leistungsämtern und Leitungsämtern in Verbänden, Frankfurt am Main 1991

Tsatsos, Dimitris, Die erwerbswirtschaftliche Tätigkeit von Regierungsmitgliedern – Ein Beitrag zur Auslegung des Grundgesetzes, des § 5 Bundesministergesetzes und des einschlägigen Landesrechts, in: VerwaltungsArchiv 1967 (58), S. 360–374

–, Unvereinbarkeiten zwischen Bundestagsmandat und anderen Funktionen, in: Hans-Peter Schneider/Wolfgang Zeh (Hrsg.), Parlamentsrecht und Parlamentspraxis in der Bundesrepublik Deutschland – Ein Handbuch, Berlin 1989, § 23

Turegg, E. von, Verwaltungsentscheidungen in eigener Sache, in: Neue Juristische Wochenschrift 1955, S. 81- 85

Uerpmann, Robert, Das öffentliche Interesse – Seine Bedeutung als Tatbestandsmerkmal und als dogmatischer Begriff, Tübingen 1999

Ule, Carl Hermann, Rechtsgutachten, in: Ernst Forsthoff/Ingo von Münch/Walter Schick/Werner Thieme/ders./Franz Mayer, Studienkommission zur Reform des öffentlichen Dienstrechts, Band 5: Verfassungsrechtliche Grenzen einer Reform des öffentlichen Dienstrechts, Baden-Baden 1973, S. 441–556

–, Rechtsdogmatische und rechtspolitische Bemerkungen zum Nebentätigkeitsrecht, in: Hans Schneider/Volkmar Götz (Hrsg.), Im Dienst an Recht und Staat. Festschrift für Werner Weber zum 70. Geburtstag, Berlin 1974, S. 609–624

Umbach, Dieter/Clemens, Thomas (Hrsg.), Grundgesetz. Mitarbeiterkommentar und Handbuch
- Band I: Art. 1–37 GG, Heidelberg 2002
- Band II: Art. 38–146 GG, Heidelberg 2002

–/–/Dollinger, Franz-Wilhelm (Hrsg.), Bundesverfassungsgerichtsgesetz. Mitarbeiterkommentar und Handbuch, 2. Aufl., Heidelberg u.a., 2005

Unruh, Georg Christoph von/*Frotscher*, Werner, Die Entwicklung des Inkompatibilitätsprinzips im neueren deutschen Verfassungsrecht, in: Deutsches Verwaltungsblatt 1969, S. 821–825

Unruh, Peter, Der Verfassungsbegriff des Grundgesetzes. Eine Verfassungstheoretische Rekonstruktion, Tübingen 2002

Unterstelle, Sebastian, Der Begriff „öffentliches Interesse" in den §§ 153 StPO und 45 JGG, Berlin 2015

Urban, Richard/*Wittkowski,* Bernd, Bundesdisziplinargesetz. Kommentar, 2. Aufl., München 2017

Veen, Thomas, Die Vereinbarkeit von Regierungsamt und Aufsichtsratsmandat in Wirtschaftsunternehmen, Berlin 1996

Velde, Mandy van der/*Jansen,* Paul/*Anderson,* Neil, Guide to Management Research Methods, Oxford 2004

Velte, Patrick, Wechsel vom Vorstand in den Aufsichtsrat mit oder ohne Cooling Off als „gute" Corporate Governance?, in: Wertpapier-Mitteilungen 2012, S. 537–542

Viotto, Regina, Das öffentliche Interesse. Transformation eines umstrittenen Rechtsbegriffs, Baden-Baden 2009

Vitzthum, Wolfgang Graf, Der funktionale Anwendungsbereich der Grundrechte, in: Detlef Merten/Hans-Jürgen Papier (Hrsg.), Handbuch der Grundrechte in Deutschland und Europa, Band II: Grundrechte in Deutschland: Allgemeine Lehren I, Heidelberg u.a., 2006, § 48

Vogelgesang, Klaus, Grundrecht auf informationelle Selbstbestimmung? Baden-Baden 1987

Volkmann, Uwe, Grundzüge einer Verfassungslehre der Bundesrepublik Deutschland, Tübingen 2013

Voßkuhle, Andreas, Verwaltungsdogmatik und Rechtstatsachenforschung – Eine Problemskizze –, in: Verwaltungsarchiv 1994 (85), S. 567–585

Wach, Karl J. T., Methodologische Probleme der Rechtstatsachenforschung. Operationalisierung, empirische Arbeit, Rechtstatsachenforschung und Rechtssoziologie, in: Aristide Chiotellis/Wolfgang Fikentscher, Rechtstatsachenforschung. Methodische Probleme und Beispiele aus dem Schuld- und Wirtschaftsrecht, Köln 1985, S. 89–106

Waechter, Kay, Geminderte demokratische Legitimation staatlicher Institutionen im parlamentarischen Regierungssystem – Zur Wirkung von Verfassungsprinzipien und Grundrechten auf institutionelle und kompetenzielle Ausgestaltungen, Berlin 1994

Wagenknecht, Sahra, Hat Marx doch Recht? Die Instrumentalisierung der Politik durch die Wirtschaft, in: Hans Herbert von Arnim (Hrsg.), Systemmängel in Demokratie und Marktwirtschaft. Beiträge auf der 15. Speyerer Demokratietagung vom 28. bis 29. Oktober 2010 an der Deutschen Universität für Verwaltungswissenschaften Speyer, Berlin 2011, S. 73–80

Wagner, Fritjof, Nicht genehmigungsbedürftige Nebentätigkeiten des Beamten, in: Neue Zeitschrift für Verwaltungsrecht 1989, S. 515–519

Wahlers, Wilhelm, Neues Hochschul-Nebentätigkeitsrecht in Nordrhein-Westfalen, in: Zeitschrift für Beamtenrecht 1982, S. 296–303

Wank, Rolf, Die Auslegung von Gesetzen, 6. Aufl., Köln/München 2015

Denninger, Erhard/Hoffmann-Riem/Schneider, Hans-Peter/Stein, Ekkehart (Hrsg.), Grundgesetz – Alternativkommentar
- Band I: Art. 1–17a, 3. Aufl., Neuwied/Kriftel August 2002
- Band II: Art. 18–80a, 3. Aufl., Neuwied/Kriftel August 2002

Wattler, Arnold, Bericht über die Behörde des Bundesdisziplinaranwalts. Probleme des Disziplinarrechts und der Disziplinarpraxis sowie die Ausübung der Disziplinarbefugnisse in den Jahren 1986 bis 1988 vom 20. April 1989, in: Zeitschrift für Beamtenrecht 1989, S. 321–336

Weber, Max, Wirtschaft und Gesellschaft – Grundriss der verstehenden Soziologie, 5. (revidierte) Auflage, Tübingen 1972

Wehrmann, Iris, Lobbying in Deutschland – Begriff und Trends, in: Kleinfeld, Zimmer, Annette/Willems, Ulrich (Hrsg.), Lobbying – Strukturen. Akteure. Strategien, Wiesbaden 2007, S. 36–64

Weimar, Wilhelm, Sind dem Beamten bei einer schriftstellerischen Tätigkeit Grenzen gezogen?, in: Recht im Amt 1963, S. 230 f.

Weiß, Wolfgang, Entscheidungsspielräume bei der Konzessionierung nach § 46 EnWG, Eine kritische Betrachtung der jüngsten BGH-Rechtsprechung, München 2015

Wendet, Rudolf, Eigentum und Gesetzgebung, Hamburg 1985

Wengst, Udo, Thomas Dehler 1897–1967. Eine politische Biographie, München 1997

Wewer, Göttrik, Karenzzeiten für Politiker: Berufsfreiheit, Tätigkeitsverbote und Sperrfristen, in: Verwaltung und Management 2015, S. 325–335

Wickel, Martin, Symbolische Gesetzgebung in der Verkehrswegeplanung? - Anmerkung zur erneuten Verlängerung des Verkehrswegeplanungsbeschleunigungsgesetzes, in: Neue Zeitschrift für Verwaltungsrecht 2001, S. 16–20

Wiedenfels, Ilse, Nochmals: Minister in Aufsichtsräten von Wirtschaftsunternehmen – Zum Aufsatz von Golz in DÖV 1958, 757 ff., in: Deutsche Öffentliche Verwaltung 1960, S. 892–896

Wiese, Walter, Der Staatsdienst in der Bundesrepublik Deutschland. Grundlagen, Probleme, Neuordnung, Neuwied 1972

Wiesendahl, Elmar, Berufspolitiker zwischen Professionalismus und Karrierismus, in: Hans Herbert von Arnim (Hrsg.), Politische Klasse und Verfassung – Beiträge auf der 4. Speyerer Demokratietagung vom 26. bis 27. Oktober 2000 an der Deutschen Universität für Verwaltungswissenschaften Speyer, Berlin 2001, S. 145–166

Wilhelm, Bernhard, Verfassungswidrige Tendenzen im Recht des öffentlichen Dienstes, in: Zeitschrift für Beamtenrecht 1966, S. 357–367

–, Die freie Meinung im öffentlichen Dienst, München 1968

Willand, Alexander, Besoldungs- und Versorgungsstrukturen des Ministeramtes. Eine Untersuchung zu den Ministergesetzen in Bund und Ländern, Berlin 2000

Willoweit, Dietmar, Die Entwicklung und Verwaltung der spätmittelalterlichen Landesherrschaft, in: Kurt Jeserich/Hans Pohl/Georg-Christoph von Unruh, Deutsche Verwaltungsgeschichte. Band I: Vom Spätmittelalter bis zum Ende des Reiches, Stuttgart 1983, § 5, S. 66–143

Wimmer, Raimund, Der befangene Amtsträger im behördlichen Verfahren – zugleich eine Untersuchung über die Zulässigkeit von Verfahrensanalogien, in: Monatsschrift für Deutsches Recht 1962, S. 11–14

Winter, Thomas von/*Willems*, Ulrich, Interessensverbände in Deutschland, Wiesbaden 2007

Wirtschaftswoche online, Karenzzeit. Union will niedrige Hürden für Politiker-Wechsel in Wirtschaft, vom 12.01.2014, URL: http://www.wiwo.de/politik/deutschland/karenzzeit-union-will-niedrige-huerden-fuer-politiker-wechsel-in-wirtschaft/9320998.html, abgerufen am 12.09.2020

Wißmann, Hinnerk, Verfassungsrechtliche Vorgaben der Verwaltungsorganisation, in: Wolfgang Hoffmann-Riem/Eberhard Schmidt-Aßmann/Andreas Voßkuhle, Grundlagen des Verwaltungsrechts. Band I: Methoden – Maßstäbe – Aufgaben – Organisation, 2. Aufl., München 2012, § 15

Wolff, Heinrich Amadeus, Ungeschriebenes Verfassungsrecht unter dem Grundgesetz, Tübingen 2000

–/*Bachof*, Otto/*Stober*, Martin/*Kluth*, Winfried, Verwaltungsrecht Band I. Ein Studienbuch, 13. Aufl., München 2017

Wolfram, Frank, Inkompatibilität von Ministeramt und Aufsichtsratsmandat in Landesbanken, in: Neue Zeitschrift für Baurecht und Vergaberecht 2000, S. 545–549

Wolfrum, Edgar, Rot-Grün an der Macht. Deutschland 1998–2005, München 2013

Wolter, Jürgen (Hrsg.), Systematischer Kommentar zum Strafgesetzbuch, Band 6: §§ 303–358 StGB, 9. Aufl., Köln 2015

Wuttke, Julia, Die Verantwortlichkeit von Regierungsmitgliedern in Deutschland und Frankreich, Köln 2005

Zacharias, Diana, Das Prinzip der demokratischen Legitimation, in: Juristische Ausbildung 2001, S. 446–450

Zeit online, Früherer Kanzleramtschef Pofalla wechselt in den Bahnvorstand, vom 02.01.2014, URL: http://www.zeit.de/politik/deutschland/2014-01/pofalla-vorstand-deutsche-bahn, abgerufen am 12.09.2020

–, Schwarz-Rot legt Karenzzeit-Regelung vor. Politiker-Wechsel, vom 07.10.2014, URL: http://www.zeit.de/politik/deutschland/2014-10/karrenzzeit-politiker-wechsel-wirtschaft-pofalla-bahr-niebel, abgerufen am 12.09.2020

–, Grube macht Pofalla zum Bahn-Vorstand, vom 27.07.2015, URL: http://www.zeit.de/wirtschaft/unternehmen/2015-07/deutsche-bahn-ruediger-grube-ronald-pofalla-neues-fuehrungsteam, abgerufen am 12.09.2020

Zentgraf, Bernhard, Der finanzielle Status von Regierungsmitgliedern und kommunalen Wahlbeamten, in: Hans Herbert von Arnim (Hrsg.), Die Bezahlung und Versorgung von Politikern und Managern. Beiträge auf der 15. Speyerer Demokratietagung vom 24. bis 25. Oktober 2013 an der Deutschen Universität für Verwaltungswissenschaften Speyer, Berlin 2014, S. 99–109

Zentralinstitut für Sprachwissenschaft, Etymologisches Wörterbuch des Deutschen, Band II: M – Z, 2. Aufl., Berlin 1993

Zimmermann, Till, Korruption und Gubernation, in: Zeitschrift für die gesamte Strafrechtswissenschaft 2012, S. 1023–1063

Zippelius, Reinhold, Allgemeine Staatslehre. Politikwissenschaft, 17. Aufl., München 2017

Zippelius, Reinhold/*Würtenberger*, Thomas, Deutsches Staatsrecht, 33. Aufl., München 2018

Zivier, Ernst R., Der gläserne Abgeordnete – Zur Offenlegung von Nebeneinkünften der Parlamentsmitglieder, in: Recht und Politik 2005, S. 152–159

Zöllner, Wolfgang/Noack, Ulrich (Hrsg.), Kölner Kommentar zum Aktiengesetz, Band II/2: §§ 95–117 AktG, 3. Aufl., Köln 2013

Zwehl, Herwig von, Nebentätigkeitsrecht im öffentlichen Dienst – Leitfaden für Beamte, Richter, Soldaten, Angestellte und Arbeiter, 3. Aufl., Neuwied u.a., 2011

FSC
www.fsc.org
MIX
Papier | Fördert
gute Waldnutzung
FSC® C083411

Kolibri 360 GmbH
Ferdinand-Jühlke-Straße 7
99095 Erfurt, Deutschland
produktsicherheit@kolibri360.de